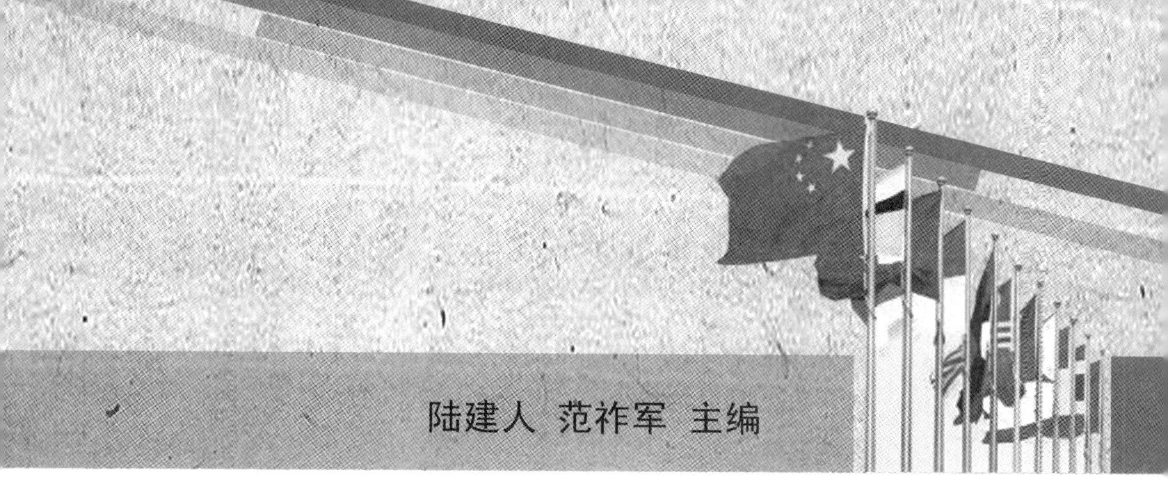

陆建人 范祚军 主编

中国-东盟合作发展报告

2014～2015

ANNUAL REPORT ON THE DEVELOPMENT OF CHINA-ASEAN COOPERATION

2014~2015

中国社会科学出版社

图书在版编目(CIP)数据

中国—东盟合作发展报告 . 2014 ~ 2015/陆建人，范祚军主编 . —北京：中国社会科学出版社，2015. 8

ISBN 978 - 7 - 5161 - 6856 - 1

Ⅰ. ①中…　Ⅱ. ①陆…②范…　Ⅲ. ①国际合作—研究报告—中国、东南亚国家联盟—2014 ~ 2015　Ⅳ. ①D822. 333

中国版本图书馆 CIP 数据核字（2015）第 208568 号

出 版 人　赵剑英
责任编辑　陈雅慧
责任校对　王新乐
责任印制　戴　宽

出　　版　中国社会科学出版社
社　　址　北京鼓楼西大街甲 158 号
邮　　编　100720
网　　址　http://www.csspw.cn
发 行 部　010 - 84083685
门 市 部　010 - 84029450
经　　销　新华书店及其他书店

印刷装订　北京君升印刷有限公司
版　　次　2015 年 8 月第 1 版
印　　次　2015 年 8 月第 1 次印刷

开　　本　710 × 1000　1/16
印　　张　31
插　　页　2
字　　数　519 千字
定　　价　99. 00 元

凡购买中国社会科学出版社图书，如有质量问题请与本社营销中心联系调换
电话：010 - 84083683

主要编撰者简介

梁　颖　教授、博士生导师。现任广西壮族自治区第十二届人民代表大会教育科学文化卫生委员会副主任委员、广西大学中国—东盟研究院院长、广西社会科学联合会副主席、“211 工程”四期重点学科群——中国—东盟经贸合作与发展研究学科群负责人。长期在广西多所高校任主要领导职务。主要从事历史学、行政管理学、中国—东盟问题、党建等领域的研究。有 7 项成果获省部级奖励。出版《中国早期国家形成的道路与形态研究》等 11 部论著，在《史学理论研究》、《史学集刊》、《人民日报》、《光明日报》、《亚太经济》等权威报刊及核心期刊发表论文 40 多篇。

范祚军　经济学博士，广西大学商学院二级教授、博士生导师，广西大学社会科学处处长、中国—东盟研究院常务副院长、东南亚研究中心主任。教育部长江学者和创新团队发展计划创新团队带头人，2010 年成为教育部哲学社会科学研究重大课题攻关项目首席专家。2012 年入选广西壮族自治区“八桂学者”。在《经济研究》、《管理世界》等国家权威期刊发表论文 5 篇，获得广西哲学社会科学优秀成果奖一等奖 2 项，教育部科研成果奖三等奖 1 项，出版《区域金融调控论》等著作 3 部。

陆建人　经济学博士，广西大学中国—东盟研究院首席研究员，中国社会科学院亚太与全球战略研究院研究员。长期研究亚太、东亚和东南亚经济及东盟问题。发表《90 年代的亚太经济》、《亚太经合组织与中国》、《东盟的今天与明天》等专著及大量学术论文。现被中国外交部聘为“东盟地区论坛”专家名人小组中方专家名人，被中国国际贸易促进会聘为东亚商务理事会中国理事。

梁淑红　管理学博士，广西大学中国—东盟研究院教授、副院长、硕士生导师，主要研究领域中国—东盟投资、国际会计准则。现已出版《国际会计趋同视角下的中国：东盟会计比较研究》、《资本弱化研究》等著作，发表论文30余篇。

王玉主　经济学博士，中国社会科学院亚太与全球战略研究院研究员、博士生导师，广西大学中国—东盟研究院客座研究员，主要研究领域为亚太区域合作、东盟问题、中国与东盟关系。现已出版《东盟40年》等著作，在国内外发表学术论文多篇。

潘　永　经济学博士，广西大学商学院、广西大学财政金融研究中心、中国—东盟研究院越南研究所教授，硕士生导师。主要研究领域为中国—东盟金融关系、区域金融发展。已出版《制度视角下的中国国有商业银行国际竞争力研究》、《越南投资环境研究》等著作，在国内外发表论文30余篇。

秦建文　管理学博士，广西大学商学院教授，博士生导师，广西大学审计处处长、中国—东盟研究院中国—东盟财政金融政策研究中心研究员，主要研究领域为金融机构与金融市场、北部湾发展。主持国家自然科学基金、广西社科规划等国家及省部级科研课题6项，在《国际金融研究》等核心期刊发表论文30余篇。

岳桂宁　广西大学中国—东盟研究院泰国研究所、广西大学商学院教授、硕士生导师，主要研究领域为中国与泰国关系。现已出版《东盟各国金融体制和货币政策实践》、《泰国投资环境分析》等著作，在国内发表论文30余篇。

岳　汉　文学学士，泰国曼谷星暹日报编辑、广西大学中国—东盟研究院泰国所特约评论员，主要研究领域为中国与泰国关系。在国内外报刊发表报导、评论文章150余篇。

李建伟　管理学硕士，广西大学商学院教授、硕士生导师，中国—东盟研究院海上丝绸之路研究中心副主任。主要研究领域为国际贸易与投资、中国与东盟经贸关系。现已出版专著《中国与东盟双向投资合作研究》，在国内发表论文10余篇。

李 红 管理学博士，广西大学中国—东盟研究院国际关系研究所所长、教授、博士生导师，主要研究领域为地缘经济。现已出版《中国—东盟合作：从2.0走向3.0?》、《国际文化合作的经济分析——以中国—东盟区域为例》等著作，在国内外发表论文60余篇。

王 娟 管理学博士，硕士生导师，广西大学商学院教授，中国—东盟研究院新加坡研究所所长。研究方向：中国—东盟贸易与投资、服务贸易。出版专著《中国—东盟国际服务贸易研究》，发表论文30余篇。

金 丹 经济学博士，广西大学中国—东盟研究院副研究员，硕士生导师，主要从事东盟经济、越南问题研究。现已出版著作《社会资本与区域经济增长》，在国家核心期刊上发表论文多篇。

Introduction

This book is the fruit of research conducted by China – ASEAN Research Institute of Guangxi University and the Collaborative Innovation Center for China – ASEAN Regional Development. There are six chapters. Chapter I is the general report on *Review and Outlook of* 2014 *China – ASEAN Cooperation*, including the introduction of 2014 China – ASEAN cooperation, achievements and problemsin politics, economy, diplomacy, security, military defense, maritime and cultural aspects, as well as the outlook of cooperation in 2015. Chapter II contains the reports on cooperation between China and ASEAN nations in 2014, including the evaluation of each ASEAN nation' s politics, economy, diplomacy, society and culture and analysis of important events in 2014, as well as the review of cooperation in various fields between China and ASEAN nations and its outlook in 2015. Chapter III contains the special reports on 2014 China – ASEAN cooperation, including the building of China – ASEAN Community of Common Destiny, bilateral cooperation in the building of 21st Century Maritime Silk Road, finance and ecological environment, as well as the reports on China – ASEAN Expo and Guangxi – ASEAN cooperation. Chapter IV is the review of 2014 hotspot issues in Southeast Asian region, including South China Sea disputes, Malaysia Airlines MH 370 crash, progress in the building of ASEAN Economic Community, military coup in Thailand, anti – China events in Vietnam, and general election in Indonesia. Chapter V contains the short commentaries on the selected events happened insome ASEAN nations in 2014. Chapter VI contains the chronicles, including the events happened in China – ASEAN cooperation, within ASEAN, in ASEAN nations and in Guangxi – ASEAN cooperation in 2014. Appendix, which consists of 20 statistic tables, covers a range of areas including the latest overview of ASEAN economic development, data of China – ASEAN economy and trade, investment and cooperation, as well as the trade data between the provinces and regions in China and ASEAN.

序

中国与东盟山水相连、文化交融、血脉相亲，双边关系经历了一个复杂多变、交错融合的发展历程。从最初的交往隔绝，到 1991 年中国与东盟开启对话进程，再到 1996 年成为全面对话伙伴，并最终在 2003 年建立起“面向和平与繁荣的战略伙伴关系”。中国—东盟关系成功走过“黄金十年”并顺利开启“钻石十年”。2013 年 10 月，习近平主席郑重提出携手建设更为紧密的中国—东盟命运共同体的倡议和中国—东盟共同建设“21 世纪海上丝绸之路”的战略构想；随着建设“丝绸之路经济带”和“21 世纪海上丝绸之路”正式写入《中共中央关于全面深化改革若干重大问题的决定》，标志着“一带一路”上升为国家战略，为中国—东盟关系发展注入了新的活力，双方将在坚持讲信修睦、合作共赢、守望相助、心心相印、开放包容的基础上，朝着兴衰相伴、安危与共、同舟共济的好邻居、好朋友、好伙伴的目标共同努力，共同推动中国—东盟之间的政治、经贸关系进入一个更高水平。

随着经济全球化和中国参与经济全球化的不断深入，政治经济化和经济政治化交错渗透，中国的崛起改变了世界政治经济格局的平衡，对中国—东盟关系亦产生了深刻影响。从“10 + 1”到“10 + 3”再到“10 + 6”、“10 + 8”，中国—东盟关系发展进入深水区。在整体友好关系不断深化的进程中，诸如中国威胁论、新经济殖民主义和中国投资黑洞论的杂音亦曾此起彼伏；东盟主导权的内部纷争激烈，外部干预以及东盟内部贸易保护主义、资源民族主义重新抬头，使得中国—东盟区域发展问题不仅仅是单纯的经济贸易问题，亦或演变成涉及国际政治、国际经济与贸易、国际关系、国际法、国际产业分工、宗教、文化与民族传统习俗等复杂而敏感的问题。上述国际形势和周边外交环境，使得中国—东盟合作发展中的阶段性问题越来越复杂，对中国如何发挥负责任大国的作用提出了严峻挑战。面临中国—东盟关系发展的新形势新背景，需要中国和东盟国家领导人以直面现实的勇气、高超的政治智慧和敢于承担的品格去努力破解，也需要中国—东盟问题研究的各领域专家学者突破传统研究的局限，共同推动研究工作的协同攻关和高质量成果的联合产出。但是，从传统研究上看，中国—东盟区域发展问题多是从本学科视野看问题、提建议，缺乏系统论观点和统筹方法，研究成果碎片化特征明显，对于政治与经济互动、民族文化跨界传播与文化价值差异等对中国—东盟关系影响的研究还存在一些局限和不足。事实上，中国—东盟区域发展面临问题的重要性、复杂性和艰巨性，以及中国—东盟区域发展理论创新的综合性、系统性和全面性，客观上要求以系统化的思维逻辑打破学校与学校、学校与社会研究机构以及学校与政府部门之间的壁垒，开展跨高校、跨学科、跨部门、跨国界的协同创新，大力推进咨询性、应用性、对策性研究，以协同创新的高水平成果更好地服务国家发展战略以及区域和地方经济社会发展。

为此，广西大学中国—东盟研究院、中国—东盟区域发展协同创新中心进行了积极而富有成效的探索，从2014年开始组织力量协同攻关，汇总研究成果并编纂出版《中国—东盟合作发展报告》。《中国—东盟合作发展报告》作为一部中国—东盟关系研究的重要文献，全面整理和概括中国—东盟政治、经贸、民间往来关系进展情况，全面解析中国与东盟各国之间的战略关系，能够为希望了解东盟、认识东盟、走进东盟的人们提供参考，为研究中国—东盟关系的专家学者提供借鉴，为开展与东盟国家商贸、民间往来的企业提供贸易投资参考，为政府部门提供前瞻性、科学性、可行性的对策建议。该发展报告的顺利出版，也是中国—东盟区域发展协同创新中心的专家学者们不辞辛苦、锲而不舍的工作成果。在这个过程中，特别令人欣慰的是，协同创新中心聚集了一批优秀的青年学者群体，他们克服了学习、工作、研究中的各种困难和问题，在实践中学会成长，不断走向成熟，具备了良好的学术视野和较强的研究能力，是未来东盟研究领域的重要战略资源，整体展示了广西大学中国—东盟区域发展学科的学术建设水平和“中国—东盟区域发展协同创新中心”协同机制的生命力，为本研究报告的如期出版和完成质量奠定了良好基础。我们也希望《中国—东盟合作发展报告》能够展示好中国—东盟研究院和中国—东盟区域发展研究协同创新中心的建设成果，更好地服务中国—东盟区域发展实践和理论创新重大需要，不断提升科研、学科、人才“三位一体”创新能力，打造中国高校特色新型智库，使中国—东盟区域发展协同创新中心成为具有国际重大影响力的学术高地，为“一带一路”格局下中国—东盟合作交流提供高水平的智力支持和高质量的人才支撑，为提升中国对东盟学术话语体系做出应有的贡献。

“多情唯有是春草，年年新绿满芳洲”。学术生涯是一条平凡而又艰难、寂寞而又崎岖的道路，没有鲜花，没有掌声，更多的倒是崇山峻岭、荆棘丛生。但正如水与空气之于人类一样，学术研究又是每一个国家发展和民族振兴不可缺少的重要部分。人类社会的发展进步以及人类文明的演进传承，无不与古往今来贤人智者的睿智才干密不可分。愿中国—东盟研究院和中国—东盟区域发展协同创新中心的所有同仁，以及有志于献身中国—东盟问题研究的专家学者们，都能像春草那样，以自己的新绿年复一年地装扮祖国的秀美河山，以自己的聪明才智贡献于祖国发展的光辉未来和中国—东盟关系的美好前景。

是为序。

2015 年 5 月

目　　录

第一篇　总报告

第二篇　2014 年中国与东盟各国合作报告

第三篇　2014 年中国—东盟合作专题报告

第四篇　2014 年东南亚地区热点问题评析

第五篇　东盟国别研究短评

第六篇　大事记

第一篇

总报告

2014 年中国—东盟合作回顾与展望

广西大学中国—东盟研究院课题组[①]

2014 年是中国—东盟战略伙伴关系第二个 10 年的开局之年，是从“黄金十年”迈向“钻石十年”的起始之年，在共建“中国—东盟命运共同体”和“21 世纪海上丝绸之路”目标指引下，双方合作领域更加宽广，内涵更加丰富。本报告分别从政治、经济、外交、安全、军事、海上和文化领域阐述双方 2014 年的合作情况和成果，分析存在的问题，展望 2015 年的合作趋势。

政治领域

2014 年，中国与东盟双方继承 2013 年良好的合作势头，不断巩固战略互信，双方政治合作进一步深入，共同推进中国—东盟命运共同体建设。中国与东盟共建命运共同体，是 2013 年中国—东盟政治合作中的标志性事件。习近平主席 2013 年 11 月访问印度尼西亚时，发表了《携手建设中国—东盟命运共同体》的重要演讲，明确提出中国和东盟国家要坚持讲信修睦、合作共赢、守望相助、心心相印、开放包容，使双方成为兴

① 课题组组成和分工如下，组长：陆建人（广西大学中国—东盟研究院首席研究员），负责课题设计、各章节审阅、修改和全文统稿、定稿；成员（按章节内容顺序排名）：林昆勇（广西大学中国—东盟研究院访问学者、南宁市社会科学院东盟研究所所长），政治领域撰稿；王娟（广西大学商学院教授、中国—东盟研究院新加坡研究所所长）与合作者白翊新、尹紫翔（广西大学商学院硕士研究生），经济领域撰稿；李红（广西大学商学院教授、中国—东盟研究院国际关系研究所所长），外交、安全、军事、海上合作领域撰稿；潘春见（广西大学中国—东盟研究院民族文化与旅游研究所所长，教授）与合作者黄蝶、覃静连（广西大学文学院硕士研究生），文化领域撰稿；曹平，广西大学商学院教授、中国—东盟战略研究所所长，合作展望撰稿。

衰相伴、安危与共、同舟共济的好邻居、好朋友、好伙伴，共同携手建设中国—东盟命运共同体①。这是中国领导人提出的一项重大倡议，赋予了中国与东盟建立战略伙伴关系的新的时代内涵，确定了在新的历史起点上中国—东盟政治合作的大方向和双方关系发展的大战略。

一 倡议共建中国—东盟命运共同体，规划双方关系发展大战略

“中国—东盟命运共同体”的提出，确立了中国与东盟政治交往的宏伟目标，对新的历史条件下推动中国—东盟关系发展作出了战略部署。中国与东盟关系发展迈入了新的历史进程。中国提出愿意与东盟各国携手建设中国—东盟命运共同体，具有鲜明的时代特征和深远的历史意义。中国—东盟命运共同体兼具合作共赢与和平发展的内涵，是一个顺应全球一体化发展潮流和中国与东盟国家利益的重大政治主张，从“顶层设计”角度规划了未来中国—东盟关系的路线图，有助于建立可持续发展的中国—东盟关系，符合中国和东盟各国人民共同利益。

2014 年是稳步推进中国—东盟命运共同体建设的第一年。中国与东盟的政治合作理念得到创新和发展。中国—东盟命运共同体理念不仅为实施中国和东盟战略伙伴关系提供了理论基础，也是两国实现好邻居、好朋友、好伙伴的重要途径。中国与东盟友好合作持续稳定发展，已成为东亚区域合作的一面旗帜。中国政府始终把东盟作为周边外交的优先方向，坚定支持东盟共同体（包括政治安全共同体、经济共同体和社会文化共同体）建设，支持东盟在东亚合作中的主导地位，与东盟国家拓展各领域务实合作，在“2＋7”框架的基础上，不断深化双方利益融合，打造中国—东盟命运共同体，使双方的伙伴关系更为紧密。2014 年 11 月 13 日，李克强总理在第十七次中国—东盟（10＋1）领导人会议上强调，要协力规划中国—东盟关系发展大战略，尽快启动制定《中国—东盟面向和平与繁荣的战略伙伴关系联合宣言》第三份行动计划（2016—2020），引领中国—东盟关系未来发展。②

---

① 参见《人民日报》2013 年 10 月 04 日头版。

② 李克强：《在第十七次中国—东盟（10＋1）领导人会议上的讲话》，《人民日报》2014 年 11 月 14 日，第 3 版。

二　增进战略互信，巩固和发展战略伙伴关系

2014 年中国和东盟合作领域更加宽广，内涵更加丰富，双方高层领导交往更加密切。2014 年，中国与东盟领导人交往更加深入，秉着传承传统友谊增进战略互信的理念，中国—东盟政治互信持续增强，合作机制日益健全完善，并从战略上引导包括东盟国家在内的亚太国家合作方向。中国—东盟战略伙伴关系由“黄金十年”迈向“钻石十年”，进一步完善了中国政治外交的总体布局，也丰富了中国—东盟政治外交的理论与实践，夯实了中国—东盟战略互信的政治、经济基础。在新的历史条件下，中国与东盟各国之间迫切需要加强战略沟通，深化双边互利合作，打造中国—东盟命运共同体、利益共同体和责任共同体。

在第十七次中国—东盟（10 + 1）领导人会议上，中国领导人的明确表态，得到东盟国家领导人的高度评价，中国始终坚持政治互信、睦邻友好政策，东盟国家表示愿意从战略高度重视和发展对华关系。李克强总理明确提出，要用“双轨思路”正确处理南海问题，在依据历史事实、国际法和《南海各方行为宣言》的基础上，通过谈判以和平方式协商解决分歧，尽早达成“南海行为准则”，商谈签署“中国—东盟国家睦邻友好合作条约”，用好高官会等机制并成立工作组，探讨建立澜沧江—湄公河对话合作机制，适时举行外长会和外交高官会。李克强总理在第九届东亚峰会上明确表示，中国坚定支持东盟 2015 年建成政治安全、经济、社会文化共同体，中国愿与地区国家一道，建设亚洲利益共同体、责任共同体和命运共同体，以增进中国—东盟战略互信，深化中国—东盟全方位合作，实现中国—东盟共同发展，续写中国—东盟关系发展的新篇章。

三　中国—东盟命运共同体建设的努力方向

中国与东盟关系历经“黄金十年”，稳步迈向“钻石十年”，不断取得长足进展。在此进程中，中国提出愿同东盟国家“携手建设中国—东盟命运共同体”，全面加强中国与东盟各国之间的交流与合作，建立健全中国—东盟战略对话机制，体现出中国与东盟关系发展的战略性和重要性。中国—东盟命运共同体作为中国与东盟双方携手努力的主观结果，不仅是中国与东盟各国之间进行经贸、文化等多方面互联互通的客观产物，

而且是中国—东盟关系开创“钻石十年”新局面的必然要求。中国与东盟各国之间只有建立政治互信，发掘双边合作潜力，妥善处理存在分歧，才能不断提高中国与东盟关系与合作水平。这是中国为夯实中国—东盟战略伙伴、睦邻友好政治基础的重要倡议，不仅丰富了中国—东盟政治互信、互利共赢的主要内涵，同时也为中国—东盟双方战略伙伴合作提供了政治的根本保障。在今后较长的一个时期内，中国坚持以政治互信为先导，始终把东盟国家作为周边外交的优先方向，继续支持东盟政治安全、经济和社会文化共同体建设，支持东盟在东亚合作中的主导地位。东盟国家也将继续深化同中国的战略伙伴关系，加强政治、经贸、人文等领域的交流与合作。在国际舞台上，双方将继续保持在重点国际和地区问题上的密切沟通和统筹协调，中国将继续支持东盟在东亚合作中发挥主导作用，东盟将同中国一起共同维护亚洲乃至世界的和平、稳定和发展。

中国与东盟双方应从政治互信战略高度，把握准确方向，稳步推进中国—东盟命运共同体建设，需要朝以下方面努力：一是更加重视依靠政治互信统筹中国—东盟关系，把政治互信作为双方关系稳定、持续发展的根本保障，把中国—东盟命运共同体核心理念贯穿于中国—东盟交流与合作发展的全过程，实现中国与东盟国家的互利共赢、共同发展。二是贯彻落实好中国—东盟命运共同体倡议，着力打造中国与东盟国家的利益共同体，通过实施“一带一路”战略，牢牢地将中国与东盟国家的利益紧密联系在一起，逐步把中国与东盟国家的利益共同体的愿望转变为现实，不断强化中国与东盟合作的互利性、互补性和共赢性。三是强化双方携手合作，共谋共赢发展，共建中国—东盟命运共同体，迈向“钻石十年”新阶段，中国与东盟国家命运相连，利益攸关，建设命运共同体是双方实现共同繁荣发展、促进持久合作的共同需求。四是努力寻找双方真诚相待、友好相处、合作共赢的切入点，着力通过平等对话、友好协商妥善处理分歧和争议，明晰中国—东盟命运共同体建设的有效途径。习近平主席与李克强总理的出访都将印度尼西亚、文莱、泰国、越南、缅甸等东盟国家放在相当重要的位置，无论是在政治、经济、人文交流等方面都有了新的突破。中国—东盟关系拥有深厚的基础和牢固的纽带，双方合作潜力巨大，前景广阔，后劲十足。中国愿与东盟国家永远为伴、为友，真诚合作。东盟国家愿与中国相互信任、互利共赢，继续深化各领域的务实合作。我们完全可以相信，通过双方共同努力，携手建设中国—东盟命运共同体，共同造福亚洲乃至世界，中国—东盟关系一定会迎来更加美好的明天。①

经济领域

2014 年，在经济领域，中国与东盟国家的贸易、投资依存度不断提高，产业关联度不断加深，双边经贸合作规模不断扩大，合作内容不断深化，企业层面的合作也在不断推进。

一 2014 年中国和东盟的贸易状况

据中国商务部公布的数据，② 2014 年中国与东盟的双边贸易额达 4801.25 亿美元，同比增长 8.23%，高于同年中国对外贸易总额增长率（3.45%）4.78 个百分点。中国与东盟贸易额占中国对外贸易总额比重已达 11.16%。2014 年中国从东盟进口 2083.32 亿美元，增长 4.41%；中国向东盟出口 2717.92 亿美元，增长 11.36%，出口增速远高于进口增速。2014 年中国与东盟贸易顺差达 635.2 亿美元，较 2013 年增长了 42.6%。这主要因为东盟对中国产品的进口需求持续旺盛：一是中国生产的生活用品具有较大的性价比优势，适合大多数东盟国家的消费水平，需长期进口；二是东盟对中间产品的进口需求也在增长，这与跨国公司的公司内贸易有关，从中国进口的这些中间产品经加工组装后不是返销中国而是销往了其他区域市场。这两个因素导致东盟对华贸易进多出少，产生逆差。

2014 年东盟各国对华贸易额中，排在前三位的国家依次是马来西亚、越南和新加坡，而贸易增速最快的三个国家是缅甸、老挝和越南，分别比上年增长 146.03%、31.87% 和 27.54%。值得注意的是，越南由 2013 年的第五位上升到 2014 年的第二位，其中向中国出口 199.05 亿美元，从中国进口 636.11 亿美元，逆差达 437.05 亿美元，占东盟对华贸易逆差总额的 68.8%。东盟从中国进口额排名前 3 位的国家是越南、新加坡、马来西亚；向中国出口额排名前 3 位的国家是马来西亚、泰国和新加坡。值得一提的是，在全球经济持续不景气的状况下，2014 年中国和马来西亚的

① 齐建国：《从黄金十年到钻石十年——中国—东盟关系回顾与展望》，《外交》2013 年第 4 期，第 142—148 页。

② http://yzs.mofcom.gov.cn/article/g/date/201501/20150100884111.shtml.

双边贸易额虽比2013年略有下降，但依旧突破千亿美元，达到1019.75亿美元，占中国与东盟双边贸易总额的21.24%，马来西亚连续7年保持了中国在东盟中最大贸易伙伴的地位。

东盟在中国对外贸易中具有举足轻重的地位。2014年，东盟整体是中国第三大贸易伙伴，第二大进口来源地和第三大出口市场。事实上，从2011年起，东盟就成为中国第三大贸易伙伴，并连续保持至今。同样，中国在东盟的对外贸易中的地位也非常重要。2000年中国在东盟对外贸易中的比重仅为4.3%，此后随着中国—东盟自由贸易区建设的发展，中国的比重显著增加，2009年达到了11.6%，中国超过欧盟、美国和日本，成为东盟的第一大贸易伙伴。2014年这一比重又一次刷新为14.9%。中国已经连续五年成为东盟的第一大贸易伙伴。（见图1）

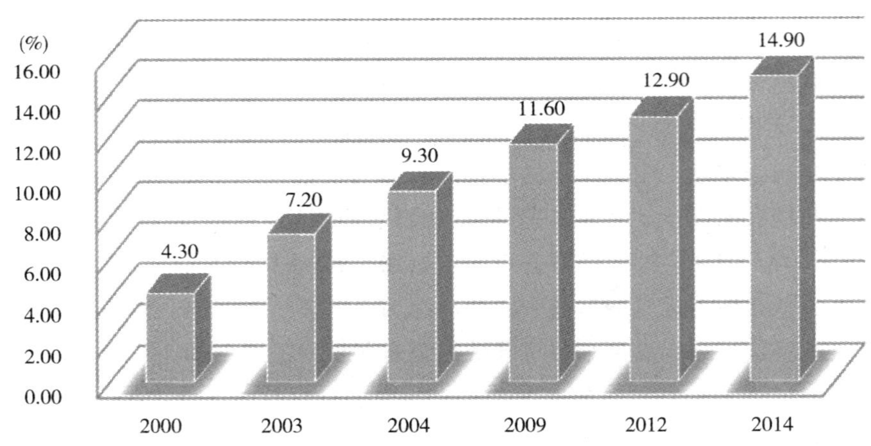

图1　东盟对外贸易总额中中国的比重变化

数据来源：根据WTO数据整理而得。

另外，近年来中国与东盟的服务贸易发展也很快。2006年，中国与东盟的服务贸易进出口总额仅为126亿美元，2013年增长到1630.97亿美元。目前，中国已成为东盟第四大服务贸易伙伴，而东盟也保持中国第四大服务贸易伙伴的地位。东盟十国中服务贸易发展相对较好的国家为新加坡、泰国、马来西亚，其中新加坡在世界排名第九位（2013年）。

中国与东盟在服务贸易上有较强的互补性。当前，服务贸易已经成为中国—东盟自由贸易区升级版谈判的重点，未来发展潜力很大。

二 中国和东盟相互投资现状

根据商务部数据，截至 2014 年底，中国企业累计在东盟国家投资总额为 352.1 亿美元，东盟国家累计来华投资 917.4 亿美元，[①] 据此，中国与东盟双向投资累计已达 1269.5 亿美元。新加坡位列东盟国家对华投资之首。另据资料，2014 年中国与东盟双向投资共计约 124.05 亿美元，其中，东盟国家对中国投资总额 61.5 亿美元，占投资总额的 49.58%，中国对东盟国家投资总额 62.55 亿美元，占投资总额的 50.42%。中国的份额超过东盟，这是一大亮点。中国对东盟投资排名前五位的国家依次是新加坡、印尼、老挝、柬埔寨、越南。与 2013 年相比，中国对东盟国家中菲律宾、老挝、柬埔寨、新加坡的投资实现新增长，幅度分别为 77.78%、27.66%、6.41%、5.85%。[②]

尽管近年来中国和东盟双方的相互投资增长较快，但从双方的经济总量和经济实力来看，双向投资的规模依然偏小，相比中国和东盟 12.8 万亿美元 GDP 总量（2014 年）和 20 亿人口的市场规模，尚有很大的增长空间。

中国对东盟国家的直接投资最初大都集中在采矿业、农产品加工、建筑材料等初级产品领域，以后逐步扩展到轻工业领域。随着中国—东盟自由贸易区的建成，中国对东盟的投资领域呈现出了多元化分布，涵盖电力、采矿、批发零售、制造、租赁、商务服务、建筑、金融、交通运输、仓储、农林牧渔业等各领域。目前，中国对东盟的投资结构进一步优化，主要集中在电力生产、商务服务、批发零售、制造、采矿、金融等领域，并且正在从传统的家电、医药、食品、加工燃料行业向金融、保险、航空运输等现代服务业和高速铁路等新型交通设施行业拓展。

三 中国和东盟的企业合作

近几年，东盟各国已经成为中国企业走出去的目标市场。这是因为中国—东盟自由贸易区的优惠政策为双方企业的合作创造了有利条件，双方

---

① 转引自中国—东盟中心《中国与东盟 2014 年经贸合作简况》，http：//www.asean-china-center.org/2015—03/16/c_ 134071065.htm。

② 数据参见中国—东盟商务理事会《2014 年中国—东盟自由贸易区第四季度报告》。

经贸的互补性也形成了合作空间，另外，中国和东盟正在加快互联互通，企业合作具有不可替代的区位优势。目前双方企业合作的重点领域之一是轻工业。中国的轻工消费品较适合东盟国家的消费水平和生活习惯。迄今已有众多中国轻工业企业在东盟投资。2014 年中国轻工全行业对东盟进出口总额达 912.71 亿美元，同比增长 28.16%，马来西亚、印度尼西亚、泰国是中国在东盟轻工行业的前三大贸易伙伴。[①]

双方企业正在积极利用各种平台寻求合作。例如，2014 年中国—东盟技术对接洽谈会吸引了中国、泰国、马来西亚、缅甸、越南、新加坡等国家的 215 家企业和机构，其中东盟企业和机构 85 家，现场推介展示 280 个项目，促成中国与东盟企业签署 26 项合作协议，合作金额逾 1.4 亿元。[②] 这说明双方企业合作的潜力很大。

综合考虑经济效益和社会效益，2014 年中国走进东盟获得成功的企业包括：中国石油天然气管道局、中国工商银行新加坡分行、中国水利电力对外公司、中冶置业（新加坡）有限公司、中国水电（马来西亚）有限公司、中国大唐集团海外投资有限公司、中国能源建设集团广东省电力设计研究院、上海隧道新加坡分公司、广东省广垦橡胶集团有限公司。2014 年东盟走进中国成功的企业包括：新加坡吉宝置业中国有限公司、新加坡星展银行（中国）有限公司、新加坡胜科工业有限公司、新加坡航空公司、泰国盘谷银行（中国）有限公司、泰国正大集团上海帝泰发展有限公司、马来西亚森达美有限公司、马来西亚完美（中国）有限公司、菲律宾 SM 控股公司、广西菲龙房地产开发有限公司（菲律宾）。

四　中国与东盟经贸合作的问题与 2015 年展望

2014 年尽管中国和东盟的经贸关系取得长足进展，但也存在着一些问题。从贸易来看，双方贸易不平衡现象仍然突出，主要表现是中国积累了大量顺差，2014 年达 635.2 亿美元，较 2013 年增长了 42.6%。在中国对东盟 10 国的贸易中，只有对马来西亚、缅甸和泰国出现逆差，对其余 7 国均为顺差，其中对越南的顺差高达 437 亿美元，约占对东盟整体顺差

---

① 参见 http：//www.ciedata.com/News/201506/cc011897—c84a—4a7d—82a8—a6b670515be4.htm。

② 参见 http：//www.10s1.com/html/201506/213218.html。

的 69%。中国对越南贸易顺差的出现已持续多年，而且愈来愈多，主要原因是越南制造业所需的原材料、燃料、机械设备和零部件大部分需要从中国进口，而其对华出口的货物是农产品、初加工产品和低附加值产品。这种贸易结构性的矛盾短期很难解决。比较有效的途径是中国通过增加对越南的投资来缩小逆差，但自 2014 年 5 月越南发生排华事件后，对越投资已趋冷。预计越南对华贸易逆差将继续增长。

投资领域也存在一些问题。2014 年中国的对外投资首次超过所吸收的外资，中国已经成为世界第三大对外投资国。中国对东盟的投资虽然增长较快，但总额仍然大大落后于东盟对中国的投资，而且对资源开发领域的投资较多，投资结构仍有待提升。另外，双方服务贸易的市场开放度依然有限。这些问题不利于双方经济关系的可持续发展。显然，要为未来的中国—东盟经贸发展创建新活力，需要大幅度提升合作的水平，深化开放与合作，打造中国—东盟自贸区的升级版。

2014 年中国与东盟开展了有关中国—东盟自贸区的升级版的谈判，但进展不大。在当前的新形势下，自贸区升级版的目标要体现三个深度：一是开放的深度，主要体现在以新的规则——负面清单和准入前国民待遇来开放服务和投资领域，为扩大双向投资、构建产业链、推进服务产业发展提供更好的环境；二是合作的深度，主要是在“一带一路”的倡议框架下，为加快建设中国—东盟互联互通网、产业园区和经济走廊服务；三是为打造中国与东盟经济共同体接轨的大经济区建设服务，实现经济区内的“五通”（政策沟通、设施联通、贸易畅通、资金融通、民心相通）。

展望 2015 年，中国和东盟的经济合作面临着三大发展机遇。首先是实施“一带一路”倡议为中国和东盟深化经济合作提供了新机遇。中国倡导和推动的“一带”和“一路”建设，让东盟国家同时分享陆上和海上丝绸之路建设的特殊优势。在“一带一路”建设的推动下，中国企业会扩大对东盟的投资，构造新的产业链。另外，新的融资机制的建设（亚投行、丝路基金）将会为互联互通以及“一带一路”框架下的其他项目提供资金，有助于克服资金瓶颈的限制。其次，2015 年底东盟经济共同体的建成和东盟单一市场的形成，也将为双方的经济合作提供新的机遇和便利。第三，随着中国经济进入新常态，经济结构正在转型升级，部分产业将加快转移到东盟国家，这有利于推动与东盟国家新产业链的构造，为东盟成员发展加工制造业提供新机会。

2015 年中国—东盟自贸区升级版将完成谈判，双方将进一步扩大市场开放，提升贸易投资自由化和便利化水平。中国曾在 2012 年提出到 2015 年将中国和东盟贸易额增加到 5000 亿美元的目标，而在 2014 年中国与东盟贸易额已经达到 4801 亿美元。由于中国对东盟的出口增长保持了较高的速度，2015 年双边贸易有可能超过 6000 亿美元。展望未来，随着“一带一路”倡议的实施，中国与东盟互联互通网络的建成，双方的经贸关系将更进一步发展和深化。2020 年双方的贸易额达到一万亿美元，双向投资达到 1500 亿美元的目标也不难实现，而且还可能提前完成。

外交、安全、军事和海上合作领域

一　外交合作

2014 年，中国不断致力于与东盟的外交合作并取得重大进展，推动了中国和东盟关系由“黄金十年”向“钻石十年”的发展。

（一）相互支持与尊重，构建更为紧密合作伙伴关系

2014 年中国与东盟对展开双边外交深入合作的认识是高度一致的，都希望能够通过外交领域的合作来推动中国—东盟全面战略伙伴关系的构建。

1. 高层互访频繁。2014 年中国与东盟国家的领导人在多个场合进行会晤，外交合作持续升温。中国与东盟各国领导人先后在上海亚洲相互协作与信任措施峰会（亚信会）、中国—东盟博览会、加强互联互通伙伴关系对话会、北京 APEC 领导人非正式会议、东亚峰会、大湄公河次区域经济合作领导人会议等重要场合频繁会见，充分显示了中国与东盟对深化双边战略合作伙伴关系在外交方面所做的努力。特别是由中国主办的上海亚洲相互协作与信任措施峰会、中国—东盟博览会及北京 APEC 领导人非正式会议得到东盟国家领导人的积极参与和广泛支持，既体现双边战略需要，也反应东盟对开展与中国外交合作的充分重视。

2. 思想战略的相互支持与认可。近些年来，中国与东盟的外交合作之所以举得重大进展，最为关键的一点是中国与东盟国家在思想战略上的相互支持与认可。在 2014 年，东盟对中国提出的“中国—东盟互联互通”建设、“一带一路”建设、“亚太自由贸易区”以及亚太梦等多项重大倡议与构想表示了支持和认可，并积极参与相关协商会议或签订相关协

定。与此同时，中国也十分尊重和支持东盟在自身发展中的规划和构想，并明确表示：中国坚定支持东盟的发展壮大，坚定支持东盟在区域合作中的主导地位，坚定支持东盟 2015 年建成共同体。中国与东盟在外交领域的相互支持与尊重，是全力构建伙伴关系，践行务实合作、推动双边关系全面系统升级的重要途径，并将进一步夯实双边的合作基础，打造更为紧密的中国—东盟命运共同体和利益共同体。

（二）继续深化东盟作为中国周边外交优先方向的战略思想

2013 年中国明确提出了把东盟作为中国周边外交的优先发展方向，而这一战略思想在 2014 年得到深化和加强，如 6 月外交部副部长刘振民在出席东亚系列高官会、8 月外交部部长王毅在缅甸内比都举行的中国—东盟外长会议、12 月李源潮副主席在与缅甸总统吴登盛会见时以及李克强总理在参加大湄公河次区域经济合作领导人第五次会议讲话当中均表示：无论形势如何变化，无论中国和东盟如何发展，中国都将坚持把东盟作为周边外交的优先方向。另外李克强总理也表示：对于中国而言，东盟国家是周边，是外交的首要，同时又是发展中国家，是我们外交的基础，所以说东盟国家在中国外交中的地位就是既是首要又是基础。中国多次明确重申这一战略思想，说明了东盟已经成为中国周边外交合作的首要伙伴，中国将与东盟继续开展更为广泛的外交合作，继续以外交作为桥梁大力推进中国与东盟的战略合作。

（三）在传统外交原则的基础上，合作共赢理念得到深入发展

在新的全球经济环境与国际形势下，中国与东盟的外交合作在注重独立的国家主权、和谐的交往方式的同时，共同的行动理念即合作共赢成为现代国与国交往的重要动力。与传统的强国向弱国单边提供援助不同的是，现在的国际交往更注重如何构建共同的合作发展平台，实现共同发展。而对于互为邻居的中国、东盟而言，自身国家或地区的发展需要和平稳定的周边环境，这离不开周边国家的支持。中国与东盟国家的发展是密不可分、相互促进的，中国在发展自身的同时需要向东盟国家提供帮助，同时也需要东盟国家对中国发展的支持。所以当前乃至未来很长的一段时间内中国与东盟的外交往来都是以促进双边合作共赢为目的的联系，中国提出的“中国—东盟互联互通”建设、“一带一路”建设以及“亚太自由贸易区”等倡议将成为中国—东盟合作的新平台，中国与东盟也将基于这样一种理念，继续寻求双边外交合作的新方向与新动力。

二 安全合作

安全问题是人类生存发展需要密切关注的问题，在国际关系发展中占据重要地位，任何国家或地区的发展都需要和平安全的环境。东盟和中国是近邻，安全合作对中国与东盟深化合作发展至关重要。21 世纪以来，虽然中国与东盟双边关系持续深化发展，并取得巨大进展，但中国与东盟的安全合作仍有待进一步深化。目前中国与东盟部分国家存在领土、领海纷争等传统安全威胁的同时，也面临着非传统安全威胁，安全问题仍然是中国与东盟深化发展双边关系的主要障碍。2014 年，为维护本地区的和平稳定，防止因安全问题而产生的负面影响，中国与东盟不断扩大安全合作领域，完善中国—东盟合作的安全保障机制。

（一）传统安全合作

传统安全合作主要体现在中国与东盟国家关于和平解决南海争端的合作。2014 年是南海争端最为激烈的一年，先后爆发菲律宾和越南因南海岛礁归属权等问题与中国公然对峙，越南国内更是因此发生反华暴动事件。这些涉及国家主权争议的事件导致了不安定的合作环境，如若事态扩大，甚至会引发激烈冲突，威胁国家安全，阻碍中国与东盟特别是与当事国合作的开展。在当前形势下解决南海争端，避免事态的扩大化刻不容缓。为此在 2014 年 11 月结束的东亚合作领导人系列会议上，中国提出的处理南海问题的“双轨思路”得到明确。“双轨思路”，即有关具体争议由直接当事国在尊重历史事实和国际法基础上，通过谈判协商和平解决，南海和平稳定由中国和东盟国家共同维护。同时，李克强总理在第十七次中国—东盟领导人会议上重申愿与东盟国家全面有效落实《南海各方行为宣言》，共同维护南海和平与稳定。“双轨思路”和全面有效落实《南海各方行为宣言》是中国在解决南海问题上采取的有效措施，它将进一步加强中国与东盟在传统安全方面的合作。与此同时，中国积极与东盟国家磋商“南海行为准则”（COC），提出与东盟国家商讨签署“睦邻友好合作条约”，推动实现东亚持久和平，为中国与东盟的世代和平共处提供制度框架和法律保障。

（二）非传统安全合作

2014 年中国与东盟在非传统安全领域的合作更为广泛，涉及海上航道安全、执法安全、金融安全、粮食安全、能源安全、反恐、防灾减灾以及核安全等领域。

1. 海上航道安全方面，中国提出：一是要以打击海盗、海上恐怖主义、海空搜救等为重点，加强军队、海上执法和海事管理机构之间的信息交流与联演联训等务实合作，不断提升协作应对非传统安全威胁的水平；二是加强维护航道安全的能力建设，加强双边及多边对话合作，加强经验交流，稳步提升地区国家维护航道畅通和安全的能力。另外来自 MH370 失联事件的反思，即为深化地区搜救合作，中方推动 2014 年东盟地区论坛外长会通过《加强海空搜救协调与合作的声明》，探寻快捷、有效的海上搜救机制。

2. 执法安全方面，进一步深化湄公河流域执法安全合作，不断拓宽合作范围，提升合作层次，力争将该合作机制打造成为区域执法合作的典范。

3. 金融、粮食、能源安全方面，进一步推动清迈协议多边化，建立大米紧急储备，加强金融合作，维护地区粮食安全和金融安全。另外将粮食安全和能源安全作为优先合作领域之一。

4. 反恐、防灾减灾以及核安全合作方面，一是中国与东盟加快本地区的反恐合作，提供公众警示并开展预备性演习；二是推动中国与东盟签署《灾害管理合作安排谅解备忘录》；三是与东盟就签署《东南亚无核武器区条约》议定书达成一致。

在 2014 年 5 月 21 日举行的亚洲相互协作与信任措施会议第四次峰会上，中国国家主席习近平强调中方将同各方一道，积极倡导共同、综合、合作、可持续的亚洲安全观，搭建地区安全和合作新架构，努力走出一条共建、共享、共赢的亚洲安全之路。另外，中国呼吁深化中国—东盟防长会机制，建立中国—东盟防务热线，将进一步为中国—东盟双边合作提供安全保障。

目前，中国与东盟已在多个安全合作领域达成基本共识，并致力于地区安全架构的探讨，以构建符合本地区实际情况的安全观，但中国与东盟的安全合作依然还有很长一段路要走。

三　军事合作

中国—东盟军事合作是中国与东盟建立全面战略伙伴关系的重要方面，是中国—东盟实现共同发展与深化合作的重要保障。2014 年中国—

东盟的军事合作主要是延续已有的合作计划，且集中于海上军事合作，但也因地区局势的变化面临诸多挑战。

（一）基于地区共同发展的军事合作日益深化

中国与东盟开展军事合作的主要目之一是为双方实现共同发展和开展深入合作提供和平稳定的外部环境，并为地区战略规划的顺利实施提供保障，主要内容如下：

1. 共同打击地区违法犯罪行为。虽然 2014 年中国与东盟各领域合作已深入开展，但中国与东盟双边合作依然受到一些违法犯罪行为的威胁与干扰。为此，中国—东盟加强军事合作旨在打击危险地区合作发展的跨境、跨地区的违法犯罪行为，如运毒贩毒、人口买卖、暴力抢劫、恐怖袭击等，以实现地区合作发展的良好环境。

2. 为提高联合作战能力参加跨国军事演习。2014 年 8 月 1 日，中国首次参加由美国主导包括东盟多国在内的 23 个国家共同参与的“环太平洋”联合军事演习，中方主要担负海上封锁任务，在 22 天的时间里先后完成战术机动、主炮射击、航行补给占位、军事医学交流、跟踪监视商船、多舰拦截与登临、直升机互降、海上搜救、反海盗和潜水等多项课目的联合演练。

3. 继续加强与东盟国家的军事互访。2014 年中国军方代表先后与柬埔寨总理洪森，缅甸国防军总司令敏昂莱大将，马来西亚国防部部长希沙姆丁，老挝人民军总参谋长苏温，越共中央军委副书记、国防部部长冯光青进行交流探讨，并与相关国家对继续加强两国军事交流与合作，努力构建与全面战略合作伙伴关系相协调的军事关系达成共识。

（二）地区局势变化使军事合作面临挑战

总体上看，2014 年中国与东盟军事合作依然有序进行，但地区局势的变化也使未来中国与东盟军事合作的进一步深化面临挑战。

1. 南海冲突制约中国与东盟军事合作。虽然 2014 年发生的南海冲突只涉及区域内的少数国家，但由于目前为止中国与东盟的军事合作主要集中于海上合作，南海冲突事件必然会引起中国与东盟双方之间互信度降低，影响中国与东盟海上军事合作的进一步深化，特别是中国与越南、菲律宾的海上军事合作。

2. 日本加强与东盟军事合作牵制中国。2014 年 10 月 6 日日本政府就扩大对东盟国家提供军队能力建设援助一事与相关对象国展开了协调，并在此之后将考虑是否把援助对象扩展至菲律宾等与中国在南海存在主权争议的国家，以期对中国形成牵制。日本加强与东盟军事合作，特别是日本若将菲律宾定为军事援助范围，必定会在一定程度上对中国与东盟的军事合作造成冲击。面对类似的地区局势变化，中国应采取更为积极的措施去化解现有争端、摆脱牵制，争取进一步扩大与东盟国家的军事合作。

总之，与其他领域相比，中国与东盟的军事合作仍处于较低层次，有待进一步深入。在未来中国与东盟国家仍需加强军方往来，增加军事互信，共同努力在维护双边关系、维护地区和平稳定方面积极发挥作用。

四　海上合作

随着全球经济迅猛发展，人类开始深入挖掘海洋资源，海洋合作已成为国际合作的热门领域。在此背景下中国—东盟海洋合作逐渐受到中国与东盟各国政府的重视，同时海洋承载着中国与东盟双向贸易活动最活跃的部分，海洋合作是中国—东盟合作不可或缺的部分。

（一）积极推进 21 世纪海上丝绸之路建设

自 2013 年 10 月中国国家主席习近平提出“建设 21 世纪海上丝绸之路”倡议后，2014 年海上丝绸之路建设得到全方位推进。

1. 开辟海上丝绸之路建设新渠道。2014 年 5 月在广西南宁召开的“泛北部湾经济合作论坛”以“携手推进泛北合作、共建海上丝绸之路”为主题，探讨务实推动港口互联互通、临港产业、金融陆地跨境、人文产业等领域合作。论坛发布《泛北智库关于携手共建 21 世纪海上丝绸之路的共同倡议》，为海上丝绸之路建设提供新思路。

2. 成立专门的丝路基金。为加快海上丝绸之路建设步伐，解决海上丝路资金来源问题，中国成立规模为 400 亿美元的丝路基金，推动“一带一路”建设，支持基础设施等相关方面建设，保证了“21 世纪海上丝绸之路”建设的顺利进行。

3. 多方面为海上丝绸之路提供保障。为建设“21 世纪海上丝绸之路”，中国与东盟国家加强海上军事和安全合作以提供安全保障、加强法律合作以提供法律保障、加强学习交流及建立相关机构提供智力支持等。“21 世纪海上丝绸之路”建设将成为推动中国与东盟海上合作的新动力。

（二）精心营造海上合作新亮点，全方位开展海上合作

海洋合作作为中国—东盟新世纪合作的重点，需要从多领域寻找合作

契机、多角度探寻合作方式、多方面挖掘合作动力。

1. 2015年被确定为“中国—东盟海洋合作年”。2014年11月13日李克强总理出席第十七次中国—东盟（10+1）领导人会议时提出：中国建议将2015年确定为“中国—东盟海洋合作年”，与东盟国家共同搭建中国—东盟海洋合作新平台。

2. 充分利用中国—东盟海上合作基金深化双边海上合作。2011年中国设立了总额为30亿元人民币的中国—东盟海上合作基金，中国与东盟海上合作将以“中国—东盟海洋合作年”为平台，依托既有的资金支持和海上合作机制，共同实施好中国—东盟海上合作基金2014年项目，积极申报2015年基金项目，挖掘海上合作新动力，营造海上合作新亮点，为中国—东盟海洋合作打开更为广阔的局面。

3. 继续推动双边港口物流合作。双方加强港口合作建设，增加海上航线、增开轮船班次，推进海上物流信息化合作，提升海上物流速度与能力。同时努力维护海上航行安全，加强海洋环境保护，提升海上突发事件应急处置能力。

4. 落实好《泛北部湾经济合作路线图》。双方共同探讨举办包括相关国家海洋部长出席的海洋合作论坛，建立海洋合作中心，继续开展海上务实合作。经双边共同努力，未来中国—东盟海洋合作将成为中国与东盟合作的新纽带，并在开创中国—东盟伙伴关系新纪元中发挥积极作用。

文化领域

2014年是中国—东盟领导人共同确定的“中国—东盟文化交流年”，也是中国—东盟战略伙伴关系进入第二个十年的开局之年，也是“21世纪海上丝绸之路”建设元年。这一年，中国—东盟的人文合作不断深入，双方共同举办的论坛研讨、展演展览亮点纷呈，双方共同推动的社会、文化、教育、青年、妇女、卫生、旅游等的合作与发展，呈现出包容共生、相映生辉的新局面。

一　中国—东盟文化交流年：让文化照亮“命运共同体”

“命运共同体”是以习近平为首的新一届中国国家领导人提出并自觉秉承的国际交往新理念，是对古老中华民族“万物并育而不相害、道并行而不相悖”和谐相生文化观的创新发展，是超越具体利益认同，具有远古“大同世界”之普世价值和人文情怀的大国外交新思想。但在今日的中国—东盟实践中，它却遇上了诸如南海争端、中国威胁论等的阻碍与干扰。对此，如何让文化照亮“命运共同体”，让“命运共同体”在文化照亮中航行，既考验着当代中国领导人的智慧与能力，也考验着东盟国家领导人的远见卓识。而中国国家主席习近平 2013 年在印度尼西亚国会发表的被视为构建中国—东盟长远新型关系新构想的“携手建设中国—东盟命运共同体”演讲及随后向东盟领导人倡议的将 2014 年确定为中国—东盟文化交流年，提出今后 3 到 5 年，中国将向东盟国家提供 1.5 万个政府奖学金名额，提出中国愿向东盟派出更多志愿者，支持东盟国家文化、教育、卫生、医疗等领域事业发展，等等，实质上就是付诸行动地用文化把“命运共同体”的激情点燃，用中国式的温情与诚意把中国—东盟“命运共同体”驶向“各美其美”“美人之美”“美美与共”彼岸的人类智慧与大国担当。

在习近平主席的倡导之下，2014 中国—东盟文化交流年，堪称是建设中国—东盟“命运共同体”的纯美华章。它揭幕于 2014 年 4 月 7 日的北京，闭幕于 2014 年 12 月 16 日的缅甸内比都。在此期间，中国与东盟成员国合作开展了 120 余场形式各样的文化活动及项目，打造了中国—东盟文化论坛、电影周、书画展、南洋文化节、中国—东盟国际汽车拉力赛等辐射面广、有影响力的文化品牌。借助 21 世纪海上丝绸之路、中国海外文化中心、“欢乐春节”、庆祝中国与马来西亚建交 40 周年等专题活动，将中国与东盟更加紧密地联系在一起。

随着中国—东盟文化交流年的结束，我们发现，其成功背后，既蕴含当代中国—东盟领导人的智慧与担当，同时凝聚着文化传播使者们不辱使命的辛勤与汗水。

首先，是当代中国—东盟领导人的智慧与担当。回顾近年来中国—东盟新关系的发展，我们发现，让文化合作与经贸合作并驾齐驱，一直是当代中国和东盟高层的共识。2005 年 8 月，中国和东盟签署《文化合作谅解备忘录》，12 月，将文化列入中国—东盟新的重点五大合作领域；2006 年 9 月，中国—东盟文化产业论坛在南宁召开，10 月，《中国—东盟纪念峰会联合声明》确定中国—东盟的社会文化合作计划；2014 年 4 月，第二届中国—东盟文化部长会议签署《中国—东盟文化合作行动计划（2014—2018）》，将中国东盟原有的文化合作拓展至文化产业、文化遗迹保护、公共文化服务等更广领域。这些由中国—东盟领导人共同推动签署的协议和声明，其根本宗旨就是为了吸引更多的情感投入，探索更大范围上的共同特征，寻求更多赖以互动的因素和力量，在政治、经济、社会文化的多个层面上，锻造既有内在精神价值，又有共享生活特征的中国—东盟“命运共同体”。

其次，是文化传播使者们的不辱使命。“2014 中国—东盟文化交流年”已成功让 120 多项中国—东盟文化相互交汇融合。在这一过程中，中国传统的民间艺术、中国的影视文化作品、中国的知名艺术家、少数民族文化等，不拘一格走进东盟各国。中国成功在越南胡志明市举行“多彩中华”迎新春晚会；在印尼雅加达卡尔蒂尼宫隆重举行“东盟最佳表演艺术——中国主宾国”系列展演活动；在马来西亚首都吉隆坡国家文化宫精彩上演《云南印象》；在文莱皇家码头展览馆成功举办传统苏绣技艺；在柬埔寨金边举行具有北京文化特色的北京—东盟文化之旅交流会；在印尼雅加达上演中国大型舞台秀《太极图》；等等。与此同时，孙悟空的扮演者章金莱（六小龄童）应邀率团访缅甸，首个海外中国文化之家落户柬埔寨首都金边；中国电视《甄嬛传》在越南，《木府风云》在老挝等热播；中国云平、孔令广书法在新加坡展出等，都在充分展示中国文化艺术发展的辉煌成就的同时，演绎了中国人民与邻为善的真诚与热情。

与中国人民的热情相呼应，东盟各国的特色文化也在中国精彩演绎。在文化交流年期间，泰国、新加坡、印度尼西亚等 9 个东盟国家艺术团启动“魅力东盟·走入中国”文化之旅活动；泰国、缅甸、菲律宾、老挝、越南、新加坡、文莱等的艺术团体来华参加在清华大学举办的“中国东盟文化交流年”开幕仪式；文莱、柬埔寨、印尼、马来西亚、菲律宾、泰国的企业来华参加“2014 中国—东盟博览会文化展”；柬埔寨文物《高棉的微笑——吴哥艺术特展》在中国北京首都博物馆大规模首次展出；泰国电影协会联盟代表、影视制作公司以及泰国知名明星演员联袂来华参加“2014 年上海国际电影节”，等等。

以上活动有力推动着中国—东盟心与心的联通，推动你中有我、我中有你，相互依存、休戚与共的“命运共同体”的形成。

二 “一带一路”连接“中国梦”与“东盟梦”

“一带一路”倡议是中国周边外交的“顶层设计”，正在成为中国—

东盟不同文明交流发展的纽带。中国梦与东盟梦可以通过“一带一路”的连接带动，优先在文化、旅游、贸易、金融、交通、基建六大行业大显身手。

2014 年，正是“一带一路”、“文化先行”的东盟实践开局之年。在这一年，中国的政界、学界、企业界、文化界掀起了以共建 21 世纪“海上丝绸之路”为重点主题的论坛研讨，服务银企、投融资项目对接会，挖掘海上丝绸之路文化内涵、文化交流、文化产业合作等热潮，这股热潮为中国—东盟“一带一路”建设提供有力的理论与人文支撑。

2014 年，是中国—东盟联合举办的论坛研讨最热年。在这一年，首次举办的中国—东盟文化展、文化活动有：中国—东盟博览会文化展、中国—东盟国际摄影季、东盟文化周、东盟经贸文化交流活动、中国东盟书画展等。据不完全统计，这些首次举办的论坛研讨、文化展、文化活动不下 18 次，内容涉及中国与东盟国家的传统文化、城市文化产品、书画艺术、动漫游戏、休闲养生旅游、现代农业、影视文化、网络文化、区域性国际警务合作、劳动与就业合作、医学合作等领域，对于促进中国与东盟各国在政治、经济、文化、科技、教育、旅游等方面的交流与合作，构建中国与东盟各国之间更加牢固的精神纽带，搭建了新的平台，打开了新的局面。

作为古代丝绸之路起点的中国福建省，围绕“一带一路”倡议，着力打造妈祖文化、船政文化等海洋文化品牌，着力办好“第四届南洋文化节”、“友好之船”、“福建省东盟政府官员培训班”等活动，支持福州、漳州、泉州参与联合申报“海上丝绸之路”世界文化遗产等，都既突出“一带一路”的建设主题，同时彰显中国梦与东盟梦的兼容相通。

正是通过 2014 年的论坛研讨、文化展、文化活动，“一路一带”顶层设计所倡导的开放、包容理念快速获得东盟各国的认同与响应。柬埔寨副首相贺南洪指出，21 世纪海上丝绸之路的建设对中国和东盟在政治、经济、贸易、安全等各个领域的合作具有重要意义；新加坡国立大学国际法学中心主席许通美指出，“中国梦”不仅关乎中国人民的福利，其邻国也可以分享发展红利，实现共赢；泰国《民族报》称，中国与东盟的关系虽然在过去受到了南海问题的影响，但现在已经得以缓和，只要双方共同努力，保持并深化合作，就一定能够实现“中国梦”与“东盟梦”；东盟秘书处公共事务主任李键雄表示，东盟国家普遍欢迎中方提出的 21 世纪海上丝绸之路倡议，认为中国和东盟一直是命运共同体，中国梦和亚洲梦是一体两面。

可见，承载着千年古史，编织着四方文明的“一带一路”宏伟倡议，通过2014年的论坛研讨形式，把中国国际合作的方略，中国—东盟区域合作的方略，通过中国梦与东盟梦形式现实地对接了起来。

三　2014年中国—东盟社会文化交往的两大亮色

近年来，中国与东盟双方相互有20万名留学生在对方国家接受教育，中国与东盟每年有1500万人次的人员往来。而2014中国—东盟的社会文化交往，除了继续推动中国—东盟留学生的双向互动，推动双方人员的双向流动外，还凸显了两大亮色：一是积极推动双方青少年的有缘相会、相知和相融；二是推动地理相近、人文相亲的少数民族的交流往来。

（一）推动中国—东盟青少年的相会、相知和相融

2014中国—东盟青少年的交流往来，除秉承过去彼此有缘来相会的主题之外，还同时融入彼此相知相融，心心相印的内容。

首先，推动彼此有缘来相会。分别在泰国和中国广西举办的第十届大湄公河次区域青年友好交流活动，让各国青年代表轮流访问大湄公河次区域的中国、柬埔寨、老挝、缅甸、泰国、越南6国，同时开展青年论坛、环境保护、志愿服务、文化交流等活动；第二届中国—东盟青少年文化交流节，让来自东盟10国的青少年与中国台湾、大陆25个省市区青少年代表共计500余人，在河北省康保县共同体验草原风情和中国农村民俗，参加丰富多彩的参观访问活动，为中国—东盟青少年的相逢相知，相互尊重和相互欣赏，提供了机缘。

其次，推动彼此相知相融。2014中国—东盟博览会文化展特别为中国和东盟国家的少年儿童组织了专场活动。此外，泰国华裔青少年组团参加的广西壮乡“三月三”民族节庆活动、7月在新加坡举办的第八届中国—东盟青少年舞蹈交流展演等活动都把青少年的相会相逢、相知相交相融的情感交流作为活动的主轴，并在活动过程中演绎和彰显中国—东盟青少年爱好和平、蓬勃向上的青春与活力。

（二）推动地理相近、人文相亲的少数民族的交往交流

中国—东盟山水相连，人文相亲，很多少数民族跨境而居。因此，中国—东盟的人民相亲，离不开少数民族之间始终存在的密切联系。也因如

此，2014 年中国—东盟的社会文化交往，少数民族文化元素大放异彩。

如 1 月初，中国少数民族艺术团参加了在越南举行的“多彩中华”迎新春晚会；2 月，中国瑶族土风舞在马来西亚沙巴州上演；8 月，广西壮族特色文化和艺术乘坐“文化走亲东盟行”之舟，进入东盟国家，受到热烈欢迎；8 月，在印尼举行的“东盟最佳表演艺术——中国主宾国”展演了由多彩中华少数民族歌舞团表演的维吾尔族、回族等少数民族歌舞；12 月，中国云南少数民族歌舞在马来西亚上演，等等。

以上由少数民族唱主角的活动，使中国少数民族事实上成为中国—东盟社会文化交流舞台的一支生力军，使中国—东盟的社会文化盛会既是人民的盛会，同时也是民族的盛会

四 回顾与展望

2014 年中国—东盟的社会文化发展呈现出新理念和新形势下的新气象。这一年，以“同享文化，共创未来”为主题的中国—东盟文化交流年，为中国—东盟命运共同体的建设打下了文化基础，同时也是“一带一路”倡议下开展“民心相通”的具体行动。中国和东盟双方共同举办的众多会议、演出、展览、人员培训以及在新闻、影视、出版、体育、旅游、宗教、青年等领域的交流等活动，都取得了巨大成功。

不足的是，2014 年由于南海局势持续升温、越南发生反华暴力骚乱以及中国企业在一些东盟国家的投资开发被误解误判等负面因素，使这一年中国—东盟的社会文化合作略受影响。如在旅游业方面，骚乱期间的中越双方旅游人数减少近三成。另外，就是中国企业在东盟国家投资建厂发生的利益、文化冲突呈现多发态势。这些因素也可能对 2015 年及其更长远的将来产生负面影响。而要消除这些负面影响，必须继续加强双方的文化交流，尤其是民间交流。中国对东盟的外交需要更多的民间正能量，尤其是来自“走出去”的经商者、旅游者、务工者等的正能量。因此，建议中国政府加大力度对这些正能量的培育和引导。

2015 年将是中国—东盟海洋合作年，美丽中国——丝绸之路旅游年，中国—印尼、中国—越南建交 65 周年，中国—菲律宾、中国—泰国建交 40 周年。同时也是东盟共同体完成的一年，升级版中国—东盟自贸区完成谈判的一年。展望 2015 年，中国—东盟的社会文化发展将会呈现的图景是：以“海洋”“旅游”为主轴，以建交周年庆为亮丽节点，以推进

21 世纪海上丝绸之路和“中国—东盟命运共同体”建设为目标，显然，文化交流将继续扮演“民心相通”的重要角色。

合作展望

2014 年，中国和东盟的合作在各个领域都取得了很大的成就。展望 2015 年，双方在各个领域的合作必将进一步发展。同时，也有一些问题和挑战摆在面前，中国和东盟双方需要继续努力来共同推进合作。

一 中国—东盟政治与安全关系发展趋势

当前，中国和东盟的政治关系总体良好，并将延续这一趋势。但也要看到，未来地缘政治等非经济因素的影响会加大，在合作与发展的主流背后，仍然会有一些矛盾反复出现。

在政治层面，2014 年以来，双方的合作也遇到了一些新的挑战：马航事件发生至今，尚未得到妥善解决，对相关国家关系的负面影响仍未解除；从“981”事件到南沙“填海造陆”，菲律宾和越南在南海与中国的对抗行为空前激烈，两国都试图拉东盟为其撑腰，收到了一定成效，东盟对南海的争端表达了前所未有的关切立场；泰国的政变给中泰两国以及大湄公河次区域经济的发展带来了变数；缅甸北部的政治与军事冲突给中缅的经济合作投下了阴影。所有这些冲突除了内部因素之外，背后都有域外势力的影子。对中国与东盟的政治关系的发展影响较大的国家有美国、日本和印度。美国从最初的“重返亚洲”，到“战略重心东移”、再到“亚太再平衡”，其矛头指向中国的迹象非常明显；而安倍治下的日本则不遗余力地在中国周边制造事端；穆迪当选后的印度游走于各大国之间试图猎取最大利益，不断地介入南海和东南亚事务，并在中印领土纠纷上小动作不断。可以说，在这片区域中大国关系在一定程度上处于亚稳定状态，并将产生出政治不确定性。因此，中国和东盟在发展双方关系的同时，要注意域外大国的影响。

二 中国—东盟经贸合作发展趋势

1. 经贸合作将继续深化

中国已连续多年成为东盟最大的贸易伙伴。东盟是中国第 3 大贸易伙伴。中国—东盟自由贸易区已成为发展中国家最大的自由贸易区，涵盖20 亿人口，双方互利共赢的经贸合作在全球经济低迷情况下显示出勃勃生机。东盟成为中国企业在海外投资的第一大市场，也是中国吸引外资的重要来源地。十年间，中国—东盟间的相互投资扩大了四倍，双向投资金额累计已突破 1000 亿美元。可以以预见，随着中国“一带一路”倡议的实施，以及一系列区域经济一体化举措的深化，中国和东盟国家之间的经贸合作必然会进一步深化。

2. 中国经济新常态带来的经济溢出将促进双方的经济关系

2014 年习近平主席用“新常态”向世界描述了中国经济的一系列新表现，包括增速变化、结构升级和动力转变，特别阐述了新常态派生新机遇，指出新常态下中国经济增长更趋平稳，增长动力更为多元，发展前景更加稳定。而中国在推动亚太地区发展所扮演的角色，也进入了一种“新常态”。为了促进亚太经济的合作与发展，2014 年 10 月，中国牵头 21 个首批意向创始国家共同成立亚洲基础设施投资银行（简称“亚投行”），总部设在北京，法定资本 1000 亿美元。亚投行与金砖国家银行一道，与现有多边开发银行相互补充，可为包括东盟各国在内的亚洲国家的发展提供坚强金融后盾，为促进互联互通注入新动力，必将对现有的国际主流金融秩序带来具有创时代意义的影响。此外，中国提出了“一带一路”倡议，试图将东北亚经济和东南亚经济进行有机整合，融合成一条通向欧洲的经贸大动脉，在中国经济新常态所带来的经济溢出作用下，中国和东盟的经济联系，已经从“黄金十年”步入“钻石十年”，中国经济新常态带来的经济溢出将促进双方的经济关系

三 推动中国—东盟合作关系向前发展

今后，我们要从以下几个方面来积极推动中国—东盟关系的发展：

1. 全面促进中国—东盟区域经济合作，打造命运共同体

中国秉承的“亲、诚、惠、容”的周边外交理念，以及建设“中国—东盟命运共同体”目标，可以通过多边、双边和次区域层面实现。中国和东盟“10 + 1”的自贸区协议，是加强双方全方位关系的基石，为中国东盟经贸合作奠定了多边框架；而中国与东盟各国之间的双边合作，则是增进双方合作与互信的抓手和落脚点。大湄公河次区域国家由于与中国山水相连，因此具有合作上的天然优势，目前在互联互通方面的合作已

经走在东盟国家前列，显然未来除了加强这方面的合作之外，在能源、电力、基础设施、农业、旅游等领域还有广泛的合作空间。

2. 落实"一带一路"倡议

"一带一路"倡议与东盟国家直接相关的是共建"21世纪海上丝绸之路"，本着遵循和平合作、开放包容、互学互鉴、互利共赢的丝路精神，中国将与沿线东盟各国在交通基础设施、贸易与投资、能源、金融等领域，迎来共创共享的新时代。认真落实"一带一路"倡议所体现的中国与沿线发展中国家合作与共赢的精神，可以向世界表明中国与西方列强过去在崛起过程中所遵循的殖民与掠夺道路有着本质的区别。当然，值得警醒的是，"一带一路"倡议的实施不能只注重经济手段，还要辅之以政治和其他综合影响，否则，巨额的投资不一定能够达到预期目的，可能会遭受某些反对力量的干扰和破坏，最近在斯里兰卡以及缅甸出现的政局反复给原先的美好合作计划投下了阴影，即为明证。

3. 妥善处理南海争端

在南海争端上，中国要坚持不久前提出的"双轨思路"的解决方式，即有关争议由直接当事国通过友好协商谈判寻求和平解决，而南海的和平稳定则由中国与东盟国家共同维护，两者相辅相成、相互促进，有效管控和妥善处理具体争议，合情合法地维护好中国在南海的正当权利，维护南海的和平稳定，维护各国根据国际法享有的航行和飞越自由。

4. 把握好中美关系的大方向

如前所述，当前中国—东盟合作关系最主要的外部制约因素是中美关系。近年来，东盟国家已经形成了在经济上依赖中国，在安全上依赖美国的行事方式。它们对不得不在中国和美国之间"选边站"表示很无奈。这充分反映出中美两个大国在东南亚地区的博弈所产生的影响。中国已经明确表达了要与美国建立新型大国关系的意愿，但至今尚未被美方所接受。总的看，中美关系仍将维持"斗而不破"的格局，但双方合作仍是大方向，我们要牢牢把握好这个大方向，要在确保国家核心利益的前提下，尽量避免与美国发生直接对抗，以尽量延长战略机遇期。要做到这一点，最佳的途径还是通过维系中美经济与政治利益的捆绑，争取与美国建立更高程度的互信机制，并探寻新形势下有效的非对称博弈手段。

第 二 篇

2014 年中国与东盟各国合作报告

2014年中国与泰国合作报告

岳桂宁[①]

2014年的泰国，在剧烈动荡中度过。泰国政局如历“冰火两重天”，从势不两立的街头对垒到走向表面平静的军政统治，社会经济在经受重创之后走向艰难的复苏。受国内动荡政局的影响，中国与泰国的双边往来与合作也大体以政变前后为基本分野，呈“两段式”的方式展开，出彩的压轴重戏接近年末方才登场。

一 2014年泰国形势述评

2014年，是自2006年他信政府被推翻以来，泰国国内局势变动最为剧烈的一年。上半年，由于2013年11月素贴·特素班发动的反政府示威持续升级，致使泰国政局陷入剧烈动荡，而5月22日军方政变之后上台的巴育·占奥猜军人内阁，大体上又将泰国拉回到了基本稳定有序的常态之中。

（一）政局——从“二元分野”走向“三足鼎立”

巴育政府上台后，迫于国内外压力，宣布于2015年4月前完成新宪法的起草工作，并最晚于2016年上半年再次举行全国大选。为了在未来的大选中保持皇室和军方对政局的主导，军方控制的立法机构不断在宪法草案中加入各种针对性条款，削减主要政党席次，变更总理的产生办法，

---

① 广西大学中国—东盟研究院泰国研究所所长。合作者：岳汉，广西大学中国—东盟研究院泰国研究所特约评论员，泰国《星暹日报》泰国时政要闻部及评论部编辑。

为传统上“亲军方”的上议院大举扩权。同时，以司法指控为威胁，政治特赦为诱饵，不断拉拢他信势力为军方“站台”，意图建立一个以他信的选票为基础，以军方高层为领袖的新政府。

出于长期执政的目的，军方与他信集团之间尖锐的敌对关系，在2014年年末迅速演变为“相互防范，彼此依存”的微妙缓和状态。双方各怀“与虎谋皮”之心，各起“同床异梦”之舞，因此军方对包括英拉在内的前政府成员的“清算”和遏制越来越流于表面。与此同时，先前希望坐收渔利，幻想军方政变后“还政于民（主党）”的阿披实民主党，逐渐遭受军方的边缘化，政治立场与军方分道扬镳。

军方对他信集团的拉拢，使泰国政坛的格局从他信与其反对者的“二元分野”，迅速转变为军方、他信、民主党三方彼此合纵连横的“三足鼎立”格局。未来一段时期内，军人政府、他信集团、民主党三方将会不断随着局势的变化而相应调整自己的立场，合纵连横，分离聚散，以寻求在2016年大选后在缺乏绝对主导者的多党议会中占据更大的话语权。而无论政局如何改变，泰国地域分野明确，阶层分化严重的基本社会矛盾仍将无法改观，王储的政治立场摇摆不定，军方派系斗争逐渐浮现，一系列的不稳定因素仍具有足够的能量摧垮军政当局枪杆之下短暂而脆弱的稳定。

（二）经济、文化与外交——分水岭的两侧

以军事政变为基本分野，泰国2014年社会、经济、文化、外交等方面的表现，同样大体以“两段式”的方式展开。

1. 经济：陷于衰退，复苏乏力

2014年上半年，素贴发动的反政府示威，使泰国经济环境恶化，为泰党政府主导的刺激计划和大型项目在政争中被迫停顿，其民粹政策的后遗症提前发作，使得泰国大宗农产品全面滞销，消费下滑，局势的动荡更使旅游业深受打击。同时，全球经济的低迷，使泰国出口跌至谷底，第一季度出现了0.5%的负增长，经济陷入衰退。

5月22日军方政变之后，泰国政治局势趋于平稳。在军事高压造就的稳定下，巴育军人内阁采取了实际上与他信和英拉政府大同小异的刺激政策，平抑物价，收购农产品，重启英拉政府时期下马的大型基建项目，除了推出高达3000亿泰铢（约合600亿元人民币）的经济刺激计划之

外，还另外向农民直接发放近 400 亿泰铢（约合 80 亿人民币）的补贴，同时全力发展公共服务事业。

在天量的预算投入以及稳定局势的利好下，2014 下半年的泰国经济开始艰难复苏。然而，欧美对泰国出口实施的变相制裁，戒严法令对投资者信心的打击，频繁的水旱灾害，仍旧使泰国经济复苏乏力。第三季度 GDP 增长 0.6%，出口下滑 1.7%；年底，各项政策效果显现，加之油价下跌，第四季度 GDP 增长冲至 3%，全年经济增长数据最终停留在 0.8%—1%。

2. 社会文化：舆论收紧，管制加强

上半年，泰国思想舆论界以“亲他信”和“反他信”为分野，爆发了针锋相对的舆论冲突；及至 5 月底，民主体制下的“众声喧哗”在军事政变之后戛然而止。军方长期援引《1914 年戒严法令》，对集会游行、新闻媒体、学术研讨等进行严格管制，一度引起了文化界——尤其是媒体和学界的公开反弹，但总体上社会舆论仍然处于巴育政府的有效控制之下，加之“军人内阁”在泰国现代历史上实属司空见惯，普罗大众对舆论的收紧也多数报以听之任之的态度，除学界和大学生团体偶有动作之外，2014 年下半年的社会氛围大体上趋于平缓。

3. 外交：政权更迭，面临挑战

2014 年 5 月之前，由于泰国政争尚未脱离法制轨道，且西那瓦家族与美国、中国等国均保持着良好的关系，因此泰国的外交环境尚好，美方曾多次赞扬英拉政府“保持克制”，并警告泰国军方不得越轨。然军方夺权之后，美、欧、日对泰国军政府纷纷予以谴责，欧盟、美国更以“泰国渔业奴工丑闻”为由，对泰国实施了取消泰国出口产品的税务特惠、禁止进口泰国水产、暂停军事援助等一系列变相打压泰国政府的措施。作为反制，巴育政府对华示好，重启了部分被暂停的中泰合建项目，并派遣军方高层频繁访华。中国投桃报李，明确表示支持泰国军政当局的“改革进程”，并积极撮合政坛对立各方的和解。泰国外交，被动地进入了一个更为多元化的时期。

军政府上台后，泰美关系发生了微妙的变化。美国在一番谴责之后便转为静观其变。顾及美国和西方世界的不满，在“5·22 政变”之初维和委主席巴育上将即提出“改革三步走”时间表，明确表态将在 2015 年 10 月如期举行大选。但这似乎是一个缓兵之计。军政府站稳脚跟后，态度逐渐转变。到 11 月 27 日，国防部部长巴逸上将在接受媒体采访时，公开说大选将推迟至 2016 年。不久后，财政部部长颂迈在另一个场合也发表“个人意见”称，由于存在反对巴育军人内阁的因素，因此难以在 2015 年 10 月如期大选。到了 12 月，副总理威沙努在会晤美国驻泰大使时重提大选日期，再次将大选推到了 2016 年中旬。军政府的食言引起美方的强烈不满，直指泰军方“不明智”，美对泰的态度已从旁观转为干预。

此前，由于泰国是美国在东南亚的忠实盟友，因此美方对泰国军方数十年来历次针对国内左翼民主运动的强力镇压，都采取了默许甚至支持的态度。奥巴马政府上台后，由于泰国仍是美“重返亚太”外交政策的基石，因此美方始终对泰国局势保持缄默，2010 年泰国阿披实政府对红衫军进行血腥镇压，西方各国以及其主流媒体几乎“不置一词”。

而巴育发动政变后，由于军方彻底终止宪法，显露出“长期执政”的意图，根本上逾越了美方关于民主政治的意识形态底线，因此围绕着“何时恢复大选”的问题，美泰两国在 2014 年底产生了严重分歧，爆发了上述的一系列外交抵牾，直接影响到了两国的军事安全合作，双方关系已经出现了明显的倒退。

但从长远来看，泰国“大国平衡”的外交思路决定了其不会彻底脱离美国的势力范围，也不会像冷战时期一样彻底倒向美国。基于美方的实用主义外交战略，美泰关系预计将在一年内恢复正常水平，但是很难再达到政变之前的相互信赖，两国间军事安全合作将承受长期的不良影响。

综观泰国全年局势，以“5·22 政变”为分界，从动乱走向稳定，从民主走向威权，巴育政府为维持政权稳固，不断在内政、司法、外交等领域寻求突围，使泰国暂时脱离了 2001 年他信上台以来不断重演的死循环，由“阵营清晰的动乱”走向“暗流纷乱的独裁”。短期而言，泰国局势走向的最大可能性，是在军政势力的控制下，将眼下貌合神离的平静维持一到两年，并最终在皇室与军方的主导下，组建各方势力彼此较为平衡的“联合政府”。

二　2014 年的中泰双边合作

总体而言，2014 年中国与泰国的双边往来与合作同样大体以政变前后为基本分野，呈“两段式”的方式展开，其亮点主要集中在政治、经济等领域，越是接近年末，越是渐入佳境。

（一）双边政治互信关系依然牢固

上半年，受泰国反政府示威持续升级的影响，双方高层之间的往来为数不多，层次相对较低，主要往来有泰国教育部副次长帕妮率泰国教育部代表团于 3 月初来访；诗琳通公主、泰国教育部部长乍都隆分别于 4 月上旬、月底访华。

在巴育军政集团“5·22 政变”夺权之后，经过两周左右的观望，中国选择了不加入西方世界的“反政变谴责大合唱”，抓住泰国与欧美日等国短暂的“外交断裂期”，对根基未稳的军政当局进行“外交抄底”。

6 月 6 日，维和委主席巴育上将会见到访的中国商团，以此为起点，中泰双方通过商务交流、第三国会议等形式开展了火热的“间接交流”。

6 月到 10 月之间，中国与泰军政当局的交往逐渐上升到军事政治层面，国防部次长苏拉萨、外交部次长西哈萨（由于英拉政府被推翻，内阁部长被集体解职，因此各部委次长成为过渡时期各部门的一把手）先后到访中国。

9 月，巴育军人内阁正式上台后不到一个月，军政府即派出其核心成员——副总理兼外交部部长塔纳萨访华。到了 10 月，英拉和他信借“旅游祭祖”之名神秘访问北京，与此同时，巴育政府中资历最高，与他信集团私交颇深的副总理兼国防部部长巴逸低调访华，外界纷纷猜测中方在促成各方的政治和解。此后，包括反对派民主党领袖阿披实在内的泰国政坛各派系纷纷来华，中国自此成为泰国政治的近距离参与者，两国关系愈发紧密。

11 月，两国领袖实现直接互访。APEC 会议上，巴育与习近平、李克强会面。仅仅一个月之后，李克强出席第 5 次湄公河流域 6 国峰会，两国正式签署《中泰合建复线铁路谅解备忘录》、《中—泰农产品商贸协议》；当月 22—23 日，巴育再度访华，与李克强、习近平、张德江会见。

总而言之，下半年，中泰关系在泰国外交萎缩的背景下，逆势上升，往来层次水涨船高，从商业转为军事，从军事迅速上升为最高层互访，并屡次签下大单。年底两个月内，两国总理甚至四次会面，不仅极为有力地帮助泰国军政府摆脱上台后所面临的国际困局，也巩固了中泰之间双边政治互信。

（二）“大米换高铁”系列项目浴火重生

2014年中泰经贸合作成果的重中之重，当属双方在泰国铁路建设方面的合作。泰国目前急需进行的基础设施工程，将致力于提高国内交通网络的连通性，尤其是连接贸易枢纽、关键城市、曼谷及周边府、海港、空港、铁路货运中心的交通网络。

在英拉执政时期，中国和泰国曾达成“大米换高铁”的相关计划，当时英拉政府的计划是修建曼谷素万那普机场—罗勇线（221公里），曼谷—清迈线（745公里），曼谷—廊开线（615公里）及曼谷到泰国马来西亚边境城市巴东勿刹线（9282公里）四条高铁项目，总价值7800亿泰铢。但其优先考虑的高铁计划是修通曼谷至清迈的线路，而该线路无法与中国规划的泛亚铁路连通。

泰国军方执掌政权后，曾宣布暂停一切英拉时代的2万亿泰铢大型基础设施工程并逐一进行审查，也曾一度传出，泰国军政府计划放弃高铁计划。

7月29日，泰国军事执政当局“全国维持和平秩序委员会”（维和委）批准了国家8年交通基础设施战略规划，包括建设6条双轨制铁路，并建设两条可以同中国—东盟铁路线接轨的双轨“标规”铁路线，取代高速铁路计划，总投资额为约2兆铢。

这一动向的实质，是军方自动重启了英拉政府时期的核心基建项目，一方面是为了以国家预算支出提振经济，另一方面也重启了中泰之间的大型基建合作，将两国牢牢地捆绑在了一起。

其中两条同中国—东盟铁路线接轨的双轨铁路线兴建计划总值高达7414亿泰铢（约合人民币1430亿元），一条是接通老挝的“东北线”（廊开—呵叻—北标—廉差邦—玛达普线），另一条是北达缅甸的“北线”（清孔—登猜—挽帕奇线），全长655公里，预计耗资约3488亿泰铢。其中“东北线”确定由中方承建，“北线”由于日本的加入，尚未有所定论。

中泰铁路合作将促进区域经贸和物流发展以及人员往来，对泰国经济发展和改善民生会起到积极作用，也将促进泰国乃至整个东南亚的旅游业发展。一旦双线铁路建成通车，贸易往来和人员交流将会更加便利。泰国的大米、橡胶、新鲜蔬菜等农产品将能够通过新建铁路运送到中国和周边国家，这不仅将大大地促进泰国的经济发展，而且也将促进泰国乃至整个东南亚的旅游业发展。

英拉政府于 2013 年与中国达成的系列大米交易协议，受政局动荡影响也曾于 1 月停摆，后于 3 月又重启。8 月，军政府开放新产稻谷出口，与中国签订百万吨新合同；11 月，中国批准购买泰国 200 万吨大米、20 万吨橡胶农产采购大单——也就是说，一度成为泡影的“大米换高铁”，至此实际已经得到变相的重启。

巴育版本的高铁线路，最高时速从原计划的每小时 200 公里降低到每小时 160 公里，虽然比英拉时期节省得多，但这两条高铁线路最终与中国境内的铁路相连，仍是中国“一带一路”战略的重大突破，以及泰国新政府与中国友好关系的稳定剂。

（三）“高、大、上”投资项目渐露头角

新世纪以来，中日两国一直是泰国的主要投资者。两国投资的特点截然不同——日本以跨国财团为核心，牢牢占据汽车、家电、机械工程等产业垄断地位，投资数额占据绝对优势；而中国则在大型项目（尤其是政府间大型项目）上占据先机。

2014 年，在与英拉政府及巴育军政府保持同等良好关系的同时，中国对泰大型项目投资保持了一贯的优势，并且在民营项目、金融合作，以及移动通信、电子商务、卫星导航等高新科技领域的投资与合作出现爆炸式的增长，逐渐在泰国外商投资的版图中，占据了更为庞大而全面的份额。

在金融合作领域，交通银行上海市分行全面开办泰国铢现钞兑换业务，中泰续签规模为 700 亿元人民币的双边本币互换协议，货币国际化合作稳步开展。同时，阿里巴巴与泰国开泰银行合作，泰国企业将入驻阿里平台。银行之间的合作也在迅速推进——中银泰国在广西沿边率先发放跨境人民币贷款 2.5 亿元，泰国证券市场、南荣码头总裁拜访中国银行，双方签署合作谅解备忘录。此外，泰国盘谷银行在重庆开业（需要说明的是，泰国主要银行在华设点的高峰期已过，开泰银行对华业务在 2014 年暂时处于萎缩的状态）。

高新科技产业方面，2014 年 4 月，海能达获泰国国际机场专网通信项目；中国移动有限公司与泰国移动通信巨头 True 于曼谷正式签署战略

合作协议，中国移动欲以55亿人民币购泰国电信运营商True18%股份；奇虎360公司与泰国亚洲软件公司（AS）签署战略合作协议。实体技术方面，中国航天科技集团公司旗下中国长城工业集团有限公司和泰国泰空大众有限公司（THAICOM）在珠海航展上签署价值上千万元通信卫星项目合作框架协议；中利科技8.8亿泰铢布子泰国，拓展海外光伏市场。

最值得一提的是，5月，泰国三座由光谷北斗建设完成的北斗增强基站正式运行。12月，泰国外交部副部长参访光谷北斗，推动两国卫星合作，未来泰国渔船将安装中国生产的北斗卫星定位系统，中国将成为世界卫星定位技术的规则制定者之一。

此外，在其他工农业生产领域，中泰之间也得到了坚实的合作进展。海尔集团中标泰国逾43万台平板电脑，总价8.67亿泰铢（约合1.36亿元人民币），同时海尔集团重启泰国市场扩张计划，斥资1亿泰铢扩建泰国海尔工业区，泰国国米品牌“金泰誉”正式亮相中国市场，上汽集团泰国基地正式投入使用，等等。

中泰经贸联委会第三次会议签署《中华人民共和国政府和泰王国政府贸易、投资和经济合作联合委员会第三次会议纪要》，海南橡胶与泰国橡胶组织建立战略合作关系，为泰国政府焦头烂额的大宗农产品滞销（尤其是橡胶，南部橡胶业从业者与军政府的冲突已经严重威胁到泰国南部局势的稳定和谐）问题，在推进中国经济战略性“走出去”的同时，也为巴育政府解了燃眉之急，为邻邦送去了一份大礼。

（四）人文往来继续稳定推进，丰富多彩

2014年，中泰之间的教育往来热度依旧。以高等学府教育合作为锋锐，政府文化活动、民间交流、青少年文化交流、宗教交往和旅游业连通进程齐头并进，维持了稳定的上升态势。

高等院校合作方面，4月，海南师范大学与泰国海南文化教育基金会签订合作协议，泰国正大管理学院在南宁设立首席代表办公室。宋卡王子大学普吉孔院于月底与攀牙府红十字会中学签署教学点合作协议，在海啸灾后重建地新增汉语教学点。

青少年互访及文化交流方面，3月，先后有50名来自泰国的华裔青少年在广西开展为期12天的“文化之旅”，46名泰国学生抵达湖南湘潭开展为期12天的中国文化研习。同时，新知图书泰国清迈华文书局开业，

中国多家航空公司将与泰国大学合建汉语毕业生实习就业基地。此外，庆祝中泰建交 40 周年文化艺术节活动在曼谷举行，在泰国侨界受到热烈欢迎。

2014 年，有多条中泰航线开通。泰国新时代航空公司继 7 月分别开通南宁—甲米、桂林—甲米的直飞国际航班之后，于 9 月又开通了桂林—曼谷的直飞国际航班；9 月，中国春秋航空公司开通杭州—曼谷直飞航线；11 月，泰国亚洲航空公司开通广州—甲米的直飞航线；南方航空北方公司开通了中国东北首条直飞泰国普吉岛航线——沈阳—普吉航线。

这些新航线的开通，既为中泰之间的人文交流提供了便利，同时也是中泰之间人文交流持续深化发展的鲜明标志。

宗教交流上，3 月，中国印顺大和尚受邀出席泰国皇室为代僧王菩塔瞻举行的供僧法会；9 月，洛阳白马寺迎来泰国曼谷金山寺佛骨舍利，月底，5 尊流失的古代观音像从泰国运回国内。

由于佛教在泰国拥有着至高无上的地位，佛教领袖往往坐拥百万信众，拥有中国国人所无法想象的巨大影响力，因此这些宗教往来，不仅为中泰之间的人文交流起到锦上添花的作用，更为中国在泰总体布局起到了难以估量的推动作用，这方面的工作，值得中国宗教界大力拓展。

总而言之，中泰之间文化交流在近千年间基本保持积极繁荣的状态。在冷战期间，泰国反共军政当局曾一度对华文教育进行严厉打压，中国也采取了针锋相对的敌对姿态，在云南境内设立“反泰广播”，一度造成双方文化经济交流的中断，为中泰文化交流造成损失的同时，也为中国全面接手泰国中华文化教育提供了巨大的空白空间和施展余地。在文化交流，特别是汉语教育方面，以中国汉办和孔子学院为首的国家力量亟待强化。这方面的工作，其开发程度尚不及 10%，日后大有可为，必须特加重视。

三　2015 年中泰两国合作展望

自古以来，由于中泰两国不接壤，无直接利害冲突，并且地理距离相对接近，因此友好交流一直保持着正面的姿态。在民族渊源上，泰国主体民族泰族，与中国的壮族属同一民族，泰国境内华人华侨数以百万计，与中国主体民族拥有着割不断的文化血脉。

在历史上，中国与泰国一直关系友好，中国清代乾隆朝对缅甸，以及

20 世纪 70 年代末对越南的反击战争，普遍被泰国民众视为对泰国的军事协助。“文化大革命”时期一度兴起的“泰民族被汉族驱逐南下”的反华史观，由于缺少学术依据和政治价值，现在已经不具备实际影响。因此，泰国民间对华并无任何负面历史遗产。在中国改革开放以后，中泰关系日益密切，区域一体化进程更使两国逐渐走得比以往更近。基础良好的中泰双边关系，没有任何理由不被呵护、巩固和发展下去。

在 2014 年，面对泰国政坛的剧变，中国政府以务实的态度，长远的眼光，保持了中泰之间友好互信的大局，成功促使泰国军政府全面重启了被政变所打断的各项合作进程，基本抵消了英拉政府倒台对中国所造成的损失，并在外交上拉近了传统上亲美的皇室、军方与中国之间的距离。

总体而言，中泰关系成就卓越，并无大方向上的失误。同时，在一些细节上，仍有巨大的前进空间的拓展潜力。

（一）抓住泰美关系恶化的“契机”，加持中国在泰地位

虽然军事政变不能算是泰国的福音，中国也一贯支持和希望泰国恢复稳定有效的民主制度，然而不争的事实是，由于奥巴马政府坚持“积极干预泰国政局，促使民主大选恢复”的对泰原则，触怒了泰国军政当局，使长达 182 年的泰美外交关系出现严重倒退，在客观上，的确给了中国千载难逢的机遇。

不过，美国的外交态度是十分务实的，随着军政府执政的长期化，美泰关系很快会迎来“解冻期”。在此之前，中国应该抓紧机遇，全面拓展对泰交流，虽无法取代美泰盟国的地位，但是可以做到“共享区域安全战略机制”的目标。“金色眼镜蛇”年度军事演习是自 1982 年以来，美国和泰国共同主办的东南亚地区最大规模的联合军事演习，截止到 2013 年，已是第 32 次。此项联合军演，传统上被视为美国针对中国的军事布局。从 2002 年起，我国开始每年派遣观察员参与，2014 年，则首次成功派实兵分队参与，这表明我国对泰外交已经开始突破历年来西方世界在东南亚所划定的禁区，取得之前无法得到的成果，相信这一成果在未来还将会进一步扩大。

在 2016 年大选之前，这一段“黄金空档期”，中国对泰军事安全合作，必须争分夺秒，机不可失，时不再来。

（二）超然事外，不在泰国政坛争斗中选边站

展望 2015 年，泰国政局虽然不会过分脱轨（如发生社会革命和武装冲突），但其最终走向仍有不确定的态势。有鉴于此，中国应在和平共处五项原则的前提下，恪守中立，避免卷入其政坛派系之争，同时，注意充分利用“泰国各方均对华保持友善态度”这一最大优势，保持与各方的接触，将中泰两国之间的经贸往来在“与政坛派系之争完全脱钩”的前提下稳步推进，以此最大限度维护中国国家利益在这一地区的稳定存在。

（三）增进公开透明，杜绝对泰合作中的违规现象

泰国法制环境欠佳，贪腐舞弊现象屡见不鲜，大型项目中中方个别人员卷入其中，极易造成不可预料的负面后果。如英拉政府时期推行的“大米典押”计划，在对华销售国库存米的过程中，泰方部分不法官员伪造出口数据，不断回购国库大米以此牟利。而中国部分企业竟同流合污，最后造成 120 万吨的大米进口合同被取消，使本已焦头烂额的英拉政府雪上加霜，给泰国舆论留下了极其恶劣的印象。

在未来，与巴育政府开展的铁路合作和农产品合作当中，中国必须杜绝操作过程当中的违规现象，彻底避免此类丑闻的重演，以免阻碍两国间大项目合作的顺利进行，营造良好的国家信誉。

（四）增强赴泰旅游的监管，提升国民形象

2014 年，以“南京游客大闹亚航”事件为代表，中国游客和非法旅行社在泰造成的恶性事件层出不穷，扰乱了普吉、芭提雅、清迈等地的旅游市场和社会秩序，造成了泰国舆论的极大反感。对此，中国必须严格规范旅游市场，出台严格措施，严禁不具备资质的企业组织赴泰旅游，配合泰方打击中国籍无证黑导游，并加强出境游客的行为规范教育，订立明确的惩罚制度，挽回中国游客在泰国业已形成的不良形象。

（五）强化礼节性的文化往来，及时开展援助项目

与日本相比，中国对泰国乃至整个东南亚的嗅觉敏感与资金投入，都显得滞后。如鲁甸地震时，泰国在侨界的引领下，曾经对云南灾区展开捐助，泰国王更向习近平发送慰问信。而泰国南部遭遇严重水灾时，中国反

应滞后，没有及时回应。而在泰国影响巨大的某些传统节日（如五世王纪念日、泰王万寿节等）中，中国政府缺乏策划，反应滞后，错过了以低成本营造“中泰一家亲”氛围的时机，甚为可惜。今后，中国应利用侨界、中资企业和驻泰媒体等渠道，及时对泰国社会动态做出反应，为泰国各界留下“中国格外重视中泰关系”的印象，对推动两国关系起到良好的促进作用。

（六）重视日本的竞争，采取相应跟进手段

目前，中国在泰的最大竞争对手是日本。在不陷入恶性竞争的前提下，中国对日在泰各项活动，应有相应对策，做到“旗鼓相当”是起码的外交要求。

泰日关系，某种程度上比中泰关系更为密切。二战时期，泰国是轴心国成员，与日本关系密切，泰国从 19 世纪一直到二战之后，国家体制与民族认同构建上，一直在模仿日本。同时，体量巨大的中国给东南亚毕竟带来无形的压迫感，东南亚国家普遍对体量日益增大的中国有担忧，而对日本却无此顾虑，因此泰国各界对日合作的心态，比对华合作要更为“放得开手脚”。文化上，泰国民间对日感观胜于中国，在泰国文学影视作品中，日本人（乃至包括二战日本侵略军）的形象十分正面。日本可以说相对于中国拥有着“小而远”所造成的独特优势，中国难以复制。

对此，中国必须密切关注日方动态，在高铁工程竞争，中日基础建设贷款利率“价格战”当中毫不放松，争取拿下尽可能多的项目，抢先布子，不留余地。

在文化上，中国必须保持进取的姿态，在语言教学上保持对日、韩等国的压倒性优势（此已是目前态势），同时争取在历史纪念、文化交流、国家形象软实力宣传等方面反超日本——每一个二战日军慰灵碑的对面，都应该有一尊更高的中国远征军纪念碑。以此全面压缩日本在东南亚与中国竞争的空间。

结束语

泰国是东南亚一个经济繁荣，历史悠久的国度。总体而言，这个国家拥有独立自主的底气和实力，虽然国民性趋向温和，但长远而言不会长期

受制于任何外部势力，具有掌握自己命运的坚定意志和光辉传统。

政变以来泰国军政府的执政表现，颠覆了外界对泰国的许多固有认识。在威权主义管制下的泰国，或许将会发展出一种与泰国传统更为契合的独特体制。而美泰同盟的裂痕初显，使我们看到了泰国仍是百年前那个“游走大国之间”，习惯于火中取栗，外交水准高超，坚定奉行外交平衡主义准则的国家。在对泰交往时，我们必须将其视为一个平等自主的伙伴，而并非任何国家的附庸，并以此为基础，用更积极灵活的姿态去争取泰国的信赖。

有利的是，在泰国内部，其各方无论立场如何，均一贯保持对华友善态度，无论政局如何变迁，中泰之间的友好互信都不会出现根本性的动摇。因此，只要恪守本分，广泛接触，中泰之间的合作前景是无须忧虑的。

2014 年中国与越南合作报告

金　丹[①]

2014 年，越南政治稳定、外交活跃、经济态势良好，社会民生、教育、科技有明显进步，革新事业取得重要进展。中越坚持睦邻友好，增进政治互信，加强高层互访，稳妥处理南海争议，深化互利合作。尽管在越南发生了排华事件，但没有动摇双方友好关系的根基。中越全面战略合作伙伴关系仍在不断向前发展，双方在各领域合作取得了重要成果。

一　2014 年越南形势述评

2014 年，在全球化的大趋势下，尽管越南面临着诸多需要解决的问题和矛盾，但改革进程不断推进，政局形势稳定，经济高速发展，社会总体和谐稳定，越南迎来了和平、稳定、发展的重要时期。

（一）政治：党建、法制朝前走

1. 越南政党继续深化改革，严厉打击贪污腐败

在政党的建设方面，2014 年，越共稳步推进十二大筹备工作，修改党内选举制度，不允许党员以自荐形式参选并规定选举差额不超过 30%，启动中高级干部大规模交流轮岗工作。另外，由于实行一党统治，为了展现透明度和接受监督，越南于 2013 年开始对高官进行“信任度”投票。2014 年 10 月 20 日，越南第十三届国会第八次会议对由国会推选或批准

---

① 广西大学中国—东盟研究院越南研究所所长。合作者：阮明庄，广西大学中国—东盟研究院越南研究所研究助理；黄昌贵，广西大学商学院研究生。

的任职者举行信任投票，485 名国会代表以无记名方式对包括国家主席、国会主席、政府总理、最高人民法院院长及国家审计署总审计长等在内的 50 名官员进行信任投票，结果 50 名官员全部通过。12 月 25 日，越南国会党组织对非越共中央政治局委员和中央书记处委员的国会副主席、民族委员会主席、国会办公厅主任、民族委员会副主席等进行投信任票。这是越南国会党组织首次对参加党组织的领导人进行投信任票。

在反腐方面，由于越南政治体制改革严重落后于经济发展，致使腐败现象在越南相当严重，而且腐败的大案要案多集中在政府官员以权谋私和国企高管监守自盗。为推进反腐，2014 年越共从三个方面做出努力：一是完善立法。越南《2013 年宪法》增加了腐败防范条款。2014 年 1 月以后加强了法律条例，禁止高级官员接受礼物。二是整肃党纪。对危害国家经济安全和人民群众切身利益的经济案件，诸如阮德坚、黄氏玄如等案件进行严厉查处；坚决处理原越南政府监察总署总监察长陈文传在执行住房和土地政策过程中的违法违规行为等。三是健全制度。2014 年，越南政治部发布了有关“加强党的领导在资产申报与统计事项”的第 33—CT/TW 号指示，国会发布了有关“增强针对经济罪犯、腐败干部的防范措施”的第 63/2013/QH13 号决议和有关公务员资产、收入透明的第158/2007/ND—CP号决议等。但是，反腐败工作仍然存在许多漏洞，越共在整肃贪腐方面仍面临巨大挑战。2014 年 12 月 29 日，中央反腐败指导委员会召开第 6 次会议，阮富仲总书记强调，中央反腐败指导委员会要继续全面展开反腐倡廉工作；克服所存在的不足之处；着重制定关于经济社会管理机制，提高财产申报工作效率，以预防和打击腐败；做好反腐败宣传工作等。[①]

2. 《2013 年宪法》实施第一年，大量法律文件得到制定和颁布

2014 年是越南执行《越南社会主义共和国宪法》（修正案）（简称《2013 年宪法》）的第一年。在经济全球化的新时代，越南通过执行新宪法的方式，向世界表明自身的立场。《2013 年宪法》变化主要体现在几个方面：第一，有关人权和公民权的调整。在《2013 年宪法》第三条第一次明确规定政府对“确认、尊重、维护人权、公民权的保障”的责任。第二，新宪法删除了“增强与社会主义国家及邻国的友谊”表述，强调越南不再以政治制度作为结盟的判断标准，把世界各国均视为经济发展的合作伙伴。

① 《越共中央反腐败指导委员会第 6 次会议在河内举行》，越通社，2014 年 12 月 30 日。

第三，新宪法强调越南政府将严格遵守联合国、各国际组织的各项条约，积极承担在各国际组织中的义务。新版宪法为国家在新时期的发展创造了政治和法律基础。2014 年 11 月 28 日，越南第十三届国会第八次会议共通过《投资法》《企业法》《户籍法》《公民身份证法》《国会组织法》等 18 部法律草案，同时为十二项法律草案提出意见建议。上述重要法律文件是新宪法在执行层面的法律延伸，是对新法律体系的补充完善，将极大促进越南经济体制改革、政府组织机构改革、维护人权和公民基本权利义务、司法和行政改革、社会保障、国防建设、社会治安等方面的发展，使《2013 年宪法》内容及精神深深地渗透到社会生活的各个方面。

（二）外交积极服务于国家经济发展

2014 年，越南外交继续实施越共十一大提出的对外路线，继续全面融入国际社会。外交工作既参与营造国家建设和发展所需的和平、稳定环境，又体现了在各个全球性问题上日益扮演重要角色的越南国家形象。

1. 越南同地区各国、各优先重要伙伴的关系进一步发展

2014 年，越南同东盟大家庭各成员国的关系日趋密切，越南同各个东盟国家的双边关系向纵深发展。虽然 2014 年越南与中国的关系因南海问题而经历了许多波折，但双方在各领域合作取得了重要成果。越俄关系在防务安全、教育培训、科学技术等许多领域上向纵深发展。越美关系顺利发展，2014 年美方决定部分解除对越南出售杀伤性武器的禁令，并在解决越美战争受害者问题上加强与越南合作。越南与日本的关系提升为“深层次广领域战略伙伴关系”。越南与印度的关系继续得到深化，防务、安全、油气合作有了许多重要进展。越南同韩国的关系体现了务实有效的战略伙伴关系。欧盟作为越南主要贸易伙伴和出口市场，决定将 2014—2020 年阶段对越援助总额增至 4 亿欧元。越南同非洲、中东、拉美地区传统友好国家及潜在伙伴的关系继续得以巩固并在双边渠道和联合国等多边论坛上不断深入务实发展。①

2. 越南融入国际社会的进程加快

2014 年，越南政治、经济、外交、安全、国防等领域融入国际社会进程不断加快。在国际层面上，越南首次参加了联合国维和行动。在地区

---

①《回顾我党和国家 2014 年的对外工作》，《越共电子报》2015 年 1 月 7 日。

范围内，越南主动同东盟各国一起推动共同体建设进程，越南目前是实施建设东盟共同体各项措施的领先国家，并且达到了 85% 的比例，高于 80% 的东盟平均比例。[①] 越南完成了 6 项自由贸易协定中两项的谈判，即《越韩自由贸易协定》和《越南与由俄罗斯、白俄罗斯和哈萨克斯坦组成的关税同盟自由贸易协定》。与欧洲的《越欧自由贸易协定》，《跨太平洋伙伴关系协定》（TPP）谈判也正进入冲刺阶段。2014 年，越南又成功说服 12 个伙伴承认越南的市场经济地位，并使承认越南完全市场经济地位的国家数量提升至 56 个。

（三）经济稳定发展

1. 经济增长率超额完成既定目标

据越南统计总局数据，2014 年越南 GDP 达到 1840 亿美元，人均 GDP 为 2028 美元，突破 2000 美元大关（参见表 1）。在世界经济仍面临许多困难和挑战的背景下，2014 年越南国内生产总值（GDP）增长率达 5.98%，这一增幅高于 2012 年 5.25% 和 2013 年 5.42% 的水平，超额完成越南国会年初提出 5.8% 的目标。其中，工业建设和服务等两个领域是全国国内生产总值中贡献率最多的，而农林渔业的贡献率仍然较低。2014 年工业生产指数较 2013 年增长 7.6%，远远高于去年 5.9% 的水平，解体或停产企业数量同比下降 3.2%。2014 年，全国新注册企业近 7.5 万家，注册资金近 433 万亿越盾，虽然在企业数量上较 2013 年减少 2.7%，但在注册资金上则增长 8.4%。[②]

表 1　**越南 2004—2014 年 GDP、人均 GDP 和实际增长率**

年度	越南 GDP 不变价（十亿越南盾）	越南人均 GDP（美元）	越南 GDP 实际增长率（%）
2004	1477109.20	557.82	7.79
2005	1588646.00	642.25	7.55
2006	1699501.00	796.65	6.98
2007	1820667.00	919.18	7.13

① 《回顾我党和国家 2014 年的对外工作》，《越共电子报》2015 年 1 月 7 日。

② 《越南统计总局发布 2014 年经济社会数字》，越通社，2014 年 12 月 28 日。

续表

年度	越南 GDP 不变价（十亿越南盾）	越南人均 GDP（美元）	越南 GDP 实际增长率（%）
2008	1923749.00	1164.56	5.66
2009	2027591.00	1232.37	5.40
2010	2157828.00	1333.58	6.42
2011	2292483.00	1543.03	6.24
2012	2412778.00	1755.27	5.25
2013	2543596.00	1910.51	5.42
2014	2695703.04	2028.00	5.98

数据来源：Wind 资讯（其中 2014 年越南 GDP 和人均 GDP 数据来源于越南统计总局，并经笔者换算）。

2. 吸引外国投资有所增长

2014 年，越南吸引外商直接投资约 202.3 亿美元，比预计目标高出 19%。2014 年全国共有 1588 个新增外资项目（参见表 2），合同金额 156.4 亿美元，同比增长 9.6%。增资项目 594 个，增资总额 45.8 亿美元，同比增长 62.4%①。从吸引外资的行业分布看，外商对制造业投资 114.9 亿美元，占全国吸引外资总额的 71.6%。房地产业吸引外资 25.4 亿美元，建筑业吸引外资 10.5 亿美元。对越南投资的 60 个国家和地区中，韩国是越南最大投资来源国，2014 年韩对越投资金额 73.2 亿美元，占外商对越投资总额的 36.2%，其次为中国香港、新加坡和日本。

表 2　**越南 2004—2014 年吸引外商直接投资状况**

年度	外商直接投资项目数量（件）	外商直接投资项目注册资金总额（百万美元）	外商直接投资项目拨付资金（百万美元）
2004	811.00	4534.30	2708.40
2005	970.00	6840.00	3300.50
2006	987.00	12004.50	4100.40
2007	1544.00	21348.80	8034.10
2008	1171.00	71726.80	11500.20

① 《2014 年越南吸引外资 202.3 亿美元》，《越南人民报》2014 年 12 月 26 日。

续表

年度	外商直接投资项目数量（件）	外商直接投资项目注册资金总额（百万美元）	外商直接投资项目拨付资金（百万美元）
2009	1208.00	23107.50	10000.50
2010	1237.00	19886.80	11000.30
2011	1191.00	15618.70	11000.10
2012	1287.00	16348.00	10046.60
2013	1530.00	22352.20	11500.00
2014	1588.00	21000.00	——

数据来源：Wind 资讯。

3. 进出口大幅增长

越南统计总局数据显示，2014 年越南贸易顺差金额约达 20 亿美元，是越南对外贸易自 2012 年以来第 3 年出现顺差，顺差金额也创下 3 年来新高。2014 年越南出口 1504.2 亿美元，比上年增长 13.9%；进口 1485.8 亿美元，增长 12.5%（参见表 3）。在出口方面，越南外商直接投资企业贡献了大部分出口额。2014 年，越南出口结构呈现出积极变化。轻工业出口 600 亿美元，增长 15.9%；农林产品出口 178 亿美元，增长 11.4%；水产品出口 80 亿美元，增长 17.6%。在进口方面，2014 年越南进口生产物资 1350 亿美元，占进口总额的 91.2%，增长 12.5%。其中机械设备、石油产品、化学品进口额分别增长 10.1%、9.3% 和 14.6%[①]。

表 3　**越南 2004—2014 年进出口状况**

年度	进出口总额（百万美元）	出口总额（百万美元）	进口总额（百万美元）	对外贸易差额（百万美元）
2004	58453.80	26485.00	31968.80	-5483.80
2005	69208.20	32447.10	36761.10	-4314.00
2006	84717.30	39826.20	44891.10	-5064.90
2007	111326.10	48561.40	62764.70	-14203.30
2008	143398.90	62685.10	80713.80	-18028.70

① 《越南连续第三年实现贸易顺差》，中华人民共和国商务部，2014 年 12 月 29 日，http：//www.mofcom.gov.cn/article/i/jyjl/j/201412/20141200850912.shtml。

续表

年度	进出口总额（百万美元）	出口总额（百万美元）	进口总额（百万美元）	对外贸易差额（百万美元）
2009	127045.10	57096.30	69948.80	-12852.50
2010	157075.30	72236.70	84838.60	-12601.90
2011	203655.50	96905.70	106749.80	-9844.10
2012	228309.60	114529.20	113780.40	748.80
2013	264065.50	132032.90	132032.60	0.30
2014	299000.00	150420.00	148580.00	1840

数据来源：Wind 资讯。

4. 通货膨胀率控制在较低水平

越南统计总局刚公布的数据显示，2014 年 12 月份全国居民消费价格指数环比下降 0.24%（参见表 4），致使全国居民消费价格同比仅上涨 1.84%，远远低于政府所预计的 5% 目标。在一篮子商品的 11 类商品中住房与建材和交通运输等两类商品分别下降 0.94 和 3.09%；餐饮服务、药品与卫生服务和教育、文化娱乐和旅游等 3 类商品分别上涨 0.08%、0.03% 及 0.07%。越南物价统计局局长阮德胜表示，2014 年 12 月全国居民消费价格指数下降的主要原因是油价 11 月 22 日和 12 月 6 日两次下调。2014 年居民消费价格指数平均同比增长 4.09%，创 10 年来新低。[①]

表 4　**越南 2014 年消费价格指数**

时间	消费价格指数同比	消费价格指数环比	消费价格指数累计同比
1 月	5.45	0.69	5.45
2 月	4.65	0.55	5.05
3 月	4.39	-0.44	4.83
4 月	4.45	0.08	4.73
5 月	4.72	0.20	4.73
6 月	4.98	0.30	4.77
7 月	4.94	0.23	4.80

① 《2014 年全国居民消费价格指数环比下降 0.24%》，越通社，2014 年 12 月 24 日。

续表

时间	消费价格指数同比	消费价格指数环比	消费价格指数累计同比
8 月	4.31	0.22	4.73
9 月	3.62	0.40	4.61
10 月	3.23	0.11	4.47
11 月	2.60	-0.27	4.30
12 月	1.84	-0.24	4.09

数据来源：Wind 资讯。

（四）社会民生、教育、科技进步明显

2014 年，越南将国家财政预算的 18% 用于实施社会福利、社会民生和为国立功者政策。在新农村建设方面，截至 2014 年，越南全国各乡通电覆盖率达 99.59%，全国农民户用电覆盖率达 98.22%[①]，农民的生活得到改善，贫困人口有所下降。据越南《经济时报》报道，截至 2014 年底，越南全国贫困率为 5.8—6%，年均下降 1.8—2%[②]。在劳动者就业方面，2014 年约有 160 万劳动者实现就业，同比增长 3.7%，其中劳务输出 10.5 万人，超出原定目标 20%。在医疗卫生领域，2014 年越南投资新建和升级扩建了多所医院，发展海岛医疗，鼓励发展非公共医疗。2014 年政府还颁布了提高为国立功者、离退休干部、低收入者等对象基本薪资的决定。2014 年，越南在科技、教育等方面也取得长足进步。2014 年越南成为东盟首个和世界第四个成功生产轮状病毒疫苗（Rotavin-M1）的国家。2014 年越南获得国际原子能源组织 23 个奖项中的 3 个，其中越南农业遗传研究院荣获“出色成就奖”。2014 年越南集成电路设计研究与教育中心（ICDREC）首次成功生产 8 位微控制器芯片，这是越南首个商用芯片产品，能够与从外国进口芯片竞争。在教育方面，越南着力对教育培训事业进行根本改革，出台了《关于从 2015 年起实行高中毕业和大学（包括大专）入学统一考试》，计划从 2015 年起实行高中毕业和大学入学统一考试的具体方案，这将进一步增强各所大学院校自主权，使教育事业的

① 《越南全国农民户用电覆盖率达 98.22%》，《越南人民报》2015 年 01 月 14 日。

② 《2015 越南拟将贫困率降至 5% 以下》，中华人民共和国商务部网站，2015 年 2 月 25 日，http：//www.mofcom.gov.cn/article/i/jyjl/j/201502/20150200891292.shtml。

发展能满足越南工业化、现代化对人才的需求。

二 2014 年中越关系述评

2014 年中越关系经历波折，但是越南始终把中越关系视为越南对外政策中的头等大事之一，经过两国的共同努力，中越关系逐步恢复并取得新的进展。

（一）中越政治关系稳定

1. 开局良好

2014 年 1 月 8—9 日，中国外交部边界与海洋事务司副司长易先良与越南外交部国家边界委副主任阮维海举行中越海上共同开发磋商工作组第一轮磋商。双方阐述了对共同开发的看法和立场，并重点就《中越海上共同开发指导原则》深入交换了意见。双方同意遵循两国领导人共识和《关于指导解决中越海上问题基本原则协议》，积极推进磋商。1 月 22 日，中共中央总书记、国家主席习近平应约同越共中央总书记阮富仲通电话。习近平对发展中越关系提出 6 点建议。一是保持高层交往；二是深化治国理政经验交流；三是加强统筹协调；四是构建互利共赢格局；五是夯实中越友好民意基础；六是坚持通过双边谈判和友好协商妥善处理分歧，维护南海局势稳定，推动中越关系稳步向前发展。3 月 19—21 日，商务部副部长高燕率中国政府经贸代表团访问越南，双方就落实领导人高访成果和“海上丝绸之路”战略构想、深化中越经贸关系、推动双方互联互通和泛北部湾经济合作等共同关心的问题深入交换了意见。双方一致认为，中越两国将继续认真做好领导人高访成果落实工作，进一步深化互利经贸合作，促进双边贸易平衡发展、扩大相互投资、推动基础设施互联互通建设、加强在区域和次区域机制下的协调与合作，推动双边经贸关系不断向前发展。

2. 共同努力，妥善处理“排华事件”

2014 年 5 月，越南由南向北爆发了自 1979 年以来最严重的一次排华事件，致使中越关系迅速恶化。就在中越关系出现波折、南海局势敏感紧张时期，2014 年 6 月 18 日，中国国务委员杨洁篪访越并与越南高层领导会晤。中越双方均表示对双边关系的重视以及管控海上局势的意愿。一度剑拔弩张的南海局势稍稍得以缓解。7 月 9—10 日，中越海上低敏感领域合作专家工作组第六轮磋商在北京举行。双方一致同意落实两国领导人共识及《关于指导解决中越海上问题基本原则协议》精神，继续积极推进中越海上低敏感领域合作。8 月 26 日，为缓和中越因南海问题而紧张的关系，越共中央政治局委员、书记处常务书记黎鸿英访华，与习近平主席进行了会谈。这是中越两国自南海争端以来，越南首次派出高官访华，反映了两国执政党希望两国关系重回正轨的愿望。10 月 16 日，在出席在意大利米兰市举行的第十届亚欧首脑会议期间，中国国务院总理李克强会见越南政府总理阮晋勇。李克强指出，中越双方要把握好两国关系发展的大方向，妥善处理和管控好海上分歧，为双边合作营造必要和有利环境。阮晋勇表示，越中是友好邻邦，越方致力于推进越中全面战略合作伙伴关系，愿与中方落实好双方达成的共识，加强高层交往，巩固传统友谊，增进相互了解与信任，妥善管控和处理海上分歧，发挥双边合作指导委员会等机制作用，推进基础设施、金融、海上共同开发等领域合作，实现互利共赢，共同发展。10 月 17 日，中国国务委员兼国防部部长常万全与越共中央军委副书记、国防部部长冯光青进行会谈。常万全呼吁越方应尊重历史，正视现实，从中越友好大局出发，不要一错再错、酿成大错。冯光青回应越南党、政府和军队非常重视发展与中国的团结友谊，越军队不会采取使局势复杂的举动，愿与中方就有关问题保持沟通。10 月 27 日中越双边合作指导委员会第七次会议在河内举行。双方同意按照双方有关协议和共识的精神，妥善处理好海上问题，用好中越政府间边界谈判机制，寻求双方均能接受的基本和长久解决办法；管控好海上分歧，不采取使争议复杂化、扩大化的行动，维护中越关系大局以及南海和平稳定。经过双方努力，中越紧张关系得以缓解。

3. 开创新局面

尽管中越双方经历了排华事件的波折，但是两个国家的合作是大势所趋，11 月 10 日中共中央总书记、中国国家主席习近平在北京出席亚太经合组织第 22 次领导人非正式会议期间会见了越南国家主席张晋创。双方就深化越中全面战略合作伙伴关系的大方向广泛深入地交换了意见。12 月 10—12 日，中越在北京举行北部湾湾口外海域工作组第六轮磋商。双方重申，认真落实两国领导人关于稳步推进北部湾湾口外海域划界谈判的共识，同时积极推进该海域的共同发展合作。12 月 25—27 日，中共中央政治局常委、全国政协主席俞正声对越南进行了正式访问，分别会见了阮富仲、张晋创、阮晋勇等越南领导人，面对当前复杂多变的国际和地区形势，双方领导人达成如下主基调：一是要加强互信、增进共识。两国政治制度相同，理想信念相通，发展道路相近，前途命运相关，维护和发展社会主义符合两国人民的共同利益，也是双边友好合作的政治基础。二是要加强舆论引导，妥善处理海上问题。海上问题高度复杂敏感，要靠协商对话管控分歧和矛盾，隔空喊话只会引发民意波动，双方应全力避免。三是要推动各领域务实合作，实现共同发展。加强沟通，推动合作机制建设，为中越关系发展夯实民意基础。所有这些，为“排华事件”后中越合作与交流开创了新的局面。

（二）中越经贸关系迅速发展

随着中国—东盟自由贸易区的建成，中越两国在贸易、投资、金融领域的全面合作正在深入发展。

1. 越南对中国外贸依存度大

越南和中国经济上紧密相连，与中国市场相关联的进口和出口都很多。据《越南新闻》2015 年 1 月 19 日报道，自 1991 年中越双边关系正常化以来，双边贸易额快速增长，从 1991 年的 0.32 亿美元增长到 2014 年的 585 亿美元，增长超过 1500 倍（参见表 5）；目前，中国是越南最大的贸易伙伴，越南是中国在东盟的第二大贸易伙伴，仅次于马来西亚（参见表 6、表 7）。另外，越南对中国香港、中国澳门出口总值达 52 亿美元，同比增长 26.7%，其中对香港出口占 82.6%。越南对中国出口以煤炭、原油和天然橡胶等资源密集型产品为主，服务产品和深加工产品的缺失带来贸易中交易产品单一且层次较低。越南自中国进口超过 10 亿美元的商品有 8 类，分别是：机械设备，手机及零部件，计算机、电子及零部件，钢材，石油，纺织和皮革原辅料，钢铁制品、布料①。中越双方在高科技领域的合作比较少，高附加值和高技术型商品进出口所占份额小，使得双边的贸易后劲不足，需要发展和培育新的增长点。

---

① 《越媒：2014 年越南商品进出口情况》，中华人民共和国商务部，2015 年 2 月 28 日，http：//www.mofcom.gov.cn/article/i/jyjl/j/201502/20150200904551.shtml。

表 5　　2004—2014 年中越贸易总额及其占越南对外贸易份额

年份	越南进出口总额（亿美元）	越南对中国进出口总额（亿美元）	越南对中国进出口占越南进出口总额之比（%）	越南对中国逆差总额（亿美元）
2004	585	65	11.1	17
2005	692	91	13.2	27
2006	847	106	12.5	42
2007	1115	163	14.6	91
2008	1434	209	14.6	111
2009	1270	208	16.4	100
2010	1570	279	17.8	125
2011	2036	365	17.9	133
2012	2283	418	18.3	162
2013	2640	501	19.0	237
2014	2980	585	19.6	290

数据来源：《2003—2013 年越南统计年鉴》，2014 年数据来源于越南统计总局并经笔者换算。

表 6　　越南出口商品前 6 大国家或地区（2014 年 1—10 月）

排名	国家	金额（亿美元）	占出口总额百分比（%）
1	美国	234	19.0
2	欧盟	226	18.4
3	东盟	155	12.6
4	中国	125	10.2
5	日本	123	10.0
6	韩国	61	4.95

数据来源：中华人民共和国商务部网站。

表 7　　越南进口商品前 5 大国家或地区（2014 年 1—10 月）

排名	国家	金额（亿美元）	占进口总额百分比（%）
1	中国	356	29.4
2	东盟	190	15.7
3	韩国	171	14.1
4	日本	103	8.5
5	欧盟	75	6.2

数据来源：中华人民共和国商务部网站。

2. 中国的投资对越南至关重要

2012年，越南对华投资仅316万美元，相比中国该年吸引1117亿美元的外资额显得微不足道。2013年，中国对越投资额是22.76亿美元，占越南吸引外资比重接近16%，仅次于韩国和新加坡，位列第三位。2014年，中国在越南的投资项目有1082个，登记资金总额达79.4亿美元，而越南在中国只有13个投资项目，登记资金为1593万美元。越南在中国的投资项目很少，且主要集中在生产和服务领域。目前中国在越南63个省市中的55个省中均有投资项目。中国在平顺省的投资位居首位，总资金为20.2亿美元，其次是老街、西宁、广宁、平阳、海防等。在越南北部边界地区（凉山、高平、河江、莱州等），中国投资者的资金主要集中在开发矿场等。据越南计划与投资部国外投资局称，目前有101个国家和地区在越南投资，中国投资额位居第九，平均每个项目规模大约734万美元。①

3. 金融合作日益深化

中国与越南在地理上的近邻优势，使得两国在沿边地区开展经济、金融合作有着得天独厚的优势，双方的边境区域经贸合作、金融服务不断深化。中国农业银行防城港分行作为首家中国东盟货币业务中心在2014年3月底正式挂牌运作，代表中国农行对外公布人民币兑越南盾交易挂牌汇率，成为目前云南、广西两省区唯一一家在边境一线城市设立的银行业务中心。2014年3月25日，中国银行广西分行在防城港东兴市东兴支行营业部开办越南盾现钞兑换业务，这也是全国首笔越南盾现钞兑换业务。越南西贡商信银行与中国银行还签署了合作协议，为中越两国从事边境贸易的进出口企业提供贸易结算服务，大大增加了贸易的便利性。此外，在中越经济合作的进程中，中越边境"特区"试验显效，个人跨境人民币结算量猛增。据东兴试验区管理委员会披露，截止到2014年7月份，东兴试验区个人跨境人民币结算总量达到153.3亿元人民币，同比增长252%②。随着中越合作的领域不断拓宽，人民币在越南部分区域也越来越多地得到认可，接受度不断提高。毗邻中国的越南北方小城芒街市，人

① 《越南专家：越南在中国的投资项目稀少》，《中国日报》网站，2014年12月22日。http：//world. chinadaily. com. cn/2014—12/22/content_ 19140961. htm

② 《中越边境"特区"试验显效个人跨境人民币结算量猛增》，凤凰财经，2014年7月10日。http：//finance. ifeng. com/a/20140710/12695566_ 0. shtml

民币在当地是硬通货，受欢迎的程度远超美元。同时，越南中央政府正在加大力度把芒街打造成为面向中国的经济特区，以此辐射中国，带动越南北方的对外开放和经济发展。

（三）中越社会文化、教育交往频繁

2014 年正逢中国—东盟文化交流年，中国与越南开展了丰富多彩的文化交流活动，如在广西举办中越原生态民族艺术表演、中国—东盟博览会文化展、中越七人制足球友谊赛，中国少数民族艺术团在越南胡志明市举行“多彩中华”迎新春晚会等一系列文化活动，大大促进了中越两国民间文化的交流。在教育方面，2014 年 9 月 1—3 日，第七届中国—东盟教育交流周在贵州省贵阳市举办，本届交流周以“友邻相携、教育惠民”为主题并举办中国—东盟教育合作政策对话、中国—东盟大学生论坛等 22 项活动。中国—东盟教育交流周有效推进了中国与东盟国家在职业教育、教育培训、中外合作办学等领域的进一步务实合作。12 月 27 日，越南第一所孔子学院在河内大学校园内揭牌成立，成为推动中越两国教育文化交流的重要基地。

（四）中越跨境经济合作区建设取得重要进展

2014 年，中越双方正不断加快互联互通和跨境经济合作建设，芒街—东兴、同登—凭祥、老街—河口、茶岭—龙邦 4 个跨境经济合作区的建设正顺利推进。2 月 16 日，中国交通部副部长翁孟勇和越南交通运输部副部长吴盛德在越南老街市签署了《中越两国政府关于河口—老街边界跨红河公路桥建设的协定》和《中越两国政府关于河口—老街边界跨红河公路桥建设人员、交通工具、建筑材料及施工机械出入境简化手续的议定书》。这是河口和老街间建设的第三座跨界桥梁，对中越两国建立昆明—老街—河内—海防经济走廊将发挥重要作用。3 月 3 日，中国国家发改委正式批复东兴试验区规划，东兴—芒街跨境经济合作区将在金融、贸易、加工等转型升级方面开始全面推进，跨境经济合作区开始扬帆起航。4 月 11 日，越南工贸部计划司阮进位司长与广西商务厅等部门领导就推进龙邦—茶岭跨境经济合作区举行建设座谈会。双方就该跨境合作区的规划构想、管理模式、进度安排等交换了意见，达成了多项共识。2014 年 3 月，广西与越南谅山两省区达成了共建中越凭祥—同登跨境经济合作区的共识。11 月 26 日，凭祥市与越南同登市举行官方会谈，双方就推进中越凭祥—同登跨境经济合作区建设进行交流和磋商，达成了许多共识。

（五）中越民间旅游日趋活跃

旅游业是越南的重要产业，对 GDP 的贡献达 10% 左右。中国是越南旅游业的最大客源国之一，2013 年中国游客占越南入境游客总数的 25% 。但是，南海争端对越南国内旅游市场的影响较大。自越南 5 月份对中国南中国海西沙群岛钻井平台实施非法干扰以及越南国内发生反华暴乱以来，两国关系陷入前所未有的低点，前往越南的中国游客人数随即锐减，据越南统计总局最新公布的数据，6 月份前往越南的中国游客仅有 13. 67 万人次，比 5 月份减少了 29. 5% 。虽然 6 月份赴越旅游人次有所下降，但 2014 年度赴越旅游人次总体上依然有小幅增长，达 1949490 人次，比上年增长了 2. 19% ，具体数据见表 8。

表 8　　2004—2014 年中国赴越游客数及占比

年度	来越外国游客总数（千人）	来越中国游客数（千人）	中国游客占比（%）
2004	2927. 90	778. 40	26. 6
2005	3477. 50	717. 40	20. 6
2006	3583. 50	516. 30	14. 4
2007	4229. 30	574. 60	13. 6
2008	4235. 80	643. 30	15. 2
2009	3747. 40	518. 90	13. 8
2010	5049. 90	905. 40	17. 9
2011	6250. 90	1416. 80	22. 7
2012	6847. 70	1428. 70	20. 9
2013	7572. 40	1907. 80	25. 2
2014	7887. 00	1949. 49	24. 7

数据来源：Wind 资讯。

三　2015 年中越合作展望

2014 年，中越两国关系总体友好，但同时也存在一些问题，如南海岛礁争端、两国贸易不平衡等。南海岛礁争端是两国关系中存在的最大障碍，越南至今占据了 29 个岛礁，是侵占中国岛礁最多的一方，而且对中国的态度也最激进。南海岛礁争端是中越领土主权争议，并且容易引起国际社会的广泛关注和域外大国的直接干预，因此难以在短期内得到解决。贸易的不平衡主要体现在越方的大量逆差上。越南近年来对外贸易逆差水平正逐年降低，然而与此不成比例的是，越南对中国的贸易逆差数量和速度却在逐年攀升。这种情况从 2007 年开始出现，到 2009 年、2010 年时，越南对中国的逆差几乎占了越南对外贸易逆差的全部。从 2012 开始，越南连续三年出现外贸顺差时，对中国的贸易逆差还在扩大。

2015 年，中国政府将构建全方位对外开放新格局，大力推进丝绸之路经济带和 21 世纪海上丝绸之路建设，力争完成中国—东盟自贸区升级版谈判和区域全面经济伙伴关系协定谈判，建设亚太自贸区。2015 年还是中国—东盟海洋合作年，这也是两国缓和南海争端的契机，但这一复杂的历史遗留问题不易在短期内解决。2015 年，南海问题将继续吸引国际社会的关注，在某些情况下，越南可能会利用域外大国来制衡中国在南海的作为，或谋求联合东盟其他国家对中国施压，或通过国际组织和舆论对中国进行指责。但是，类似于 2014 年的排华事件发生的可能性不大，军事冲突的可能性也很小。

2015 年，越南国内生产总值增长率预计将达到 6.2%①。越南希望在相关领域获得中国更多的投资，而《越南工业 2025 年发展战略规划和 2035 年前景展望》的 874/QD—TTG 号决议已将加工制造业、电子信息业、新能源工业和再生能源工业等列为优先发展工业，因此中越合作除了在基础设施建设方面外，预计在这些优先产业领域中将有所突破。在金融贸易方面，2015 年中越将继续扩大两国本币互换、本币结算，为经贸合作提供金融支持。两国政府希望 2015 年将双边贸易提高到 600 亿美元。同时采取有效措施，促进贸易平衡，鼓励金融机构为双方贸易和投资合作项目提供支持。2015 年，中越两国将举办一系列庆祝建交 65 周年的活动，加强高层互访和各层次交流；两国还将继续推动经贸、旅游领域的合作，落实全面战略合作伙伴关系行动计划。另外，由于《中越 2011—2015 年教育交流协议》《中越文化协定 2013—2015 年执行计划》进入了

① 《越南争取实现 2015 年 GDP 增长 6.2%》，《越南人民报》2015 年 1 月 6 日。

落实的最后一年，因此双方在教育、科技、人才方面的交流也将稳步推进。

总的来说，2015 年中越两国将进一步加强政治互信，扩大各领域合作，增进人民友谊，共同努力妥善解决各项分歧，稳定海上局势，双方的经贸关系也会基于政治外交关系的修复得到进一步发展。双方将在互联互通、贸易、边境经济合作、人文交流等领域取得进展。未来，中越将基于“长期稳定、面向未来、睦邻友好、全面合作”十六字方针和“好邻居、好朋友、好同志、好伙伴”四好精神不断巩固和发展两国全面友好合作关系，全面战略合作伙伴关系将持续健康稳定地向前发展。

2014年中国与缅甸合作报告

黄爱莲[①]

一 2014年缅甸形势简评

2014年，随着国家改革的进一步深化，缅甸政府继续以政治转型为中心，积极推进民主化改革和经济的快速发展。同时，外交也有较大突破。但国内局势尚不稳定，其对外关系发展仍存在着诸多变数。

（一）政治

1. 政治改革继续推进，民生问题得到重视

缅甸政府为开拓工作新局面、提高政府的执政能力，在2014年继续进行政府部门人事调整的基础上，加紧治理腐败问题。2月成立反贪污腐败委员会，6月通过了修订的反腐败法律。这一系列举措传递出缅甸政府根除腐败的决心。此外，2014年缅甸政府继续把解决以“三农”为主的民生问题放在首要位置，加大了对农村发展的支持力度。

2. 修宪问题成大选焦点，昂山素季参选希望渺茫

2015年总统大选进程是2014年各方对于缅甸关注的重点。其焦点在于是否修宪这一问题，这关系到民主联盟领袖昂山素季能否参加总统的选举。2014年6月，缅甸修宪委员会否决了修改缅甸宪法第59条的提案。11月，缅甸议会以“时间仓促”为由排除了2015年大选前修宪的可能性。修宪计划的两度受挫意味着昂山素季参与竞选缅甸总统的希望变得十

---

① 广西大学中国—东盟研究院缅甸研究所所长。合作者：陈才建，广西大学中国—东盟研究院缅甸研究所副所长，副研究员。

分渺茫。

3．“民地武”和谈困难重重，宗教矛盾阻碍缅甸转型

“民地武”问题依然是影响缅甸国内局势的最关键因素。自2014年4月起，缅甸政府军与克钦独立军的战事一直未停息且日益升级。此后，缅甸政府与“民地武”势力就停火协议曾进行多次和谈。但长期以来大缅族主义倾向所积累的恩怨，使得和谈难以实现真正的和解，全国停火协议签署仍面临较大障碍。此外，宗教矛盾正在成为缅甸社会继“民地武”问题之后又一动荡因素，7月发生在曼德勒的宗教暴力冲突以及持续备受关注的“罗兴亚人”问题突显出这一因素的严重性与复杂性。缅甸的民主化转型也因此遭受严峻的挑战。

（二）经济

1．经济政策

2014年，缅甸政府在继续推动国内经济快速增长的同时，更加注重产业结构的完善与优化。3月28日，缅甸联邦议会通过了《2014—2015年国家计划法》，预定2014—2015年GDP总量要达到54.42万亿缅币，年增长率达到9.1%，人均GDP达到106.52万缅币。同时，农业占GDP比重计划从31.8%下降为28.6%，而工业占比计划从28.8%上升至35%。[①]

在具体措施方面，2014年缅甸政府为促进经济发展，一方面积极吸引外资，另一方面积极推动缅甸对外出口。第一，缅甸第一部经济特区法颁布实行，该法的颁布有利于吸引外资与增加国家税收，同时也有助于辐射地方经济。第二，缅甸投资委员会对2013年1月31日公布的禁止和限制外商投资的领域作出重大调整，调整后分别在多个领域放宽了对外资的限制。第三，缅甸商务部于4月宣布废除“出口许可证取消罚金”。这样将大大降低缅甸出口企业的贸易成本，促进缅甸对外出口贸易。

2．经济形势

2014年，在政府经济改革政策的推动下，缅甸经济实现了较快增长。根据国际货币基金组织的数据，2013—2014年缅甸GDP为564.08亿美

---

①《缅甸颁布2014—2015财年国家计划法》，中国驻缅甸大使馆经济商务参赞处网站，http：//mm.mofcom.gov.cn/article/jmxw/201404/20140400536780.shtml，2014—04—01。

元，增长率为7.5%。同时，该年缅甸对外贸易总额达244.8亿美元，比上一财年增长了60亿美元。[①] 2014年4—11月，缅甸的外贸额已达181.35亿美元。[②] 此外，国际社会尤其是周边国家也加大了对缅甸的投资力度。2014年4—10月，缅甸外国投资额总计为41.97亿美元，有力地推动了本国的制造业和服务业的发展。[③] 尽管取得了丰厚的发展成果，缅甸经济仍存在着通货膨胀、外债过多、货币贬值等诸多问题。

（三）外交

2014年，缅甸基于本国利益最大化需要，在外交上继续实行大国平衡政策，与美国、日本、印度等国的关系逐渐升温，同时以担任东盟轮值主席国为契机进一步密切与其他各成员国的关系。

1. 缅甸与东盟及其成员国的关系

2014年，缅甸首次担任东盟轮值主席国，就在国际舞台上崭露头角，发挥重要作用。一方面，缅甸积极推动东盟共同体的建设，同时代表东盟广泛参与国际与地区事务。根据预定计划，东盟共同体将于2015年建成。在缅甸的努力下，2014年东盟共同体在政治、经济、社会文化这三大支柱的建设上取得了长足进展，实施率已达到约88%。[④] 其中，东盟各国之间的经济共同体已经在90%的程度上得以实现。[⑤] 另一方面，缅甸除加强东盟内部一体化外，还致力推动与中国、美国、欧盟、日本等世界主要政治经济实体间的关系，特别是为早日签署由东盟主导、多国参与的区域全面经济伙伴关系协定（RCEP）作出了突出贡献。

同时，缅甸以担任轮值主席国为契机，进一步深化了与东盟内部各成员国的关系。在缅甸担任轮值主席国期间，印度尼西亚新任总统佐科和泰

---

① 《2014—15财年缅甸的外贸额预计为257亿美元》，中国驻缅甸大使馆经济商务参赞处网站，http://mm.mofcom.gov.cn/article/jmxw/201404/20140400568261.shtml，2014—04—30。

② 《本财年前8个月缅甸外贸额突破180亿美元》，中国驻曼德勒总领事馆经济商务室网站，http://mm.mofcom.gov.cn/article/jmxw/201404/20140400568261.shtml，2014—12—05。

③ 《缅甸3年来共吸纳外资143亿美元》，中国驻曼德勒总领事馆经济商务室网站，http://mm.mofcom.gov.cn/article/jmxw/201404/20140400568261.shtml，2014—12—05。

④ 《东盟共同体建设实施率已达约88%，各国承诺2015年完成》，国际在线，http://gb.cri.cn/42071/2014/11/26/6071s4780205.htm，2014—11—26。

⑤ 刘佳：《缅甸总统：东盟共同体明年建成》，《南方都市报》2014年11月13日，第AA20版。

国新任总理巴育均成功实现了对缅甸的首次访问。此外，缅甸尽职尽责地完成轮值主席国的各项工作也受到了东盟其他各成员国的广泛肯定与赞赏。缅甸与东盟各成员国间的实质性合作也得以迅速推进。如缅甸与印尼于5月签署了互免签证的协议，而新加坡、泰国等国也纷纷加大了对缅投资，其中新加坡已成为缅甸第一大外资来源国。

2. 缅甸与美日等西方国家的关系

2014年，美国出于"重返亚洲"战略与现实利益的需要，继续与缅甸进行务实性接触。美国总统奥巴马与国务卿克里在本年度都对缅甸进行了访问。同时，美缅两国还开始在经贸投资领域加强交流与合作。6月，美国商务部部长普利茨克访问缅甸，成为首位访缅的美商务部部长。然而，美缅双方在诸多问题上仍存在分歧与矛盾。5月15日，美国总统奥巴马宣布延长对缅甸的经济制裁。其后，缅甸政府也表达了对美国干预昂山素季参选总统问题的不满，反映出美缅关系出现了新的摩擦迹象。总体来看，2014年美缅关系尽管经历了一些波折，但依然沿着关系正常化方向继续推进。

此外，随着美缅关系的正常化，2014年缅甸与众多西方国家的关系逐渐升温。德国总统与澳大利亚外长均首次实现了对缅甸的访问，而日本为扩大在东南亚地区影响力并牵制中国，更是急于密切与缅甸的关系。2014年，日本多次对缅提供经济援助并加大对缅的投资力度。此外，日本自卫队统合幕僚长岩崎茂于5月访问缅甸，欲与缅甸建立紧密军事关系的意图十分明显。这显示出日缅关系的升温逐步从经济领域拓展到政治、军事等其他领域。

3. 缅甸与印度及其他南亚国家的关系

2014年，缅甸与印度在各领域的关系进一步得到提升。首先，缅甸公布了2015年度之前将缅甸与印度间的边境贸易额扩大至2012年度3倍的计划，并且决定时隔4年重启对印大米出口。此举对于深化缅印两国的双边贸易往来具有重要意义。同时，缅甸还希望将建设道路网作为扩大两国贸易的催化剂。11月，印度总理莫迪与缅甸总统吴登盛举行了主题为"强化两国的联系"的首脑会谈，就建设连接两国间的道路交通网进行了磋商。此外，缅甸与印度互相出于自身战略利益需要，除了在经贸领域加深合作关系外，还逐渐加强军事联系，双方高层互访明显增多。缅甸与印度接近使得中缅关系面临新的问题与挑战，其产生的地缘政治影响不容忽视。在与其他南亚国家关系方面，缅甸与孟加拉国关系逐步破冰，但边境冲突、领土争端等问题仍是两国关系的主要障碍。

二 中国与缅甸的双边合作

尽管 2014 年缅甸继续从倚重中国的对外政策转向实行大国平衡政策，且一年来中缅关系也经受了诸多考验，但总体上中缅两国关系依然继续向前发展。两国在各领域的合作全面推进，取得了丰厚的合作成果。

（一）政治外交合作

政治与外交是中缅两国双边合作的主导方向，对其他领域的合作有着重要的引导作用。2014 年，双方政治关系继续深化，同时借助一系列重要契机加强了两国的高层交流。

1. 政治互信不断加强，重大问题上相互支持

2014 年，中缅双方始终秉承和平共处五项原则的精神，在相互信赖、互利共赢的基础上进行友好交流与合作。中方积极支持缅甸在担任东盟轮值主席国期间所开展的一系列工作，以此为契机深化中缅关系；缅方也积极响应中国牵头发起的“亚洲基础设施投资银行”、“丝路基金”，还积极参与中国的“一带一路”战略。

作为 2014 年东盟轮值主席国，缅甸重视维护与发展东盟与中国的关系。特别是南海问题上，缅甸积极促进有关各方展开对话，倡导以理性的态度和平解决存在的争议。2014 年在缅举办的一系列东盟会议中，缅甸努力为南海问题“降温”，避免使之过度激化。缅甸强调在南海问题上不会“选边站”，同时会借助与中国的友好关系推动各方展开和平对话。

在关于缅甸国内局势与“民地武”问题上，中方多次表示支持缅甸政府与缅北少数民族地方武装进行和平谈判，并希望缅甸能够保持和平、稳定、发展，通过对话推进民族和解进程，维护缅甸国内及中缅边境的和平与稳定。中方于 5 月 13 日派遣特使王英凡出席缅甸政府与克钦独立组织等 17 支“民地武”势力组成的全国停火协调小组的和谈，体现出中国致力于推动缅甸全国性停火协议的早日签署。

2. 两国高层互访频繁，全面战略合作伙伴推向新高度

2014 年，两国高层保持了频繁互访，主要体现在以下三方面。

（1）中国全国人大及全国政协与缅甸议会的交流不断。4 月 8 日至 12 日，缅甸联邦议会议长兼人民院议长吴瑞曼率团访华。访华期间，中缅双方签署了《中国全国人大和缅甸联邦议会合作备忘录》。此外，中国全国人大常委会副委员长严隽琪、全国政协副主席王家瑞分别于 5 月和 9 月赴缅访问。随着缅甸由军人政府向民选政府的过渡，联邦议会在缅甸国家政治生活中发挥的作用日益突显。中国全国人大加强与缅甸议会的交流，不仅有利于两国立法与权力机关的友好往来，更有利于中国在缅甸民主化进程中把握两国关系的大方向。

（2）两国政府间互访频繁。以一系列重要会议及交流活动为契机，2014 年中缅两国政府高层互访频繁，并取得了广泛而有实质性的成果。6 月 27 日至 30 日，缅甸总统吴登盛应邀对中国进行友好访问，并出席了和平共处五项原则发表 60 周年纪念大会。8 月 8 日至 11 日，中国外交部长王毅出席在缅甸举行的东亚合作系列外长会议并访问缅甸。9 月 24 日，中国农业部部长韩长赋访缅期间与缅方签署了《中国农业部与缅甸农业与灌溉部关于加强农业合作的谅解备忘录》。11 月北京 APEC 峰会期间，缅甸总统吴登盛作为 APEC 互联互通伙伴国领导人参加了 APEC 工商领导人峰会。

李克强总理访缅是 2014 年两国政府间最大规模的一次高层交流。11 月 12 日至 14 日，中国国务院总理李克强应邀赴缅甸出席东亚合作领导人系列会议，并对缅甸进行正式访问。此次访问为中国新一届政府成立以来中国国务院总理首次访缅。访问期间，中缅双方签署了多个领域总额约 80 亿美元的合作协议，其中包括《关于扩展中缅油气领域合作的谅解备忘录》《中缅畜牧渔业合作谅解备忘录》以及《中缅威双登陆站合作协议》等文件。此外，两国共同发表了《中华人民共和国与缅甸联邦共和国关于深化两国全面战略合作的联合声明》。

2014 年中缅两国政府间的频繁互访体现出双方一如既往重视发展中缅双边关系，特别是李克强总理的首次访缅意义重大，将中缅全面战略合作伙伴关系推向了新的高度。同时，缅甸总统吴登盛在 2014 年两度来访也体现出缅甸现任政府继续将发展对华关系摆在突出位置。此外，尽管近年来中国在与缅甸合作进程中遭遇了一些挫折与挑战，但从 2014 年两国新签署的诸多合作协议可以看出，中国政府对于中缅友好合作依然充满信心。

（3）两国党际交流得以进一步加强。2014 年，中国继续重视中缅两国间的党际交流，多次表示将同缅甸各个政党和政治团体保持良好接触与沟通，以促进中缅关系全面发展。在与缅甸执政的巩发党交流方面，中联部副部长艾平率中共友好代表团应巩发党邀请于 2 月 23 日至 26 日对缅进行访问。同时，巩发党相关团体也分别于 3 月和 10 月赴云南、贵州等地考察访问。此外，中国还继续与缅甸最大在野党全国民主联盟进行接触，对民盟领袖昂山素季访华也持积极态度，体现了中国对缅的务实外交。中缅两国党际交流不仅是对两国政府交流的一个有力补充，同时也有利于密切中国与 2015 年缅甸大选各方的关系，把握大选后中缅关系的主动权。

（二）经贸投资合作

中缅经济互补性强，合作潜力大，发展前景广阔。2014 年，尽管受到了一些政治因素的影响，但总体上中缅互利经贸与投资合作成果丰厚，给两国带来了切实的利益。

1. 双边贸易增长迅猛，边境贸易表现突出

2014 年，中缅经贸关系继续深化，两国双边进出口贸易继续加速推进。据中国海关统计，2014 年中缅贸易额达到了 249.57 亿美元，同比大幅增长 144.9%。其中，中国对缅出口额为 93.76 亿美元，同比增长 27.7%；自缅进口额为 155.81 亿美元，同比增长率更是高达 446.2%（见表 1）。中国继续保持缅甸第一大贸易伙伴的地位。同时，在中缅进出口贸易商品的类别上，中国对缅出口的主要为各类工业制成品，而自缅甸进口的主要为各类原材料与初级产品。此外，根据中缅双方 10 月签署的协议，缅甸大米、玉米正式获准以一般贸易方式进入中国。这将在很大程度上促进中国对缅甸相关农产品的进口。

表 1 **2014 年中缅双边贸易额统计表** 单位：亿美元

月份	自缅进口额	对缅出口额	进出口总额
1 月	3.19	10.42	13.61
2 月	3.42	3.76	7.18
3 月	8.35	8.58	16.93
4 月	6.93	8.45	15.38
5 月	6.44	7.06	13.50
6 月	9.64	8.01	17.65

续表

月份	自缅进口额	对缅出口额	进出口总额
7月	9.61	6.69	16.3
8月	11.64	7.71	19.35
9月	48.66	8.81	57.47
10月	32.48	7.74	40.22
11月	10.17	7.98	18.15
12月	5.28	8.55	13.83
总计	155.81	93.76	249.57

数据来源：根据中华人民共和国海关总署网站 2014 年 1—12 月《海关统计月报》整理得到，http：//www.customs.gov.cn/publish/portal0/tab68101/。

在中缅双边贸易中，边境贸易发挥着重要作用。据缅甸商务部统计，2014 年 4 月至 12 月，中缅边境贸易额约为 40 亿美元，同比增长 33.3%，占缅甸边贸总额比重高达 85.1%。[①] 为促进边境贸易发展、扩大两国贸易，中国自 2014 年起对缅甸经边境贸易出口中国的 7831 种商品给予了免税的待遇，占缅甸向中国出口商品种类的 95%。

2. 中国对缅投资回升，中资在缅外资地位下降

受密松水电站事件及其他多种复杂因素的影响，自 2012 年起中国在缅投资额出现急剧下降。根据缅方统计，2012—2013 年，中国企业对缅投资额仅为 4.07 亿美元，而 2013—2014 年更是锐减至 5692 万美元。从 2014—2015 年开始，中国企业对缅投资有较明显回升。其中 4 月至 8 月，中企对缅投资额已达到 2.21 亿美元，超过了上一年的总额。[②] 这说明中国在缅投资的宏观环境开始有所改善，对缅投资额正逐步恢复。

尽管中国对缅投资重新出现了回升的态势，但中国资本在缅外资中的地位却在下降。根据缅方统计，2012—2013 年中国资本占缅外资比重约为 28.7%，但 2013—2014 年骤减至约 1.4%。2014 年 4 月至 8 月，中资

① 《中缅边贸额同比增长三分之一》，中国驻缅甸大使馆经济商务参赞处网站，http：//mm.mofcom.gov.cn/article/jmxw/201404/20140400568261.shtml，2015—01—13。

② 根据缅甸国家计划与经济发展部中央统计局网站提供的数据整理得到，https：//www.mnped.gov.mm/html_ file/foreign_ trade/s31MA0201.htm。

占缅外资比重也仅占约 6.9%。[①] 与此同时，中国先前作为缅甸第一大外资来源国的地位正在被新加坡等国超越。2013—2014 年，中国在缅所有外资来源国中的排名由前一财年的第 1 下降至第 8。而 2014 年 4 月至 8 月，中国的排名也落后于新加坡与荷兰。这说明，随着缅甸外资政策的调整以及各国纷纷加大对缅投资力度，中国在缅投资面临着多方压力。

此外，就具体投资领域而言，中国在缅投资主要集中在油气资源开发、水电资源开发以及矿业资源开发等领域。

3. 中缅铁路项目搁浅，两国水电项目合作继续推进

近年来，中国在缅重大投资项目接连受挫。2014 年 7 月发生的中缅铁路搁浅事件再次体现了中国资本在缅的这一困境。7 月 20 日，缅甸铁道运输部单方面宣布中缅皎漂—昆明铁路项目计划搁浅。缅方称双方签署的项目合作谅解备忘录已经到期，但“中方没有续谈，缅甸铁道部也无实施计划”，加之缅甸部分国民、社会组织与一些政党不同意此项目，因此决定将不实施该项目。中缅铁路项目的搁浅是继密松水电站与莱比塘铜矿项目之后，中国在缅重大投资项目的又一次受挫。

另外，尽管 2011 年密松水电站事件给近几年中缅大型项目合作造成了较大的负面影响，但 2014 年两国继续推进以大型水电项目为主的电力合作并取得了多项实质性进展。5 月 22 日，中国电建集团所属水电顾问集团与缅甸电力部正式签署《缅甸丹伦江纳沃葩水电站、楠马河满通水电站项目投资协议备忘录》。同一时期，中国汉能控股集团与缅甸电力部、亚洲世界有限公司签署了《关于开发、运营和移交缅甸联邦丹伦江上游滚弄水电项目合资协议》。9 月，缅甸电力部又批准中国三峡集团、葛洲坝集团参与修建位于缅甸萨尔温江上游的塔桑大坝。总体来看，2014 年中缅大型项目合作在曲折中继续前进。

（三）其他重要领域合作

2014 年，随着中缅两国关系的进一步推进，双方除在政治外交与经贸投资上保持密切联系外，还广泛开展了科技、教育、文化、旅游、安全、军事等领域的交流与合作。

---

① 根据缅甸国家计划与经济发展部中央统计局网站提供的数据整理得到，https://www.mnped.gov.mm/html_file/foreign_trade/s31MA0201.htm。

1. 科技与教育合作

2014 年，中缅两国依托 2012 年启动的“中国—东盟科技伙伴计划”总体框架，在科技领域加快了合作进程。9 月，中缅技术转移合作关系正式确立。11 月，中缅雷达与卫星通信国家联合实验室正式立项实施。这是继 2013 年 8 月中缅签署卫星遥感数据分享应用合作意向书之后，两国在“中国—东盟科技伙伴计划”下取得的两大重要进展。此外，2014 年中缅两国的教育合作成果丰厚，特别是两国高校间开展了卓有成效的交流与合作。其中，北京对外经贸大学、云南师范大学以及广西民族大学分别与缅甸相关高校签署协议，在人才培养、学术研究、学科建设等方面取得了广泛的合作成果。教育交流与合作不仅密切了两国教育界的关系，同时在一定程度上也促进了两国的民间交往。

2. 文化与旅游合作

2014 年中缅文化合作形式多样、内容丰富，其中，3 月 26 日至 4 月 6 日的“感知中国・缅甸行”系列活动是该年度两国文化交流与合作的突出亮点。该系列活动由中国国务院新闻办公室、中国驻缅甸使馆以及缅甸相关部门在仰光、内比都举办，体现出中国日益重视与缅甸的人文交流，以促进缅甸民众对中国的了解，改善与提升中国在缅甸的形象。同时，2014 年缅甸旅游业发展迅猛，入境游客数量突破 350 万，而中国游客就位居赴缅外国游客人数的前三位。① 这也同样推动了中国人民对于缅甸文化、社会等各方面的了解。两国旅游部门也加快了合作进程。首条中缅自驾旅游环线于 11 月 11 日在云南瑞丽正式启动，标志着两国旅游合作取得重大进展。

3. 军事与安全合作

2014 年，中缅两国军方保持了密切往来，对于促进地区和平与稳定发挥了重要作用。缅甸空军司令钦昂敏、国防军参谋长拉泰温分别于 5 月和 11 月访华，而中国国防部部长常万全也于 5 月赴缅访问。此外，毒品问题一直是威胁中缅边境地区社会稳定与安全的重要因素，为此双方在 2014 年继续开展了一系列禁毒合作，包括中缅警方联合执法破案、举行禁毒高官会议以及成立跨境民间联合禁毒中心等。总体来看，2014 年中

---

① 俞懿春：《缅甸去年入境游客数量创新高泰、日、中游客超三分之二》，人民网，http：//world. people. com. cn/n/2015/0105/c1002—26329573. html，2015—01—05。

缅军事与安全领域的交流与合作体现出在国际与缅甸国内形势复杂多变的大背景下，中国高度重视维护西南边境地区的安全与稳定。

除上述重要领域外，2014 年中缅两国间的合作还广泛涉及医疗卫生、体育、金融等方面。这充分显示出中国与缅甸的交流与合作的领域不断拓展，同时两国多领域合作也是对双方政治与经贸合作的有力补充。

三 2015 年中国—缅甸合作展望

从 2014 年中缅合作的具体情况看，一些突出问题与不足依然需要引起中国有关方面的重视并加以改进。展望 2015 年的中缅合作，中国也同样面临众多挑战与机遇。

（一）2014 年中缅合作的不足与改进建议

1. 两国合作仍以政府层面为主，民间交流收效甚微

由于目前中缅许多项目是缅甸军政府时期所签订，同时许多中国企业在缅投资时也只一味与当地政府官员进行非透明的接触，故一些缅甸民众由此产生对中国的不满情绪。中国已逐渐认识到片面“上层路线”[①] 的严重性，但从 2014 年度两国交往的具体情况来看，政府层面的合作仍占了绝大多数。从中缅该年度交流与合作具体情况看，缅甸各在野党、非政府组织以及其他民间势力参与程度明显不足。同时，中缅民间交流本身也基本仅限于人文、教育、医疗卫生等领域，且以边境地区或省份的民间交往居多。此外，许多民间交流活动仅仅流于形式，其背后主要还是由双方政府推动，因此交流效果十分有限。

2. 在昂山素季访华问题上主动性不足，对“民地武”问题介入有限

尽管从目前来看，缅甸反对派领袖昂山素季参加 2015 年缅甸总统大选的希望渺茫，但其本人在缅甸民众中仍拥有很高的声望与影响力。因此，中方有必要加强与昂山素季的接触与沟通。然而，围绕昂山素季访华这一问题，中国官方层面主动性不足。在该问题上，中国官方虽持积极态度，但仍有较多顾虑而尚未向昂山素季发出正式邀请。2014 年，昂山素

---

① “上层路线”指中国在双边合作中过度倾向与缅甸官方的接触，而缺乏对缅甸民间诉求的了解。

季未实现来华访问。此外，缅甸国内“民地武”问题也与中国关系密切，但从目前来看，中国对该问题的介入仍比较局限。2014 年，缅北冲突局势仍未得到根本性的好转，而中国仅仅以提供谈判场地或派遣特使的方式促和恐难以起到进一步的作用。

3. 中国对缅投资结构不平衡，风险防范与预警机制未有效建立

目前，中国在缅甸的投资仍基本集中在油气、电力、矿产等资源、能源开发领域。然而，这些领域又是涉及缅甸国内能源安全、生态环境、民众权益等方面的敏感地带，合作项目容易受到缅甸相关政治与社会因素以及他国因素的影响。事实上，尽管中国在对缅投资中强调多予少取作为互利共赢的方式，但目前中方在缅投资的领域与大型项目并非是缅甸最急需的。此外，从 2014 年中缅大型项目合作出现的诸多问题来看，中方对一些突发事件仍未建立有效的风险防范与预警机制。特别是 7 月缅甸突然单方宣布中缅铁路搁浅，而中方在此事件上表现较为被动。

针对上述问题，中方应着重在以下方面进行改进。首先，与缅交往的渠道与对象应多元化，尤其需加强实质性的民间交流。在当前缅甸政治与社会转型的大背景下，中方应适应并调整对缅工作的方式，广泛加强与缅甸各在野党、非政府组织、新闻媒体、社会各界以及普通民众的实质性交流。其次，对于缅甸国内与中国利益相关的问题上争取主动性。大型项目建设与运营、2015 年缅甸大选以及“民地武”等问题均直接或间接涉及中国在缅利益，因此中国在相关事件与议题的处理上应更加积极主动。例如，中方可就在缅大型项目的建设、运营情况定期召开媒体会，以避免突发事件后被迫回应的尴尬局面。最后，中国应拓宽在缅甸投资领域，加强对缅民生投入。中国应避免将对缅投资过度集中于资源、能源领域，而应更多地转向先前鲜有涉足的农业、旅游、电信等领域。特别是农业与缅甸民生最为密切，中国与缅甸进行农业合作既有利于保障项目顺利实施，也有利于改善中国企业在缅形象。

（二）2015 年中缅合作发展趋势

2015 年，中缅合作将面临挑战与机遇并存的局面，特别是 2015 年缅甸大选与缅北局势将继续成为影响中缅关系的两大关键因素。

首先，2015 年将迎来备受瞩目的缅甸大选，目前难以预测的大选结果给未来中缅关系增添了变数。此外，无论缅甸大选结果如何，美缅、日

缅以及印缅关系都将继续升温，这也将给未来中缅关系带来一定的挑战，并加重中国在众多领域与他国的竞争压力。但可以肯定的是，缅甸对华政策不会因为总统的更换而发生实质性逆转，缅甸仍然会在正常的国家关系框架内重视与中国的交流与合作。同时，大国平衡政策下的缅甸将不会在对外关系上倒向某一方。因此，2015 年中缅友好合作关系的主基调不会发生改变。

其次，由于缅甸政府与缅北各“民地武”势力围绕 2015 年大选展开博弈，故 2015 年缅北局势将在较长一段时间内继续维持一定范围的冲突局面。这一局面对于 2015 年的中缅关系也将产生双重影响。一方面，缅北冲突地区主要位于中缅边境，若战事长期存在不仅会持续影响中国在缅北的诸多投资项目，还会直接危及中国西南边境的安全与稳定，使中缅关系受到严峻考验。另一方面，目前政府军与“民地武”之间的相持局面也给中国介入缅北问题提供了契机，若中国能适时促成和谈，将有利于中国掌握今后对缅关系的主动权。

最后，中缅两国在 2015 年依然拥有众多良好的合作机遇。2015 年是中缅建交 65 周年，中国可以此为契机通过一系列庆祝活动的举办，加强对缅公共外交与民间外交的力度，使两国友好关系的基础更加稳固。此外，根据中国—东盟自由贸易区协议，2015 年中缅将实现双边贸易零关税。这将有力推动中缅两国的经贸来往与合作。总体来看，2015 年中缅双边关系不会发生根本性变化，中国与缅甸在众多领域的合作上仍然大有可为。

2014年中国与马来西亚合作报告

梁淑红[①]

一 2014年马来西亚形势简评

2014年是马来西亚不断经受考验的一年，无论是政治、经济，还是外交，都险象不断，所幸最后都能平缓地度过。在各种危机与乱象中，马来西亚也在不断推进各项改革，在经济和外交等方面取得突破和发展。

（一）政治

1. 继续推动“国民和解”，实现政治形势基本稳定

纳吉布总理在险胜继任之后，为力求国内政治稳定，宣布推动与反对党探讨各种合作的“国民和解”计划。2014年仍是纳吉布总理推动“国民和解”的重要一年。在经历马航失联事件之前反对党发起的“烈火莫熄运动2.0版”[②] 和马航失联事件之后，以纳吉布为首的持政党仍然保持与反对党、民众进行沟通、合作，以务实的态度推动各项政府工作，实现马来西亚国内政治形势的基本稳定。

2. 党派、党内斗争激烈，宗教、民族问题致政治格局复杂化

在马来西亚政治局势基本稳定的背后，2014年马来西亚的党派、党

---

① 广西大学中国—东盟研究院马来西亚研究所所长。合作者：陈芳、盘昌龙、杨光琪、罗远平、郝梦雨。

② “烈火莫熄”是马来西亚语与印尼语“改革（reformas）”的音译，系1998年安华被革职之后其支持者发动的反对国阵长期执政的政治改革运动的口号。当地华文媒体将1998年的这场运动称为“烈火莫熄”运动。2014年安华再次发起的政治斗争运动被称之为“烈火莫熄2.0版”。

内斗争依旧激烈，宗教、民族问题也对政治产生不可忽视的影响，使马来西亚政治格局继续延续着复杂的形势。

以安华为首的反对党联盟拒绝承认败选，继续呼吁其支持民众进行抗争，在 2014 年发起了“烈火莫熄运动 2.0 版”等较为激烈的反对活动。

险胜的巫统内部矛盾重重。巫统保守派对巫统日渐式微的现状不满，一名巫统基层领袖甚至发表公开信，促请纳吉布在第十四届大选前退位，以便让巫统注入新气息。而在 2014 年 11 月份的巫统大会上，多名巫统中央代表公开批评华人不懂感恩，公开激化巫统内部马族和华族的矛盾。

反对党联盟内部也存在分歧。人民公正党成员在 2014 年为争夺马来西亚最富庶的雪兰莪州的领导权而公开内斗。与此同时，伊斯兰宗教激进主义也引发了反对党联盟内部的分歧。在吉兰丹州执政的伊斯兰党试图在该州实施伊斯兰教规，这一事件不仅引发了马华的反对，在该党及反对党联盟内部也引发分歧。

3. 多项民主改革存在不确定因素

纳吉布作为巫统的改革派领袖，一直在致力于推动马来西亚的民主改革。但纳吉布在 2013 年承诺取消旨在惩治煽动性言论，禁止批评政府的《煽动法》之后，又在 2014 年宣布予以保留，使得国际社会对他的民主改革的决心存疑。

基于 2013 年大选的结果，马来西亚选举委员会主席在 2014 年初即提交动议要求重新划分选区，以平衡各选区选民人数，实现公平竞选。重新划分选区将会直接涉及执政党和反对党的利益并影响下一届大选。而各州以及各族群对重新划分选区的态度不一，从而困难重重。

（二）经济

1. 经济增长先增后抑，总体发展亮眼

尽管 2014 年马来西亚的旅游经济受到马航事件等不良因素的影响，但整体表现仍然不俗。2014 年马来西亚国内生产总值（GDP）增速为 6%①，超过预期，是过去 4 年来最快的增长。在整个东盟国家中，其表现仍然非常亮眼。

---

① 新华网，http://www.gx.xinhuanet.com/newscenter/dm/2015—02/15/c_1114378631.htm。

2014 年上半年马来西亚经济增长迅速，第一、第二季度 GDP 同比增长分别为 6.2%、6.5%。首先得益于国内需求拉动。上半年马来西亚国内需求整体增长 6.5%，其中私人领域投资保持了双位数增长，达到 13%，其投资领域主要集中于住房、交通、个人教育以及出口导向型的制造业。在公共领域，公共消费也增长较快，上半年的增速为 4.4%。不过，由于联邦政府和国有企业减少了固定资产投资，上半年公共投资下降了 4.9%。此外，马来西亚上半年的经济发展还得益于国际市场需求的恢复。2014 年上半年马来西亚外贸总额达 2229.3 亿美元，同比增长 9.9%，其中出口 1184.2 亿美元，增长 12.5%，贸易顺差为 139 亿美元，较去年同期增长 83%。在对外投资方面，2014 年上半年马来西亚对外直接投资大于吸引外国直接投资。2014 年上半年马来西亚对外直接投资净流出 370 亿林吉特，而吸引外国直接投资的金额仅为 180 亿林吉特。①

2014 年第三、第四季度马来西亚 GDP 同比增长分别为 5.2%、5.8%②，相对上半年增长缓慢，主要原因有两点：

第一，第四季度国际油价严重下跌，影响了马来西亚的石油出口和马币汇率。石油是马来西亚重要的出口产品，第四季度国际油价大幅下跌不仅直接影响到马来西亚的石油产业，还直接使马币成为东盟国家表现最为疲软的货币。2014 年第四季度林吉特大跌 6.2%，创 1998 年东南亚金融危机以来最大跌幅③。马币贬值，还加速了马来西亚资金外流。据 MIDF 投行研究统计，2014 年从马来西亚公开市场净流出的外资达 20.25 亿美元，是自 2008 年金融风暴以来马来西亚最大的外资流出额④。

第二，2014 年 12 月份的水灾对马来西亚经济有较大的负面影响。这次水灾受灾面积大，涉及 8 个州和超过 22 万人的受灾人数，不仅损失严重，很多产业同时也受到了水灾的影响，特别是棕榈、橡胶种植经济损失巨大。

尽管下半年，特别是第四季度马来西亚经济受到内忧外患的影响，但

---

① 《2014 年上半年马来西亚宏观经济形势》，驻马来西亚经商参处，http://my.mofcom.gov.cn/article/jjdy/201411/20141100782877.shtml。

② http://www.tradingeconomics.com/malaysia/gdp-growth-annual，Malaysia GDP Annual Growth Rate.

③ 新华网，http://www.gx.xinhuanet.com/newscenter/dm/2015—01/09/c_1113935758.htm，吉隆坡，1 月 8 日。

④ 驻马来西亚经商参处，http://my.mofcom.gov.cn/article/sqfb/201501/20150100859760.shtml。

仍然取得 GDP 同比 5. 8% 的超预期增长，这不得不说马来西亚的调整经济发展结构，特别是多元化出口政策取得了成功。

3. 伊斯兰金融发展不俗

马来西亚作为一个重要的伊斯兰国家，伊斯兰相关经济领域方面的发展在 2014 年也取得良好业绩。预计 2014 年伊斯兰教保险市场可以达到 30. 24 亿美元，比之 2013 年的 24. 36 亿美元增长了 24. 14%。作为世界最大的伊斯兰债券发行国，2014 年上半年马来西亚发行的伊斯兰债券就达 417 亿美元，占全球发行量的 63%，是唯一伊斯兰债券余额超过 1000 亿美元的国家。①

（三）外交

1. 积极实施大国平衡的外交政策

位于马六甲这一战略地位的马来西亚一贯奉行大国平衡的外交政策。2014 年马来西亚的外交重点亦充分体现了这一外交特点，尤其是表现在平衡中国与美国的关系上。

在与中国的关系上，中马关系不仅没有受到马航 MH370 的影响，还迈入了新的篇章。以中马建交 40 周年为前提，纳吉布总理于 2014 年 5 月 27 日至 6 月 1 日对中国进行了为期 6 天的访问，与中国签订了多项合作协议并签署联合公报，不仅缓解了马航失联事件导致的紧张的外交关系，也为双方合作打开新的局面。此外，马来西亚总理纳吉布还在参加亚太经合组织第 22 次领导人非正式会议时，分别会晤了中国国家主席习近平与总理李克强，进一步巩固了前期的外交成果。此外，马来西亚军方还与中国实现联合桌面推演，这对在军事上倚重“五国联防组织”的马来西亚来说是一个新的变化。

在与美国的关系上，美国总统奥巴马于 2014 年 4 月底访问马来西亚。奥巴马此行最大的成果是与马来西亚达成了“战略合作伙伴关系”，同时，美国承诺向马来西亚提供军事支持，包括针对马来西亚航空失踪航班的搜救行动。但对美国颇为关注的跨太平洋伙伴关系协议（TPP），马美双方并未取得突破性进展。

---

① 驻马来西亚经商参处，http：//my. mofcom. gov. cn/article/jjdy/201409/20140900723057. shtml。

2. 加强与东盟主要国家之间的往来，并积极筹备东盟轮值主席国

作为东盟的重要国家，马来西亚加强与东盟各国之间的往来，并为维护东盟内部的多边关系及稳定作出了贡献。

泰国与菲律宾这两个与马来西亚有边境问题的国家在2014年均就相关问题与马来西亚达成共识。2014年1月，泰国临时总理巴育访问马来西亚，双方就国家安全、边境安全、经济商贸等多方面问题进行了会谈，并达成多项共识。其中，双方就马泰边境长期以来的不靖问题达成启用协调谈判的机制予以解决的协议，并就泰南问题是泰国内政事务达成共识。在经济合作方面，双方还共同制定了1兆泰铢的双边贸易目标。2014年2月，纳吉布总理与来访的菲律宾总统阿基诺三世进行了会面，并在南海问题上达成共识，即在国际准则以及《联合国海洋法公约》的基础上通过和平手段解决南海问题。

2014年纳吉布总理还访问了越南，双方就经济、科技，特别是国防安全、国际和地区合作等多方面议题达成共识，并发表联合声明。马来西亚还与新加坡、印尼、文莱等三国保持一贯的密切往来，增强了与柬埔寨、缅甸的双边贸易与投资，并取得新的进展。

此外，马来西亚积极筹备接任东盟轮值主席国。2014年11月13日，在缅甸举行的第25届东盟峰会及系列峰会闭幕式上，马来西亚总理纳吉布接过象征东盟轮值主席国职权的金色木槌，承诺将2015年建成一个以人为本的东盟共同体。

3. 积极参加国际组织的活动

2014年马来西亚以187票赢得了2015—2016年联合国安全理事会非常任理事国的一个席位，这是国际社会对马来西亚推动国际和平、安全与和谐努力的一项肯定，也是其2014年一项重大的外交成就。另外，马来西亚积极参加2014年APEC领导人非正式会议及东盟峰会，加强与亚太周边国家的合作。此外，作为伊斯兰会议组织的创始国，马来西亚也积极关注伊斯兰的国际事务。

（四）社会

1. 民生工作取得成绩

2014年马来西亚政府在关注民生方面做了很多工作，主要体现在政府承担成本稳定电费；加大基础建设的投资，改善民生；加强犯罪治理，

降低犯罪率；出台新反恐措施；清理外籍劳工中近三分之二的非法外籍劳工等。对于 2015 年即将开征的消费税，为避免人民日常食用品涨价，书报、药物、水果、饼干及糕点已被列入消费税的零税率清单内，政府服务如护照、执照、卫生服务和教育，以及运输服务如巴士、火车、轻快铁、渡轮及大道收费也不在消费税征收范围之内。

2. 宗教引发社会问题较突出

2014 年马来西亚仍面临着诸多的社会问题。其中较为突出的是宗教引致的社会问题。一方面，受国际极端伊斯兰主义的影响，马来西亚受到伊斯兰教激进组织的恐怖袭击威胁，给国家民众安全带来较大的影响。2014 年马来西亚恐怖主义指数全球排名从前一年的第 91 名升至第 48 名[①]。4 月份连续发生了两起中国游客被绑架事件，5 月份又有一名在马工作的中国人被绑架。另一方面，伊斯兰党除了提请吉兰丹州政府实施伊斯兰教刑事法之外，还在吉兰丹州启动名为“暴露行动”的检举行动，同时，伊斯兰教姐妹组织等宗教组织也发表了各种激进言论。这些极端的宗教引致了其他非伊斯兰教族群的极度不安，从而引发各种社会层面的抗议与相关运动。

3. 频繁空难引发安全忧虑

继 2014 年 3 月 8 日马航 MH370 失联，2014 年 7 月 17 日 MH17 被击落之后，2014 年 12 月 28 日，亚洲航空公司一架从印度尼西亚泗水飞往新加坡的客机再度坠毁。这是马来西亚的航空公司遭遇的第三起特大空难。前所未有的频繁的空难引发了民众对安全问题的忧虑。

除了上面提到的社会问题外，马来西亚还面临着其他的社会问题，如房价的上涨，2015 年征收消费税引发的民众的担心，过多的非法劳工带来的一些社会问题，等等。

（五）文化与教育

1. 文化与教育取得长足的进步

马来西亚在对教育投资和培育多元文化上，取得长足进步。在财政预算案中，教育部特别拨款 1500 万林吉特给国内的 66 所国民型华文中学，并且除了特别拨款外，国民型华文中学的拨款及水电津贴增长也被纳入

---

① 马来西亚民主行动党官网，http://dapmalaysia.org/cn/statements/2014/11/20/7388/。

2015 年的预算案内，显示了政府没有边缘化国民型华文中学。同时，政府还在平等待遇、专业性质和制度化改革三大方面着手，改善华文师资不足的问题。马来西亚政府对教育的重视程度也吸引了大批的海外学生到马深造，为马带来较多的外汇收入。

此外，马来西亚一些大学，如马来西亚国立大学（National University of Malaysia）、马来亚大学（University of Malaya）、马来西亚理工大学（University of Technology Malaysia）在一些国际性大学排行榜中取得突破。由英语教学机构 EF 公布的 2014 年英语能力指标报告，显示大马国民的英语能力在 63 国中排名第 12 位，在亚洲排名第一。这些也都彰显了马来西亚文化与教育上的进步。

2. 政治、宗教、民族问题对多元文化与教育产生不利影响

宗教、政治问题对马来西亚多元化的文化与教育产生了不良影响。2014 年 11 月，为欢迎安华回母校演讲，马来亚大学学生会发起了“占领马大”的学生政治运动。此外，华文小学也受到政治、民族问题的影响。巫统个别领袖指责华文小学已成为反对党散播种族情绪及反政府的温床，并提议在巫统代表大会上辩论是否“废除华小”。槟州教育局发出把华小董事“从 15 人减少至 9 人”的指示，并要求校长推荐至少 3 名“偏向支持中央政府”的官委人选。对华文小学的指责与打击给马来西亚多元化文化与教育及其社会和谐带来了阴影。

二 中国与马来西亚的双边合作

马来西亚和中国对彼此而言都是十分重要的伙伴，这种重要性不仅体现在经济方面，还体现在政治、外交等各个方面。2014 年经历了马航失联事件之后，两个国家在互相谅解及互相协助的基础上将双方的关系进一步升华，纳吉布总理在中马友好宴会上这样描述两国的关系：“这些相似点意味着我们拥有以互相信任和尊重为基础的健康关系，这是牢固到足以经受哪怕是最悲惨考验的友谊。”

（一）政治与外交合作

1. 高层互访频繁，夯实全面战略伙伴关系

2014 年是中马建交 40 周年，也是考验中马高层外交智慧的一年。

2014 年 5 月，纳吉布总理选择了在马航失联事件之后，中菲、中越关系紧张，中泰关系因泰国政局动荡陷入停滞之时访华。这一时点的访问不仅有助于缓和马航失联事件造成的双方紧张关系，也为进一步夯实中马 2013 年建立的全面战略伙伴关系打下了基础。纳吉布总理在这次访问中分别与习近平主席、李克强总理进行了会晤，并与李克强总理签署了《中马建交 40 周年联合公报》。相对于 40 年前由拉扎克总理与时任中国国务院总理的周恩来签署的只有 9 段的联合公报，这份有 32 段的联合公报的篇幅与涉及的范围充分表明了中马两国关系的深度与广度，也充分体现了两国在全面战略伙伴关系下合作与发展的前景。

在 2014 年 5 月份访华取得的成果基础上，纳吉布总理还在参加亚太经合组织第 22 次领导人非正式会议时，分别会晤了中国国家主席习近平与总理李克强，进一步巩固了前期的外交成果。

除了纳吉布总理与习近平主席、李克强总理的会晤，两国高层的其他互访也比较频繁，包括应习近平主席的邀请，马来西亚最高元首哈利姆于 2014 年 9 月访华；纳吉布总理于 2014 年 10 月会见中国国务委员杨洁篪；2014 年 11 月，国务委员、公安部部长郭声琨会见马来西亚内政总部部长扎希德；2014 年 12 月，中国全国政协副主席陈晓光率团访问马来西亚等。两国保持高层的密切交往，能够增进战略互信，有利于不断推进两国的务实合作，夯实全面战略伙伴关系，取得新的成果。

2. 政治互信增强，在南海问题上取得新的共识

南海问题一直是马来西亚和中国共同关注的问题。从中国的角度而言，并不希望其与东盟其他国家的关系，特别是中越争端、中菲关系影响到中马两国的全面战略伙伴关系。而从马来西亚的角度，也不希望自己在 2015 年担任东盟轮值主席国时因上述争端或关系陷入尴尬。基于共同的出发点，两国在 2014 年的《中马建交 40 周年联合公报》就南海问题达到了新的共识："双方强调维护南海和平、安全与稳定及航行自由安全的重要性。双方强调，各直接有关的主权国家应保持克制并根据包括 1982 年《联合国海洋法公约》在内公认的国际法原则，通过友好磋商和谈判以和平方式解决分歧。"

两国在南海问题上的共识与马来西亚在南海问题上立场明朗化，是中马两国政治互信增强的结果，也意味着两国对未来中国改善其与其他东盟国家关系这一问题上持有相同的观点。

（二）经济合作

1. 双边贸易保持良好势头，中国仍是马来西亚最大贸易伙伴

在全球经济不景气的情况下，中马双边贸易仍然保持着良好的势头。据中国海关统计，2014 年中马双边贸易额达到 1020.2 亿美元，同比下降了 3.8%。其中中国对马来西亚出口额为 463.6 亿美元，同比增长 0.9%；中国从马来西亚进口总额为 556.6 亿美元，同比下降 7.5%[①]。尽管同比增长表现不够强劲，但马中双边贸易额仍然超过 1000 亿美元，而且中国仍然马来西亚最大的贸易伙伴，而马来西亚也仍然是中国在东盟最大的贸易伙伴。

2. 经济合作跃上新台阶，合作方式、合作领域向纵深发展

（1）共建海上丝绸之路，双方高层就经济合作发展达到新共识

马来西亚对中国“共建 21 世纪海上丝绸之路”的倡议有积极的回应，这除了体现在纳吉布总理访华期间与中国领导人达成的共识与双方签署的《中马建交 40 周年联合公报》之外，也体现双方企业的合作发展上面。

在纳吉布总理访华期间，中国商务部和马来西亚国际贸易与工业部在人民大会堂共同举办了“中国—马来西亚经济高层论坛”，双方有关企业签署了基础设施、交通运输、航空、能源、金融等领域的多项合作协议。2014 年 9 月，以“共建海上丝绸之路”为主题的第四届中马企业家大会在厦门与中国国际投资贸易洽谈会同期举行，会议签订合同金额达 5.2 亿美元。

（2）金融和基础设施建设领域的合作与发展

金融和基础设施建设是共建海上丝绸之路重要的内容。中马两国除了在《中马建交 40 周年联合公报》明确两国的央行将进一步加快本币用于两国贸易结算和投资，并推动必要的配套基础设施的建设外，也在现实中对此项公报内容予以落实。

2014 年 10 月，中国、印度、新加坡等在内的 21 个首批意向创始成员国的财长和授权代表在北京签约，共同决定成立亚洲基础设施投资银行，马来西亚成为亚洲基础设施投资银行的创始成员国之一。11 月，中

---

① 新华网，http：//www.gx.xinhuanet.com/newscenter/dm/2015—01/16/c_ 1114018702.htm。

国人民银行与马来西亚国家银行签署了在吉隆坡建立人民币清算安排的合作备忘录。双方在金融领域的合作与发展得到切实地落实。

在基础设施建设方面，中国企业参与承建的马来西亚槟城第二跨海大桥正式通车。该桥为东南亚最长的跨海大桥。中国的高铁在 2014 年第四季度也实现了进军马来西亚的愿望，南车全资子公司南车株洲电力机车有限公司与马来西亚 Syarikat Prasarana Negara Berhad 公司签订了约 11.3 亿元的安邦线轻轨车辆销售合同。

（3）产业园合作发展顺利

中马双园（中马钦州产业园、中马关丹产业园）合作发展顺利。2014 年 2 月中马双方成立了中马双园联合合作理事会。在纳吉布总理访华期间，由中国商务部投资促进事务局、马来西亚投资发展局、东海岸经济特区发展理事会、中马钦州产业园以及中马关丹产业园共同签署五方谅解备忘录，中马联合招商机制正式建立，中马双园的开发建设正式进入快速发展轨道。同月，广西北部湾国际港务集团投资 13 亿美元的联合钢铁厂项目获得马来西亚国际贸易与工业部颁的工业生产许可证，成为首个入住中马关丹产业园的重点项目。而中马钦州产业园的招商工作也在顺利进行。

（三）其他方面的合作

1. 文化和教育

中马双方地区性文化和教育交流频繁，各地之间的文化交流、教育交流往来密切。

2014 年 7 月，中国—马来西亚伊斯兰文化交流会暨中国伊斯兰文化展在吉隆坡开幕。马来西亚华人博物馆与泉州华侨历史博物馆签订友好文化合作伙伴协议。文化上的交流将促进中马双方加深了解，进而增进政治互信。

在基础教育方面，马来西亚拟与绵阳中学实验学校、南山中学实验学校合作共建留学基地，培养适应全球化发展趋势并具有国际化背景的高素质应用型人才。在大学教育方面，中国大学在海外设立的首个分校——厦门大学马来西亚分校于 2014 年 7 月 3 日在吉隆坡国际机场附近的雪邦市举行了奠基仪式。2014 年桂林电子科技大学第一批赴马来西亚马来亚大学的交换生已经顺利抵达马来西亚首都吉隆坡，这是中马两国政府就中马联合公报中的《高等教育学位学历互认协议》取得的第一步成功。这些都是中马教育合作的良好开端。

2. 国防安全

马来西亚虽然在经济上与中国来往密切，但在军事上一直与西方国家更为亲近。纳吉布总理访华时，双方同意建立两军联络热线、海军舰船互访等。在签署中马联合公报时，中马双方还签署了国防科技工业领域合作谅解备忘录，这将在平等互利的原则上推进中马国防科技工业领域的合作。这对两国来说都是新的合作与发展。2014 年 12 月马来西亚军方与中国军方首次举行代号“和平友谊 2014”的联合桌面推演。虽然仅仅是桌面推演，但这仍是中马军事合作的一个重要的标志性事件。

除了上述的合作以外，马来西亚与中国还有很多方面的合作与交流，包括中医药研发、青少年体育交流等。这些合作与交流都促进了马来西亚人与中国人民之间的了解与沟通，建立起深厚的友谊，也增强了两国的政治互信，为两国未来的合作与发展打下坚实的基础。

三　2015 年中国—马来西亚合作展望

尽管马来西亚与中国的合作与发展 2014 年在较多方面取得了较好的成绩，但也能看到其存在一些不足之处。这些不足有待双方在未来共同改进。

（一）2014 年中马合作的不足与改进建议

1. 外交层面的沟通有待加强

马航 MH370 失联之后，中国政府迅速启动应急机制，以援救工作作为工作重点。但由于马来西亚政府工作效率不高，对外披露信息不及时，导致中马双方信息沟通出现严重障碍，中国官方曾对此表示不满，中国民间更是情绪激化。虽然马来西亚政府缺乏处理此类大事故的经验是主要原因，但从该事件也能看出中国与马来西亚的外交沟通仍有欠缺。

2. 马来西亚投资环境有待进一步完善

在中马投资合作方面，马来西亚对中国的直接投资额一直远大于中国对马来西亚的直接投资额。因此，马来西亚一直希望中国加大对马来西亚的直接投资。但从 2014 年的情况来看，中国投资并没有在 2013 年习近平主席访马的基础上获得突破。这当然受制于中国经济放缓，国际经济不景气等多种因素的影响，但马来西亚劳动力缺乏也是其中一个重要的制约因素。马来西亚资源丰富，但是人口较少，技术工人缺乏，非法外籍劳工众多，这直接影响了在马来西亚投资的企业的生产用工。

3. 旅游经济恢复尚待时日

旅游业是马来西亚非常重视的一个产业，而中国则是马来西亚旅游发展的重中之重。马来西亚将 2014 年作为“马来西亚访问年”，并在 2013 年 9 月就在中国新疆启动了“2014 年访问年”的活动。但受到马航失联事件以及沙巴连续两起中国游客被绑架事件的影响，2014 年到马来西亚旅游的中国游客仅为往年的十分之一左右。

基于以上的不足，中马双方在未来的合作与发展应从以下几个方面予以加强：

第一，作为具有全面战略伙伴关系的两个国家，中国应该与马来西亚建立起良好的外交对话与沟通机制，特别是针对有可能影响双方关系的重大事件，在危机处理时能够实现及时沟通，共同应对。在经历了马航失联事件之后，双方应以该事件的应急处理及沟通过程为基础，总结经验，互相交流，以加强和提高特殊事件外交层面的合作。

第二，建议两国相关部门共同沟通，促使马来西亚在 2014 年大量清理外籍劳工之后能够建立合法、有效的外籍劳工制度，以灵活方式处理中国籍劳工的引进问题，以满足在马投资中国企业的用工需求。

第三，建议两国加强非传统安全领域的合作，切实加强赴马中国公民的安全，这样才能为马来西亚旅游经济的恢复起到保障的作用。同时，如果马来西亚能够放宽旅游签证，也将会有利于马来西亚旅游经济的回暖。

（二）2015 年中马合作发展趋势

1. 两国政治互信会进一步增强

2015 年 2 月，马来西亚联邦法院就安华所涉鸡奸案作出终审判决，维持入狱 5 年的判决。安华入狱将在一定程度上改变反对党联盟的发展。马来西亚政局如果趋于更加稳定，加上马来西亚接任东盟轮值主席国，将会使中马两国的政治关系进一步加强。对中国而言，这也将有利于其发展与东盟其他国家的关系，改变美国重返亚太之后中国与东盟部分国家之间的紧张关系。

2. 保持良好双边贸易关系，金融、基础设施建设领域的合作与发展将会进一步深化

国际油价经过 2014 年的大幅度下降，目前价格已趋于平缓并有所回升。马来西亚下半年经受水灾的地区经济也在恢复。加上马来西亚和中国也在加速调整本国的经济结构，特别是马来西亚，其 2014 年第四季度对经济结构的调整结果较好，并保持良好的发展态势，这为 2015 年中马保持良好双边贸易关系打下基础。

而在 2014 年开始起步的金融、基础设施建设两个领域的发展将会在 2015 年得到深化。

马来西亚是中国在东盟最大的贸易伙伴，同时，它也是伊斯兰国家中金融发展得最好的国家之一。基于这样的条件与基础，马来西亚在 2015 年必将与中国在推动亚洲基础设施投资银行的建设中有进一步密切的合作。同时，马来西亚的人民币互换规模将进一步扩大，吉隆坡人民币业务清算行的建立将会进一步促进人民币在东盟跨境交易中的使用。

在基础设施建设上，中国将更多地参与包括高铁在内的马来西亚的基础设施建设项目。加强铁路、航空、港口建设等互联互通项目的合作将是 2015 年中马合作的一项主要工作。

3. 马来西亚旅游经济将逐渐回暖

在马来西亚政局逐渐稳定，马航事件与绑架事件逐渐淡化之后，马来西亚的旅游环境会逐渐变好。马来西亚政府与中国加强与此相关的项目合作，并提高本国的安全保障措施，相信能够在 2015 年使马来西亚的旅游经济逐渐回暖。

4. 在科技、教育、文化等领域将有多层面的交流与合作

在 2014 年已有的教育、文化等合作的基础上，马来西亚将在科技、教育、文化、体育、卫生等多个方面与中国有更多的交流与合作。虽然前期较多的是官方的交流与合作，但 2015 年相信除了政府部门之间的交流与合作，也会有更多的民间组织，包括企业展开科技、教育和文化等领域的交流。

5. 传统安全与非传统安全领域的合作也会增加

鉴于 2014 年马航失联事件及多个绑架案件的发生，中马两国已经达成在安全领域合作的共识。无论在传统安全领域还是在非传统安全领域方面，相信中马双方在 2015 年都将深化这些方面的合作。

2014年中国与柬埔寨合作报告

刘亚萍[①]

2014年，中国与柬埔寨的合作较之2013年又取得了不少新成就，主要体现在政治、经济、农业、教育、基础设施等几个方面的合作，取得了许多新的进展，双方的互联互通也进一步得到加强。尽管2014年的柬埔寨国内依然出现多次罢工和示威游行活动，但几乎未对中国在柬企业生产经营活动造成影响，双边的贸易往来活动仍然频繁，签订的合作项目也在继续增加，总体上呈现出中柬合作更加稳定、多元和深入的良好态势。

一　2014年柬埔寨形势简评

（一）政治

1. 政治局势相对稳定，多党共同执政局面初步形成

2014年洪森政府延续了相对稳定的政治局势，但人民党一党独大的局面已被打破，国内多党政治格局有可能成为洪森政府的隐忧。虽然过去较为强势的奉辛比克党在逐渐衰落，其他几个小型党派也日益边缘化，但在野党之一的救国党强势崛起。因此，2014年柬埔寨的政治舞台上呈现了人民党和救国党两党对峙并寻求合作的局面。7月22日，执政的人民党与在野的救国党签署了《柬埔寨人民党与救国党政治解决协议》[②]，标志着人民党与救国党在民主和法律的原则下，共同开展国会工作，处理国

---

① 广西大学中国—东盟研究院柬埔寨研究所所长。合作者：周武生，广西大学商学院博士研究生；马莉，广西大学商学院硕士研究生。

② 魏伟：《柬埔寨首相与反对党主席会谈达共识　打破柬政治僵局》，国际在线，2014年7月24日。

家各类事务，也预示了柬埔寨下一届的政治选举充满着变数。12 月 19 日，柬埔寨国会审议通过《国会内章第 12 章 48 条文（2）修正案》，允许在野的政党议员在国会设立“政党领袖”和“少数党领袖”，救国党主席沈良西成为该届国会少数党领袖①。可见，国会内章的修改，是人民党向救国党妥协的结果，从而进一步扩大了救国党的权利，显示出柬埔寨多党共同执政的局面初步形成。

2. 推行积极外交，不断开拓新局面

2014 年柬埔寨推行积极外交，一方面继续巩固老关系，另一方面积极拓展新关系。通过洪森首相与其他国家元首的多次会晤，积极谋求展现柬埔寨在政治、经济发展方面的国际舞台。首先，积极提升柬埔寨在东盟中的地位。2014 年先后 3 次访问越南，参加“第 2 届湄公河流域委员会峰会”和第 25 届东盟峰会并发表讲话，推动了越柬关系迈上新台阶，促进了与周边国家区域的睦邻友好关系。其次，继续巩固同中、日、韩三国的关系。2014 年，洪森首相先后 3 次访华，巩固了中柬关系并获得中国政府的支持与援助；期间，洪森首相还访问了韩国和日本，分别与两国商讨了深化合作事宜，并从日本获得医疗技术援助。再次，继续保持同欧洲的友好合作关系。2014 年洪森首相先后访问德国和法国，从这些国家获得不少贷款援助。同时，积极拓展新的国际关系。2014 年，洪森首相首次访问阿塞拜疆和白俄罗斯，签署了系列双边协议。通过这些频繁的外交活动，柬埔寨获得了较多的国际援助和国际关注，也树立了洪森政府的正面形象。

3. 反腐力度持续加大，但反腐形势依然严峻

腐败是柬埔寨现任执政党所面临的最大威胁。2014 年柬埔寨继续将反腐视为政府重点工作：推进公务员财产申报；向学生宣传反腐知识，将反腐主题列入高中教育课程②；将每年 12 月 9 日列为国家“反腐日”；推出《反腐项目行动手册》③；首次对外公开反腐工作，11 月提呈《联合国

---

① 金边晚报记者：《国会通过〈国会内章第 12 章 48 条文（2）修正案〉救国党主席沈良西有望当任少数党领袖主席》，《金边晚报》2014 年 12 月 19 日。

② 高棉日报记者洪尊那隆：《反腐知识正式列入教育课程　全国 444 学校 26 多万名学生今年接受反腐教育》，《高棉日报》2014 年 3 月 26 日。

③ 高棉日报记者：《国家反腐委将推出〈反腐项目行动手册〉》，《高棉日报》2014 年 9 月 3 日。

反腐败公约》履约审议报告[①]；对部分腐败分子进行了惩处。但目前柬埔寨的反腐形势仍然比较严峻，柬埔寨政府廉洁排名仍非常靠后，2014 年柬埔寨贪污印象指数为 21，世界排名 156 位[②]。很明显，随着柬埔寨民主化程度逐渐提高，腐败对经济的负作用越来越显著，也制约着柬埔寨民主化进程。2014 年 10 月，柬埔寨反腐机构与联合国毒品和犯罪问题办公室（UNODC）在暹粒省召开了“遏制东盟经济特区的腐败现象”大会，显示了柬埔寨反腐的决心和信心。

（二）经济

1. 经济总量保持快速增长的态势，发展形势良好

过去十年柬埔寨的经济保持了持续增长的态势（如图 1 所示）。2004—2007 年，柬埔寨 GDP 年增长率达到两位数。2008 年受世界金融危机影响，经济增速放缓，但从 2010 年开始继续增长。2014 年柬埔寨 GDP 为 169.43 亿美元，同比增长 7%，人均 GDP 为 1139 美元，同比增长 10%。农业增长

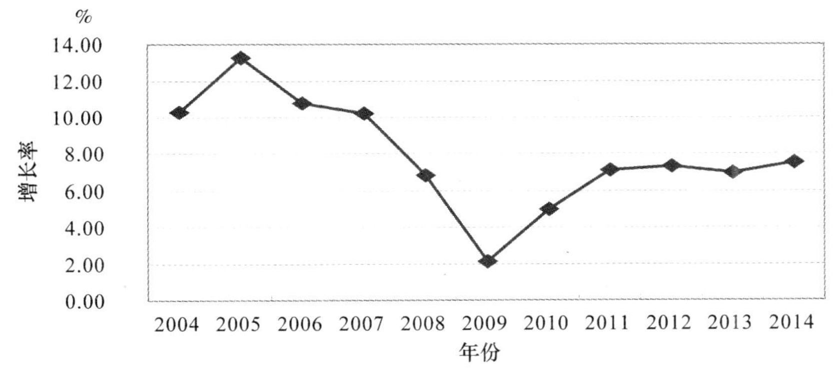

图 1　柬埔寨 2004—2014 年 GDP 增长率变化

资料来源：2004—2013 年的数据来源于柬埔寨财政部公布的数据，2014 年的数据来源于亚洲银行的预测。

---

① 星洲日报记者：《首次对外公开打贪工作一柬下月呈联国防腐报告》，《星洲日报》2014 年 10 月 29 日

② 金边晚报记者：《透明国际组织公布〈2014 年贪污印象指数〉报告　柬埔寨排名第 156 位并被列为全球贪污最严重国家》，《金边晚报》2014 年 12 月 3 日。

3.8%、工业增长10%、服装出口业增长9.9%、服务业增长6.8%，通货膨胀率为3.5%。瑞尔与美元的兑换率保持在3090∶1至4030∶1。外汇储备43.87亿美元，同比增长7%[①]。但柬埔寨经济发展仍然存在一些制约因素，如基础设施不足、民族工业弱小，产业规模有限，金融系统不发达，贫困人口比例较大等。

2. 农产品出口稳定增长

农业在柬埔寨经济发展中的地位依旧突出。目前柬埔寨85%人口从事农业，形成了以水稻、木薯、天然橡胶为主，以水产、畜禽养殖为辅的结构[②]。柬埔寨农业部数据显示，2014年柬埔寨出口大米38.71万吨，同比增长2%[③]。2014年，柬埔寨共出口橡胶97800吨，与2013年的73550吨相比，上升33%，出口总额1.55亿美元，与2013年的1.69亿美元相比，下降8%，主要缘于国际市场橡胶价格的降低[④]；年均鱼产量60万吨，渔业的年产值12亿美元，占GDP的比重为8%—12%[⑤]；油棕种植面积已扩大至1.5万公顷，在东南亚油棕种植面积中排名第4位，成为世界主要油棕种植国[⑥]。

3. 制衣、纺织业仍然为柬埔寨的主导工业

制衣与纺织工业是柬埔寨的传统优势产业，也是国家工业贸易出口份额占比最高的行业。随着国外资本的不断进入，柬埔寨的纺织工业得到进一步发展，仍然保持着柬埔寨的主导工业地位。2014年，柬埔寨的出口总额中，服装和纺织品的出口额约占94%[⑦]，服装出口总额为57亿美元，与上一年相比增长4%[⑧]。可见，纺织工业是柬埔寨出口贸易当中的主要工业产品来源。

---

① 《柬埔寨2013年宏观经济形势及2014年预测》，南博网，http：//www.caexpo.com/news/info/industry/2014/04/29/3621522_ 4.html。

② 高怡松：《柬埔寨经济特点与中柬合作的机遇》，《东南亚纵横》2011年第11期。

③ 《2014年柬埔寨大米出口同比增长2%》，中国粮油信息网，http：//www.chinagrain.cn/dami/2015/1/6/2015 1694427 55559.shtml。

④ 《2014年柬埔寨橡胶出口量升价降》，柬埔寨天空网，http：//www.cambodiasky.com/news/jmxw/4329.html。

⑤ 《柬埔寨渔业年产值12亿美元》，柬埔寨天空网，http：//www.cambodiasky.com/news/jmxw/3664.html。

⑥ 星洲日报记者：《1.5公顷柬南亚排第四—我国成油棕》，《星洲日报》2014年10月10日。

⑦ 《柬埔寨经济一直保持稳步增长》，柬埔寨天空网，http：//www.cambodiasky.com/news/jmxw/4731.html。

⑧ 《柬埔寨服装出口增速放缓》，柬埔寨天空网，http：//www.cambodiasky.com/news/jmxw/4296.html。

4. 以旅游业为主的服务业发展势头强劲

旅游业是柬埔寨重要的产业经济支柱之一。2014 年柬埔寨不断改善基础设施，推出新的旅游产品，加强国际市场营销，促使入境游客持续增长。据统计，2014 年柬埔寨接待国际游客 450 万人，与 2013 年相比，增长 7%，为国家财政贡献了 30 亿美元的财政收入[①]。柬埔寨入境游客中，越南排第一，中国排第二。但由于受制于基础设施、出入境便利性、泰国年初发生的军人政变及埃博拉病毒的影响，增长率比去年同期略低。此外，2014 年柬埔寨对中国实行落地签证，极大地推动了中国公民入柬旅游，中国赴柬旅游人数越来越多。

5. 电力、交通等基础设施建设加强

柬埔寨政府为提高人民生活水平，改善社会环境，不断加强基础设施建设，在电力和交通方面效果显著，但电力短缺，交通不发达的现状依然存在。电力方面，一是扩大供电网络，降低用电价格；二是积极寻求国际资金支持，大力发展电力。2014 年 9 月，在金边举办了国际电力展，获得了印度、亚洲开发银行、世界银行的资金支持。交通方面，农村道路和城市公交均有突破。2014 年亚洲开发银行检验与评价工作组对落实改善柬埔寨农村道路项目的 7 个省份进行检验，所有道路修复工作都符合标准[②]。金边市城市公交试运营，结束了柬埔寨首都金边没有公共交通服务的现状，为城市的现代化建设打下了基础。

6. 对外贸易持续增长，但贸易逆差逐渐增大

随着投资的扩大，出口竞争力的加强，以及国际援助资金的继续大幅流入，2014 年柬埔寨进出口总额为 181.35 亿美元，同比增长 14%，其中出口额 76.96 亿美元，进口额 104.38 亿美元，同比分别增长 21% 和 6%。贸易逆差 27.42 亿美元[③]。主要贸易伙伴为美国、欧盟、中国、日本、韩国、泰国、越南、马来西亚等。主要出口商品为服装、鞋类、大米、木薯、玉米和鱼类等；主要进口商品为燃油、成衣原料、建材、手机、机

---

① 《柬埔寨旅游部签署培养人才备忘录》，柬埔寨天空网，http：//www. cambodiasky. com/news/shxw/4816. html。

② 《柬埔寨农村发展加快落实改善道路项目》，柬埔寨天空网，http：//www. cambodiasky. com/business/zshz/3354. html

③ 《2014 年柬贸易总额 18135 亿美元增长 14%》，金边传媒网，http：//www. jinbianwanbao. com/List. asp？ ID = 17342。

械、食品、饮料、药品和化妆品等。

（三）社会

1. 工人罢工依然频率较高，但相比 2013 年在下降

2014 年柬埔寨有 276 家工厂（主要为制衣工厂）发生了工人罢工示威事件，共计 290 宗，参加人数约为 12 万人次。[①] 罢工示威主要以和平请愿、和平聚集为主，没有发生流血死亡事件，主要诉求为增加薪金和改善工作条件。由于人民党和救国党政治和解、新工资标准的实施（最低薪资为 128 美元/月），罢工事件比 2013 年有所下降。因此，从总体趋势来看，随着柬埔寨工人和平维权意识的进一步增强，国家法治的不断完善，工人待遇的不断提高，或许今后的罢工会越来越少，这将有利于国外投资者在柬埔寨投资兴业。

2. 关注残疾人，提出保障残疾人的基本权益

柬埔寨由于 20 世纪多年战乱遗留下来许多地雷于土地和森林中，导致柬埔寨每年有相当数量平民踩踏地雷受伤而致残。根据 2013 年人口普查，柬埔寨共有 30 万名残疾人士，约占总人口的 2.6%。2014 年值《提高残疾人权益法》执行五周年之际，洪森首相宣布执行《2014—2018 年残疾人战略计划》[②]，呼吁各界不要歧视残疾人，支持和鼓励残疾人参与社会活动。社会福利部成立残疾人基金会和委员会，并制定相应的残疾人福利制度，加大对残疾人的保护力度。这些制度和政策的实施，将改善残疾人的处境，确保残疾人的基本权益。

3. 积极预防传染疾病，推出《防艾计划书》

目前柬埔寨艾滋病患者一共有 7.2 万人，平均每天至少 2 人感染艾滋病，年均死亡人数近 1000 人。青年人成了艾滋病最易感染的对象，柬埔寨 1400 万人口中有 35% 为青年，14 岁至 49 岁年龄段的艾滋病感染率为 0.7%。为解决此问题，柬埔寨政府制定了《青年预防艾滋病计划书》，对全柬青年进行推广、教育和宣传。通过该计划书的推广实施，将有助于降低青年人染上艾滋病的几率[③]。

---

① 那利：《2014 年：罢工示威大幅减少》，《华商日报》2014 年 12 月 30 日。

② 《〈2014—2018 年残疾人战略计划〉正式颁布》，柬埔寨天空网，http：//www.cambodiasky.com/news/shxw/1316.html。

③ 《全柬青年艾滋病患者超 7 万人　柬政府制定〈预艾计划书〉阻艾蔓延》，《金边晚报》，http：//www.Jinbian wanbao.com/List.asp？ID＝15451

二 中国与柬埔寨的双边合作

（一）政治互信更趋紧密

1. 高层互访频繁

2014 年洪森首相先后 3 次访华，参加在中国举办的亚信上海峰会、第十一届中国—东盟博览会和加强互联互通伙伴关系对话会。中国也多次派团对柬埔寨进行访问。双方的高层互访进一步深化了中柬之间的政治互信、两国友谊和双边合作，将双边关系推到了一个新高度。

2. 双方守望相助

中国支持柬埔寨的政治、经济改革和社会发展，愿意在“和平共处”五项原则上发展同柬埔寨的关系。2014 年 11 月，洪森首相出席“加强互联互通伙伴关系对话会”，习近平主席将两国的关系定位为“知心朋友”、“可靠伙伴”和命运共同体。洪森首相表示柬埔寨是中国的坚定支持者，将一如既往支持中方维护国家主权、安全、领土完整，积极响应中国提出的“一带一路”战略倡议①。

（二）经济合作持续扩大

1. 双边贸易持续增长

受益于中柬全面战略合作伙伴关系以及中国—东盟自贸区的深入发展，中柬双边贸易持续增长，如图 2 所示。

由图 2 可知，2004—2014 年，中柬进出口总额保持高增长，从 2004 年的 4.82 亿美元增长到 2014 年的 37.57 亿美元，增长了 7.8 倍。由于中国在经济发展水平、技术等方面的优势，导致双方贸易逆差越来越大，由 2004 年的 4.32 亿美元扩大到 2014 年 28.12 亿美元。柬对华主要出口商品为服装、鞋类、大米、木薯、玉米和鱼类等；主要进口商品为燃油、成衣原料、建材、手机、机械、食品、饮料、药品和化妆品等②。

---

① 张朔：《习近平主持加强互联互通伙伴关系对话会并发表讲话》，新华网，http：//www.xinhuanet.com/，2014 年 11 月 7 日

② 《2014 年上半年柬埔寨经济形势》，商务部，http：//cb.mofcom.gov.cn/article/zwrenkou/201411/20141100786865.shtml。

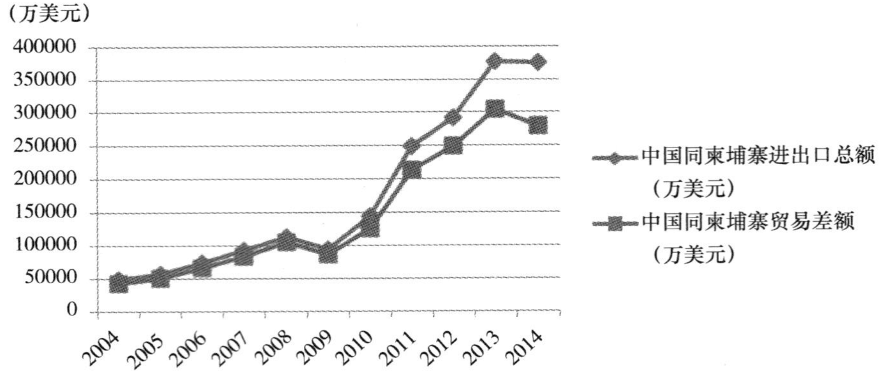

图2　中柬 2004—2014 年贸易额及贸易差额变化

资料来源：根据中国商务部公布的数据整理。

2. 农业合作不断推进

2014 年 1—9 月，柬埔寨向中国出口大米 2.922 万吨，成为柬埔寨大米第 5 大出口市场。两国还签署了谅解备忘录，中国 2015 年将从柬进口 10 万吨大米，有望成为柬埔寨大米最大出口市场①。此外，中国政府还将为柬埔寨提供 3 亿美元的优惠贷款，帮助柬埔寨建立新型粮仓。这些粮仓将建在大米的主要产区、重要城市和码头，以形成生产、运输、消费、储藏和出口一条龙的高效大米供给链，方便对华出口。此外，云南省向柬埔寨卜迭棉芷省援建了"农业科技友谊示范园"，这将有助于提高该省的农业种植技术和发展水平。

3. 旅游合作飞速发展

2014 年柬埔寨对中国实行落地签证，极大地推动了中国公民赴柬旅游，中国游客增加了 20%，直接带动了柬航空市场的发展。柬埔寨机场 2014 年载客量增加 13%，成为东南亚成长最快速的机场。12 月，中柬签署《旅游产业战略合作协议》，显示出双方资源共享、优势互补和合作共赢的旅游局面正在形成②。

4. 基础设施合作方兴未艾

航空方面，2014 年双方先后新开或重开了武汉—金边、天津—金边、济南—重庆—暹粒、济南—重庆—金边航线，成为航空合作的亮点。铁路方面，

---

① 华商日报记者：《中国向柬国进口 10 万吨大米》，《华商日报》2014 年 8 月 13 日。

② 李惠惠：《柬中签署〈支持旅游产业发展战略合作协议〉》，《高棉日报》2014 年 12 月 30 日。

柬埔寨抓住共建 21 世纪海上丝绸之路的契机，积极向中国寻求铁路建设资金。公路方面，中国河南省交通规划勘察设计院已向柬移交了“柬埔寨高速公路总体规划和发展策略”研究报告，柬埔寨将建 2230 公里高速公路，总投资约 260 亿美元，这为中柬高速公路合作建设提供了巨大的合作空间。桥梁方面，中国路桥工程公司已被柬埔寨政府批准建设金边境内的两座跨湄公河大桥①。房地产方面，中国成为柬埔寨房地产业第二大投资国。

5. 工业合作乘势而上

一是投资企业数量增加。2014 年上汽通用五菱、康海实业、玉柴集团、青岛保利、青岛五金、江西电力等纷纷进军柬埔寨市场，扩大了双边汽车制造、机电加工、纺织、五金、电力等方面的合作。二是工业投资金额增加。2014 年中国对柬工业投资实现了 126.3% 的大幅增长。三是成立柬埔寨中国商会电力企业协会，推动在柬各中资电力企业之间的相互联系、交流与团结协作，增强中资电力企业间的凝聚力②。

6. 信息合作发展迅猛

为了提高通信与信息服务水平，中柬加强了在信息技术方面的合作。2014 年，中兴承建柬埔寨 4G 网，有助于促进柬埔寨通信技术的进步、基础设施水平的提高、投资环境的改善③。中国深圳键桥通讯公司拟打造一个覆盖柬埔寨六大重点城市高速通信网络系统④。同时，中柬签署战略合作协议，共同推进柬埔寨通信广播影视业务发展⑤。此外，2014 年 9 月中国—柬埔寨技术转移中心成立，旨在构建有效的技术转移服务体系，进一步促进中柬技术转移合作与交流。

7. 金融合作深入推进

2014 年柬埔寨是继新加坡、老挝之后第三个被授予中国工商银行用

---

① 金边晚报记者：《柬政府批准中国路桥负责研究在金边新建两座跨湄公河大桥》，《金边晚报》2014 年 8 月 12 日。

② 《柬埔寨中国商会电力企业协会成立》，柬埔寨天空网，http：//www.cambodiasky.com/news/jmxw/3085.html。

③ 高棉日报记者：《中兴中标东南亚电信集团将承建柬埔寨 4G 网》，《高棉日报》2014 年 10 月 30 日。

④ 高棉日报记者：《中国通讯公司进军柬埔寨　预期 6 年盈利 1.6 亿美元》，《高棉日报》2014 年 5 月 29 日。

⑤ 高棉日报记者：《共同推进柬埔寨通信广播影视业务战略合作协议签约仪式》，《高棉日报》2014 年 3 月 21 日。

人民币开展金融交易业务的东盟国家，该举措显示了柬埔寨对人民币的重视，承认了人民币在柬埔寨市场中的地位，为中柬人民币跨境结算业务开通了一条便捷的通道。广州银行也与柬埔寨加华银行等金融机构签署了合作谅解备忘录，标志着中柬金融合作已深入到省域层面。此外，柬埔寨积极响应中国的倡议，加入了亚洲基础设施投资银行。

（三）中国对柬援助继续扩大

2014 年中国对柬埔寨的援助呈现出多领域、多层次的特点，援助的方式主要包括货币、物资、无息或低息贷款等。2014 年中国向柬埔寨提供 4.13 亿美元无偿援助和 3242 万美元无息贷款，支持其经济社会发展；还捐赠价值 10 万美元的现金、物资，资助其华文教育的发展；另捐赠价值 100 万美元的大米等粮食物资，支持其抗灾救灾的人道主义活动。其他援助还涉及农业、社会安全、医疗救助等领域。中国对柬埔寨的援助，一方面展示了中国和平友好的国际形象，另一方面加深了中柬两国的友谊，体现了中国的国际人文关怀姿态。

（四）社会其他领域

1. 文化交流深入推进

2014 年，中柬双方以中国—东盟文化交流年为契机，进一步加强了文化交流与合作。11 月，中柬签署了《2014—2017 年文化合作谅解备忘录》，进一步深化两国已有的友好关系，进一步加强双边在文化、艺术、文物和图书馆等领域的合作。12 月，《高棉的微笑——柬埔寨吴哥文物与艺术展》在北京首都博物馆开幕，这是新中国成立以来举办的第一个柬埔寨文物展览，开辟了两国文化交流的新篇章①。

2. 教育合作不断发展

一是来到中国留学或访学的柬埔寨人数持续增加，2014 年有 1390 名柬埔寨学生、学者来华留学或访学②。二是华文教育备受重视，柬埔寨孔子学院自 2009 年成立以来，受到中柬两国政府的高度关注，已成为中柬

---

① 李展精、郭翔青：《高棉的微笑——柬埔寨吴哥文物与艺术展在京开幕》，搜狐，http：//roll. sohu. com/20141226/n407321242. shtml。

② 李翼：《2014 年中国教育展柬埔寨开幕》，中新网，http：//www. chinanews. com/edu/2014/05—22/6202037. shtml。

两国之间语言和文化交流的桥梁，到目前为止，孔院已输送 209 名柬埔寨学生赴华留学深造。三是中国对柬埔寨教育援助增大。2014 年，中国国务院侨务办公室、中国驻柬使馆向柬华理事总会、中国商会、中国银行金边分行等分别以捐赠方式给予了柬埔寨华文教育资金支持。

4. 减贫资助力度加大

柬埔寨资源发展研究所发布《中国对柬埔寨减贫工作影响力》报告指出，中国对柬经济社会发展与减贫功不可没，中国经济迅速发展为区域发展带来巨大利益，并对减贫事业发挥重要作用。中国的资助对柬埔寨经济社会发展和减贫事业作出了重要贡献[①]。

5. 危难之际相互信任

2014 年越、泰反华之乱中，柬埔寨政府明确表态不允许反华示威，中国驻柬使馆发出安全提醒通告，承诺为来柬避难同胞提供绿色通道，积极保护在柬避难的中国公民，这种友好的态度和相互信任的支持政策，进一步加深和巩固了双方的友谊，并成为吸引中国投资者的无形力量。

三 2015 年中国—柬埔寨合作展望与建议

（一）中柬合作展望

1. 借力中国“一带一路”倡议，双边贸易将继续扩大

“一带一路”倡议、中国—东盟升级版建设为中柬合作提供了更广阔的平台和全新的机遇。中国改革开放正在全面推进，中国企业需要更广阔的国际市场，中国技术需要溢出和转移。柬埔寨是世界最不发达国家之一，在洪森首相执政下，开放、开发、吸引外资、发展经济是其不变的主题。中国与柬埔寨的经济结构和资源结构存在一定的互补性，双边合作有着良好的政治、经济、社会和文化基础。在“命运共同体”、“21 世纪海上丝绸之路”背景下的合作将是全方位、多层次的。因此，2015 年中柬贸易将会持续扩大，特别是农业、旅游和基础设施的合作会再上一个新台阶。

2. 注重结构互补，农业合作将获重大突破

农业是柬埔寨的基础产业和民生产业，但其农业基础设施较为落后，

---

① 高棉日报记者：《CDRI 发布〈中国对柬埔寨减贫工作影响力〉报告》，《高棉日报》2014 年 3 月 13 日。

大米加工能力不足，橡胶仅仅是以初级产品出口，价格受制于世界其他国家，其他农产品缺乏深加工。中国的农业技术水平相对较高，中柬农业合作由来已久，如何进一步扩大双方的农业合作是双方关注的合作焦点之一。2014 年中国已成为柬埔寨大米第五大出口国，随着合作的深入和通关的便利，2015 年中国将成为柬埔寨大米第一大出口国。

3. 秉承中柬友谊，旅游合作将开启新篇章

2014 年中国成为柬埔寨第二大客源国①。柬埔寨旅游资源丰富，特别是以吴哥文化为基础的旅游资源对中国游客极具吸引力。东盟各国中，由于泰国、缅甸政局不稳，菲律宾与中国南海冲突，越南的反华情绪，马来西亚的马航事件等，都影响中国游客对出境游目的地的选择，传统的新马泰旅游线路将受到负面影响，这就为柬埔寨旅游提供了新机遇。稳固的中柬关系、良好的经贸往来、友好的对华政策、丰富的旅游资源为中国游客赴柬旅游提供了基础。随着落地签证的实施和中柬《旅游产业战略合作协议》签署，预计 2015 年中国将成为柬埔寨第一大入境游客源国，揭开中柬旅游合作的新篇章。

4. 尊重文化差异，教育合作将上一个新台阶

柬埔寨因多年的战乱和政局的更迭，其文化教育事业落后，现代教育体系不完整，义务教育不完善，大学教育师资、图书资料缺乏。华文教育虽受重视但资金不足，这些问题的存在给中柬教育合作留下了巨大的空间。中国与柬埔寨完全可以在尊重文化差异的基础上，以留学、访学、捐赠、直接援助等方式进行多层次、多维度的教育合作，借此推进双边教育合作登上一个新台阶。

（二）加强中柬合作的几点建议

1. 共同努力逐渐缩小贸易逆差

由于柬埔寨经济发展水平和生产技术水平都还相对落后，国内市场对中国商品需求旺盛，从而形成中国在双边输出贸易中占据主导地位的局面。从长远来说，这种贸易失衡情况必将对两国贸易的持续、健康发展产生不

---

① 《柬埔寨旅游部和中国国旅集团签署〈旅游产业战略合作协议〉加强中柬旅游产业合作吸引更多中国游客来柬旅游》，金边传媒网，http：//www. jinbianwanbao. com/List. asp？ ID = 17320。

利影响。因此，中国应继续增加对柬埔寨的特殊优惠政策，并结合双方的比较优势，加强产业合作，促进更多的柬埔寨产品销往中国市场。同时，柬埔寨政府也应更加重视发展劳动密集型、出口加工型、进口替代型等优势互补产业，扩大出口，从而逐渐改变输出贸易逆差持续扩大的局面①。

2. 共同努力逐渐丰富出口品类

柬埔寨出口中国的产品结构比较单一，主要集中在纺织服装产品和农林牧渔产品。制衣业和采矿业是柬埔寨的主要工业，但采矿业的生产成本较高、生产技术不成熟，且环保要求高；而农产品的深加工产品缺乏以及其他工业产品类别偏少，这样一来，柬埔寨的工业结构非常不利于多样化的产品生产，进而影响其出口类别。因此，柬埔寨应在提高工业生产水平和完善产业结构的基础上，努力向中国出口更多有价值的产品类型；中方应积极开拓双边贸易的新途径，力促柬埔寨出口商品结构的优化②。

3. 共同努力逐渐完善农业的多维合作

农业合作是中柬合作的重要领域。柬埔寨直接出口中国的农产品偏少，因配额限制，目前只有大米、木薯可以直接对华出口，这直接制约了中柬农业合作。双方应调整农产品进出口贸易政策，充分发挥互补性优势，逐渐完善农业合作机制。一方面，柬埔寨应利用其气候与地理位置等优势，在水稻栽培、橡胶等热带经济作物种植领域，加强与中国的深度合作。中国企业可以利用技术设备比柬埔寨先进的优势，在柬埔寨投资生产、组装和销售经济适用型的小型农机工具、小型水泵、运输工具、小型柴油发电机等，加强中柬双方各个层次的农业经济贸易合作③。另一方面，柬埔寨相关部门应积极同中国国家质检总局沟通，尽快获得相关产品的准入审批，增加柬对华农产品直接出口品种和出口数量。此外，两国还应在农业技术指导、农业技术培训、农产品品牌打造等方面多维度地深入合作与互动发展，共同努力推动农业合作再上一个新台阶。

---

① 彭牧青：《基于 GMS 的中柬贸易往来综述与分析》，《玉溪师范学院学报》2010 年第 12 期。

② 同上。

③ 《柬埔寨农业发展与中柬农业合作简况》，南博网，http://www.caexpo.com/news/asean/jianpuzhai/scfx_ jpz/zdhyfx/2010/11/23/3507993.html。

2014年中国与印度尼西亚合作报告

刘主光[①]

一　2014年印度尼西亚形势简评

2014年是印度尼西亚的“政治年”，本年度最重要的事件是总统选举。围绕总统选举，各党派进行了激烈的争斗，直到佐科·维多多当选为新总统后才趋于平缓。但总统选举并未影响印尼的外交政策和对外经贸关系。经济方面，继2013年主要经济指数恶化以后，2014年印尼政府尝试经济结构逐步转型，减少了对外商投资和商品出口尤其是对矿产资源出口的依赖；印尼新政府上任后重视交通基础设施建设，提出了一些重要的设想与方案，希望通过加强海上与陆路交通建设来促进国家的交通便利化。

（一）政治与外交

随着长达半年之久的2014年印度尼西亚总统大选结束，各党派的斗争趋向平缓；佐科·维多多总统组建的新政府在对外方面进一步加强了与各国的外交活动，并在国内开展新一轮规模更大的反腐败行动。

1. 国内总统大选影响政局，党派的斗争由激烈渐趋平缓

2014年印尼最主要的事件是总统大选，斗争民主党与大印尼运动党推举的总统候选人佐科·维多多与普拉博沃竞争激烈。宪法法院于8月21日对总统选举结果做出最终裁决，佐科以其廉洁、亲民、草根的形象赢得大

---

① 广西大学中国—东盟研究院印度尼西亚研究所副所长。合作者：艾雨婷，广西大学商学院硕士研究生。

选，正式当选印尼第七任总统。佐科当选总统具有划时代的历史意义，说明印尼民主政治日趋成熟，突破政党领导人操纵、垄断政府的格局。10 月，佐科总统登上时代杂志封面人物，被评为印尼民主改革的新希望。

当然新政府同时也面临着严峻的挑战，如何组建新政府的内阁，取得国会多数人的支持，如何制定新的经济和外交政策，如何确定新年度财政预算，如何解决上届苏西洛政府遗留下来的有关环保、采矿、税务等政策上存在的不足都成为新政府成立后亟待解决的问题。各政党间存在一些巨大的分歧，尤其是在地方首长的选举问题上各政党发生了激烈碰撞与冲突。以佐科为首的民主党坚持由选民直接选举地方首长的政见，而以红白联盟政党为首的保守政党提出废除选民直接选举地方首长的权利，改由地方议会选举，并且在国会全会通过。这无疑是民主的倒退。另外印度尼西亚国内爆发了对“伊斯兰国”（IS）行动的支持事件。印度尼西亚有 87% 的人口信仰伊斯兰教，其中不乏类似于伊斯兰祈祷团这样的恐怖组织和建设团结党的激进政党，印度尼西亚面临国内的伊斯兰激进人员和组织与国外伊斯兰极端武装组织（Islamic State of Iraq and the Levant，ISIL）势力合流的威胁，可能导致印度尼西亚国内世俗伊斯兰社会的“激进化”，引起社会政治的不稳定。

2. 反贪反腐工作取得重大进步

2014 年印尼政府在反贪反腐、简化政府机构和提高工作效率上取得很大进步。官员腐败是影响印尼投资环境与跨境贸易的重要因素之一。贪污监督机构调查发现 48 名当选 2014—2019 年届立法议员候选人涉嫌贪腐。7 月 12 日人协、国会、地方代表理事会和地方议会通过法令，肃贪委审查国会议员不再需要总统的许可。此项法令为肃贪委的工作提供了便利，减少了其展开调查工作的限制。8 月 15 日苏西诺总统发表最后一次国情咨文演说，寄语下届政府坚持反贪腐。新政府积极响应其号召，政改部长尤迪禁止国家公务员在酒店开会，并避免不必要的公事访问，提倡节俭作风，并表示这个政策可让国家每年省下大约 20% 的国家预算。新上任的佐科总统也针对提高官僚素质提出 3 项道德改革目标，同时限定省、市、县副职设置，解散 10 个部门以简化政府机构，提高了政府机关办事效率，节约了政府运行成本。

3. 外交活动活跃，在国际事务中继续发挥建设性作用

两任总统积极建立和维持与多个国家的良好外交关系。苏西洛总统在

文明联合国联盟第六次全球论坛上会见联合国秘书长潘基文，强调在全球范围内要采取不宽容和歧视态度共同打击极端主义。佐科总统于11月8日至16日首次出国访问，会晤中国国家主席习近平、美国总统奥巴马、日本首相安倍晋三、俄罗斯总统普京以及缅甸总统吴登盛等各国首脑，以谋求印尼与各国建立并延续良好的国际关系。

印尼对外交关系的重视收到很好的成效，获得各国在政治、经济与文化教育等领域的友好支持与积极合作。政治上，与菲律宾、新加坡等邻国签订“海洋边界协定”，规划海洋边界；与澳大利亚恢复情报与军事合作，结束两国2013年年底因澳大利亚监控风波而产生的嫌隙；东帝汶在脱离印尼共和国15年后，其总理流露出重回印尼怀抱的愿望。经济上，美国政府世纪挑战集团（MCC）赠送6亿美元用于发展印尼经济，加强扶贫工作；与安哥拉政府签署能源合作协议；3月在雅加达召开第二届东亚国家合作促进巴勒斯坦发展会议，印尼决议向巴勒斯坦提供100万美元援助，减轻以色列对巴勒斯坦造成的损失。文化教育上，欧盟和澳大利亚共计投入10亿美元用于支持印尼的教育发展。

（二）经济

2014年印度尼西亚经济增速放缓。全年国内生产总值（GDP）增长为8683.5亿美元，年增长率为5.01%[①]。2014年对外贸易总额3544.72亿美元，同比下降3.98%，其中出口总额1762.93亿美元，同比下降3.43%；进口总额1781.79亿美元，同比下降4.53%，贸易逆差18.86亿美元[②]。该年印度尼西亚实际吸引外国直接投资307.0万亿盾（约285.3亿美元），同比增长13.5%，但与2013年22.4%的增长率相比，增速明显减弱[③]。

2014年印尼持续进行经济改革，在优化产业结构、改革新金融系统、完善进出口贸易结构、引进外资方面均取得了一定成效。

1. 产业结构优化，发展海洋经济成为新热点

印尼继续进行经济改革，力图优化产业结构，减少原矿出口，发展成

---

① http://zh.tradingeconomics.com/Indonesia/indicators. TRADING ECONOMICS。

② 《印尼2014年对外贸易及与中国贸易情况》，云南省商务厅网站，http://www.bofcom.gov.cn/bofcom/432922863666724864/20150206/385606.html，2015—02—06。

③ 《投资许可一站式服务开通　投资热将席卷印尼》，中国—东盟传媒网，http://www.china-asean-media.com/_d276757197.htm. 2015—02—13。

为实力强大的工业国。商业竞争监督委员会向中央政府和地方政府提出 5 项在工业产业、电力、地方银行业，以及货物和服务等领域的竞争政策建议。在政府出口禁令和资源税计划的政策制约下，印尼锡、镍等原矿产量骤减，大幅降低其在国际市场的供应量以保护过度开采的矿产资源，煤炭市场严重供给过剩的局面也有所改善。政府主张节约资源，上调印尼大型工业电力基价 8.6% 至 13.3%，以促进企业减少生产中的电力使用。2014 年印尼汽车产业、房地产产业蓬勃发展，今后有望取代泰国成为东南亚最大的汽车市场，房地产市场领涨东南亚。

11 月 13 日，印尼总统佐科在缅甸内比都东亚峰会发表主题演讲，提出了发展海洋经济、建设世界海洋轴心的战略。佐科表示，海洋经济不仅包括渔业捕捞、养殖，修造船等行业，还应包括海底油气等海洋资源的开发与利用。印尼海洋资源的潜在产值每年可达到 1400 万亿印尼盾（约合 1200 亿美元）。未来海洋对印尼及全球的作用将越来越重要。他认为印尼要建设的世界海洋轴心涉及五个主要领域。一是重建印尼海洋文化。二是维护和管理海洋资源。重点是通过发展渔业，建设海上食品基地，并为包括渔民在内的印尼民众带来福祉。在新内阁机构调整中增设综合性管理部门——海洋事务统筹部以统筹发展海洋经济。三是规划海洋蓝图，投资建设海上高速项目。通过兴建现代化港口、提升海上运输等物流网络、发展海洋旅游等方式，提高印尼基础设施建设和互联互通发展水平。四是发展海洋外交。通过邀请其他国家参与海洋领域的合作，减少和消除非法捕捞、侵犯主权、领海争端和海洋污染等海上纠纷和冲突。五是加强海上防卫力量。作为横跨两洋的海洋国家，印尼政府认为有必要也有责任建立强大的海上防御力量，不仅要维护海洋主权，还要保障航运和海上通道的安全。佐科表示，通过这五个领域的建设，期待将印尼建设成为 21 世纪繁荣、强大、可信赖的海洋强国①。佐科总统提出的发展和开拓海洋经济有利于推动印尼经济更快的发展。

2. 金融行业积极改革与创新

2014 年印尼金融业发展迅速。在上半年亚洲股市中，印尼证交所市场增长值位居亚洲第三，印尼证券交易所增长率达到 14.5%。印尼银行

---

① 《印尼总统佐科在东亚峰会上提出海洋轴心理论》，中华人民共和国商务部网站，http://yzs.mofcom.gov.cn/article/u/201411/20141100799683.shtml，2014—11—14。

业颁布了一系列措施鼓励其行业改革与创新，以提升本国银行产业竞争力：央行鼓励并整合国内银行业的电子货币服务业务，应对外国同业竞争；印度尼西亚银行率先颁布交易时不必签名的信用卡新条例来促进交易的便利化。银行业在着力创新的同时注重客户的资金安全：禁止通过手机短信提供的金融服务；限制私企外债的发行以减轻私企外债可能产生的风险；金融服务管理局与存款担保机构（LPS）合作，共同监督各银行是否履行《关于银行业监督协调与合作的谅解备忘录协议书》的内容。

3. 进出口贸易仍是经济增长的主要动力

根据世行数据，虽然国内消费已经成为印尼新的经济增长点，但是出口仍是印尼经济增长的主要动力。印尼十分重视进出口贸易，规定所有在港口进行的交易必须使用盾币作为结算货币，以统一规范港口货币交易。2014 年将装卸与出港时间由 6.2 天变为 4 天，使装卸费用比上年削减 36%，大大节约了贸易成本。在出口方面，贸易部签发锡产品出口条例以提升印尼锡产品交易所的地位，增强对国际锡价的控制权；批准年出口额接近 40 亿美元的铜出口企业重新启动出口业务；对初级产品的国内销售征收 10% 的增值税，而出口不征增值税，这大大刺激了出口；印尼与土耳其政府签署优惠贸易协议以扩大出口市场。

4. 改善营商环境以鼓励外商投资

2014 年印尼营商环境有所改善，从第 117 位升至第 114 位，但在东盟各国中处于低水平，仅高于柬埔寨和东帝汶等国。印尼经济统筹部决定大力改善外商投资环境，争取在两年内将排名提升到第 50 位。为此印尼出台了一系列优惠政策，包括可免费申请四种投资许可证、对目前已到期税务再延长一年的优惠条例、鼓励外国公司不将其盈利汇回海外的税收优惠措施等。印尼政府鼓励外资的措施初见成效：印尼成为戴尔（Dell）10 个主要新兴市场之一；丰田投资 230 亿日元在印尼新设发动机工厂；韩国与印尼签署 100 亿美元货币互换协议，韩外长称将继续扩大韩企在印尼投资。

当然，印尼经济发展仍存在一些问题。从总体上看，印尼全年通货膨胀率为 8.36%，超出了温和的有利于经济发展的通胀水平；外汇收入多用于偿债，财政赤字过大，持续时间过长。在产业方面，工业部制造产业总局局长表示从 2015 年底开始实施东盟经济共同体时，70% 的制造业部门还未准备好与同类型的部门竞争；农业未获得重视，稻米依赖进口，农产品加工产业比邻国落后 15 年。在金融方面，印尼银行业资金周转仍处于紧缩状态。在进出口贸易方面，矿石出口禁令引起出口下滑；受美联储加息的影响，印尼经济过分依赖出口的弊端开始暴露。在外资准入方面，虽然放宽了部分限制以鼓励投资，但依然存在保护国内部分产业的现象，例如限制外资银行的设立，以及为它们转成股份有限公司（PT）形式和为外资成分设上限时间。

2014 年印尼经济虽然面临国际大宗商品需求疲软、印尼政府实行紧缩性货币和财政政策、经济增长无法延续往年迅猛态势的困境，但印尼政府进行的宏观经济改革，为实现经济可持续增长提供了坚强的保障。

（三）社会与文化

2014 年印尼经济社会与文化建设取得很大成绩。主要表现在：道路运输基础设施建设方面，运输部打算通过一系列海岛内的铁路线连接公路和港口，积极改善全印尼群岛间的陆路交通运输。交通部提出将在 2015 年拨出 14 兆盾供新建铁路经费，雅加达—万隆高速铁路、苏门答腊岛收费公路、21 座新机场的修建提上日程。这些建设工程将会大大便利人们的生活，提高居民的生活质量。宗教改革方面，全国人权委员会支持修订婚姻法令，实现不同宗教信仰的婚姻自由化；印尼伊斯兰教理事会同意内务部长对有关宗教的修改，允许除六大宗教以外的人不填写宗教信仰那一栏的内容。改善贫民生活状况方面，政府从 11 月 3 日开始，向每一贫民户提供每月 20 万盾的补偿资金。公共工程部也计划在未来五年内，用 800 兆盾在全国范围内整顿贫民窟。法律制度完善方面，总统发布了一个有关政府保护儿童不受性侵犯的条例。

贫穷、疾病与灾害、武装冲突与示威活动仍是影响印尼社会稳定的主要问题。许多印尼人仍生活在贫穷中。根据世行报告，75% 的印尼人年均收入才 5 万盾，40% 的印尼人仍处于贫困状态。疾病与灾害仍是印尼风险管理的重头戏：联合国艾滋病规划署发布的艾滋病病毒感染者增加的报告中，印尼状况令人担忧；太平洋海水出现异常升温现象带来的长期干旱至少导致 86 个县市遭受旱灾；11 月大亚奇山体滑坡，使得 12000 名居民面临断粮。印尼境内武装冲突不断，军警与武装分子经常发生交火。民众对现状的不满导致了示威活动：日惹多个大学生组织 11 月 18 日展开示威活动，抗议政府提升燃油价格；工会联盟举行示威督促政府提升工人最低工资标准 30—40%。

二 中国与印度尼西亚的双边合作

2014 年中国与印尼多方位多领域继续开展合作，政治经济交往、社会文化互动频繁，关系持续升温。

（一）双边政治关系与外交往来

1. 两国领导人继续友好交流

2014 年，中国与印尼在政治与外交上继续保持着密切友好关系，其主要特点是中国与印尼双方高层交流频繁，深入开展全面合作。中国与印尼两国领导人继续传承和发展友好伙伴关系。美国重返亚太，利用东盟个别国家遏制中国态势明显，企图将中国与东盟个别国家的领土争端上升为中国与东盟的整体问题。作为东盟成立的倡议者之一，幅员辽阔、人口多、经济实力强、分量重的印尼，是中国重要的合作伙伴；同时由于印尼新政府上台大力提倡建设“海洋强国”，与中国提出的“21 世纪海上丝绸之路”建设倡议高度契合，印尼希望与中国合作发展海洋经济。这为中印（尼）更为友好密切的交流奠定了良好基础。10 月 24 日，习近平同印度尼西亚总统佐科通电话祝贺其就任印尼新一届总统，并对其前来北京出席亚太经合组织领导人非正式会议表示期待与欢迎。印尼重视与中国的友好合作关系，佐科将中国作为其上任以来的第一个访问国家。11 月 3 日佐科会见中国外交部部长王毅时表示，印尼对中国重启丝绸之路敞开大门。9 日佐科前往北京与中国国家主席习近平会晤，表示希望推进两国全面战略合作，不断提升双边关系水平，以海上和基础设施建设等领域为重点，带动两国整体合作。

2. 双方政治互信增强，互访频繁

2014 年中国与印尼继续保持高度的政治互信与密切的联系，在良好的互惠互利基础上，中国与印尼政府高度重视高层之间的交流。2014 年双边合作取得了丰硕的成果。主要表现在：一是中国与印尼共同解决争端。印尼马尔迪外长称印尼和中国没有领土争端，中国已正式承认靠近南中国海的纳土纳群岛属印尼领土，目前中国和印尼正在合作开发纳土纳岛。二是中印（尼）各领域交流不断加深。中国最高人民法院常务副院长、一级大法官沈德咏应印度尼西亚最高法院首席大法官哈达·阿里邀请，率中国法院代表团于 11 月对印度尼西亚进行了正式友好访问。通过此次访问，进一步推动两国司法交流，加强司法互信，为两国关系的进一步发展提供有力的司法保障。12 月中国驻印尼登巴萨总领事馆开馆，是中印（尼）双方促进人员往来、深化各领域交流合作的最新成果之一，必将加深两国的外交关系与合作。三是中国政府积极参与印尼举办的会议与活动：5 月中印（尼）海上合作委员会第二次会议在雅加达举行，中国外交部副部长刘振民和印尼外交部副部长瓦尔达纳共同主持会议，两国的外交、交通、海洋、渔业、海军、财政等部门代表出席会议。双方同意进一步加强对话和沟通，密切协作，积极落实中印（尼）海上合作委员会首批合作项目，并审议通过了中印（尼）海上合作委员会第二批合作项目，推动两国海上实务合作实现更大发展。

3. 华人在印尼政治中表现活跃，增强了作为中印（尼）关系的纽带作用

越来越多的印尼华人积极参与印尼的政治活动，在印尼政坛中发挥着越来越重要的作用，扮演着愈发关键的角色。在印尼的大选中，传媒业巨头陈明立试图竞选副总统；华人积极参与总统选举投票，受普拉博沃排华事件影响，大部分华人支持佐科。11 月印尼地理学家、政治家钟万学以其清廉作风和强硬打击贪腐的形象在省长选举中获胜，宣誓就职印尼雅加达省省长，被认为是华裔新生代参政的一大突破，从而当选《环球亚洲》年度风云人物。印尼领导人对华人的力量越发重视。10 月 11 日佐科会见了印尼华人协会，肯定其历史功绩，并鼓励华人在未来进一步发挥其在中印（尼）关系中的纽带作用。

（二）双边经贸关系和经济技术合作

1. 双边经贸关系保持稳定但贸易额小幅下降

中国是印度尼西亚非油气产品第二大出口国和第一大进口来源地，印尼是中国在东盟的第三大投资地。2014 年中国与印尼双边贸易额各月呈现波动状态，总体上小幅下降。2014 年 1—12 月，中国与印尼贸易总额 635.86 亿美元，同比下降 6.98%。其中中国出口印尼为 390.62 亿美元，同比增长 5.77%；中国从印尼进口 245.25 亿美元，同比下降 21.95%；中国与印尼贸易顺差 145.37 亿美元，与去年同期的顺差 55.1 亿美元相

比，同比增长 1.64 倍[①]。

2014 年双边经贸往来频繁，主要表现在：一是政府牵线推动经贸发展取得丰硕成果。4 月三一重工耗资 6.4 亿美元完成由习近平主席签约，与印尼总统苏西洛共同见证的印尼青山工业园一期工程；11 月印尼与中国签订 12 项投资备忘录涵盖交通运输，采矿，能源等领域，均是中国在印尼原矿出口禁令下采取的措施和取得的进步；能源矿物部签发出口同意书准许两家中国铁砂开采公司出口生铁。二是中印（尼）产业间的合作加强。12 月印尼工商会副主席迪迪苏万表示，印尼工商会正加强与中国有关方面的合作，计划在未来 5 年内争取中国投资 55 亿美元用于从中国进口 500 艘各类船只。这是中国与印尼间产业合作持续增长的良好证明。三是中印（尼）的商业联系逐步密切。4 月印尼狮航与中银航空签订第二笔交易协议，从中银航空租赁 5 架波音 737，成为中国与印尼公司间延续长期经济往来的优秀示范。

2. 双方政府间技术工程合作加强

中国与印尼的经济互补性强，在技术工程上的合作潜力巨大。中国在铁路建设方面的丰富经验满足了印尼大力建设铁路基础设施的需求。2014 年印尼与中国政府就铁路建设开展了深度合作。6 月印尼政府与中国政府谈妥有关 solo-ertosolo 高速公路建设 4 万亿盾经费贷款问题；11 月，印尼政府与中国政府决议全面合作发展高速公路和铁路。

3. 赴印尼旅游持续升温

2014 年印尼政府通过邀请成龙作为印尼旅游大使、在杭州等六个中国城市推广奇妙旅游计划、在济南举行印尼经贸旅游投资推介会等行动来吸引中国游客赴印尼旅游。2014 年，中国超过澳大利亚，成为印尼最大的游客来源国。印尼旅游与创意部部长冯慧兰女士表示，2013 年《中国—印尼旅游合作谅解备忘录》的签署促进了中国与印尼间旅游业的发展，使 2014 年以来中国赴印尼游客不断增长。1—4 月中国赴印尼旅游人数达 32 万人，同比增长 30%，占同期赴印尼外国游客总数的 11%。2014 年中国公民赴印尼旅游人数约 940 万人次。

---

① 《2014 年 1—12 月我对亚洲国家（地区）贸易统计》，中国商务部网站，http://yzs.mofcom.gov.cn/article/g/date/fourteen/201501/20150100884111.shtml，2015—02—27。

（三）双边文化领域积极互动

2014 年中国与印尼在语言文字、人才教育、艺术文化方面积极互动、深度交流。在语言文字方面，印尼在全国首次举行汉语考试，有近 4 万人参加，表明华文教育在印尼日趋普及；印尼夏利·悉达亚斯拉伊斯兰教大学动工兴建《四库全书》图书馆，加强了对中国文化的学习和研究。在人才教育方面，3 月，印尼医生团开赴广州研修口腔医疗技术；10 月，“2014 年中国文化海外行——印尼营”开营，中国教师赴印尼授课，传播中国优秀文化。在艺术文化方面，11 月，中国驻印尼大使馆举办“2014 年中国电影周”，反响热烈。

三 2015 年中国—印度尼西亚合作展望

（一）2014 年中印（尼）合作存在的问题

1. 南海问题存在隐患

中国与印尼两国在南海问题上大体上可以说不存在任何争端，印尼也一直都视自己为南海争端的中立者和调停者，并在东盟等国际会议上多次替中国解围，致使菲律宾与越南的阴谋频频破产。但是由于印尼认为中国对其“九段线”的解读正在向印尼的“专属经济区”渗透，影响了其对纳土纳群岛的主权问题。印尼在 2014 年东盟峰会就南海问题发表声明，首次改变以往“审慎”态度，“无声”支持越南和菲律宾。同时大力扩充其海上军事力量，在纳土纳群岛部署先进军事武器，高调声称用于应对南海越来越紧张的局势以及作为印尼的早期预警系统。印尼在政治上亲近中国的同时带有防备，两国双边关系因纳土纳群岛的利益而变得微妙。作为中国的友好国，印尼如果立场发生变化，势必会给中国与菲律宾和越南在南海问题上的争端带来隐患。

2. 印尼政府对国内企业保护严密，排斥外企进入与占领市场

印尼的进出口贸易政策一直倾向于鼓励出口、限制进口，以保护国内产业不受外企大量进入的冲击。印尼政府通过多种方式保护国内企业，一是限制外资行业准入：2014 年 3 月，印尼限制外资对小型企业的所有权；5 月，限制外国投资本国石油服务行业；二是采取反倾销措施：4 月，开始对工业产品——冷卷的反倾销进行期中复审，决定对来自日本、韩国、

中国台湾、中国大陆和越南的冷卷征收为期3年的5.9%—55.6%的反倾销税；8月，印尼反倾销委员会应其国内产业申请，决定对自中国、泰国和印度进口的双向拉伸聚酯薄膜产品发起反倾销调查。三是通过设立质检门槛抑制外国商品进入国内市场：10月，实施进口玩具国家标准，中国作为印尼玩具最大进口国之一首当其冲。印尼政府采取的对贸易与投资的保护措施严重影响了中国对印尼的进出口贸易与投资。

3. 印尼限制资源出口影响中国原矿供应

印尼是全球最大的镍矿出口国，也是全球铁矿石、铝土矿等金属矿产和动力煤的重要出口国，而中国镍矿需求一半以上来自于印尼，中国严重依赖印尼进口矿石以生产含镍生铁。2014年1月12日起，印尼原矿出口禁令开始生效。禁令规定，原矿必须在本地进行冶炼或精炼后方可出口，以保护自然资源，同时增加矿产品出口附加值，促进矿产品加工中下游产业发展，创造更多的就业机会。此禁令一生效，导致印尼对中国的原料供应严重短缺，中国的镍生铁供应量骤减。

4. 两国民间交往不够深入，合作潜力仍待挖掘

中国与印度尼西亚大使馆为促进两国民间交往做出了巨大努力。2014年7月19日，中国驻印尼大使馆在雅加达社会福利机构举办斋月献爱心捐赠活动，向印尼人民致以斋月的诚挚问候和美好祝福。但是，中国与印尼的民间交往主要发起于官方，民间组织主动参与两国的交往较少且基本局限于文化交流与旅游等领域。新总统佐科上任后，积极促进民主与政治、经济等多方面的改革，印尼与中国两个大国的关系也必将越来越密切，两国民间交往的纵向深入与横向扩展是必然趋势。中国与印尼可以在宗教、学术等多领域进行经常性互访，挖掘双方民间交往中存在的巨大合作潜力。

（二）2015年中印（尼）合作与发展的方向

1. 增强政治互信，巩固全面战略伙伴关系

中国与印尼自1950年建交以来，两国关系在波折中逐步稳定并持续升温。中国与印尼隔海相望，是“好邻居、好朋友”。2013年双方关系升级为全面战略伙伴关系，这表明中印（尼）高度的政治互信和携手结伴的诚意。2014年以来两国领导人亲密交流、高层互访频繁，政治互信进一步增强。中方与印尼一贯高度重视双边关系发展，佐科当选印尼总统被

认为是中印（尼）关系的历史最好时期，双方领导人期待共同努力，推动已经建立的中印（尼）全面战略伙伴关系以促进更大的发展。

2. 提升产业合作深度与广度

印尼为抵消 2015 年美联储加息对外资出逃的影响，采取了放宽外商投资行业与股权限制等一系列措施来鼓励外商在本国的投资。作为印尼的投资大国，中国是印尼争取的主要对象之一。中国应注重提升与印尼间产业合作的深度与广度。2014 年印尼政府规定投资旅游业的外国业者可持 100% 股权，并对中国游客免收签证费，这些措施为中国企业在印尼投资旅游业、加大行业合作深度提供了新的机遇。印尼对外资企业新开放制药行业、电厂项目和广告行业，有利于中国企业发掘新的投资机会，扩宽投资行业。

3. 加强陆路及海洋基础设施建设投资

印尼和中国经济互补性较强，双方拥有很多合作机会。中国拥有充足的投资资金，需要选择合适的国家进行投资；且中国的“一带一路”倡议需要充分依靠中国与有关国家既有的双边与多边合作机制，积极主动地加强与沿线国家的经济合作，共同打造政治互信、经济融合、文化包容的利益共同体、命运共同体和责任共同体。目前印尼也正在大力发展陆路与海洋基础设施，政府确定 2015 年预算修正案主要指标，减少了燃油补贴，将把节约下来的 230 万亿盾（约合 192 亿美元）投放到基础设施建设、农业、交通等领域，资金需求较大，且经济发展前景和投资环境良好。印尼政府视中国为全面战略合作伙伴，将推出一系列港口、航运、机场等基础设施项目，以吸引中国企业的投资，以此加强印尼岛际之间的互联互通。陆路与海上基础设施建设的投资成为中国企业在印尼投资的主要方向。陆路交通方面，运输部打算通过一系列海岛内的铁路线连接公路和港口，积极改进全印尼群岛间的交通运输；海洋交通方面，新总统佐科提出建设海洋大国设想，政府已启动雅加达北区巨型海堤工程的建设，并即将进一步规划海洋蓝图，投资建设海上高速项目。作为铁路大国，中国在铁路建设方面具有丰富的经验与丰硕成果，这都为中国企业获得印尼的铁路建设项目提供了巨大的优势。

（三）加强双方合作的几点建议

中国与印尼今后的合作应重点关注以下三个方面：

首先，政治上就南海问题与印尼磋商，加深互相理解与支持。印尼存在对中国的误解，认为中国对其“九段线”的划分是在向印尼的“专属经济区”渗透。中国可以通过深入沟通，表明友好态度，并与印尼就南海问题达成共识，增强政治互信，牢固全面战略合作伙伴关系，争取在南海问题上获得印尼明确的支持。

其次，经济上应加强双边投资与贸易往来，尤其是加强海上经济合作，实现中国与印尼双边贸易与投资的互惠互利，达到共赢的目标。这可以从以下五个方面努力：一是积极落实《中印尼全面战略伙伴关系未来规划》，尤其是实现“经济和发展合作”19个方面的合作；二是积极实施中印（尼）产业合作和行业对接，实现合理分工，打造优势明显的产业链，提高两国新的生产力和对外竞争力，减少印尼对国内产业发展的担忧与保护；三是鼓励印尼政府包括地方政府、行业、企业等积极在华开展招商引资，推介商机；四是促进双方优化贸易结构，例如通过增进中国和印尼企业和消费者对对方知名品牌的认识和了解，促进双方贸易在快速增长的同时健康发展，加强双方品牌合作，优化两国贸易结构；五是建立完善的经济信息交流系统，方便各行业与企业便捷迅速地了解相互的经济政策与市场信息，扩大贸易与投资。

最后，在社会与文化交流方面，拓展中国与印尼多方面深层次的合作与交流，如政府及非政府组织、官方组织与民间组织之间的合作与交流。两国在科教文卫各个方面均可开展广泛合作，如在印尼增开孔子学院与孔子课堂的教学，借助华文媒介推广中国语言与文化、举办中华文化展示活动等；鼓励双方留学生间的相互派遣，建立高层次人才间的相互了解与交流，为中印（尼）友好交往增加助力；在中国开办印尼语言文化中心，扩宽印尼语学生就业渠道，丰富两国语言文化交流。双方开展多方面的合作与交流，有利于中国与印尼政治上的高度互信与全方位、多层次的合作与发展，在经济、政治、文化与社会各方面求同存异，密切相互关系，建立全面的战略合作伙伴关系。

2014年中国与新加坡合作报告

王　娟[①]

一　2014年新加坡形势简评

2014年，新加坡政府继续深化经济转型，调整社会政策，致力于打造更加公平开放的社会。人民行动党积极应对政治多元化趋势，转变执政理念，强调政治包容性，加强与在野党的沟通。同时，外交上继续坚持“大国平衡策略”，维护地区的稳定繁荣。

（一）政治

1. 政府转变发展理念，更加重视社会民生问题

政府为了缩小贫富差距，增强社会凝聚力，改变了以往的非福利主义理念。在2014年的财政预算案中，政府拨付80亿新元建立“建国一代基金”，为65岁以上老人提供补贴，令其老有所养。5月，政府公布施政方针，明确照顾弱势群体的态度，承诺为低收入者提供住房、养老、医疗等方面的保障。6月终身健保方案出炉，政府计划为全体国民大笔医疗开销提供支持。这一系列照顾民生措施将为经济转型创造稳定的社会环境。

2. 政府权威下降，治理工作受到新媒体挑战

博客写手鄞义林在2014年5月发表博文，影射总理李显龙侵吞公积金款项，引发大量民众抗议政府的中央公积金政策。该事件反映了两方面问题：一是政府权威下降，民众对“家长式政府替子民管账”的“父爱

---

① 广西大学中国—东盟研究院新加坡研究所所长，教授。合作者：尹紫翔，广西大学商学院硕士研究生。

主义”制度日益不满。二是新媒体环境中，信息传播迅捷，政府管理社会的难度加大。如何重获民众对政府的信任，如何利用新媒体提升社会治理水平，将是李显龙政府面临的重大课题。

3. 执政党正视多元化挑战，提出“建设性政治”概念

面对日益强大的反对党，人民行动党在2014年的施政方针中提出了以国以民为先的建设性政治原则，其目的是为了防止国会中出现“为了反对而反对”的现象，造成行政效率降低，损害新加坡的全球竞争力。人民行动党认为反对党的挑战是合法的，政策的争论是必要的，但是不能仅因为党派不同就反对执政党的政策和项目，必须立足于大多数国民和国家的长远利益，提出建设性的意见。这是人民行动党积极应对政治多元化的表现，有助于新加坡在发展多党政治和保持行政效率间实现平衡。

（二）经济

1. 着力提升企业生产力

2014年，新加坡政府以提升中小企业生产力为着力点，推动经济转型。具体措施包括两方面：一方面，政府推出配套援助，鼓励中小企业提高生产力。2014年财政预算中，政府承诺投入36亿新元，延长“生产力及创新优惠计划”。企业通过该计划每年可以为最高60万新元的开销索取400%的税额扣减。可扣税的活动包括自动化、培训员工、获取知识产权、注册知识产权、研究发展或开发设计等。另一方面，政府收紧外劳政策，倒逼企业提高生产力。2014年1月新加坡政府将EP准证的申请月薪从3000新元上调至3300新元，7月政府再次提高EP准证和S级准证的外劳税，8月确保新加坡人优先就业的公平考量框架实施。这些措施增加了中小企业使用外劳的成本，迫使他们将提高生产力和科技创新作为企业成长的主要手段。

但从新加坡贸工局的数据看，新加坡政府提升生产力的措施效果有限。2011—2014年生产力无显著增长，2014年前3季度甚至出现了生产力下滑。然而从长远来看，依靠生产力提高和科技创新推动经济增长的方向是正确的。新加坡正在经历转型的阵痛期，如何平衡转型压力和社会承受力，将是新加坡政府面临的重大考验。

2. 经济保持低速增长

2014年，受世界经济复苏乏力和国内经济转型的影响，新加坡经济

增长率放缓至 2. 8% 。根据新加坡统计局的数据，2014 年新加坡对外贸易总额为 9827 亿新元，仅上涨 0. 3% 。其中，出口总额为 5189. 2 亿新元，增长 1. 1% ，进口总额为 4637. 8 亿新元，下降 0. 6% 。疲软的外贸数据拖累了新加坡经济的整体表现。同时，新加坡收紧外劳的政策对建筑、餐饮等劳动密集型产业造成冲击，建筑业和服务业增长率均出现大幅下滑。但新加坡仍然保持了低失业率和实际工资中位数的增长，保证了经济转型的稳定环境。此外，新加坡 2014 年吸引的外国投资高达 810 亿美元，这为新加坡进行技术和设备更新提供了有力支持。预计未来一段时期，新加坡将保持低速增长的态势。

（三）外交

新加坡历来奉行“大国平衡外交战略”。2014 年，伴随着美国重返亚太战略的实施，亚洲局势趋于紧张。新加坡充分利用自身与各国的良好关系，推动各国加强沟通，起到了地区“缓冲器”的作用，维护了亚太地区的稳定和繁荣。

1. 与美日保持同盟关系

新加坡与美国一直保持了密切的关系，是美国在亚太地区最重要的盟友之一，其欢迎美国的“重返亚太”战略。2014 年 5 月，新加坡外长尚穆根访美。双方除了商讨“跨太平洋伙伴关系”（TPP）的签订外，还对亚太局势发表了看法。新加坡再次重申了对美国关注亚太地区的支持。但是，新加坡对美国的政策并非一味的附和。2014 年 6 月，新加坡总理李显龙访美期间表达了对中国南海主张的理解，对日本在亚太的作用的疑虑。由此可见，新加坡在亚太地区的政策是为了保持大国均势，维护地区稳定。

新加坡与日本同属美国盟友，新加坡不反对日本在亚太地区发挥更大作用，但对其未来发展方向存疑。2014 年，李显龙总理访美期间，规劝日本应改变历史态度，发展与中韩的友好关系。在钓鱼岛争端问题上，新加坡持中立立场，维护国际法的权威，强调和平解决。

2. 助推东盟一体化建设

作为东盟的创始会员国，新加坡注重团结东盟国家，积极推动一体化建设，促进地区的繁荣稳定。2014 年 2 月，在新加坡举行的东盟经济部长非正式会议讨论了 2015 年建成东盟经济共同体的计划，有力的推动了东盟一体化。9 月新加坡与印尼签署协议，划清两国海域边界，树立了和平解决海域争端的典范。新加坡还加大对缅甸等东盟落后国家的投资，2014 年成为缅甸第一大外资来源国。

二　中国与新加坡的双边合作

2014 年，中新双方仍然保持了良好的交往势头。双方的合作务实广泛、互补共赢、与时俱进，取得了丰硕的成果。

（一）政治外交合作

政治外交合作是中新合作的重要内容。自建交以来，两国政府始终保持密切联系，互相学习治国理政经验，构建多层次合作沟通平台。2014 年，双方政治关系继续稳步向前推进。

1. 高层交流频繁，重大问题相互理解

2014 年，中新高层会晤频繁。4 月，新加坡荣誉国务资政吴作栋访华，出席亚洲博鳌论坛并访问山东。同月，中共中央政治局委员、广东省委书记胡春华访新。5 月，广西壮族自治区主席陈武率团访新。6 月新加坡外长尚穆根访华。同月，中国人大外事委员会主任委员傅莹和解放军副总参谋长王冠中出席在新加坡举办的香格里拉峰会。7 月新加坡副总理张志贤来华参加中新社会治理高层论坛。同月，博鳌论坛副理事长曾培炎出席在新加坡举行的“慧眼中国环球论坛”。8 月，新加坡总统陈庆炎来华出席南京青奥会开幕式，习近平主席会见。同月，杨洁篪国务委员访新。9 月，新加坡总理李显龙出席中国—东盟博览会。11 月，新加坡总理李显龙出席在中国举办的 APEC 峰会，习近平主席会见。

中新高层会晤主要围绕两个主题：一是经济合作。新加坡积极响应中国发起的“亚洲基础设施投资银行”、“丝路基金”等计划，欢迎“一带一路”建设，愿意参与中国西部大开发，有力的促进了双方的经济关系。二是地区安全。新加坡表示理解中国南海主张和钓鱼岛立场，但是强调和平解决。这也符合新加坡一贯的外交理念。中新通过会晤增进了了解，加强了政治互信。

2. 加强合作机制建设，推动中青年干部交流

中新两国历来重视治国理政经验的交流，尤其是中国政府提倡向新加

坡学习。双方构建了三个合作交流平台：中新领导力论坛；中新社会治理论坛；中新“新媒体环境下领导力建设”论坛。其中，中新领导力论坛主要探讨国家大政方针，领导人治国思路；中新社会治理论坛主要针对社会发展过程中产生的各种矛盾，提出化解和防范的措施；中新“新媒体环境下领导力建设”论坛则是讨论如何管控新媒体，防范风险，增强社会治理能力的问题。三个论坛分别满足不同层次的交流需要，有效增强了政府的领导能力。

两国还开展了一系列富有成效的青年干部培训交流项目，主要包括：中国赴新加坡经济管理高级研究班；中央党校中青年干部培训班赴新考察；两国外交部互惠培训等。2014 年 10 月，双方签署《关于中新中高层官员交流计划的谅解备忘录》。这些合作开拓了中国官员的视野，提高了其处理政务的能力，也促使新加坡官员加深对中国的理解，为今后中新在其他方面的合作奠定基础。

（二）经贸投资合作

经贸合作一直是中新交往的主轴。近年来，中新经贸合作取得长足发展，合作领域日益广泛，合作机制逐步健全，合作层次不断提高。2014 年，中新经贸合作进入更为成熟的新阶段。

1. 中新贸易额平稳增长，贸易关系得到巩固

在全球经济放缓的背景下，中新双边贸易额仍然保持了平稳较快增长。根据新加坡国际企业发展局的统计数据，2014 年中新双边贸易额为 1214.67 亿美元，增长 5.4%。其中，新加坡对中国出口 652.20 亿美元，增长 7.7%，占其出口总额的 12.5%，提升 0.5 个百分点；新加坡从中国进口 562.47 亿美元，增长 2.9%，占其进口总额的 12.12%，提升 0.4 个百分点。新加坡贸易顺差 89.73 亿美元，增长 53.09%。中国已经连续两年保持新加坡第一大贸易伙伴地位，同时也是新加坡最大的商品出口市场和进口来源地。

机电产品是新加坡对中国出口的主力产品，2014 年出口额为 131.7 亿美元，占新加坡对中国出口总额的 42.76%。化工产品、矿产品和塑料橡胶是新加坡对中国出口的第二至第四大类商品。中国向新加坡出口的主要产品也是机电产品，2014 年的出口额为 200.03 亿美元，占中国出口新加坡产品总额的 40.89%。矿产品和贱金属及其制品占据中国出口新加坡

产品比例的第二和第三位。中新之间既有产业间贸易，又有产业内贸易，反应了中新制造业间的技术差距。

2. 中新达成多项协议，构建多层次合作平台

中新为推动经贸发展，达成了多项经济合作协议。截止 2014 年底，双方签署的文件有：《经济合作和促进贸易与投资的谅解备忘录》、《中国—新加坡关于双边劳务合作的谅解备忘录》、《促进和保护投资协定》、《避免双重征税和漏税协定》、《海运协定》、《邮电和电信合作协定》、《中国—新加坡自由贸易协定》等。其中自贸协定的签署意义深远，它是中新双边关系发展的里程碑，全面推进了中新双边经贸合作，对东亚经济一体化产生了积极影响。

中新还搭建了多层次的合作平台，以提高合作效率，包括：中新双边合作联合委员会；中新双边投资促进委员会；中新苏州工业园联合指导委员会；中新天津生态城联合指导委员会；新加坡分别与山东、四川、浙江、辽宁、天津、江苏、广东 7 省市建立的经贸理事会。其中，中新双边合作联合委员会、中新苏州工业园联合指导委员会和中新天津生态城联合指导委员会属于副总理级合作机制，其余的属于省部级合作机制。这些多层次、宽领域的合作机制为双边经贸发展创造了良好的环境。

此外，以中国国际贸易促进委员会和新加坡中华总商会为代表的民间组织，也为双方经贸合作提供了沟通平台。2014 年新加坡广东商会在新成立，这是新加坡首个中国地方商会。

3. 中新联手推动合作园区转型，考虑开拓新园区

目前，中新双方有两个重点合作园区：苏州工业园和天津生态城。其中，苏州工业园定位于打造世界级的高新科技园区；天津生态城定位于建设宜居生态城市。

2014 年 10 月，新加坡副总理张志贤访华，出席中新双边合作联合委员会第十一次会议，对两个工业园区的转型和发展提出了新的建议。联合委员会要求天津生态城要以建设国家绿色发展示范区为统领，兼顾产业发展，改善综合环境，注重改革创新，推动生态城建设再上新台阶。苏州工业园区要在科技、金融、制度创新和拓展区域功能等方面，推进一系列综合改革试验，更好发挥示范效应和辐射功能。两个工业园区的建设方向有合流的趋势，将为中国未来的城镇化建设探路。

为了实现区域协调发展的目标，中国政府建议新加坡政府在中国西部

开拓新的合作园区。新加坡政府已经开始考察中国西部城市。预计新的合作园区将成为带动中国西部发展的增长极。

4. 中新金融合作不断深化，人民币逐渐国际化

中国与新加坡的金融合作可划分为三个阶段：中国企业赴新上市；在新加坡建设人民币离岸市场；中国金融市场向新加坡机构开放。

1994—2010 年，中国和新加坡金融合作主要表现为中国企业赴新加坡上市。中企赴新上市的主因是宽松的审核机制和较高的市盈率。2007 年后，受金融危机影响，新加坡股市大幅缩水，中国企业赴新上市趋冷。2013 年新加坡交易所与中国证监会合作，为中国企业赴新上市提供监管便利，鼓励中国企业到新加坡上市。新加坡证券市场在中国企业“走出去”和利用外资方面发挥了建设性作用。

2010—2013 年，中国与新加坡金融合作范围拓展，双方在金融市场监管、银行业准入和人民币离岸市场建设等领域展开合作。2012 年 6 月中国人民银行批准新加坡金管局在华设立代表处，2013 年 5 月新加坡金管局北京代表处正式揭牌。2012 年 7 月两国签署中新自贸协定框架下有关银行业的换文。中国银行和中国工商银行获得新加坡银行业特许全面牌照，新加坡星展银行、大华银行和华侨银行在华设立分支机构。2013 年 2 月中国人民银行授权中国工商银行在新开展人民币清算业务。2013 年 3 月中新双方续签本币互换协议，扩大本币互换的规模。

2013—2014 年，中国与新加坡金融合作程度加深，双方着力于人民币跨境结算和证券市场开放。经过两次双边合作联合会议，中新在以下方面达成共识：一是在两国银行间外汇市场推出人民币与新元直接兑换；二是将人民币合格境外机构投资者试点范围扩展至新加坡；三是加强中新在期货和衍生品方面的合作。2013 年，新加坡交易所先后与上海商品交易所、中国期货业协会和大连商品交易所签订合作协议。2014 年 1 月新加坡金管局向合格机构投资者发放人民币业务牌照。2014 年 10 月银行间外汇市场正式开展人民币与新元直接交易业务。中新双方合作的金融领域不断拓展，合作程度不断加深，新加坡必将成为人民币走向区域化、国际化的重要平台。

（三）其他领域合作

2014 年，除了政经领域外，中国与新加坡在科技、教育、文化、军事等领域也开展了广泛的合作交流。

1. 科技与教育合作

中新科技合作广泛且深入。截止2014年，双方的联合研究计划已经完成10期，内容涉及材料开发、环境保护、生命健康等领域，取得了大量创新成果，有力的推动了经济增长。2014年双方在新加坡国立大学苏州研究院的基础上成立了“中国—新加坡创新中心”，当即取得了7项国家自然科学基金支持项目。该中心将成为双边科技合作的重要平台，进一步促进新加坡及中国科技实体或企业之间的合作。此外，两国的教育合作也取得了新成果。新加坡国立大学与苏州工业园签署了共建“中国商务研究中心、李光耀公共政策学院苏州中心、普洛斯（城市化发展）研究中心”的合作协议，标志着中新教育合作进入投资办学阶段。

2. 文化与旅游合作

2014年是中国—东盟文化交流年，中新两国在此契机下举办了一系列文化交流活动。例如国家新闻出版广电总局在南宁举办的“中国—新加坡电影周”活动。该活动以促进人文交流为宗旨，增进民众对中新文化差异的了解。此外，中国2014年赴新旅游呈现新特点，虽然人数下降，但是平均消费上升了29%，逗留时间增加了一倍至4.4天，显示了新加坡旅游局“深度游”[①] 策略奏效。中新旅游业未来将继续深耕，以提高人均消费为主要目标。

3. 军事与安全合作

2014年，中新加强了军事安全合作，巩固了军事互信。新加坡分别于4月和11月参加了在中国举行的代号为“海上合作—2014”的多国海上联合演习和代号为“合作—2014”中新陆军联合训练。其中海上联合演习属于反恐性质，而陆军联合训练则首次将中新的合作关系提升到了实战水平。2014年11月11—14日，新加坡防长黄永宏访华，先后会见了中央军委副主席许其亮和中国国防部长常万全。双方决定今后将进一步提高军事合作交流层次、扩大合作范围及加大频率。虽然中新军事关系取得显著进展，但是新台军事合作仍未完全停止。台湾问题是中国的核心利益所在，解决好台湾问题，是中新军事合作进一步深化的前提条件。

另外，两国在质检、环保等领域也进行了密切的交流与合作，双方有

---

① “深度游”是指引导旅游者对目的地深入观察和了解，感受目的地的文化和民俗魅力，为旅游者带来高质量的精神享受。

关部门分别签署《出入境卫生检疫合作谅解备忘录》和《关于在城镇环境治理和水资源综合利用领域开展交流与合作的谅解备忘录》。这进一步体现了双方交流的广泛。

三 2015 中国—新加坡合作展望

从 2014 年的合作情况来看，中新关系稳定成熟，但仍有微瑕。展望 2015，中新合作大有可为。

（一）2014 年中新合作的不足和改进建议

1. 政治互信有待加强

虽然新加坡对中国南海主张表示理解，但其欢迎美国重返亚太的态度，加强与菲律宾、澳大利亚安全合作的做法，表明新加坡对中国的战略意图仍然心存疑虑。这将为中新深化合作埋下隐患，并可能波及中国与东盟的关系。中国应继续加强与新加坡领导人的沟通，积极宣传中国的政策主张，从而促进政治互信的提高。

2. 产业合作水平有待提高

在中新产业合作，中国的作用局限于商品制造，利用的仍是劳动力廉价的优势。但经过多年发展，中国的劳动力成本不断上升，“资本 + 廉价劳动力”的模式不可持续。同时，中国也形成了较为雄厚的人力资本。中新合作应利用中国智力资源，推动产业功能升级。否则将造成中新产品结构类似，在外贸中形成竞争关系，有损双方的共同利益。

3. 民间关系有待引导

良好的民间关系有助于国家间合作共赢。由于民族和历史的原因，中国民间对新加坡态度复杂。一方面，由于同宗同源，中国人对新加坡人天然亲近；另一方面，新加坡政府推行“大国平衡战略”，中国人深感“遭背叛”。这种撕裂的民间情绪不利于双方开展高水平的合作，也不利于我国“国民意识”的培养。政府应积极引导民间对新加坡的态度，加强国民教育，为双方深度合作创造良好的社会氛围。

（二）2015 年中新合作发展趋势

随着中国经济发展呈现新常态，中新合作方式将发生改变，进入

“深耕细作” 阶段。未来，中新合作将集中在以下几个方面：

1. 加速双边服务业开放

中国经济正处于转型升级的关键时期，对金融保险、商业咨询、产品营销等高端服务需求巨大，而中国服务业相对落后的现实成为制约中国经济增长的关键因素。新加坡作为亚洲最发达的经济体之一，服务业极具国际竞争力，尤其是在金融、零售、教育、医疗等领域。中新自达成自贸协定以来，服务业成为合作的焦点，市场准入方面的谈判不断加速。目前，在金融和教育领域已经取得了进展，新加坡三家主要银行纷纷在中国拓展新业务，新加坡公共服务学院、南洋理工大学等组成教育联盟共同开拓中国市场。中国可以为新加坡服务业提供广阔的发展空间，而新加坡将成为中国企业未来的区域总部、技术研发中心、国际营销和国际融资中心。中新服务业合作前景广大，影响深远。

2. 促进中新合作园区功能升级

中新合作的苏州工业园和天津生态城将进入新的发展阶段。苏州工业园未来发展集中在三个方面：着力推动产业功能升级，由制造向研发领域转变；重点拓展新兴产业，加大在生物医药、纳米技术应用、云计算领域的投资；主要实现由工业园区向综合城市体的转变，在体制创新、社会服务等方面进行有益的探索。天津生态城则将以建设国家绿色发展示范区为目标，推动环保技术的开发与应用，实现经济发展与生态保护相协调，为中国未来城市开发管理、城市生态保护积累经验和技术。两个园区在发展方向上都突出了城市化因素。城市化建设是中国未来经济增长的重要推动力，两个合作园区将成为中国未来发展的试验田，新加坡将在中国未来发展中扮演更重要角色。

3. 吸引新加坡参与中国西部大开发

中国经济发展具有不平衡性，东西经济发展水平差距大。新加坡在中国的投资主要集中在东部沿海地区。近年来，受土地、劳动力等要素价格上涨的影响，投资收益有所下降。东部地方政府对外资的态度也发生了变化，对投资的产业进行限制。而中国西部地区土地、劳动力成本低，地方政府对外资态度积极，中央政府也鼓励外商到西部投资。新加坡拥有在中国进行园区开发的成功经验，中国政府有意推动新加坡参与中国西部开发，培养西部经济增长极。这既有利于中国区域经济的协调发展，也为新加坡资本开辟了新的投资空间。

4. 合作共建 21 世纪海上丝绸之路

2013 年习近平总书记在访问东盟时提出建设“21 世纪海上丝绸之路”的战略构想，其目的是为了深化中国与东盟的合作，构建更加开放统一的市场，促进本地区经济的发展繁荣。新加坡作为实行开放经济发展战略的国家，在推动区域经济合作方面与中国利益相一致，双方合作基础牢固。新加坡本身是东盟成员国和海上“丝绸之路”的关键节点，双方合作可以产生示范效应，有助于消除本地区其他国家的疑虑。新加坡同时还是东西方文化经济的交融点，中新合作将为“海上丝绸”建设拓展更大的发展空间。中新在 21 世纪“海上丝绸之路”合作建设方面必将大有可为。

总体来看，中新合作的目标是互利共赢、核心在于经贸合作。作为亚洲金融中心、航运中心的新加坡，必将在中国未来的发展中扮演重要角色。

2014年中国与老挝合作报告

方晶晶[①]

一 2014年老挝形势简评

2014年，老挝政治局势发展平稳，政府减贫目标超预期完成，国际影响力提升；经济增长放缓但不失潜力，政府财政暂存隐患，通货膨胀率持续下降，官方发展援助超预期增长；未来人口潜力增大，教育状况有所改善，劳动力长期缺乏，福利保障体系覆盖面增大。

（一）政治形势

1. 政治格局稳定

自2011年老挝人民革命党九大选举产生新一届中央领导集体后，其政局和中央领导层基本稳定。2014年5月17日老挝发生高官坠机事件，日本京都大学历史学家西蒙·克里克（Simon Creak）认为此事将对2016年老挝政权更迭产生影响，会改变老挝权力结构。但就目前状况来看，老挝的领导班子基本保持稳定，并未出现较大变动。

2. 政府减贫目标超预期完成

政府对内执政目标仍以“经济发展，减少贫困”为主线，国内多项改革计划围绕“2015东盟经济一体化”目标、联合国千年发展目标（MDGs）而制定。减贫于老挝而言不仅是国内需求，也是为摆脱联合国最不发达国家地位而做出的努力。此次，政府制定的七五计划减贫目标已

---

① 广西大学中国—东盟研究院老挝研究所研究助理。

于 2014 年底提前完成，全国贫困家庭数量已降至 10% 以下。[①]

3. 国际影响力提升

老挝多年来推行的多元化外交策略无疑是成功的，2014 年其外交成果丰硕，国际地位得到了明显提升。老挝不仅是东盟多个重要会议的主持国[②]，更是当选了 2016 年东盟轮值主席国。在东盟内部，老挝因其丰富的水电资源，占据了东盟能源合作的战略中心地位[③]。在世界范围内来看，老挝因其战略性的地理位置获得了欧、美、日、韩等发达国家的关注。

（二）经济发展

1. 经济增速放缓但仍具备潜力

2014 年初，世界银行预测老挝经济增长率为 7.2%，低于上年增速 8.1%。这主要基于老挝 2013 年国家外汇储备水平为历史新低以及政府的扩张性货币政策倾向来判断的，同时世界银行认为老挝资源类推动项目大多处于建设阶段，本年度无法立即产生经济效益。而在同年 10 月，世界银行发布的《东亚及太平洋地区经济报告》中，又将老挝 2014 经济增长预期从 7.2% 上调为 7.5%，上调的主要原因包括，老挝与资源领域相关的建筑及林木产业发展迅速，政府实行的财政措施有效缓解了财政赤字，国外直接投资的大型水电项目推动了国内非资源投资的发展，对周边国家的林木出口量迅速增长及服务业的稳定发展。实际上，老挝的经济增速虽然有所放缓，但仍具备较大增长潜力。亚洲开发银行推出的创造性生产力指数[④]排名中，老挝位列第 9，在东盟国家中属于创造性生产力指数最强的国家。

2. 财政困境拖累大型项目进展

2014 年老挝政府财政依旧收不抵支，一方面是政府批准的项目过多，据统计，从 2012 年至 2014 年 7 月，各级政府机构未经国会批准的项目就

① 根据《万象时报》2014 年 10 月 8 日报道，目前老挝的贫困率已降至 8.11%，预计 2015 年全国贫困率能够再降低 1 个百分点。全国 148 个区仅剩 30 个区未脱离贫困，全国已有 8 个省份的贫困率降到 10% 以下。

② 第 35 届东盟议会联盟大会（AIPA）、第 32 届东盟能源部长会议、“湄公河—韩国”、“湄公河—日本”以及亚欧峰会等重大会议均于 2014 年在老挝万象顺利召开。

③ 东盟能源会议上提倡的“老—泰—马—新”输电线路项目是以老挝的水力发电为核心，将老挝多座水电站的发电量输入上述 4 国，初步实现东盟能源一体化发展。

④ 《经济学人》智库于 2014 年 9 月推出的创造性生产力指数。

高达 381 个，累积金额超过 3.349 万亿基普，这是老挝财政支出超标的最大原因；另一方面，政府税收监管不力致企业拖欠税费现象严重。双重困境之下，政府决议推迟部分大型项目建设，仅留存经济见效快的项目。

3. 通货膨胀率持续下降

2014 年 10 月，老挝银行公布了前 9 个月消费者价格指数，CPI 指数连续 9 个月下降。在控制通货膨胀率过程中，老挝央行一是通过法律来限制外币交易，即起草货币及贵重物品管理办法草案，提交国会颁布《外汇管理法》，以此稳定基普的币值，提升本币使用率；二是控制国内信贷渠道，即 2014 年中旬宣布暂停审批成立新商业银行。

4. 官方发展援助（ODA）超预期增长

由于近年来老挝经济形势良好，国内政治革新成效巨大，因此吸引了越来越多的国际支持和援助。据老挝官方统计数据显示，2014 年前三个季度，老挝已接受的官方发展援助总计超过 6.13 亿美元，超出政府年初制定的 6 亿美元目标。该财年对老挝援助前 5 位国家分别为中国（1.87 亿美元）、日本（9779 万美元）、澳大利亚（4752 万美元）、泰国（3985 万美元）和越南（2829 万美元），值得一提的是，自 2013 年始，中国已连续 2 年成为老挝的最大援助国，在此之前居于首位的是日本。

（三）社会发展

1. 青年人口居多，未来人口潜力巨大

老挝 65% 以上的人口都在 25 岁或以下，人口潜力巨大，未来可能会出现人口红利。2014 年联合国人口基金（UNFPA）在万象发布世界人口报告《18 亿的力量：青少年、青年和未来转型》时指出，老挝的人口结构合理，整个国家在未来数年的时间社会经济目标实现的关键在于帮助本国的年轻人实现自己的能力和潜力，但是目前国家青年发展障碍包括中等教育和职业教育的吸收率低、社会可用性差，性别平等差距持续扩大，特别是在偏远地区。

2. 职业教育入学率有所上升，但国内人口受教育程度仍有待提高

2012—2013 年老挝教育部针对职业教育与培训进行资助和扶持后，职业教育入学率上升了 11.3%，其中女性学员占三分之一，近期老挝教育部已经考虑将职业教育纳入国家公立教育体系。老挝国内人口识字率达到 70%—80%，属于中等水平，但是国内人口受教育程度普遍集中在中

等教育阶段或以下，仅有 17% 的人能够进入高等教育学习，初级教育辍学率达到 30% ，教育经费支出占 GDP 比重较小，仅 3% 左右。

3. 普通劳动力不足，技术工人缺乏

老挝国内普通劳动力不足及职业技术工人缺乏是一个长期性社会问题，已经阻碍了老挝国内的经济发展。劳动力不足不仅在于劳动者受教育程度不高，还在于国内劳动力分布不均。[①] 这种状况使得老挝国内家庭收入不能与经济增长同步，贫困始终困扰着这个国家。另外，工资水平低导致劳动力外流现象严重，对这个劳动力本就缺乏的国家而言更是雪上加霜。尽管政府在 2014 年底提高了国内最低工资标准，但依旧赶不上国外工资水平。因此缓解劳动力不足的根本之计还在于提升教育水平、劳务质量以及制定适合国情的人力资源发展战略。

4. 社会保障系统逐步完善，已经面向个人开放

自 2014 年 10 月 1 日起，老挝社会保障系统已经面向公众开放，涵盖了医疗、工伤与事故、疾病和残疾、退休、死亡、失业等 8 个保障项目。此次社会保障系统改革将社会个体人员纳入了社会保障体系，扩大了参保人员的覆盖范围，但是政府对非企业员工、非公务员的个体人员参保不提供补贴。政府财政不提供社会保障福利补贴，或将使福利保障系统的功能大打折扣，也将影响社会保障系统的覆盖率。目前老挝社会保障覆盖率为 27% ，政府 2015 年预期目标为 50% 。

二 中国与老挝的双边合作

2014 年中老高层频繁往来，中老合作备受瞩目。这一年，中老双方启动了中老高铁项目的商谈，老挝主动融入中国“一带一路”的周边外交战略，并参与了中国召开的“加强互联互通伙伴关系对话会”。老挝表示愿做中国与东盟沟通的桥梁，中老两国在政治、经济、文化等领域的合作围绕着中国周边外交策略有序推进。

（一）政治合作

老挝主动融入中国“互联互通”、“一带一路”的周边外交战略，其

---

① 全国大部分劳动力都属于农业劳动力。截止到目前，老挝国内 71% 的劳动力都分布在农业部分（而农业年增长率仅 3% ），7% 的劳动力分布在工业，22% 的劳动力分布在服务业。

标志性的事件是，2014 年博鳌论坛期间老挝总理通邢·塔马冯与中国李克强总理共同宣布启动中老政府间铁路协议商谈。中国结合泛亚铁路规划推出高铁出口计划后，原本是优先谈判西线铁路项目，计划穿过缅甸东北部的山区，通向印度洋沿岸的平原，便于中国绕过具有争端的南海通道前往中东和欧洲。但最终的结果是老挝所处的中线铁路项目获得了政策上的可行性。

中国结合周边外交策略推出的计划，老挝国家领导人通常大力支持并积极响应。例如老挝高层领导的中国之行，包括老挝国家主席朱马里 7 月和 11 月两次访华，均是为了洽谈中老双方关于高铁项目和互联互通合作项目的重要事宜。老挝高层领导向《万象时报》透露称，老挝是中国连接东盟的桥梁，因此中老之间的合作不仅对双方有利，更促进了中国与东盟关系的发展。实际上，老挝对中国提出的“一带一路”、“互联互通”等区域合作发展战略都表现出强烈的兴趣。

（二）经济合作

老挝国内工业基础薄弱，其优势产业为水电以及农林业。因此，老挝在与中国经济合作方面有着十分明确的定位，即主要以水电业为主，农林业合作为辅。

1. 水电业合作深入发展

2014 年是中老水电合作深入发展的关键一年，首先是中老电力能源合作备忘录项下首个项目南俄 3 水电站项目成功签署，其次中国南方电网公司与老挝政府签署南塔河一号水电站特许权协议。这两个大型电力项目的成功合作使得中老电力合作进入了一个新阶段。

这个新阶段的新特点主要是中老水电合作的融资额度创新高，其次是融资模式多样化。南俄 3 电站项目为典型的出口买信融资项目，中国进出口银行向老挝提供了约 12 亿美元用于支持中国企业总承包的南俄 3 电站项目及相关设备采购，这是老挝电力领域迄今为止金额最大的出口买信融资项目。

对老挝而言，与中国企业合作兴建水利工程，不仅能够获得融资上的便利，更能获得技术上的支持。因此，老挝国内众多的水电工程项目主要是外包给中国企业或与中国企业合作开发。例如，中国葛洲坝集团承包的会兰庞雅下游水电站建设项目、中国电力建设股份有限公司承建的南欧江

5级 & 6级水电站项目等。

2. 老挝在中国市场上获得农产品市场准入机会增多

老挝与中国南部的农业具有一定的相似性，因此中老农业合作主要以中国云南、广西与老挝的交流合作为主。而老挝与中国农业合作的动力在于，获取中国农产品准入方面的资质证书，打开中国市场大门。

老挝大米、西瓜等农产品已经获得了中国市场准入，未来还将有更多的农产品获得中国市场准入。中国与老挝的农业合作，不仅是要体现品种创新和技术援助，更有强制性质量提升、危害处理等方面的合作。例如，2014年2月中旬中老首次联合开展输华农产品疫情调查，中老双方农林部门还对沿途种植的印奇果、辣椒、无筋豆等农作物开展了病虫害调查和有毒有害物质监测。

3. 金融、物流成为中老经济合作的新热点

以往中老产业合作重点偏向于老挝的优势产业，而近两年出现的产业合作新热点，则是随着传统产业合作而衍生出来的配套产业合作。例如中老合资设立的银行、中国为老挝国家银行卡支付系统项目建设提供支持等，都是为了巩固中国企业在老挝投资的金融支撑环境。中老金融合作的内在动力在于中国在老挝的投资较多，通过借鉴中国金融业的经验，引进专业的管理系统和技术，能够为老挝带来更多的金融产品选择，为中老两国在经济贸易上提供更多便利。

双边物流合作升温更是贴合了中国提出的“互联互通”大战略背景。老挝是中国通向东盟的一个可能的战略性通道，在中国大力推进“互联互通”和“一带一路”战略中的区位优势非常明显。基于目前东南亚地区还没有一个大型的物流配载中心，中国远成物流集团有意在老挝投资建设一个现代化物流园区，打造该区域的物流配载中心。老挝的区位优势是当前中老双边合作的动力所在，但鉴于老挝国内现代物流业不发达，相关配套设施的跟进是中国物流企业在投资前期需要慎重考虑的问题。

（三）文化合作

2014年是中国与东盟的文化交流年，也是中国与老挝文化交融推陈出新的一年。11月在老挝万象揭幕的中国文化中心，成为中老文化合作的重大成果，标志着中老文化合作进入崭新的发展阶段。这一年中老文化合作最大的亮点是，通过媒体方式传播的中国社会习俗与文化理念获得了

老挝基层民众的深层次接纳。文化的接纳，也促使中老教育合作、中国对老援建在老挝当地获得良好反响。

1. 媒体文化传播密集，两国文化交融

中国与老挝之间的文化交流已突破传统方式文化交融，迈入了媒体信息文化传播时代，影视剧、图书译制、音频节目、双语杂志、旅游产品等都成为中国传播文化的媒介。中老电视台合作在老挝推出的《中国剧场》、中国云南广播电视台国际频道的老挝语播报等，都使得老挝民众能够通过固定性的节目了解中国的文化理念和社会风俗习惯。中老媒体文化交流和合作将扩大双边合作的群众基础，中老两国文化的交融并生。

2. "中国援助"在老挝社会反响强烈，民众认可度提高

老挝老中友谊协会秘书长西昆·本伟莱对中国援助给予了高度评价，称多年来中国一直援助老挝，在物资援助方面位居各国前列，从医疗卫生、基础设施到社会文化领域，中国援助项目基本涵盖了老挝人民生活的方方面面，中国方面承建的水坝，中国援建的东孔岛大桥、老挝国家会议中心等都是惠及民生的项目。中国援建使得来自中国的资金和技术支持在老挝产生了切实的效果，惠及了老挝民众，使得老挝社会对中国的认可度提升到一个新的层次。文化的交流为双边政治、经济、社会诸多方面的合作增添了润滑剂，使得中老双方的合作更为顺畅。

三　2015 年中国—老挝合作展望

2015 年中老合作将继续深入，中国需要和平的周边环境以求更好的发展，老挝需要资金技术摆脱贫困，中老双方都十分清楚彼此的需求和定位，因此双边关系发展融洽，稳中求深。

（一）中老合作仍存在的问题

1. 经济合作领域主要表现为中国对老挝的单向流动

由于老挝的发展相对滞后，两国之间的经济合作主要表现为中国对老挝的单向流动，在矿产、水电、农林、家电、车辆组装以及服务业等多个领域都以中国对老挝的投资和援助为主，老挝与中国仅在农产品贸易上有双向交流。2014 年中国与老挝的进出口贸易额为 36.14 亿美元，同比增长 31.87%，其中中国对老挝的进口额同比增加了 73.56%，而老挝对中

国进口仅增长 7.13%。[1]

从长期来看，这种经济合作的单向流动对双边经济合作是一种阻碍。主要原因在于：一是老挝国内基础设施较差，中老经济合作需要审慎考虑如何解决投资项目所需的通水、通电、通路问题，这无形中增加了经济成本；二是老挝熟练劳动力及技术工人缺乏，而引进外来劳动力又面临复杂的审批程序，例如老挝引入外来劳动力的人数受《老挝外籍劳务管理办法》限制，该办法规定"外国投资者使用外籍劳务，体力劳动者不能超过本企业职工人数的 10%、脑力劳动者不超过 20%"，因此，无形中阻碍了双边合作；三是中国与老挝之间的任何经济合作项目，都面临融资困境，老挝本身缺乏发展资金，大部分经济发展资金都依靠外来援助。综上所述，中国与老挝的经济合作目前仅仅是依靠中国单方面的国家经济实力支撑，缺乏双边合作互补性所带来的持续性合作动力。

2. 中老关系仍然存在"越南影响，东盟制约"的挑战

历史上老越存在着特殊关系，使得越南对老挝仍然有一定的影响力，例如越南副总理阮春福于 12 月 9 日至 10 日对老挝进行正式访问时就要求老挝在国际和地区论坛上支持越南，在南海问题上与越南站在同一立场。

同时，东盟成员国的身份也制约中老关系发展，对老挝而言，它首先是东盟的成员国，其次才是中国的战略合作伙伴，老挝需要与东盟内部观点保持一致，如在南海问题上持中立态度，最主要的原因可能并非是老挝考虑中国的态度和利益，而是因为东盟内部持有中立态度。因此，中老关系既受到越南的影响也受到东盟的制约，这些都是影响中老关系的潜在隐患。

（二）改进建议

1. 改善援助结构增强双边合作平衡性

中老合作以中国为主导的局面在短期内可能不会得到改变，但是中国可以通过改善援助结构来增强双边合作的平衡性。中老合作要改变中国为主导的局面，主要还在于解决困扰老挝发展的两大难题，一是劳动力，二是融资渠道。在劳动力问题上，中老双方应建立劳务合作官方协调渠道，有效、有序开拓老挝劳务市场，为各级项目实施提供可靠的人力资源保

---

① 数据来源：中国商务部亚洲司。

障。在融资渠道问题上，中国可考虑为中资企业在老重大项目提供多元化的融资渠道。

另外，针对老挝的基础设施建设落后的问题，中国方面其实已经对老挝开展了多个基础设施项目援建，例如中国援建的老挝国际会议中心、昆曼公路跨湄公河大桥项目等。实际上，老挝对国内基础设施升级颇为重视，这不仅是因为其自身经济发展的需求，更是融入东盟经济一体化的硬性条件。因此，在基础设施升级方面，中国援建仍以老挝的国家规划为主导。

2. 增强中老合作的示范效应

中国提出的"建设中国—东盟命运共同体"的策略将地区发展与国家战略紧密结合在一起，而中老关系是中国周边外交策略中重要一环。一是老挝政治环境稳定、社会经济发展潜力大、基础设施建设滞后，参与"一带一路"意愿强烈。二是中国提出的"一带一路"战略的实施需要具体的项目和工程给予支撑，而中老铁路合作是一个突破口，如果这条泛亚铁路中线打通，则中国与东盟之间的基础设施互联互通状况就能得到极大改善。因此，如果中国与老挝合作的一些标志性的支撑项目能够顺利实施，将会给沿线国家和地区带来极大的实惠，促进当地的经济发展，从而给沿线国家带来一定的示范效应。这种示范效应的增强将消除中老合作的一些阻碍性因素，使得中老合作的区域环境向更好的方向发展，使得中国与东盟能够成为更为紧密的命运共同体。

（三）发展趋势

当前中老合作的主题仍然是以经济发展、技术援助为主，以能源产业合作为中心，以互补性的探索式发展为稳固的合作方式。

1. 水电合作前景广阔

2014 年召开的东盟能源部长会议上，各国能源高官一致认同老挝的能源发展政策[①]是明确而实际的。目前老挝能源发展的重点在于挖掘水电开发潜力，对内寻求私人开发商的支持，对外寻求东盟各国电力部门的支

---

① 老挝目前的能源政策是：对外寻求电力贸易合作，对内实行"维持与扩展可负担的、可靠的、可持续的电力供应，到 2020 年家庭电气化增长至 90%，并促进可再生能源 2025 年达到 30%"。

援，并向大湄公河次区域各国提议全面整合电力系统，以此来优化国内的电力贸易。实际上，老挝在能源发展特别是水电上的发展潜力是巨大的。10 月 28 日，路透社新加坡分社采访老挝能源矿业部副部长维拉蓬说道："老挝 2017—2018 年水电、矿业将占 GDP 的三分之一，2020 年老挝水力发电能力将翻四倍，到 2030 年水力发电能力将达到 24000 兆瓦，并将与中国进行电力交易。"①因此，中老合作的重点方向应该是能源方面的合作，尤其是水电开发与电力贸易的合作。一方面老挝计划以水电业振兴国家经济，另一方面中国的水电行业前景广阔，若两国能将水电合作列为重点合作领域，将取得极大成效。

2. 互补性合作潜力巨大

中国与老挝之间蕴藏着巨大的互补性合作潜力，这种互补性合作也将使得双边合作的稳定性大为增加。老挝基础设施薄弱，中国的行业技术优势及资金优势明显；老挝的农产品较为丰富，中国的农产品需求市场规模广阔；老挝国内矿产资源丰富，中国经济发展所需矿产品量大。诸如此类，证明中老互补性合作潜力巨大，有待规模化。例如，此前中老协商谈判的中老高铁项目，中国就提出了用老挝当地丰富的钾盐等矿产来偿还贷款。总而言之，中国与老挝之间的合作并不会永远以中国的单向流动进行下去，随着老挝社会经济的发展，将会有越来越多的双向流动出现。

① Florence Tan, "INTERVIEW-Laos' hydropower generation capacity to jump almost four-fold by 2020"，路透社（新加坡分社），2014 年 10 月 28 日。

2014 年中国与菲律宾合作报告

缪慧星①

一　2014 年菲律宾形势简评

2014 年，菲律宾总体形势平稳，经济继续保持中高速增长。由于临近大选，国内政治生态较为紊乱，社会问题依旧突出。但外交方向有所扩展，在加强与美国联系的同时，还积极寻求韩国、越南等国在南海问题上支持。

（一）经济形势

1. 经济增速放缓

菲律宾是世界上的新兴工业化国家，近些年来经济增长速度较快，早在 2013 年经济增长率已超过马来西亚、新加坡、泰国、印度尼西亚、越南等东南亚国家。2014 年，菲律宾经济总体仍然呈现发展上升的态势。据菲律宾统计局统计，2014 年第一、二、三、四季度 GDP 同比增长率分别为 5.6%、6.4%、5.3% 和 6.9%，全年累计同比增长率为 6.1%②。这个增速不仅低于 2013 年的 7.2%，也低于政府制定的 6.5%—7.5% 的增长指标。2014 年菲律宾经济增速变缓的主要原因在于港口货物的积压、“支出加速方案”（DAP）③ 违宪带来的政府支出减少以及农业产值下滑等④。尽管菲律

① 广西大学中国—东盟研究院菲律宾研究所所长。合作者：王新元。

② 菲律宾第四季度经济增长速度数据来源环球网，http：//world. huanqiu. com/hot/2015—01/5547462. html。

③ “支出加速方案”（DAP）是指阿基诺政府在政府预算外动用数千亿比索资金为国会议员开展各种名目的工程项目提供资金。该方案于 2014 年 7 月被菲最高法院裁定违宪。

④ 《菲律宾经济意外失速　第三季 GDP 增幅剧降至 5.3%》，中国新闻网，http：//finance. ifeng. com/a/20141127/13312453_ 0. shtml，2014 年 11 月 27 日。

宾经济增速放缓，但其在亚洲地区表现尚好，仅次于中国 7.4% 的 GDP 增速。因此，菲律宾 2015 年经济增长目标初步设定在 7%—8%。但联合国却对此并不乐观，联合国在其《世界经济形势与展望 2015 年》的报告中提到，虽然 2014 年菲律宾总体状况保持了良性态势，但是预计其 2015 年的增长将有所减缓①。

2. 就业压力加重

2014 年 7 月 27 日，菲律宾全国人口突破一亿大关，人口自然增长率约 2%，增长速度位居东盟第一。目前菲律宾人口中有 54% 的人年龄在 25 岁以下，社会年龄结构相对合理。但在带来人口红利的同时也对社会就业带来了压力。据菲律宾统计局统计数据显示，截至 2014 年 10 月，菲律宾失业率为 6%。这一年，政府为保障就业做出了很多努力。但如果 2015 年如联合国预期那样，经济增速放缓，加之人口的快速增长，菲律宾可能无法创造足够的就业岗位，政府仍将面临提高就业率的压力。

3. 财政赤字减少

2014 年 1—11 月，菲律宾政府总体财政赤字为 268 亿比索，仅相当于全年预算赤字上限 2660 亿比索的十分之一。赤字的减少主要得益于菲律宾债务负担的减轻、相对持续的经济增长和当前影响新兴市场常见风险的相对可控。为此，2014 年 5 月标准普尔将菲律宾主权信用等级调升至 BBB，2014 年 12 月穆迪公司将菲律宾主权信用等级调升至 Baa2。随着信用评级上调，菲律宾目前已超过印度、印度尼西亚，与巴西、哥伦比亚、意大利等国家处于相同等级②。

4. 竞争力排名提高

根据世界经济论坛公布的《2014—2015 年全球竞争力报告》，菲律宾排名第 52，与意大利、哈萨克斯坦、哥斯达黎加评分相同，在东盟 10 国中位列第 6，成为过去 4 年竞争力进步最快的经济体。尽管如此，菲律宾目前仍是中低收入国家。不平衡的基础设施建设是制约菲律宾经济增长的一个重要瓶颈，降低了菲律宾对外商投资的吸引力。《2014 年联合国人类

---

① "World Economic Situation and Prospects 2015", http://www.un.org/en/development/desa/policy/wesp/.

② 《穆迪上调菲律宾主权信用评级至 Baa2》，中华人民共和国驻菲律宾共和国大使馆经济商务参赞处，http://ph.mofcom.gov.cn/article/jmxw/201412/20141200832380.shtml，2014 年 12 月 14 日。

发展报告》数据显示，在东盟国家中，菲律宾的外国直接投资（FDI）所占国内生产总值（GDP）的比重最低，仅为1.12%，国际贸易占GDP的64.7%，在东盟国家中排名倒数第二①。菲律宾政府在改善经济结构的同时，还应加大基础设施的建设，着力提升国内的投资环境。

（二）政治形势

1. 政府丑闻层出不穷

2014年菲律宾政坛局势随着2016年大选的日益临近变得越发乱象丛生。总统阿基诺领导的自由党与副总统比奈领导的UNA联盟（团结民族主义联盟）之间的摩擦日益增多，双方多有龃龉，阿基诺甚至曾说如果比奈对政府不满意可以选择退出。各权贵势力互相攻讦和倾轧，丑闻层出不穷。

2014年7月最高法院判定阿基诺政府的"支出加速方案"（DAP）违宪。而后阿基诺在各大电视台直播的讲话，罗列了政府使用"支出加速方案"资金在兴建校舍、改善农村电力设施等方面的一些成果，强调实施"支出加速方案"并未违法，并痛批最高法院的裁决让人"难以理解"。最高法院的裁定事实上已经威胁到总统地位，阿基诺面临弹劾控告。加之肃贪不力，令民众对其感到失望，支持率骤降。

菲律宾公共部门的腐败一直以来是比较严重的。根据非政府组织"透明国际"的《2013年全球清廉指数报告》数据显示，在177个调查国家中，菲律宾公共部门清廉度排名第94位。世界银行也曾估计该国每年因腐败造成的损失达28亿至43亿美元。2014年9月，菲律宾副总统比奈也深陷贪腐丑闻之中，被指收取巨额回扣，并拥有350公顷的庄园和多套公寓，参议院就相关指控展开调查。菲律宾参议院蓝带小组委员会召开听证会，比奈却拒绝出席。面对诸多指控的比奈却一直坚称对他提出的掠夺控告是有政治动机的，是一个对他的政治计划进行破坏的阴谋，暗指自由党破坏他2016年竞选总统的计划。尽管面对诸多指控，比奈仍然是2016年菲总统选举的最热门人选。

2014年菲律宾还发生了举国震惊的"政治分肥"丑闻。菲律宾多位议员被揭发与不法商人联手，通过向虚构非政府组织"拨款"，把俗称"猪肉桶"（中央政府拨给国会议员建设地方的经费）的政府"优先援助发展资金"塞进

① 《菲律宾吸引外资在东盟国家中垫底》，中华人民共和国商务部，2014年8月21日，http：//www.mofcom.gov.cn/article/i/jyjl/j/201408/20140800705914.shtml。

个人腰包，涉案金额上百亿比索。有 12 名现任参议员、8 名前参议员、100 名众议员以及 3 名政府内阁高官涉案。三名涉案的参议员中，前参议长恩里莱、前总统埃斯特拉达之子晶贵·埃斯特拉达和雷蒙·里维拉自首[①]。

2. 局部内战难以停火

（1）政府与摩洛分离组织的斗争

菲律宾的摩洛分离运动由来已久，菲律宾穆斯林首次提出分离的要求可以追溯到菲律宾独立后的“雅比达事件”。当时菲律宾穆斯林对政府的所作所为感到失望和愤怒，继而宣布成立“伊斯兰教独立运动”，也就是“棉兰老独立运动”，提出建立独立的伊斯兰教国家。1970 年，马科斯下令取缔“棉兰老独立运动”，该组织中的激进青年便成立“摩洛民族解放阵线”（简称摩解），并提出建立摩洛民族共和国的目标。1984 年，由于摩解内部分歧及领导层矛盾的加深，当时任摩解主席的萨尔马特与摩解正式脱离，成立“摩洛伊斯兰解放阵线”（简称摩伊）。至此，摩解成为由两种不同社会背景的摩洛青年组成的组织：一类是来自世俗学院的摩洛学生，以密苏阿里为首；一类是来自菲律宾和阿拉伯国家的伊斯兰学院的摩洛学生，以萨尔马特为首。1996 年，摩解与政府军达成和平协议，密苏阿里担任棉兰老岛自治区区长和和平发展理事会主席。2012 年，摩伊与政府签署和平框架协议。

“摩洛伊斯兰自由运动”是从“摩洛伊斯兰解放阵线”分裂出来的一个武装组织。该组织拒绝承认“摩洛伊斯兰解放阵线”2012 年 10 月与菲政府签署的一项旨在结束双方在棉兰老地区长达 40 年武装冲突的和平框架协议[②]。2014 年 1 月底，菲律宾政府军与“摩洛伊斯兰自由运动”的武装分子爆发冲突，导致 37 人死亡。尽管如此，2014 年 3 月 27 日菲律宾政府与“摩洛伊斯兰解放阵线”在马尼拉还是签署了“邦萨摩洛全面协议”。该协议将以“邦萨摩洛”（又称摩洛国）政治实体取代目前的“棉兰老穆斯林自治区”（ARMM），菲律宾政府与南部伊斯兰分离运动之间长达 17 年的和平谈判完结，政府和国会预计在 2015 年通过摩洛国基本法[③]。

---

① 《菲前总统之子因贪腐被捕 涉案金额达上百亿比索》，中国新闻网，2014 年 6 月 24 日，http：//www. chinanews. com/gj/2014/06—24/6313807. shtml。

② 《菲律宾政府军与反政府武装爆发冲突 致 37 人死》，中国新闻网，2014 年 1 月 29 日，http：//www. chinanews. com/gj/2014/01—29/5798578. shtml。

③ “Philippines signs long-awaited peace deal with Muslim rebels”, *The Guardian*, March 27, 2014, http：//www. theguardian. com/world/2014/mar/27/philippines-muslim-rebel-peace-deal-aquino-milf.

（2）政府与菲律宾共产党的斗争

菲律宾共产党创建于1930年，此后该党一直在非法政党与合法政党间转换。2014年菲律宾武装部队和菲律宾国家警察部队与菲律宾共产党及其领导的“新人民军”仍然时谈时战。2014年3月24日菲共主席贝尼托·蒂亚姆松及其妻子、菲共总书记威尔玛·蒂亚姆松在一次警方和军方的联合行动中被捕①，并面临着谋杀、多重谋杀及谋杀未遂等一系列指控。在年底，菲武装部队与菲共产党和谈出现转机，由于菲共将迎来成立46周年纪念日和教皇将要访问菲律宾，双方均宣布停火一段时间，并表示将要恢复和谈。

（3）政府与阿布沙耶夫组织的斗争

阿布沙耶夫，全称是阿布沙耶夫反政府武装，成立于20世纪90年代初，拥有数百名武装战士，主要集中在菲律宾最南部的几个岛屿上，以巴西兰岛为据点。发起人名叫简加拉尼，他认为，伊斯兰运动要复兴，唯一的出路就是大力推广伊斯兰宗教激进主义，关键时刻甚至必须动用武力。早期阿布沙耶夫组织的目标是建立独立的伊斯兰国家，可是在卡扎菲·简加拉尼的领导下，该组织现在已经转变为制造各种恐怖事件、绑架勒索赎金的典型恐怖主义组织。在2014年涉及这一恐怖集团的绑架、恐怖袭击等暴力事件总共为72宗，造成了极其恶劣的影响。其中，2014年7月28日该组织武装分子在菲南部袭击了一些走亲访友的村民，杀死包括多名妇女儿童在内至少16人，这次袭击事件是阿布沙耶夫组织近年来所发动最血腥的惨案之一。尽管与10多年前相比，其力量在军方的接连攻势下下降，但菲军方2014年12月30日发布的数据显示，其成员数目从2013年的385人上升到了423人。阿布沙耶夫人员熟悉菲律宾南部岛屿环境，且在当地颇有根基，战斗力低下的菲律宾部队难以将其彻底剿灭。以阿布沙耶夫为首的绑架活动在菲律宾仍然是个大问题。

（三）社会形势

1. 自然灾害频发

菲律宾是一个群岛国家，大大小小的岛屿有7000多个，由于位于西太平洋，在赤道与北回归线之间，因此属于海洋季风性气候。菲律宾全年

① 《菲军方称逮捕菲律宾共产党游击队重要首脑》，《参考消息》，2014年3月24日，http://world.cankaoxiaoxi.com/2014/0324/365026.shtml。

的降雨量较多，遭遇台风的次数也较多。2014 年菲律宾就经历了多起自然灾害，如“威马逊”、“黑格比”、“蔷薇”等强台风袭击以及多起洪灾。台风“黑格比”引发了上百万人的撤离，是菲律宾史上最大规模的撤离行动之一。鉴于从台风“海燕”的惨重损失中吸取了教训，以上多起灾害的备灾与应对工作进展良好。“海燕”后灾区的重建也一直是 2014 年菲律宾政府工作的重点任务之一，尽管国际社会多方援助，重建工作仍旧进展缓慢。

2. 人为祸患不断

菲律宾除了被称为“群岛之国”，还被冠上了“绑架之都”的名号。2014 年 4 月 2 日，1 名中国籍女游客在马来西亚沙巴州仙本那的一家酒店被疑似阿布沙耶夫组织成员绑架，虽于 5 月 30 日获得自由，但像此类的绑架事件在菲律宾几乎每隔几天就会发生一次。菲律宾绑架事件的频频发生与其政治混乱、经济落后有很大关系。

菲律宾的绑架事件大致可以分 3 类，第一类是在马尼拉及其他城市绑架商人，特别是华裔商人或其家眷以勒索赎金；第二类是阿布沙耶夫组织及其他穆斯林反政府武装制造的绑架事件；第三类是其他反政府武装或小的犯罪集团因各种不同动机制造的绑架事件。近些年来，沙巴州是菲律宾绑架事件的多发地点，到目前为止已发生了多次反政府武装入境劫持人质、枪杀外国人事件。沙巴州之所以发生这么多绑架事件，原因在于和该州隔海相望的南部，是菲律宾政府管控不力的地区，多个极端势力盘踞该地。该地区除了阿布沙耶夫组织外还存在许多分离主义组织，他们常年和菲律宾政府军对抗，这些绑匪制造的绑架案绝大多数没有政治意图，主要是为了谋求钱财①。

（四）外交动向

在美国重返亚洲的背景之下，阿基诺总统选择了向美国一边倒的外交政策。2014 年 4 月 28 日菲律宾和美国政府签署了《增强防卫合作协议》（Enhanced Defense Cooperation Agreement，EDCA），以增加美国在菲律宾的军事力量，迎合美国“亚太再平衡”战略。另外，菲律宾还通过安全合作

---

① 《菲“绑架产业”怎样炼成?》，新华网，2014 年 4 月 13 日，http：//news. xinhuanet. com/world/2014—04/13/c_ 126384682. htm。

加强与美国的关系，先后与美国举行了多次军事演习。尽管这些多为常规例行演习，菲律宾却极力将其当成向外界显示其与美国之间特殊关系的机会。在菲律宾政府尽力维护与美国关系的同时，2014 年 10 月 11 日美国海军陆战队员彭伯顿涉嫌在菲律宾奥隆阿波市残忍杀害变性人杰弗里·劳德，这无疑给两国关系的升温泼了一盆冷水。美国未将嫌疑人交给菲律宾，激起菲律宾国民愤怒，要求废除美菲《访问部队协议》。阿基诺总统却为美国辩护称不能一竿子打翻一船人①，菲政府最终决定放弃对彭伯顿的羁押权。

菲律宾在积极加强与美国关系的同时，还寻求韩国、越南等国在南海问题上支持。2014 年 12 月，阿基诺总统出席东盟—韩国建立对话关系 25 周年纪念峰会，并表示将从韩国购买 12 架战斗机提高对领空的监控力，之后菲律宾和韩国政府还将就建立长期战略合作伙伴关系展开谈判。除此之外，菲律宾政府通过推动与越南的战略性伙伴关系对话，拉拢越南支持菲律宾就南海问题在国际法院的仲裁。这些举动充分表明其试图通过借助其他国改变自己在南海地区与中国对峙中的弱势地位。

展望 2015 年，经济方面，鉴于复杂多变的国际环境，菲律宾 GDP 增长将面临挑战；政治方面，即将临近的大选会使菲律宾国内党派斗争更加激烈；社会方面，人们将更加关注居民福利、就业率能否有效提高，收入差距能否进一步缩小；外交方面，菲律宾仍然会以美国“马首是瞻”，为转移国内矛盾，在南海问题上让步的可能性较小。

二　2014 年中国与菲律宾双边合作评述

（一）政治

2014 年中菲两国关系仍然受到南海争端的困扰。3 月 30 日，菲律宾正式向位于海牙的国际仲裁法庭提交长达 4000 页的诉状，也就是把中菲南海争议单方面提交给国际仲裁法庭，要求进行强制仲裁。菲律宾把南海问题推向国际法庭的原因，笔者认为主要在于以下三点。

一是争取国际舆论支持。菲律宾单方面拒绝双边对话，将两国问题放到国际舞台，并强化大国小国概念，其目的是力争通过做国际宣传，抹黑

---

① “Aquino: No need to junk VFA ‘Priority to give Jennifer justice’”, October 21, 2014, *Philippine Daily Inquirer*, http: //globalnation. inquirer. net/113047/aquino-no-need-to-junk-vfa/.

中国，制造中国强硬、不守法的国际形象，以便在南海争端问题上获得国际舆论支持。

二是转移国内矛盾。菲律宾近些年虽然经济增长速度较高，但这种增长是一种失衡性的增长，其国内还是存在较为突出的矛盾，如贫富差距的加大、失业率的提高等。加之国内政局的动荡不安（如“政治分肥案”的曝光等），菲律宾需要通过制造南海争端，挑起国内人民的民族主义情绪，将国内矛盾转移到国际争端上。

三是最根本的诱因在于经济利益。菲律宾对南海之所以兴趣浓厚，原因是南海拥有大量已勘探到的和未勘探到的资源，在资源越来越匮乏的时代，掌握了资源就掌握了经济命脉，这是所有国家所追求的。所以，菲律宾不惜花费巨额政治成本想要获取南海一些岛屿的所有权、开采权。中国于 2014 年 12 月 7 日发布立场文件——《中华人民共和国政府关于菲律宾共和国所提南海仲裁案管辖权问题的立场文件》，指出以谈判方式解决在南海的争端是中菲两国通过双边文件和《南海各方行为宣言》所达成的协议，菲律宾单方面将有关争端提交强制仲裁违反国际法，仲裁庭对菲律宾提出的仲裁事项明显没有管辖权①。直到海牙国际仲裁法院要求中国提交辩诉状的最后期限 12 月 15 日，中方仍然坚决表示不接受、不参与菲律宾单方面提起的所谓南海问题仲裁案②。

虽然在南海问题上菲律宾与中国始终针锋相对，但是在其他方面，特别是对于经贸合作，两国政府都表达了改善双方关系的意愿，都认识到合作与共同发展才是符合两国人民共同利益的最佳选择。2014 年 11 月 9 日，阿基诺总统应邀前往北京参加第 22 届亚太经合组织领导人非正式会议。阿基诺总统在与会期间表示寻求与中国保持和谐关系，这样菲律宾才能专注国内问题的解决。11 月 11 日，中国国家主席习近平出席会议期间同阿基诺总统简短交谈。习近平指出：“中菲建交以来，两国关系发展一直很好。双方在处理分歧问题上也形成了一些共识。近年来，两国关系因南海问题面临严重困难。希望菲方回到过去共识的基础上，同中方相向而

---

① “China Rejects Arbitration of Disputes in South China Sea”, Bloomberg, Dec. 7, 2014, http: //www. bloomberg. com/news/2014—12—07/china-rejects-arbitration-of-disputes-in-south-china-sea. html.

② 《菲律宾“南海仲裁”最后期限已过 如意算盘落空》，国际在线，2014 年 12 月 16 日，http: //gb. cri. cn/42071/2014/12/16/7211s4805273. htm。

行，建设性地处理好有关问题，为中菲关系健康发展创造条件。”阿基诺表示，愿同中方解决有关问题，希望两国关系得到改善和发展。[①]菲律宾政府有关南海问题的发言也一再强调，双方关系的全部并非只有南海。这说明，菲律宾非常希望能够继续加强与中国的互惠合作，推动中菲经贸往来和人员交流。菲律宾亟待发展的经济也非常需要中国广阔的市场和巨额的投资。

2014 年中菲双边关系虽然仍然处于敏感时期，但双方也有许多有友好交流与合作的成果，在一定程度上推进了中菲双边关系的发展，有利于增进中菲双方政治的互信。

（二）经贸合作

随着中菲双边关系的回暖，中国与菲律宾之间的经贸合作得到了加强，双方贸易额和投资量都出现了大幅上升。据国家统计局和海关总署发布的数据显示（如表 1)，中国与菲律宾进出口总额从 2010 年的 1879 亿元增加到 2014 年的 2731 亿元，增长 45%，进口总额与出口总额分别增长 17%、85%。出口总额的增长率远远大于进口总额的增长率，说明中国在菲律宾的国际贸易发展中占据越来越重要的位置。从进出口差额的角度观察，2010—2012 年中国对菲律宾是贸易逆差，2013—2014 年中国对菲律宾是贸易顺差。根据菲律宾统计局的统计，中国目前已经成为菲律宾第二大贸易国（第一是日本，第三是美国）。

表 1　　**中国与菲律宾 2010—2014 年货物贸易总额**　　（万元人民币）

	2010	2011	2012	2013	2014
进出口总额	18793642	20827718	22962009	23565089	27307612
进口	10981463	11620453	12400357	11260359	12890598
出口	7812179	9207265	10561652	12304730	14417015

资料来源：国家统计局和海关总署。2010—2013 年数据由国家统计局的中国与菲律宾进出口总额美元值乘以当年人民币汇率平均价计算得到人民币值。

① 《APEC 授权发布：习近平同菲律宾总统阿基诺简短交谈》，凤凰网，2014 年 11 月 11 日，http：//news. ifeng. com/a/20141111/42444884_ 0. shtml。

虽然目前中国已经成为菲律宾第二大贸易合作伙伴，菲律宾也成为中国在东盟的第六大贸易合作伙伴，但中国对菲律宾主要出口商品为电器与电子产品、机械设备、纺织品与农产品等，中国自菲律宾进口商品主要为电器与电子产品与机械设备等，存在着双方进出口商品种类比较单一的问题。中菲双方尤其是中国企业目前需要增进对对方市场的了解，两国政府和民间组织应建立起更多促进相互交流和了解的平台和合作渠道，让更多中国企业和商品走进菲律宾。

在双边贸易升温的同时，中菲双方相互投资活跃度也在大大提高。根据中国统计局数据显示，2010—2013 年中国实际利用菲律宾外商直接投资分别为 13806 万美元、11185 万美元、13221 万美元、6726 万美元。由中国商务部的数据显示，2014 年上半年，中国对菲律宾投资激增至 96.2 亿比索（约合 2.14 亿元美元），远远超过 2012 年和 2013 年的投资额。目前中菲之间的双边投资总额虽然总体上呈快速发展、快速增长的态势，但是与其他国家相比，中国对菲律宾投资量偏少，无论是实际投资额还是合同投资额都较少。中国驻菲大使馆官员表示，目前菲律宾只吸引了中国在东南亚总投资的 2%，仅领先文莱①。说明菲律宾在吸引中资方面还有提高的空间。

近年菲律宾经济的较快增长，其中一个重要原因就是海外投资的拉动。阿基诺参加 APEC 会议、《经济学人》晚宴等国际会议时，都不遗余力地呼吁各方支持菲律宾的改革与发展，大力推动外国对菲投资。在北京参加第 22 届 APEC 领导人非正式会议期间，阿基诺还表示最欢迎外国在基础设施建设领域和农业领域对菲律宾进行投资，而这两项正是中国对菲投资的重点领域，这说明中国企业在菲律宾还有很多的合作机会。2014 年 10 月 24 日，菲律宾签署《筹建亚投行备忘录》，加入中国发起的亚洲基础设施投资银行，这将大大有利于菲律宾在亟待改善的基础设施方面获得更多的投资。目前，中国在菲律宾进行投资的企业仍以国有企业为主，投资行业以工矿业、农业为主。据中国驻菲律宾大使馆经济商务参赞处官员透露，其实目前有许多中国企业鉴于菲律宾语言便利、政府招商引资支

---

① 数据来源：中华人民共和国商务部，2014 年 11 月 2 日，http://fta.mofcom.gov.cn/article/fzdongtai/201411/18801_1.html。

持力度大，对投资菲律宾非常感兴趣①。但是，菲律宾目前的社会治安环境仍然令人担忧，虽然菲律宾政府多次表示能够保证在菲律宾中国公民的安全，但是其国内绑架案与恐怖袭击却频繁发生，使投资者不免担忧投资安全问题。其实，中菲两国由于地理的临近，有着经贸合作的区位优势，在工业发展优势、农业技术以及旅游合作等方面具有较强的互补性，存在很多商机等待发掘。如果未来菲律宾投资环境有所改善，中菲之间的投资往来将更加密切，投资行业也将更加多元化。

（三）文化交流

2014 年是中国—东盟文化交流年，中国与菲律宾在发展双边文化关系方面都给予了高度重视，成果显著。2014 年 3 月，菲律宾总统阿基诺出席“感知东亚文化之都泉州·闽南文化菲律宾行”的开幕庆典晚会，这充分说明了菲律宾政府对中菲双方文化交流的重视②。4 月，菲律宾华人富商陈永栽资助的“2014 年菲律宾华裔青少年学中文夏令营”45 名学员抵达中国泉州参加学中文活动③。6 月，闽商代表团赴菲律宾马尼拉、宿务等地开展商业文化考察，寻访中华传统商业文化的足迹。9 月，菲律宾亚典耀大学孔子学院和红溪礼示大学孔子学院举办游园和展览活动，庆祝全球首个“孔子学院日”④。10 月，菲律宾驻华使馆主办的“菲尝美食”在天津开幕⑤。

从以上中菲文化交流活动中可以看出，在双方的共同努力之下，两国保持着良好的文化关系。中菲双方文化交往越来越广泛和深入，人员交流越来越密切和频繁。这种友好的文化关系为增进了两国人民的互相了解和友谊起到了不可忽视的作用。值得一提的是菲律宾华人华侨已经成为推动

---

① 《中国与菲律宾贸易近年来不降反升　菲律宾官员看好中菲贸易发展》，国际在线，2014 年 11 月 4 日，http：//gb. cri. cn/44571/2014/11/04/7851s4753417. htm。

② 《“感知东亚文化之都泉州·闽南文化菲律宾行”启动》，泉州网，2014 年 3 月 29 日，http：//www. qzwb. com/gb/content/2014—03/29/content_ 4824781. htm。

③ 《2014 年菲律宾华裔青少年学中文夏令营学员抵泉》，泉州师范学院，2014 年 3 月 31 日，http：//www. qztc. edu. cn/decms/html/447/448/2014/0331/31399. html。

④ 《多国孔子学院庆祝首个全球“孔子学院日”》，新华网，2014 年 9 月 28 日，http：//news. xinhuanet. com/abroad/2014—09/28/c_ 127043395. htm。

⑤ 《2014 菲律宾美食节在天津举行（组图）》，中国日报网，2014 年 10 月 16 日，http：//www. chinadaily. com. cn/hqgj/jryw/2014—10—16/content_ 12539348_ 4. html。

双方文化交流的重要桥梁，菲律宾国内热衷于传播与传承中华文明的各界华人是中菲友好文化交流的催化剂。当然，中菲双方政府对文化与人员交流的重视，也在增进双方友好关系中具有不可或缺的作用，双方互设的文化机构和举办的文化交流活动在中菲两国人民心中架起了一座沟通心灵的桥梁。

三　2015 年中国—菲律宾合作展望

（一）“一带一路”的契机

一带一路（即“丝绸之路经济带”和“21 世纪海上丝绸之路”）是由中国国家主席习近平提出的。“一带一路”战略包含的内容极其丰富，既包括传统意义上的自由贸易协定，也包括了区域合作，还有经济走廊、经济开发区、互联互通、人文交流、跨国运输线、金融合作等。一带一路，特别是“21 世纪海上丝绸之路”能够开启中国与东盟合作的新纪元。菲律宾作为传统的东亚商业中心，自古以来，与中国的经贸、文化、人员等交流都是通过海上进行。在“21 世纪海上丝绸之路”的计划中，中国希望继续加强与菲律宾的合作，也希望菲律宾能够成为丝路项目中积极主动和有建设性的合作伙伴。为此，今后双方可以从以下几个方面共同努力。

第一，海洋合作。在第十七次中国—东盟（10 +1）领导人会议上，中国国务院总理李克强建议将 2015 年确定为“中国—东盟海洋合作年”。海洋合作包括海洋经济、海上联通、海洋环境、海上安全等方面。考虑到中国与菲律宾之间关系的复杂性，双方可率先在海上联通、海上安全、海洋经济方面开展合作，并适时推动南海问题的妥善处理。

第二，经贸合作。中国与菲律宾建交近三十年来，双方积极开展经贸合作，双边贸易和投资额有了很大程度的提高，同时也存在亟待发掘的合作潜力。加强中国与菲律宾的经贸往来，能够增加两个经济体之间的依存性，也有利于海上丝绸之路的建设和发展。在贸易方面，由于双方存在进出口商品种类比较单一的问题，因此，中国可充分发挥比较优势，不断扩大菲律宾市场，促进对菲贸易产品的多元化。在投资方面，根据菲律宾政府的计划，未来菲律宾将会优先为社保、创造就业、促进经济增长等关键项目提供资金，并增加基础设施建设的投资力度。今后中国可致力于加大对菲律宾互联互通基础设施的投资和建设，这样一方面能够促进中国对菲律宾的投资，另一方面互联互通基础设施的完善也能够带动双方贸易的进一步发展。

第三，文化交流。历年来中国与菲律宾之间既有合作也有摩擦。虽然各方面的合作在逐渐加强，但还有一些历史遗留问题没有解决，也影响着双方关系的发展。加强中国与菲律宾的文化交流，对解决争端问题有着重要的作用。“合抱之木，生于毫末；九层之台，起于垒土”。文化交流虽然对于双方的敏感问题不会产生直接影响，但交往多了，感情深了，双方沟通就会更加顺畅。因此，今后中国可一方面加快与菲律宾的文化产业合作，加强双方在演艺活动、会展、留学教育、体育、中医药等文化领域的交流，积极推动文化产业的发展；另一方面，积极“促进青年、智库、议会、非政府组织、社会团体等友好交流，增进人民了解和友谊”。①

（二）悬而未决的南海争端

近年来，随着南海海域经济和政治价值的不断提升，中国与菲律宾的南海主权争端问题也愈演愈烈，这已然成为影响双方关系的最大因素。2014 年菲律宾单方面将南海争议提交给了国际仲裁法庭，并称裁决结果有望于 2016 年上半年出炉。因此，2015 年是中菲南海主权争端问题解决的关键一年，也是决定中菲关系走向的关键一年。中国赞成并倡导“双轨思路”，即有关争议由直接当事国通过友好协商谈判寻求和平解决，而南海的和平与稳定则由中国与东盟国家共同维护。

---

① 《习近平：中国愿同东盟共建 21 世纪“海上丝绸之路”》，人民网，2015 年 2 月 9 日，http：//world. people. com. cn/n/2015/0209/c1002—26534271. html。

2014年中国与文莱合作报告

黄　瑛[①]

一　2014年文莱形势简评

2014年，国际油价大幅波动、伊斯兰问题趋热均对文莱产生一定的不利影响。在日益复杂的国际环境下，文莱政府努力转变职能，重视传统文化并完善伊斯兰法律体系。通过加强与私营企业合作、吸引外资和产业结构多元化等改革措施，在政治、经济和外交方面均实现稳步发展。

（一）政治——力图长期稳定

1. 转变政府职能，强化监督管理

针对政府机构庞大、行政程序烦琐、管理成本高企等问题，文莱将2014年政府目标定位为：转变政府职能、促进经济发展及提升就业率。其中，加强与私营领域合作是重中之重。为确保政令及时有效执行，文莱政府建立了监督评估机制，并在总理办公室中设立绩效监管部门，制定政府核心绩效指标，以保证政令落实及提高监管质量。

2. 倡导文化引领，完善法律体系

2014年，在世界诸多地区出现剧烈变革的背景下，文莱延续了“和平与安全”的治国主旨。通过举办国庆30周年大庆、开斋节、哈芝节等一系列盛大活动，来发扬文莱的优秀文化传统、保持民族特性和伊斯兰生活方式。用文莱传统价值观念引领全社会的基本行为准则，防范激进改革

① 广西大学中国—东盟研究院文莱研究所所长。合作者：研究助理罗传钰、助理研究员黄琴、研究生助理袁钥。

势力对文莱民主进程可能造成的破坏。

此外，完善伊斯兰法律体系是文莱巩固马来伊斯兰君主制的着力点。2014年，苏丹先后颁布了一系列法律，以完善伊斯兰法律体系。首先是颁布《伊斯兰刑法》。在政教混同的文莱，把伊斯兰法律融入现有刑事司法系统，有利于维护苏丹统治，但同时也引起国内外对文莱人权维护等方面的争议。其次对世俗刑法和《皇家财产侵害法》进行修订，加重了非法入侵和盗窃皇家清真寺的刑罚力度；而新精神卫生法的出台，为该领域提供了综合性处理方针，带来文莱国家精神卫生领域的巨大变化；护理注册法修正案则旨在为人民提供更好的监控护理实践。上述立法加快了文莱国内伊斯兰法律体系的完善，和法律法规的现代化进程，具有里程碑式的重大意义。

（二）外交——周边外交依然是重点

文莱2014年继续秉承温和谨慎的全面外交政策，以东南亚地区外交事务为重心，通过协商对话来开展外交工作。

在卸任东盟轮值主席国后，文莱强调东盟成员国的团结是文莱外交政策的基石。与其他成员国，尤其是新加坡、马来西亚、泰国等国发展更为紧密的外交关系。并利用与日、韩两国分别建交三十周年的契机，强调继续维持友好关系。同时文莱主张，在应对区域冲突时不可一味妥协让步，影响自身和其他成员国利益。随着中国对东南亚事务的日益关注，文莱也积极推动与中国的友好关系。由于区域经济合作是文莱经济增长的关键，文莱积极参与中国主持的APEC峰会、亚洲基础设施投资银行等活动，支持中国和东盟国家通过“双轨渠道”处理南海问题。同时，文莱自身的历史背景使得其与阿拉伯国家的关系密切。在《伊斯兰刑法》的制定过程中，文莱先后派人前往沙特阿拉伯进行考察与学习。《伊斯兰刑法》实施后，面对国际社会，尤其是西方国家对文莱的发难，沙特等阿拉伯国家也对该法给予了强力支持和较高评价。

（三）经济——变革中缓慢发展

2014年文莱政局的稳定，优惠的税收政策和透明度较高的市场对外资企业有较高吸引力。政府部门在积极推动非石油天然气行业发展和提升私营企业竞争力方面，取得了一定的成效。但受国际油价剧烈波动等因素影响，文莱经济发展也遇到了困难。表现在GDP增速放缓，CPI下降和产业结构调整进展缓慢等方面。

1. GDP 增速缓慢，一度负增长

2014 年文莱 GDP 总值为 161.1 亿美元（见图 1），人均 GDP 为 24184.67 美元（见图 2）。由于油气资源占到了文莱 GDP 总值的 65% 和政府收入的 90%，因此，受制于 2014 年复杂的国际油价形势，文莱 2014 年 GDP 增速放缓，多季度出现了负增长。（见图 1、图 2、图 3）

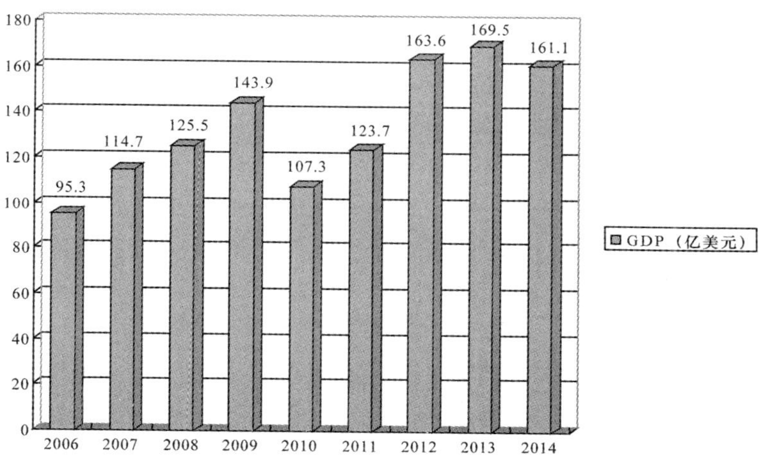

图 1　2006—2014 年文莱 GDP 总值①

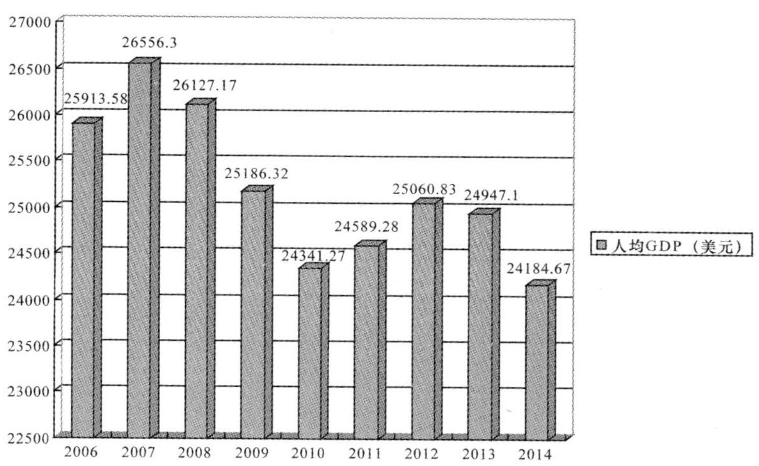

图 2　2006—2014 年文莱人均 GDP②

① 数据来源：国际货币基金组织（IMF）网站，http：//www. imf. org/external/index. htm。

② 同上。

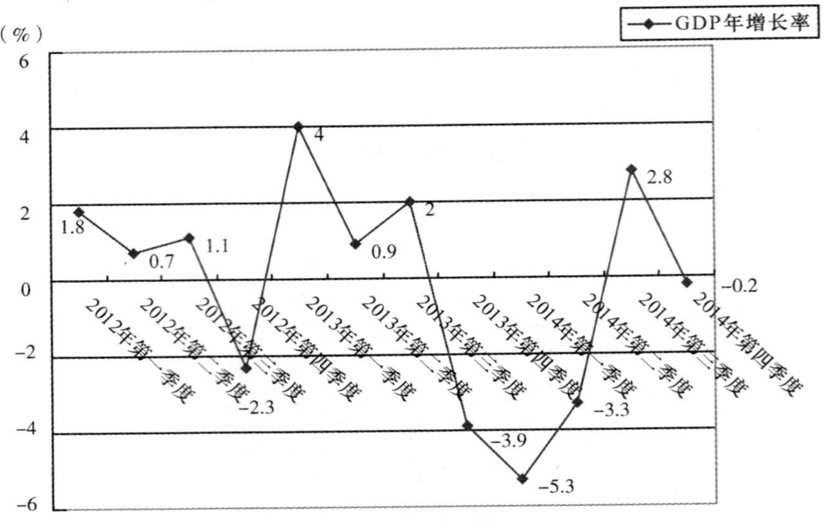

图 3　2012—2014 年文莱各季度 GDP 增速①

2. CPI 下降明显

表 1　　**2013—2014 年文莱 CPI 情况②**

种类	总量	2013 年	2014 年	变化%
CPI 总量	10000	100. 6	100. 4	-0. 2
食品与非酒精类饮料	1911	100	99. 7	-0. 2
衣服及鞋类	424	101. 6	99. 2	-2. 3
住房、水、电力、天然气及其他能源	1114	99. 9	99. 2	-0. 6
家具及家庭用品	1101	99. 3	97. 1	-2. 1
保健支出	132	99. 7	100. 2	0. 6
交通支出	1883	102. 2	102. 6	0. 5
通讯支出	601	99. 8	99	-0. 7
休闲支出	913	101. 1	99. 1	-1. 9
教育支出	390	102. 4	105. 2	2. 9

① 数据来源：国际货币基金组织（IMF）网站，http：//www. imf. org/external/index. htm。

② 数据来源：文莱经济计划与发展部（JPKE）网站，http：//www. depd. gov. bn/home. html。

续表

种类	总量	2013 年	2014 年	变化%
饭店及酒店	885	100.3	102.4	2.2
大宗商品及服务	646	100.9	101.7	0.9

2014 年文莱 CPI 为 100.4，相较于 2013 年下降了 0.2 个百分点。尤其是服装、家居用品和休闲支出几项下降最明显。表明文莱 2014 年居民的日用消费意愿收缩，经济景气度有所下滑。

3. 保持贸易顺差，进出口起伏不定

2014 年文莱进口额总量为 429.1 亿文元，约合 309.3 亿美元（见图 4、图 5）。其中，文莱主要进口的产品包括机器设备、交通设施、制成品、燃料和润滑剂、化工产品、饮料和烟草；主要进口国包括新加坡、马来西亚、中国、日本、美国和德国。

2014 年文莱出口额总量为 1331.61 亿文元，约合 959.9 亿美元（见表 6）。其中，石油和天然气占到了文莱 95% 的出口量，出口国为日本、韩国、印度、澳大利亚、越南、泰国和印度尼西亚。

总体上，文莱 2014 年持续保持贸易顺差（见图 6）。

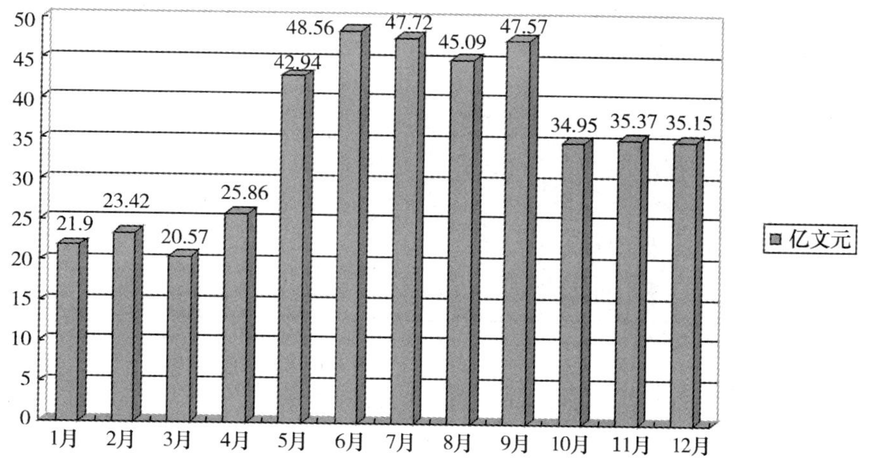

图 4　2014 年文莱进口额①

① 数据来源：国际货币基金组织（IMF）网站，http：//www. imf. org/external/index. htm。

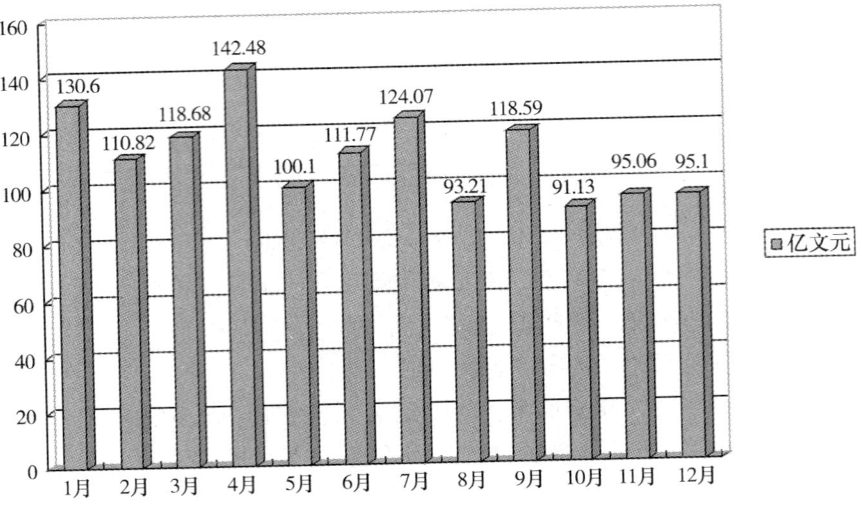

图 5　2014 年文莱出口额①

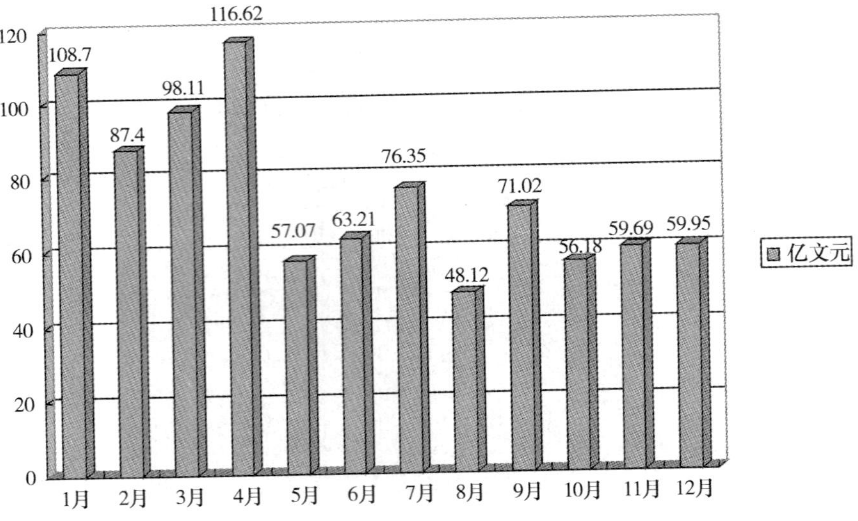

图 6　2014 年文莱贸易顺差额②

① 数据来源：国际货币基金组织（IMF）网站，http：//www. imf. org/external/index. htm。

② 同上。

2014 年，文莱政府为转变产业结构和支持私营企业发展，主要采取了两方面措施：

一是稳步发展能源行业。在全球油价下跌的背景下，文莱 2014 年石油产量和出口量出现了较大波动，多个月份出口量均有所减少。且国民经济发展对油气行业仍严重依赖。为此，文莱政府发布能源白皮书，制定了基于可持续发展目标的长期规划。提高钻探水平，采用更先进的开采技术，刺激投资及生产。除此之外，政府也大力支持油气行业的相关产业发展。以巩固文莱上游生产商角色，延伸油气行业价值链。通过鼓励海外投资、刺激当地公司为能源行业提供商品和服务、增加能源行业的就业岗位，以保障文莱财政的收支平衡。

二是重点发展高附加值行业。2014 年，文莱将发展目标聚焦在高附加值行业，如清真食品生产、信息技术、农工业和创新技术等其他制造业和服务业的发展。并充分利用国际交流与合作的机会，向周边国家推介这些重点项目。同时，在吸引外商直接投资方面，文莱也优先考虑高附加值行业。希望借此创造更多就业机会，促进中小企业发展。

2014 年末文莱成立了 2035 年宏愿执行委员会。制定国家 2035 年宏愿相关计划，建立经济发展关键指标，实现经济多元化。但从文莱政府以往目标制定的实施效果分析，这些目标可能会由于设定过高而难以按期达成。

（四）社会

2014 年文莱在联合国人类发展指数中排名位列前位。给予人民高品质的生活是文莱苏丹哈桑·博尔吉亚的目标。同时，笃信伊斯兰教的苏丹将《伊斯兰刑法》的实施，视为执政 50 年来最大的“政治财富”。该法旨在维护伊斯兰教的神圣性。伊斯兰教是文莱的唯一法定宗教。且文莱全国人口中 66% 为马来裔、11% 为华裔。其中，穆斯林占到 79%。[①] 文莱穆斯林对《伊斯兰刑法》普遍接受，非穆斯林对之则有一定争议。该法对行为人内心约束有效，刑罚的外在威慑强大，司法程序严格。其实施使得

---

① The World Factbook [EB/OL]. https://www.cia.gov/library/publications/the-world-factbook/rankorder/2119rank.html?countryname=Brunei&countrycode=bx®ionCode=eas&rank=175#bx. Brunei-2014, CIA World Factbook [EB/OL]. http://www.theodora.com/wfbcurrent/brunei/index.html.

文莱的社会局势愈发稳定，经济发展并未受到影响。因此，在文莱举行的多项世俗和宗教庆典活动中，都有文莱皇室与民同乐的身影。而华人依然获得文莱的高度重视。中国农历新年前，文莱皇太子携其他皇室成员参加了在文莱华人社区举办的庆典活动；在《伊斯兰刑法》颁布后，文莱苏丹并未禁止华人庆祝传统中国节日。并且，文莱政府还利用吴尊等明星的效应，深挖中国市场。

综上所述，文莱政府围绕“关注民生”采取的相关政策，有助于促进国内政局的稳定。在文莱民众普遍安居乐业的状态下，预计国内难以出现某些极端的伊斯兰行为。同时，国际经济环境的严峻态势也迫使文莱努力改变其单一的经济结构，加强与私营企业的合作，但进展较缓慢。另一方面，国际油价的下跌对文莱国际贸易和居民生活有一定负面影响，短期内文莱财政依赖油气收入的情况难以改变。

二　2014 年中国与文莱的双边合作

2014 年，文莱在推行《南海各方行为宣言》的前提下，与中国积极开展对话。双方建立战略合作伙伴关系，从而为两国经贸合作打开更大的上升空间。双方在政治、经贸、社会领域的合作成果较为丰硕。

（一）双边贸易

1. 双边贸易大幅增长

表 2 数据显示，2014 年 1—10 月，中国对文莱出口额的增长显著。2014 年 5 月较之前 4 个月，增幅达到两倍至三倍之多。

表 2　**2014 年 1—10 月中国对文莱出口额**①

	1 月	2 月	3 月	4 月	5 月	6 月	7 月	8 月	9 月	10 月
百万文莱元	23.6	18.3	19.1	14.1	49.8	53.5	49.2	48.9	44.6	39.9
亿美元	1.73	1.34	1.40	1.04	3.67	3.93	3.61	3.59	3.27	2.89

① 数据来源：文莱经济计划与发展部（JPKE）网站，http：//www.depd.gov.bn/home.html。

表 3　**2014 年 1—12 月中国对文莱贸易统计**①　金额单位：亿美元

	进出口		出口		进口		贸易差额	
	金额	同比%	金额	同比%	金额	同比%	当年	上年同期
文莱	19.36	7.96	17.47	2.51	1.90	111.37	15.57	16.14

表 3 数据表明，2014 年 1—12 月，中文双边贸易额为 19.36 亿美元，增长 7.96%，其中中国出口 17.47 亿美元，出口总额实现大幅增长，增长 2.51%；进口 1.90 亿美元，同比激增 111.37%。贸易顺差为 1.64 亿美元，同比去年增长 1.75%。说明 2014 年中文两国双边贸易走势良好，合作前景广阔。

另据海关统计，2014 年 1—7 月，中国自文莱进口的前五位产品是矿物燃料、有机化学品、石料及类似制品、木浆及其他纤维、软体动物。其中，矿物燃料是中国自文莱进口额最大的产品，其次是有机化学品、石料及相关制品。而中国对文莱主要出口的前五位产品是家具、电子、针织服装、鞋靴类似品、皮革制品，占中国对文莱出口总额的 70.4%。其中，家具是中国对文莱出口额最大的产品，其次是电子、针织服装。

2. 双边贸易合作框架的构建进程加快

此外，双方继续加快构建贸易合作框架的进程。2014 年 11 月 10—11 日，文莱苏丹积极参加在北京召开的 APEC 领导人会议，对中国提出的"启动亚太自由贸易区进程（FTAAP）"建议表示支持。并在会议期间与中国等其他国家一起签署了备忘录，加入了中国倡导成立的亚洲基础设施投资银行。

（二）双边投资

文莱的投资环境对中资企业较具吸引力。文莱国家富裕、政局稳定，且地理位置较为优越。其市场化程度、政策透明度较高，税收政策优惠。同时，中国与文莱经济互补性强，文莱政府积极推动非石油天然气行业发展，有利于中资企业在文莱发挥比较优势。而中国巨大的市场，也为文莱推动经济增长和产业结构转型，提供了强劲的动力。

1. 中资企业日益关注对文莱投资

目前，在文注册公司并正常开展业务的中资企业已有 10 家。如：华为

① 数据来源：中国商务部网站，http：//www.mofcom.gov.cn。

公司文莱分公司、中原对外工程公司经理部（办事处）和天狮（文莱）公司、中国水电集团，另有中兴通讯、华夏家具和贵池贸易公司（经营百货）、浙江恒逸集团有限公司等民营企业。业务范围包括电信服务、房地产开发、地质勘探、中医药、渔业、农业、水电和道路施工等。两国在投资、承包劳务等方面合作成效显著。其中，2014 年 1 月 27 日，中国恒逸实业有限公司与文莱经济发展局签署了土地租赁协议，由此开启了中国与文莱政府的能源合作。该项目系以原油、凝析油为原料的炼化一体化项目，预计总投资为 43.2 亿美元。项目投产后，年加工 800 万吨原油，年产能达 150 万吨，绝大部分产品出口至中国。2014 年 5 月，中国商务部宣布，与文莱中海油服合资有限公司着手开展合资公司运营管理计划，从而标志着中国与文莱在油气开采领域的合作正式启动。该公司将为文莱 Champion 油田建造 6 座新平台，包括 4 座井口平台、1 座钻井平台和 1 座天然气压缩平台。

2. 广西—文莱经济走廊建设加速

2013 年，在中国—东盟博览会上，文莱工业与初级资源部部长叶海亚向中国政府及广西壮族自治区政府提议，双方共建“广西—文莱经济走廊”（Brunei-Guangxi Economic Corridor）。[①] 该提议得到了广西壮族自治区主席陈武的积极回应。2014 年基于该提议，双方在操作层面积极行动，组织力量迅速开展研究、论证和实地考察。初步确定了双方合作宗旨、目标、领域、形式，提出了先期实施的项目清单。于 9 月形成《广西—文莱经济走廊经贸合作谅解备忘录》。确定文莱和广西将在食品加工、制药、中医药制成品、化妆品生物技术研究和医疗保健品等六个领域展开合作。双方的合作地域包括：文莱的生物创新走廊、文莱工业发展局（BINA）管辖的 9 个工业区及摩拉港，广西南宁市及周围村镇、钦州港等地区。与其他经济合作项目不同，文莱特别重视树立本国清真产业在价值链中的高端地位。要求在“广西—文莱经济走廊”所生产的清真产品，必须获得文莱的清真认证，严格遵守文莱清真产品的质量要求。

总体上，2014 年中国与文莱经贸合作具有三大特点。一是领土争议未成合作障碍。在南海问题上，不同于越南、菲律宾与中国的政治摩擦阻碍双方经贸往来的状况，文莱选择继续深化与中国的经贸合作，双边贸易额不减反

① 数据来源：文莱经济计划与发展部（JPKE）网站，http://www.depd.gov.bn/home.html。

增。二是能源投资领域成为两国海上资源共同开发的典范。由于两国在南海问题上保持的共识，因而“搁置争议，共同开发”亦成为两国在能源合作上的重要指针。事实上，支持两国有关企业有关合作，并未影响各自关于海洋权益的立场。这也为中国与其他东盟国家的海上合作树立了典范。三是支持外资在私人领域投资发挥显著作用。2014 年，中国企业在文莱取得多项投资合作项目，与文莱政府支持私营企业发展的努力密不可分。

（三）其他领域的交流与合作

1. 教育合作渐入佳境

2014 年初，由中国华文教育基金会和文莱中华中学董事会联合编写的高小年级华文教材正式使用，效果显著。此次合作为编写高质量的文莱本土华文教材探索了新途径，标志着两国在教育领域的交流与合作迈上新台阶。随后，两国在校际交流合作、留学生互派等方面互动频繁，合作全面深入发展。随着经济的发展，产业调整步伐加快，为实现文莱 2035 年宏愿，文莱对操作型和技能型技术人才的需求不断增加，职业技术教育对外资开放的幅度越来越大。这对于职业技术教育发展水平高，且拥有丰富的海外运营经验的中国，无疑是一个良好的发展机会。

2. 军事交流日益密切

2014 年两国进行多军种间交流，以提高军队战备能力。2014 年 1 月，文莱皇家海军部队代表参加了在中国南京举行的西太平洋海军论坛 2014 年工作小组会议；4 月 20 日，文莱海军“达鲁伊山”号参加中国人民解放军海军成立日多国海上联合演习；12 月，中国人民解放军广西军区司令员肖运洪少将率团访问了文莱。这些访问促进了双边防务合作关系。文莱与中国在很多重大国际问题上观点相近，两国的政治军事合作不针对第三方，有利于维护区域和平与稳定。

3. 文化合作丰富多彩

2014 年为中国—东盟文化交流年，中国和文莱举办了丰富多彩的文化交流活动，增进了彼此对文化的尊重。截至 2014 年 11 月，双方在文化交流年框架下已举办了近 20 项活动，覆盖多个领域。如在文莱举行的中国“苏州刺绣”作品展览及中国古代婚礼习俗展；南京的浡泥国王墓向公众免费开放；文莱太极拳代表团参加 2014 年北京国际太极交流大会。文莱武术总会与中国武术协会在文莱进行中国武术段位普及和推广工作等。

三 2015年合作展望与建议

（一）两国政治外交关系发展的对策建议

由于文莱特殊的地理位置、资源禀赋和对中国一贯的友好态度，中国须高度重视发展同文莱的战略合作关系。密切高层交往，加强政府、智库及民间的人文交流，增进双方民众的相互了解与友谊。

2015年，中文两国的政治合作可以通过以下三方面深入：

1. 深化多层次的政治外交形式，积极参与建立地区合作机制

建立起更完善的多层次、多领域、多类型的对话合作机制。这主要包括：定期磋商制度、高层互访和领导人会议、部长级会议机制和工作层对话合作机制，以及一些次区域性的合作机制。

2. 发挥民间外交的优势

民间外交有灵活、适时、包容性，其去政治化特点具有独特外交作用。应进一步支持两国的中国—文莱友好协会、中国—东盟友好协会、宁夏伊斯兰友好促进会等民间社团组织以及双方高校和研究机构间的民间交流活动。

3. 进一步推动中国对文莱的文化外交，提升中国的文化软实力影响

目前对中国在东南亚经济活动的批评声音大多来自中小企业及一些非政府组织。中国政府需将文莱公众作为外交的对象和手段，加强与对文莱公众有影响力的机构合作。通过公众外交来理解文莱人民的需要。同时对本国相关人员进行持续多角度培训，从政府到企业、专业人士、民众等多层面提升国民素质。以实际行动塑造诚信、有礼、包容的大国形象。同时两国媒体互派人员赴对方国家工作、学校结盟互访等方式，增加实地感受。中国政府应在推广传统文化的基础上，重点推介中国观，当代文化发展理念、政策和成果。同时，中国也应借鉴文莱及其他东盟国家文化领域的有益经验，实现双方互利互惠。

（二）两国经贸关系合作深化的对策建议

1. 在中国—东盟自由贸易区（CAFTA）升级版框架下的贸易法律体制内发展双方关系

首先，进一步完善本国的外资法律体系，使其与WTO在内的国际条

约接轨。其次，双方要加快 CAFTA 升级版框架下的贸易法律体制的建立与参与，增加各自国家经贸战略的空间与弹性。再次，优化双边投资法律环境。努力推动执行两国在 2000 年签订的《鼓励与保护投资协议》（至今未生效），为两国的贸易及投资合作提供制度化保障。

2. 加强能源产业升级合作

文莱鼓励外资参与其石油勘探与开采，中国企业可以积极投入到油气资源下游产业的投资合作中。而中国与文莱在能源领域的合作有助于提升深水作业能力。同时，中国应利用在 300 米水深石油开采方面丰富的经验，参与文莱石化产品加工。

3. 加强双边其他产业合作

当前，文莱政府将发展目标聚焦在一些高附加值的行业，如清真食品生产、信息技术、农工业和创新技术等的发展。中国应推动具有比较优势、有竞争力且产品市场需求大的中资企业到文莱投资。同时，文莱作为一个与广西邻近且与广西产业优势互补的东盟国家，宜以广西—文莱经济走廊为切入点展开与中国的非能源产业合作。

（1）发展双边可再生能源行业合作。结合中国企业在可再生能源特别是在太阳能利用技术上的优势，主动地去文莱寻觅合作的商机，获得先发优势。

（2）重点发展清真食品产业合作。未来文莱将侧重于清真食品产业的招商项目和成为清真食品行业标准的制定者。中国企业在“文莱清真”品牌产品及生物创新方面市场广阔。

（3）关注建筑业和基础设施建设合作。建筑业是文莱除油气产业外第二大产业。当前文莱建筑承包工程市场由政府主导推进，以低收入者住房及基础设施建设为重点。而中国企业目前在文莱工程市场所占份额仍不大，可借政府的优惠政策，开拓文莱建筑工程市场。此外，文莱地处全球东西海运线的枢纽位置，中国企业应加强与文莱的港口及海运合作，共同参与房屋、桥梁、道路等重大项目建设。

（4）农业技术合作。目前，文莱食物多从国外引进，在帮助文莱发展农业技术上，中国亦有商机。两国在农业、渔业技术合作方面，可通过政府的政策引导支持、高校和中资企业加强项目参与的方式进行。

（5）旅游合作。文莱方面应围绕文莱经典景点、民族特色产品做好旅游资源开发和产品深加工。通过提高旅游产品附加值，拉高到文莱旅游的游客的人均消费。而中国广阔的旅游市场对文莱民众也有极大吸引力。其中，文莱与广西、云南等省在旅游方面有较强的互补性，双方可启动一批先期合作项目。通过政府倾斜提供投融资并制定优惠政策，加强宣传，激励中国民营企业成为文莱旅游产品的投资主力。

（6）人力资源领域的合作。近两年，文莱对操作型和技能型技术人才的需求不断增加，职业技术教育对外资开放度加大。中国劳动力充足、职业技术教育发展水平较高又拥有丰富的海外运营经验，建议将职业教育作为中国与文莱教育合作的重点领域。并建立政、学、商三方合作的人力资源开发模式。文莱方面应简化人才引进的流程，文莱国籍的授予标准可考虑向急需的高端人才适度放松。用就地培养，与中国各类高校、职业学校及培训机构合作等形式，提升文莱的人才积累速度。在职种方面，应重视医生、工程师、IT 专家、护士、会计师、教师及中层管理人才的交流。

第 三 篇

2014 年中国—东盟合作专题报告

“一带一路”倡议与中国—东盟命运共同体建设

陆建人[①]

一 “一带一路”倡议的提出和主要内容

2015 年 3 月 28 日，正值博鳌亚洲论坛年会召开期间，中国国家发展改革委、外交部、商务部联合发布了《推动共建丝绸之路经济带和 21 世纪海上丝绸之路的愿景与行动》（以下简称《愿景与行动》）文件，国内外期盼已久的这份一带一路“路线图”终于公之于世。“一带一路”是“丝绸之路经济带”和“21 世纪海上丝绸之路”的简称。共建“一带一路”是中国领导人提出的一项重大倡议。2013 年 9 月 7 日，习近平主席在哈萨克斯坦纳扎尔巴耶夫大学发表的演讲中，首次提出了与欧亚各国共同建设“丝绸之路经济带”的倡议；接着，同年 10 月 3 日，习近平主席在印度尼西亚国会发表的演讲中又提出，愿同东盟国家共同建设“21 世纪海上丝绸之路”。

“一带一路”贯穿欧亚大陆，东边连接亚太经济圈，西边进入欧洲经济圈，包括的地域范围十分广大，涉及俄蒙中亚、南亚、东南亚、西亚北非和中东欧 5 个主要区域约 60 多个国家，覆盖约 44 亿人口，目前经济总量约 21 万亿美元，分别约占全球的 63% 和 29%，[②] 其国际影响之大可见一斑。主要国家除中国外，有马来西亚、印尼、印度、孟加拉、斯里兰

---

① 广西大学中国—东盟研究院首席研究员，中国社会科学院亚太与全球战略研究院研究员。

② 数据来源：http：//difang. gmw. cn/newspaper/2015—04/05/content_ 105692499. htm。

卡、马尔代夫、哈萨克斯坦、吉尔吉斯斯坦、塔吉克斯坦、乌兹别克斯坦、俄罗斯、蒙古、韩国、埃及等，沿线所包括的60多个国家绝大多数为发展中国家，显示出“一带一路”倡议属于南南合作性质。中国与其中许多国家已经建立了合作机制，如中国—东盟（10+1）、中国—中亚（上合组织）、中俄战略伙伴关系等。俄罗斯、哈萨克斯坦、印度和印尼等大国是其中具有关键性意义的国家。

“一带一路”绝非中国政府一时的“突发奇想”，而是经过二十多年深思熟虑产生的宏大发展战略。在国际上，复兴“丝绸之路”的计划早在20世纪60年代就已经开始，并得到联合国的积极支持，作为古丝绸之路源头的中国自然很关注。1990年9月，地跨亚、欧两大洲，东起中国江苏省连云港市，经过俄、波（兰）、德、荷等国，西止荷兰鹿特丹市，全长10800公里的新亚欧大陆桥全线贯通。该条铁路在中国境内全长达4131公里，贯穿东中西部10个省区。建设以这条铁路大干线和沿线各国中心城市为依托，包括中国若干跨省经济区域在内的跨国经济带的构想应运而生。1995年出台的《中共中央关于制定国民经济和社会发展“九五”计划和2010年远景目标的建议》文件中，提出了“复兴丝绸之路”的主张。不过，当时构想的重点是陆路上的丝绸之路。而“21世纪海上丝绸之路”则是当前中国新领导人提出的新构想、新倡议。其重要背景是今天中国已经跨入世界海洋大国之列，正在向海洋强国迈进，这是20世纪90年代所不能比的。

中国地处西太平洋沿岸，拥有18000多公里大陆海岸线和14000多公里岛屿岸线，7300多个岛屿。海洋通道对国民经济极为重要：中国近90%的外贸进出口货物、95%的进口原油和99%的进口铁矿石是由海运完成的。另外，海洋经济在国民经济中的地位日益显著。当前，中国已成为世界上的航运大国、海员大国、造船大国和渔业大国。全国港口货物吞吐量和集装箱吞吐量已连续10多年位居世界第一，水产品总产量连续20多年位居世界首位。造船业也已多年位居世界首位。近年来，“建设海洋强国”已被列为国家重大战略任务，写进中共十八大报告和政府工作报告。原先的“一带”也就扩大到现在的“一带一路”，这反映出当前中国经济发展战略的需要。

“一带一路”在地形上分为陆路和海路两部分。陆路指“丝绸之路经济带”，根据《愿景与行动》文件，“丝绸之路经济带”分为三条：1. 中国经中亚、俄罗斯至欧洲（波罗的海）；2. 中国经中亚、西亚至波斯湾、地中海；3. 中国至东南亚、南亚、印度洋。"21 世纪海上丝绸之路"分为两条：1. 从中国沿海港口过南海到印度洋，延伸至欧洲；2. 从中国沿海港口过南海到南太平洋。前者从中国沿海港口向南而进，过南海，经马六甲、龙目和巽他等海峡，沿印度洋北部至波斯湾、红海、亚丁湾等海域，沿线包括20多个国家，覆盖约26亿人口。其特点是以东南亚地区和东盟为重点，带动南亚地区，并辐射至中东、东非和欧洲，目前规划要建中国—中南半岛经济走廊，未来有可能建立南海—印度洋海上经济合作走廊。后者从中国沿海港口过南海到南太平洋。[①]"一带一路"均以中国为起点，主要部分都在亚洲，两者在南亚交汇，构成海陆互补关系，正如习近平主席所比喻的，是"亚洲腾飞的两只翅膀"。[②]

无论是"带"还是"路"，"一带一路"的主要内容是构建经济走廊，陆路依托国际大通道，以沿线中心城市为支撑，以重点经贸产业园区为合作平台，共同打造国际经济合作走廊；海上则以重点港口为节点，建设通畅安全高效的运输大通道。这些国际走廊和通道最终将形成区域产业合作带和由道路辐射带动形成的区域生产力布局和经济发展体系。"一带一路"倡议规划的经济走廊包括：中蒙俄、新亚欧大陆桥、中国—中亚—西亚、中国—中南半岛、中国—巴基斯坦、孟中印（度）缅共六条。[③]

《愿景与行动》提出"五通"作为中国与沿线各国合作的重点领域，包括：政策沟通、设施联通、贸易畅通、资金融通和民心相通。加强沿线各国间的政策沟通是"一带一路"建设的重要保障；基础设施互联互通是"一带一路"建设的优先领域，其中国际通道建设是重中之重；投资贸易合作是"一带一路"建设的重点内容，包括贸易和投资便利化，构建沿线国家和地区自由贸易区等；资金融通是"一带一路"建设的重要支撑，包括深化金融合作，共同推进亚洲基础设施投资银行、金砖国家开发银行筹建，加快丝路基金组建运营等；民心相通是"一带一路"建设

① 后一条南太平洋"海丝之路"是《愿景和行动》文件公布时增加的，显示了中国加强南太平洋国家关系的重要性。习近平主席于2014年11月访问了斐济，并与同中国建交的8个南太平洋岛国领导人举行集体会晤，深化了中国与南太平洋岛国的关系。

② 《习近平：联通引领发展，伙伴聚焦合作——在"加强互联互通伙伴关系"东道主伙伴对话会上的讲话》，新华网，2014年11月8日。

③ 参见中国国务院副总理张高丽2015年5月27日在亚欧互联互通产业对话会开幕式上的讲话，http://news.12371.cn/2015/05/27/ARTI1432727732025755.shtml。

的社会根基，与沿线各国广泛开展文化交流、学术往来、人才交流合作、媒体合作、青年和妇女交往，为弘扬丝绸之路友好合作精神，深化双多边合作奠定坚实的民意基础。

中国与沿线各国共建“一带一路”，在合作机制上不另起炉灶，而是充分利用已有的各种双边、多边和次区域合作机制，如上海合作组织（SCO）、中国—东盟“10＋1”、亚太经合组织（APEC）、亚欧会议（ASEM）、亚洲合作对话（ACD）、亚信会议（CICA）、中阿合作论坛、中国—海合会战略对话、大湄公河次区域（GMS）经济合作、中亚区域经济合作（CAREC）等现有多边合作机制作用，加强相关国家之间的沟通。

“一带一路”倡议作为史无前例的恢宏工程，其实施自然离不开资金的支撑。目前，可使用的基金除丝绸之路基金（开放式，中国出资400亿美元）、中国—中东欧投资合作基金、中国—欧亚合作基金、亚洲区域专项合作基金、中国—东盟海上合作基金、中国—东盟投资合作基金等之外，还有令人瞩目的亚洲基础设施投资银行（AIIB，中文简称“亚投行”）资金。亚投行由中国倡议筹建，目前拥有57个创始成员国，已就该行章程达成一致，2015年底前将投入运作。亚投行法定资本为1000亿美元，中国将提供其中的297.8亿美元，各国根据GDP总量及平价购买指数确定持股比例，其中亚洲国家持股75%，域外国家持股25%。亚投行是支撑“一带一路”倡议的最大资金平台。此外，中国不少地方政府也已开始设立“一带一路”基金。如福州市政府在推动设立总规模100亿元人民币的海上丝绸之路建设基金，广东省政府也在筹划同样的基金。据中金公司初步估计，未来十年中国在“一带一路”上的总投资有望达到1.6万亿美元。①

综上所述，“一带一路”倡议是个宏大的系统工程，其实施以亚洲国家为重点方向，以打造陆上和海上经济走廊为依托，以交通设施的互联互通为先行官，以建设融资平台为保障，以开展人文交流为纽带，以平等互利、共商共建为推动方式，利用现有的各种机制来实施，最终目标是为亚洲腾飞插上两只翅膀，建成合作共赢的亚洲命运共同体。

---

① 《一带一路规划进最后冲刺，投资望达1.6万亿美元》，《中国证券报》2015年1月7日。

二 “一带一路”倡议的动因

“一带一路”倡议并非纯粹的国内发展战略，而是一项主要面对亚洲发展中国家的国际倡议，是非常重要的外交活动。中国为何要在国际上提出这样一项重要而宏大的倡议？以下简要分析其动因。

第一，从政治角度看，“一带一路”倡议首先传达的是中国的和平理念和开放思想。绵延两千年之久的中国古代海上丝绸之路，传播了中华文明和中华民族和平、开放、包容的理念。这些理念也正是当前新一代中国领导人治理下的政府所要秉承的。今天，中国已经成为世界第一大贸易国和第二大经济体，正在走向民族复兴，为实现伟大的“中国梦”理想而奋斗。周边国家对中国的崛起和日益庞大的体量难免有些担心。为此，中国决心避免重蹈“国大必战、国强必霸”的历史老路，借助复兴古代海上丝绸之路和构建丝绸之路经济带倡议，向周边国家表明正在崛起的中国是促进亚洲和世界和平的力量，而非威胁。中国将通过一带一路的建设，为亚洲和世界提供发展机遇，和参与各国分享发展成果，构建更广阔领域的互利共赢关系。通过传承千百年的丝绸之路历史传统，并加以提升和创新，为中国今天的周边外交政策注入新的生命力。“一带一路”倡议坚持开放的区域主义，尊重和使用已有的区域合作机制，不搞封闭性集团，不针对第三方，沿线国家自愿参加，各尽所能，优势互补，利益共享。

第二，从经济角度看，“一带一路”建设作为一项恢宏盖世的庞大工程，是中国转移过剩产能的重要渠道，同时也是亚洲发展中国家从中国接纳产业转移的便捷渠道。当前，中国积累了基础设施行业的巨大产能，钢铁、水泥、平板玻璃、电解铝、船舶制造、风电设备、建材等产业在国内已经饱和，需要向国外转移。建设“一带一路”为中国转移过剩产业找到了一条双赢的路径。需要指出的是，中国要输出的是优质的、具有比较优势的产能，正如中国总理李克强所言：“钢铁、水泥、平板玻璃等中国装备，对中国市场目前来说有过剩的情况，但并不是劣质的产能，而是优质的产能。我们愿意把这些企业用投资的方式转移到东盟基础设施建设需要的国家。”① 中国输出过多的

① 参见李克强在第十七次东盟—中国（10+1）领导人会议上的讲话，http://news.ifeng.com/a/20141113/42464329_0.shtml。

产能，有利于自身产业结构的升级转型，而这些产能又契合了周边发展中国家的需要，有利于其经济发展。中国在造船、建筑港口、码头、桥梁、公路、铁路、管道、电网等方面，技术成熟先进，尤其是高速铁路和重载铁路技术世界领先。中国建筑公司对外承包工程历史长久，经验丰富。这些物质资源和技术为亚洲发展中国家就近接纳中国产业转移提供了必要的保障。

自 2014 年起，中国已从资本吸收国转为资本输出国。中国企业亟须走出去，而周边发展中国家是主要的对象。“一带一路”为中国企业走出去创造了巨大的机遇。目前，中国对“一带一路”60 多个国家的投资额只占对外投资总额的 17% 左右，而这些国家对中国的投资额只相当于中国吸收外资总额的 7% 左右，[①] 这反映出“一带一路”沿线国家作为中国的投资对象，还有很大的投资增长潜力，中国企业大有可为。同时，对于这些国家而言，吸收中国企业的投资也是有利于其经济发展的，因此将是一个双赢的结果。

第三，从社会文化角度看，“一带一路”倡议将促进中国和沿线国家的人文交流，有利于中国文化产业的输出和文化软实力的增强。“一带一路”并不单纯是运输通道的概念，而是包括经济、技术、文化等全方位的交流活动。随着中国的崛起，中华文化对世界的影响力日益增强。各国兴起学习汉语的风潮，孔子学院遍及全球。中国的文化产品，尤其是电影、电视剧、书籍和艺术的国际影响日益增强。中国的著名大学在东南亚国家开办了分校，少林寺出国建寺，这些都是文化产业的输出，但这也仅仅是开始，还远远不够。“一带一路”作为长期的对外活动，是中国文化产业源源不断输出的通道，中国文化软实力的影响也将不断扩大。同样，沿线国家的优秀文化也会被引进中国，得到传播。这将有利于中国和沿线各国的文化互鉴，促进彼此了解，大大减少相互之间的文化歧见。另外，随着“一带一路”交通上的互联互通，旅游业将大大发展，促进中国和沿线国家的人民面对面的交流，有利于亚洲共同体的建立。

三 中国—东盟命运共同体的理念与意义

中国在提出一带一路倡议的同时，也提出了建设“中国—东盟命运

① 《一带一路规划进最后冲刺，投资望达 1.6 万亿美元》，《中国证券报》2015 年 1 月 7 日，http：//finance. qq. com/a/20150107/007555. htm。

共同体"的倡议。2013 年 10 月 3 日，中国国家主席习近平在印度尼西亚国会发表了题为"携手建设中国—东盟命运共同体"的重要演讲，[①] 全面阐述了中国对东盟的睦邻友好政策，郑重提出了愿同东盟国家共同建设"21 世纪海上丝绸之路"和"中国—东盟命运共同体"两项倡议。关于后者，习近平在演讲中强调要坚持讲信修睦、合作共赢、守望相助、心心相印、开放包容，使双方成为兴衰相伴、安危与共、同舟共济的好邻居、好朋友、好伙伴。这是中国官方首次提出"中国—东盟命运共同体"的理念。

"命运共同体"是近年来中国政府倡导的关于人类社会的新理念。它首度出现在 2011 年《中国的和平发展》白皮书中，该书指出要以"命运共同体"的新视角来寻求人类共同利益和共同价值的新内涵。此后，"人类命运共同体"的理念载入了 2012 年中共十八大报告中。该理念提倡各国追求本国利益时兼顾他国合理关切，在谋求本国发展中促进各国共同发展。人类同居在一个"地球村"中，面对越来越多的全球性问题和挑战，各国都难以独善其身。任何国家要想自己发展，必须让他国发展；要想本国安全，必须让他国安全，换言之，国家之间是一种共生关系。"人类命运共同体"正是这样一种以应对人类共同挑战为目的的全球价值观和共生关系，这一概念正在逐步获得国际共识。可以认为，"人类命运共同体"是一个超越了不同政治制度、不同意识形态、不同文化和文明的理念，更多强调的是共同利益非差异。"人类命运共同体"的概念也与中国一贯倡导的和平发展、合作共赢的理念一脉相承。

此后，命运共同体的理念得到进一步深化，其范围进一步接近中国所在的地区。2013 年 4 月 7 日，习近平主席在博鳌亚洲论坛年会上所做的主旨演讲中提出"牢固树立命运共同体意识"[②]，同年 10 月 7 日在印尼举行的亚太经合组织工商领导人峰会上的演讲中他又提出"牢固树立亚太命运共同体意识"[③]，此后不久，他在周边外交工作座谈会上再次强调

---

① 全文见人民网：http：//politics. people. com. cn/n/2013/1004/c1024—23102653. html。

② 参见习近平主席在博鳌亚洲论坛 2013 年年会上的主旨演讲（全文），http：//news. xinhuanet. com/politics/2013—04/07/c_ 115296408. htm。

③ 参见新浪网报道，http：//news. sina. com. cn/c/2013—10—09/070028381994. shtml。

“让命运共同体意识在周边国家落地生根”[①]。2014年4月，中国总理李克强在博鳌论坛提出“亚洲命运共同体”的理念，并将其与“亚洲利益共同体”、“亚洲责任共同体”并列而论。这些论述反映出在全球化高度发展下，中国对世界、对亚洲、对东盟和周边地区未来命运的深度关切和强烈的合作意愿。

共同体（community）的本意是指同在一处、在共同环境下生活的人群集体。1965年欧洲经济共同体的成立，使“共同体”一词成为国际关系领域的重要概念。国际关系中所说的共同体可以分成四个基本层次。共同体形成的基本前提是人们有共同的目标和利益诉求。因此，利益共同体是其第一层次。而利益与责任是相辅相成的，共同体的成员在实现利益的同时需要承担相应的责任。只有各尽所责，才能共享收益。所以，责任共同体构成共同体第二层次。有了共同的利益和目标，同时承担了相应的责任，那么就可以进入第三层次——发展共同体了。谋求发展是共同体各成员的共同目标，这种发展是在相互依赖条件下的共同发展，是利益共享的发展，是缩小差距的发展，也可称之为包容性发展。随着发展的深入，成员之间的共生关系更加显著，从而自然而然地形成命运共同体：你中有我、我中有你，风雨同舟，荣辱与共，构成更加紧密的伙伴关系。显然，命运共同体是最高境界的共同体，也是共同体的最高层次。

依笔者之见，今天中国倡导的人类命运共同体、亚太命运共同体、亚洲命运共同体和中国—东盟命运共同体等理念并不是像欧共体那样有法律框架的实体，中国也无意推动这样的实体。但反过来看，当年的欧共体或者说今天的欧盟，都具备了命运共同体的四个层次，它们是建立在法律基础上的一体化实体，同时也是集利益、责任、发展于一体的命运共同体。同时，命运共同体也非虚无缥缈的空壳或纯粹的理念，而是生存于共同空间、有共同价值取向的群体。中国倡导的命运共同体的本意是指更加紧密的伙伴关系，是普通伙伴关系的升华，体现出成员之间强烈的认同感，这种认同感不但包括空间认同（从本地区直到全球）和最基本的价值观（对人类生存和发展的看法）的认同，还包括对区域面临的共同问题和未来挑战的认同。当然，认同感会随着命运共同体的发展而提高，价值观也

① 《习近平：让命运共同体意识在周边国家落地生根》，http：//www.gov.cn/ldhd/2013—10/25/content_ 2515764.htm。

会逐渐趋同。

就中国—东盟命运共同体而言，本质上也不是实体，而是对双方基本价值观、发展观、未来挑战的认同，对区域面临的共同问题的认同。建设中国—东盟命运共同体的过程，就是加强彼此认同感的过程，这不是一蹴而就的。成员之间首先需要对此进行充分的沟通和理解，达成共识；要经过长期的合作，在经济上有一定程度的融合，分享到实在的利益；在政治上相互尊重，扩大共识，缩小分歧；在安全上相互依靠，各负其责；在社会文化上双方密切交流，这是增强认同感最直接的手段。通过这些途径，促使中国和东盟各国融合在一起，直到不能分离，这样才能建成中国—东盟命运共同体。

在周边国家中，中国首选东盟为命运共同体伙伴，倡议与东盟共同建设“中国—东盟命运共同体”，这是有深刻原因和基础的。东盟 10 国都是中国的重要邻国，同为发展中国家，山水相连、兴衰相伴、安危与共。双方有着追求发展的共同目标和利益，肩负促进本地区和平与发展的共同责任，从而具备了建立共同体的基本条件。双方在短短的二十多年时间里，在共同目标下，凭借彼此信任和相互包容，从陌生到熟悉，从彼此对立到相互依靠，建立起了深厚的友谊。自 1991 年中国与东盟正式建立对话关系后，双方关系逐级而上：1992 年中国成为东盟的“磋商伙伴”；1996 年中国升格为东盟的全面对话伙伴国。1997 年底，双方建立了“面向 21 世纪的睦邻互信伙伴关系”。2003 年，中国作为首个区域外国家加入《东南亚友好合作条约》，双方随即正式建立战略伙伴关系，同时成立中国—东盟自由贸易区。此后，双方关系进入“黄金十年”。2013 年中国倡议建立中国—东盟命运共同体，让未来 10 年成为双方关系的“钻石十年”。迄今，双方已建立了 12 个部长级会议机制，在 20 多个领域开展互利合作。中国与东盟国际关系变化的这种高速度在中国现代外交史上也是绝无仅有的。建设命运共同体是迄今以来中国—东盟关系发展的最高阶段，是水到渠成的结果。

中国—东盟命运共同体的提出具有重要意义。它是对二十多年来中国对东盟一系列外交政策的提炼、升华和集中表达。从早期中国单边视角出发的“睦邻”政策到综合的、从中国和东盟双边视角出发的“睦邻、安邻、富邻”政策，从“与邻为善、以邻为伴”、“好邻居、好朋友、好伙伴”到“亲、诚、惠、容”四字箴言，从一般对话关系到战略伙伴关系，从中国率先加入《东南亚友好合作条约》到主动提出与东盟缔结《中国—东盟睦邻友好条约》，无疑，东盟已成为中国周边外交的优先方向。建设中国—东盟命运共同体对促进双方发展，促进东南亚、东亚和亚太地区的和平、稳定和发展都具有重要意义。

中国—东盟命运共同体是中国与亚洲、与世界建立命运共同体的起点。这起始的一步一定要走好，走稳，走踏实。建设中国—东盟命运共同体将是一个长期的过程，也是一个求大同的过程，各方都要有足够的包容性，宽容性。中国作为命运共同体的倡导者和推动者，更要以大国的胸怀来平等对待东盟各成员。对于有领土纠纷的几个东盟国家，要着眼大局来把握双边关系，管控好分歧，不使领土纠纷影响全局。另外，中国要用东盟国家听得懂的语言耐心解释自己的理念，例如“中国梦”、“亚洲新安全观”、“共赢”等，也包括“命运共同体”、“中国—东盟命运共同体”等，不让它们产生误解。我们应该学会了解东盟国家的担忧，正如马来西亚战略与国际问题研究所学者所言“作为中小国家，东盟对历史上曾经侵犯过它们的强权——从早期的欧洲老牌殖民国家、二战时期日本推行的‘大东亚共荣圈’到20世纪60年代美国在印支半岛的冒险行为记忆犹新，而中国要做的是努力减轻东盟的担忧”①。

四 “一带一路”倡议助建中国—东盟命运共同体

从“一带一路”倡议的酝酿和形成时间来看，“一带”（丝绸之路经济带）要早于“一路”（21世纪海上丝绸之路）。后者是在习近平主席2013年10月访问印尼时提出的。可以认为，“21世纪海上丝绸之路”主要是根据东南亚独特的海洋地理位置，针对东盟提出来的，当然，这条新海丝之路也将延伸到南亚，但东盟仍是重中之重。值得注意的是，习近平主席在倡议与东盟共建21世纪海上丝绸之路的同时，提出建立中国—东盟命运共同体。这表明两者之间有密切的关系。如果说后者是目标，那么前者就是手段或路径。

东盟10国里，印尼、菲律宾都是千岛之国，马来西亚西部在马来半岛，东部与文莱，印尼（部分）同处于世界第三大岛——加里曼丹岛。

① Thomas Daniel, “Beijing must alleviate concerns”, *New Straits Times*, May 26, 2015.

新加坡地处马来半岛南端。东盟其他五国位于中南半岛，除老挝是内陆国之外，其他各国均有海岸线。整个东南亚被海洋所围绕，海路对于东盟国家的重要性不言而喻。古代丝绸之路就是从海路开始的，东南亚是必经之地。今天，中国与东盟共建 21 世纪海上丝绸之路，这是打造中国—东盟命运共同体的重要途径，“一带一路”倡议（对东盟而言主要是“一路”）助建中国—东盟命运共同体。

第一，中国和东盟共建 21 世纪海上丝绸之路，为双方带来更多的共同利益，奠定了中国—东盟命运共同体的基础。中国—东盟命运共同体首先是利益共同体，利益是共同体基础。从政治上看，21 世纪海上丝绸之路倡议表达了中国的和平理念与合作共赢思想，有助于本地区的稳定和发展，这是中国和东盟的共同利益所在。从经济上看，共建 21 世纪海上丝绸之路将通过一系列海上合作项目和海上互联互通项目以及中国—中南半岛经济走廊建设，为中国和东盟各国带来实实在在的利益，将惠及 20 亿人口。中国和东盟将结成更加紧密的伙伴关系和利益共同体，进而为命运共同体打下牢固的物质基础。

第二，共建 21 世纪海上丝绸之路，需要加强政治互信，共同维护海上安全，分担责任，建立责任共同体，这是中国—东盟命运共同体不可或缺的内容。利益与责任密不可分，一个命运共同体，利益是其基础，责任是其保障，发展是其目标。东南亚海域战略地位显著，马六甲海峡是世界上最为繁忙的海上通道之一，维护海上安全对于中国和东盟都非常重要，需要各国共同担负责任。共建 21 世纪海上丝绸之路，其中就包括了共同维护海上安全，打击海盗，保护海洋资源和生态环境等内容，这需要各国以高度的责任心来加以落实，各尽所能，各司其职，共同应对挑战。顺便指出，东盟各国，包括与中国有南海主权争端的国家，都是共建 21 世纪海上丝绸之路的伙伴，所有的海上合作项目和基金东盟各国都能平等参与。通过共建 21 世纪海上丝绸之路，或许能缓和南海冲突，为解决南海争端提供新的途径，从而减少中国—东盟命运共同体建设的障碍。

第三，共建 21 世纪海上丝绸之路，有利于中国和东盟的共同发展，使中国和东盟从发展共同体进入命运共同体。中国和东盟绝大多数成员虽同为发展中国家，但经济发展的差别很大，而缩小差别的最好路径就是共同发展。21 世纪海上丝绸之路，或者说“一带一路”的建设项目，将改善东南亚整个地区的基础设施，东盟后进国家能充分分享其利益。另外，老挝、缅甸、柬埔寨等国家已经列入优先实施陆上通道的名单，将分享到更多利益。对于东盟而言，21 世纪海上丝绸之路建设也包括陆路的互联互通在内。正在兴建中的中国（南宁）到新加坡经济走廊，现已纳入“一带一路”建设的规划之内。目前，南宁至新加坡的公路已基本贯通。铁路方面，除越柬、柬泰边境的部分路段外，其余也已全部开通。这将大大促进越、老、缅、柬等国的经济发展。通过一带一路建设，中国和东盟各国在实现各自发展的同时也实现了共同发展，形成发展共同体，进而为走向命运共同体铺设台阶。

第四，“一带一路”建设将促进中国与东盟各国人民之间的广泛交流，增进友好感情，增加更多的认同感，有利于打造中国—东盟人文共同体，它是中国—东盟命运共同体的组成部分。“一带一路”的建设，带来了交通的便利快捷，将极大地促进旅游业和各国民间的交往，增进友谊和相互了解。各种文化交融共存、包容互鉴，各国人民友好相处、相互学习，相得益彰，形成人文共同体。这将增强彼此之间的认同感，从而为命运共同体的建设提供了精神保障，同时其本身也是命运共同体不可分割的组成部分。

第五，共建 21 世纪海上丝绸之路为打造中国—东盟命运共同体提供了新的路径。中国和东盟的合作已经进行了 20 多年，形成了一套行之有效的机制。中国—东盟命运共同体的建设自然离不开原有的合作机制。中国总理李克强在 2013 年第十届中国—东盟博览会开幕式上提出了打造中国—东盟关系“钻石十年”的倡议，并以“2＋7 合作框架”为其实现的路线图：即在深化战略互信、聚焦经济发展两点共识的基础上，推进政治、经贸、互联互通、金融、海上、安全、人文七个领域的合作。打造中国—东盟关系“钻石十年”与建设中国—东盟命运共同体两者的理念是一脉相承的，都是为了构建中国和东盟双方更加紧密的伙伴关系，而且两者处在同一时间轴上，因此，为打造“钻石十年”而制定的“2＋7 合作框架”自然也是建设中国—东盟命运共同体的具体手段或路线图。另一方面，共建 21 世纪海上丝绸之路的倡议为建设中国—东盟命运共同体开辟了新的路径。“2＋7 合作框架”是在中国—东盟 20 多年来合作的经验和方式的基础上加以提炼和深化而得来的；21 世纪海上丝绸之路倡议则从新的方向和路线上来引领中国—东盟命运共同体的建设，即突出了海洋和海路的重要作用。它与“2＋7 合作框架”相辅相成，并驾齐驱。

第六，共建21世纪海上丝绸之路必将加快中国—东盟区域经济一体化进程，推动中国—东盟命运共同体的建设。俗话说，单丝难成线，独木不成林，在全球化和区域经济一体化时代，身处东亚的中国和东盟各国唯有加强彼此的经济融合，走一体化道路，才能实现自身的发展和地区的共同发展，形成命运共同体。自2003年起，随着中国—东盟自由贸易区（CAFTA）建设的启动，中国和东盟就开始了经济一体化的历程。如今，双方正在开展CAFTA升级版的谈判，这意味着双方的经济一体化将进入新的更加紧密的阶段。这将进一步把各自分散的利益融合成共同利益，减少相互竞争，不但会增加每个国家的福利，而且也将增加各国对区域的认同感，对发展的认同感，对共同价值观的认同感，对彼此结成命运共同体的认同感。

综上所述，“一带一路”倡议，特别是共建21世纪海上丝绸之路倡议的实施将促进中国—东盟命运共同体的建设，两者相辅相成，密不可分。中国和东盟应以共建21世纪海上丝绸之路为契机，继续深化双方的合作，开辟海上互联互通等新领域，推动中国—东盟自贸区升级版建设，促进双方政策沟通、道路连通、贸易畅通、资金流通、民心相通，为中国—东盟命运共同体的建设打下牢固的基础。同时，也应该理性地看到，“一带一路”倡议和中国—东盟命运共同体建设都是中国单方面提出来的，虽然得到了许多东盟国家的积极响应，但仍有一些国家心存疑虑，对中国的动机缺乏正确的认识。为此，中国应该继续增信释疑，通过各种渠道做好工作，取得它们的信任和理解。另外，“一带一路”规划最终要通过中国企业走出去来实行，规范企业的行为、明确中国企业在东盟应尽的社会责任非常重要，这直接关系到命运共同体建设的成败。总之，“一带一路”倡议的实施和中国—东盟命运共同体的建设是中国今后长期面临的重大外交课题，必然会遇到各种挑战，中国政府、企业和民间都必须做好充分准备。当务之急是利用各种途径，积极宣讲“一带一路”倡议和中国—东盟命运共同体的含义，不但要让东盟各国官员了解，而且要让东盟各国的人民知道，取得他们的普遍理解和支持，这样才能顺利地推动这两项伟大历史使命的实施。

参考资料：

1.《习近平：携手建设中国—东盟命运共同体》（全文），http：//money.

163. com/13/1004/08/9AB17T8V00254TI5. html.

2.《共建“一带一路”愿景与行动文件》（全文），http：//world. huanqiu. com/hot/2015—03/6037723. html.

3. 王辉、罗雨泽：《立足打造命运共同体 扎实推进“一带一路”合作》，中国经济新闻网，2014—12—05，http：//www. cet. com. cn/wzsy/gysd/1392935. shtml。

4. 陆建人：《迈向“亚洲命运共同体”》，《世界知识》2015 年第 8 期。

2014年中国—东盟投资报告

李建伟[1]

一　中国与东盟双向投资发展概况

20世纪90年代以来，中国与东盟双边关系获得了快速全面发展，双边经贸往来发展十分迅速，双向直接投资流动日趋活跃。2010年1月1日中国—东盟自由贸易区如期建成，投资合作成为中国与东盟经济合作的重要领域。在《中国东盟全面经济合作框架协议》下，《服务贸易协议》和《投资协议》陆续签署后，中国与东盟相互投资发展速度进一步加快，相互投资金额不断增多，根据中国商务部统计，截至2014年9月底，中国与东盟双向投资额累计1231亿美元，其中，东盟对中国的直接投资已经超过900亿美元，中国对东盟投资已经达到300多亿美元[2]。双方相互投资领域已从加工、装配和生产性的小型项目扩大到建筑、饭店、电气、矿业和运输等行业，投资形式也从直接投资发展到技术投资、BOT（建设—经营—转让）等多种形式。中国东盟双方之间的国际直接投资已经逐步从单向流动转向双向互动，东盟对中国直接投资额一直保持流出大于流入的格局。同时，中国企业在东盟投资增速加快，投资占比在扩大，充分体现了中国与东盟彼此重视相互间的投资发展。中国企业在“走出去”战略背景下，扩大对东盟国家直接投资，2008年以来呈现“加速跑”的态势。2009年中国政府设立了规模100亿美元的“中国—东盟投资合作基金”，用于投资双方的基础设施、能源资源、信息通信等领域的重大合

---

① 广西大学商学院教授，广西大学海上丝绸之路研究中心副主任。

② 据商务部统计数据及其计算所得。

作项目。中国政府还向东盟国家提供150亿美元的信贷，为双方企业进行投资合作提供了金融支持。在中国政府方倡议下，中国—东盟投资合作基金、中国—东盟银行联合体相继成立，成为双方投融资合作的重要平台。2014年11月在北京召开的APEC会议上，中国政府表示中国将出资400亿美元成立"丝路基金"，为"21世纪海上丝绸之路"沿线国家基础设施、资源开发、产业合作以及金融合作等与互联互通相关的项目提供投融资支持。同时，中国也正着手推动亚洲基础设施投资银行的成立，以实现"互联互通"为核心内容的"一带一路"战略。目前中国与东盟互为投资的重要伙伴，东盟已成为中国企业国外投资的第一大市场和第四大外资来源地，而中国是东盟的第三大外资来源地。在中国—东盟自贸区升级建设推动下，中国—东盟投资正呈现出快速、稳步、良性的发展态势。

（一）中国对东盟投资

中国对东盟投资起步较晚，但投资增长幅度较快。2003年至2013年中国对东盟投资金额年均增长率达50.82%，2006年至2008年3年的增长速度最快，均超过100%，其中2007年增长率高达188.33%[①]。

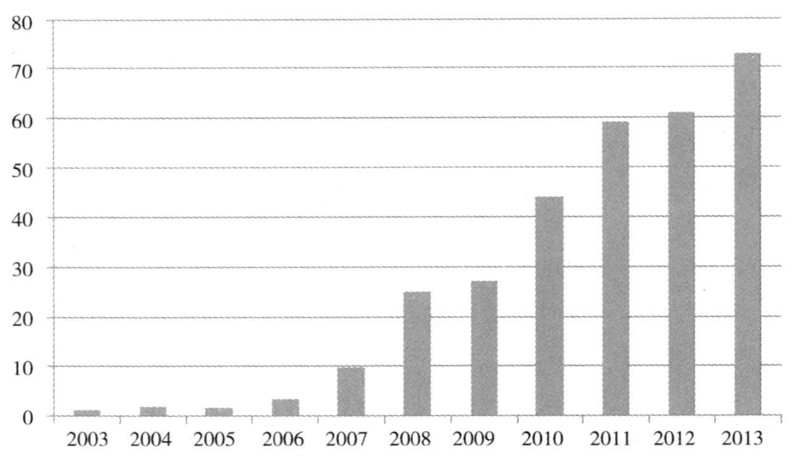

图1　2003—2013年中国对东盟投资额情况（亿美元）

数据来源：《中国对外直接投资统计公报》。

① 据《中国对外直接投资统计公报》数据计算所得。

2008 年世界金融危机发生后，中国加快了对东盟投资的步伐，2008 年至 2013 年投资金额累计达到 288.6 亿美元，其中最主要的受益国为新加坡（金额累计 109.04 亿美元，占中国对东盟投资额的 37.78%），其次为印度尼西亚（41.18 亿美元，占比为 14.27%）、缅甸（29.27 亿美元，占比为 10.14%）、老挝（26.53 亿美元，占比为 9.19%）和柬埔寨（25.12 亿美元，占比为 8.7%）①。上述 5 国接受的中国投资占中国对东盟投资的 80.08%。

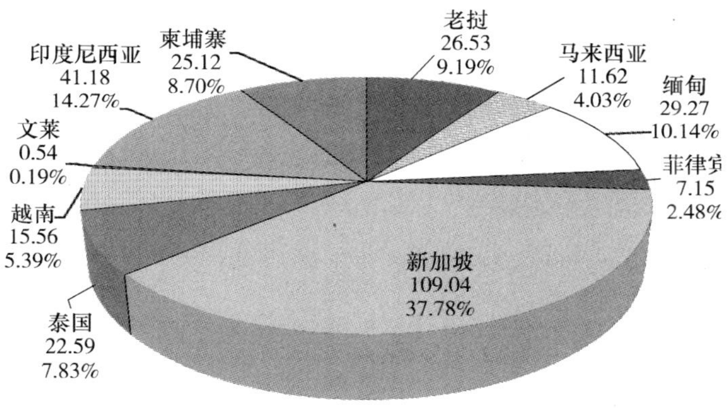

图 2　2008—2013 年中国对东盟投资国别构成（亿美元）

数据来源：《中国对外直接投资统计公报》有关数据计算所得。

（二）东盟对中国投资

2003 年至 2012 年 10 年间，东盟对中国投资金额只增加了 1.4 倍，年均增长率仅 9%，其中 2010 年增长幅度最大，为 35%。受世界金融危机影响，2009 年东盟对中国投资有所下降，之后的年份里均恢复了对中国投资，到 2013 年达到 83.5 亿美元的新台阶②，总体来看，东盟对中国投资保持了较强劲的增长趋势。

东盟中对中国投资的主要国家是新加坡、马来西亚、菲律宾、印度尼西亚和泰国，2008 年至 2013 年，5 国累计对华投资额达 371.96 亿美元，其中新

① 据《中国对外直接投资统计公报》数据计算所得。

② 中经网统计数据库数据计算所得。

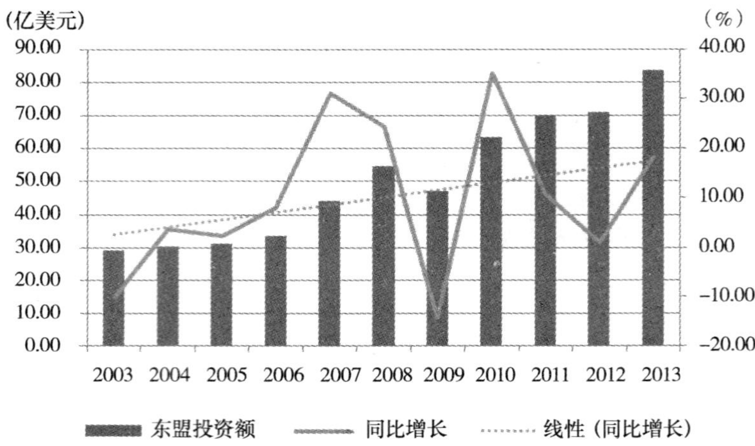

图 3　东盟对中国投资增长（亿美元，同比：%）

数据来源：中经网统计数据库。

加坡对中国投资最多（累计达 330.99 亿美元，占 5 国投资额的 88.99%），其次为马来西亚（19.26 亿美元，占比为 5.18%）。菲律宾、印尼和泰国 5 年间对中国投资共计 21.71 亿美元，占 5 国对中国投资额的 5.84%[①]。

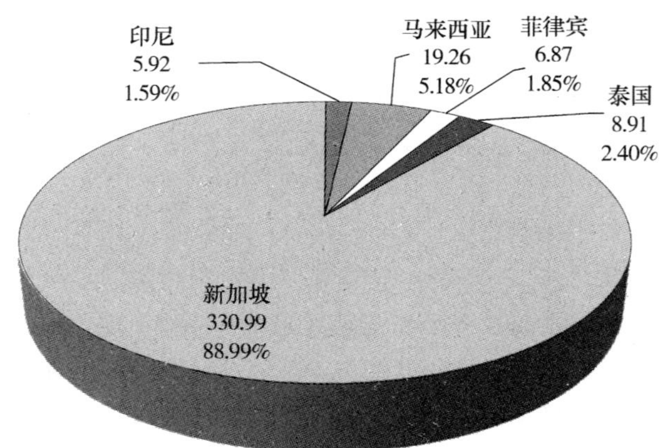

图 4　2008—2013 年东盟 5 国对中国投资情况（亿美元）

资料来源：中经网统计数据库。

① 中经网统计数据库数据计算所得。

总体来看，2003—2013 年中国与东盟双向投资呈现快速稳步扩大发展的格局，充分体现了双方投资合作互利共赢和未来发展前景。与此同时，我们注意到当前中国与东盟双向投资发展存在一些问题，首先，中国与东盟双向投资发展不平衡，中国对东盟投资金额较小，而东盟对中国投资金额较大，中国对东盟的直接投资虽然保持了高速增长，但是绝对量仍低于东盟对中国投资。因此中国对东盟直接投资尚处于起步阶段，仍有巨大的发展潜力。其次，中国与东盟双向投资涉及服务业局限于传统服务业中的商业零售和贸易类项目，在能创造高附加值并大大提高企业竞争力的金融、咨询、软件开发、信息通信等新兴服务业项目上的投资有限，在高新技术产业方面的投资合作程度较低，这种现状说明了中国与东盟双向投资发展仍然处于初级阶段。再次，中国与东盟双向投资发展迅速但规模偏小，对于拥有 11 个国家、19 亿人口的中国—东盟大市场来说，双方相互投资规模还比较小，相对于双方的经济总量和经济实力来说，双向投资增长潜力和空间都还相当大。

二 2013—2014 年中国—东盟投资情况分析

（一）投资规模

根据中国—东盟商务理事会统计，2014 年中国与东盟双向投资共计约 124.05 亿美元，其中，东盟国家对中国投资总额 61.5 亿美元，占投资总额的 49.58%，中国对东盟国家投资总额 62.55 亿美元，占投资总额的 50.42%[①]。与 2013 年相比，中国在菲律宾老挝、柬埔寨和新加坡四个国家中的投资实现增长。

2014 年中国—东盟投资保持增长的主要原因有三点。首先，2014 年 8 月启动了中国—东盟自贸区升级版建设，中国与东盟双方加大产业合作力度，成员国政府在不同的程度上出台了贸易和投资便利化的一系列政策措施，投资环境趋好，为双方投资合作发展带来新活力。其次，中国政府倡议共建“一带一路”的落实，带动了中国—东盟自贸区的港口建设、货物运输、经济贸易的快速发展，尤其是在基础设施和文化交流领域创造了新的投资机遇。再次，中国—东盟区域经济形势总体平稳。尽管中国经济增

① 据《2014 年中国—东盟自由贸易区第四季度报告》公布数据所得。

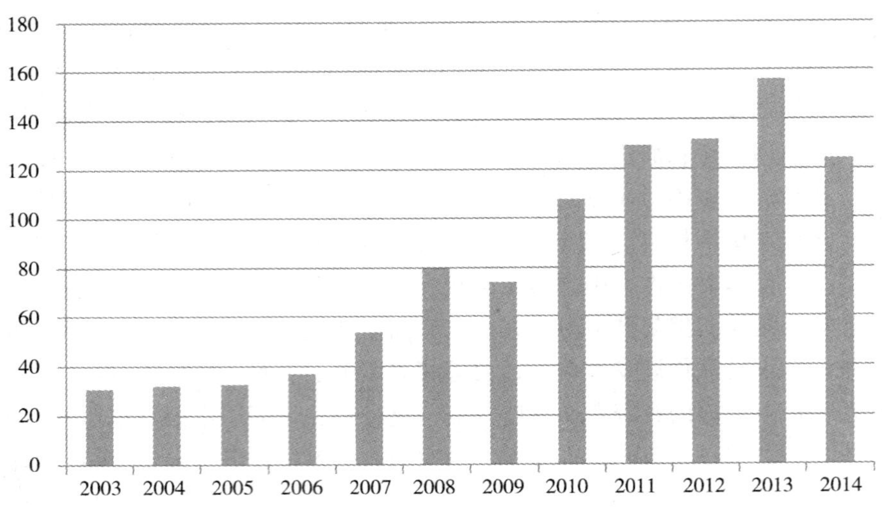

图5　2003—2014年中国与东盟双向投资额（亿美元）

数据来源：《中国对外直接投资统计公报》，中经网统计数据库，中国—东盟商务理事会。

幅放慢，东盟大多数国家经济增速预期被下调，但柬埔寨、缅甸、马来西亚、越南经济增长较好，中国与东盟各国经济呈良性的发展，企业投资信心增强。

（二）投资国别

根据国家统计局、商务部、国家外汇管理局联合发布的《2013年度中国对外直接投资统计公报》公布，2013年①中国企业在东盟十国直接投资数额由多至少排位是：新加坡（20.33亿美元）、印尼（15.63亿美元）、老挝（7.81亿美元）、泰国（7.55亿美元）、马来西亚（6.16亿美元）、柬埔寨（4.99亿美元）、越南（4.81亿美元）、缅甸（4.75亿美元）、菲律宾（0.54亿美元）、文莱（0.09亿美元）。其中，中国对新加坡、印尼、老挝、泰国和马来西亚5国的投资占中国对东盟总投资的79.1%（见图6），对新加坡的投资额最多，超过20亿美元。2013年在中国海外投资的东盟国家排名中，新加坡名列第一。新加坡对外资非常开

① 数据来源于《中国对外直接投资统计公报》（其中2014年中国对东盟投资国别数据尚未公布）。

放，拥有出色的基础设施、适宜的工商业监管环境、自由的资本和劳动力市场以及较低的投资风险是中国企业投资的首选。

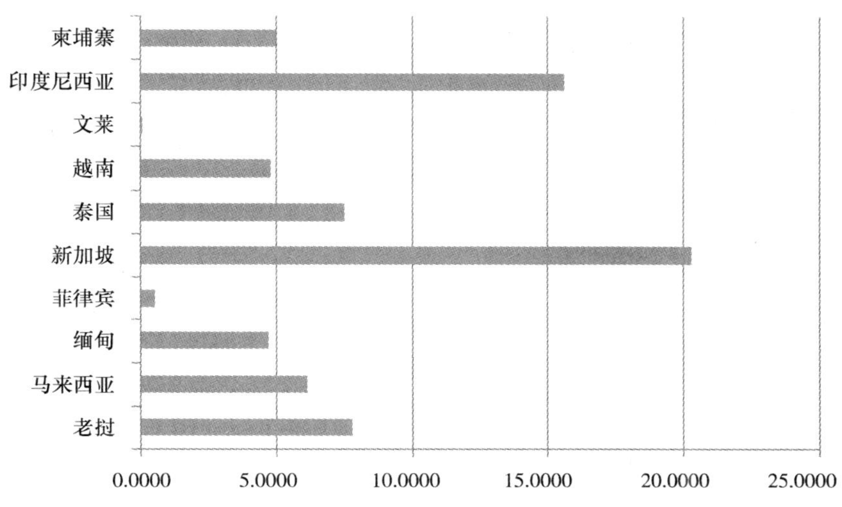

图 6　2013 年中国对东盟各国投资额（亿美元）

数据来源：《中国对外直接投资统计公报》。

与 2012 年同期相比，2013 年中国投资增速最快的国家依次为文莱、马来西亚、泰国、越南、新加坡，中国对 5 国投资增速分别为 760.6%、209.68%、57.79%、37.51%和 33.84%（见图 7）。近年来，中国对东盟国家投资增速较快，一方面由于本国经济的稳定增长以及开放的经济政策，另一方面还因为东盟国家积极参与全球经济一体化和区域经济一体化的进程，完善外贸和投资政策，为外来投资国提供良好的内部环境。

东盟国家对中国直接投资主要是新加坡、泰国、马来西亚、菲律宾、文莱和印尼 5 个国家。5 国对中国投资分别为新加坡 72.29 亿美元、泰国 4.83 亿美元、马来西亚 2.81 亿美元、文莱 1.33 亿美元和印尼 1.26 亿美元，占东盟对中国投资总额的 98.86%。多年来，5 国保持对中国投资的稳步增长，其中，新加坡对中国直接投资额为 72.29 亿美元，占同年东盟国家对中国投资总额的 86.6%，继续位列东盟国家对华投资之首，成为当年中国最大的外资来源国。近年来，中国加快经济结构调整，经济稳步发展，国内消费市场扩大，同时，一系列促进经济体制改革和吸引外资的

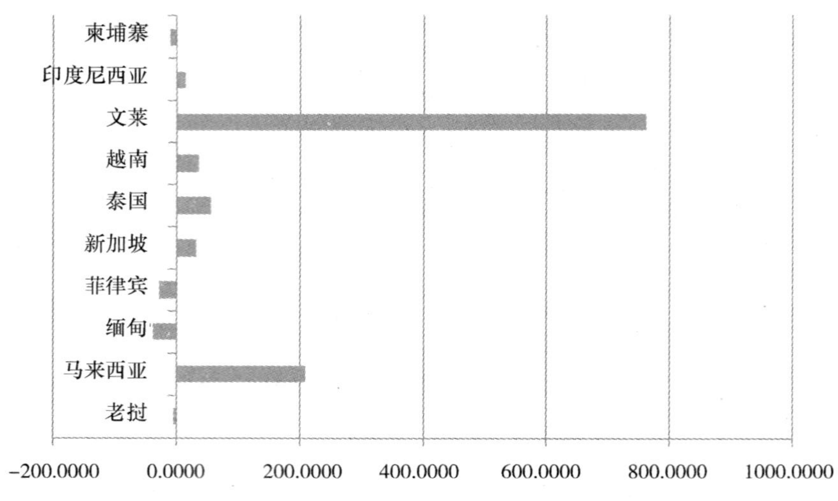

图 7　2013 年中国对东盟各国投资同比增长情况（%）

数据来源：《中国对外直接投资统计公报》计算所得。

措施，比如，贸易投资便利化、扩大外商投资领域，特别是在投资领域给予东盟国家更多优惠待遇等措施，促进了东盟国家对中国的投资力度。

（三）投资领域①

分行业看，2013 年中国对东盟直接投资主要集中在基建、原油、化工、医疗、金融、教育等领域，另外，中国企业也借用东盟国家较低的劳动成本投资当地的制造业。2013 年中国对东盟的投资主要集中在交通运输、租赁商务服务业、零售批发、建筑、金融业、旅游设施等 5 个服务业，占中国历年对投资服务业投资存量的 87.57% 以上。其中，批发零售与租赁商务服务业各占服务业总投资额的 26.43% 和 21.70%②。

东盟对中国投资产业主要集中在制造业、化工机电、旅游设施、金融服务等行业。

分国别看，中国对东盟投资主要流向东盟老成员国，其中，对新加坡投资领域有电力、热力、燃气及水的生产供应业、采矿业、批发零售业和

① 数据来源于《中国对外直接投资统计公报》（其中 2014 年中国对东盟投资领域数据尚未公布）。

② 据《中国对外直接投资统计公报》数据计算所得。

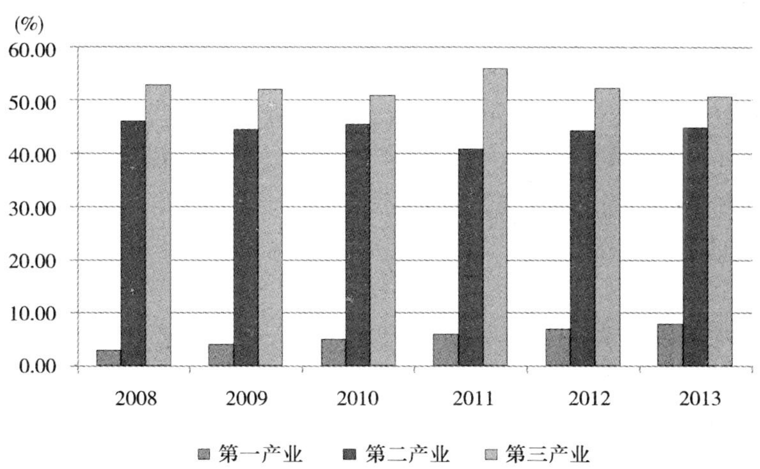

图 8　中国对东盟投资的产业分布变化（2008—2013 年，占比:%）

数据来源：《中国对外直接投资统计公报》。

交通运输等；对马来西亚投资领域是石油产品、基本金属、化学及化工产品、电子电器和非金属矿产等。对印尼投资主要领域是电力、热力、燃气及水的生产供应业、制造业、建筑业和租赁以及商务服务业等；对泰国投资领域为制造业、金融业和零售批发等；对菲律宾投资主要领域是采矿业和金融业等。中国对东盟几个资源丰富的国家直接投资增长迅速，如 2003 年至 2013 年，中国对缅甸的投资额从 0.57 亿美元增至 7.55 亿美元；对印度尼西亚的投资额从 0.27 亿美元增至 15.63 亿美元；对老挝的投资则从 0.008 亿美元增至 7.81 亿美元；对马来西亚的投资额从 0.02 亿美元增至 6.16 亿美元[①]。增加对东盟自然资源投资的份额，在一定程度上反映了近期中国经济快速增长创造了更多的资源需求。

东盟国家对中国直接投资主要来源于新加坡、马来西亚、泰国、菲律宾和印尼。新加坡在中国服务业的投资主要集中于固定资产与租赁、运输、批发零售、金融以及其他服务业等，占新加坡对中国投资总额的 90% 以上，马来西亚对中国投资领域主要集中在能源、交通、基础设施、供水、电站、金融保险、房地产、住宿餐饮、批发零售、文体娱乐、医药、IT 以及有关服务行业等，占马来西亚对中国投资总额的 90% 以上，其中，中马产业园

① 数据来源于《中国对外直接投资统计公报》。

建设是中马两国投资合作的旗舰项目；泰国对中国投资领域主要在石化、汽车、钢铁、造纸、海洋产品及旅游等；菲律宾对中国投资领域主要在银行、地产和商场零售业等；印度尼西亚对中国投资领域主要在基础设施建设和能源等。总体看，东盟对中国投资主要在纺织、钢铁、机械、化工、金融、房地产等领域，反映了东盟国家对中国传统领域投资的优势，另一方面，也反映了东盟对中国第三产业投资新的竞争优势。

（四）投资差额

2014 年中国投资东盟 124.05 亿美元，东盟投资中国 61.5 亿美元，截至 2014 年底，中国与东盟双向投资累计 1231 亿美元。其中，东盟国家对中国投资超过 900 亿美元，中国对东盟投资累计约 300 亿美元，双方投资差额为 600 亿美元，流入与流出比约为 3∶1①。多年来，中国对东盟直接投资保持流入大于流出的格局，但双方投资金额差距日趋减少，2014 年中国对东盟直接投资首次出现流入小于流出的局面，但是差距很小。由此看出，中国对东盟投资尚处于起步阶段，仍有巨大的发展潜力。

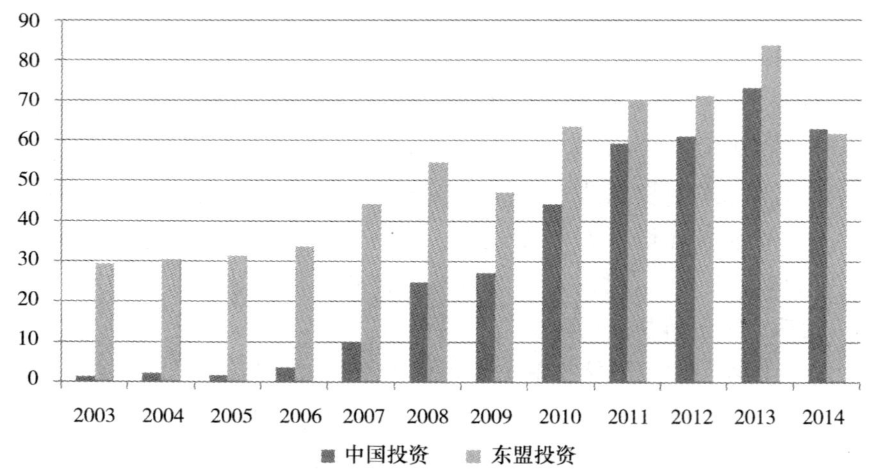

图 9　2003—2014 中国—东盟相互投资额　（亿美元）

数据来源：《中国对外直接投资统计公报》，中经网统计数据库，中国—东盟商务理事会。

① 根据中国—东盟商务理事会《2014 年中国—东盟自由贸易区第四季度报告》公布数据所得。

目前中国对东盟投资虽然投资绝对金额还不大，但增速较快，2013 年中国对东盟国家直接投资较上年增长 19.13%，2014 年有所下降（见图 10）。

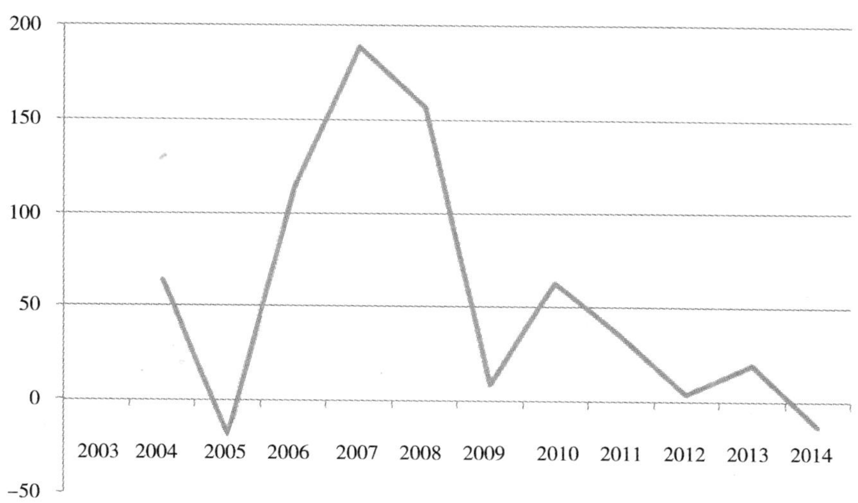

图 10　2003—2014 年中国对东盟投资额同比增长情况（%）

数据来源：《中国对外直接投资统计公报》，中经网统计数据库，中国—东盟商务理事会。

新加坡：截至 2014 年 6 月底，新加坡对中国投资 695.4 亿美元，中国在新加坡投资 142.8 亿美元。中新累计相互投资额 838.2 亿美元，新加坡投资流出大于流入。

马来西亚：截至 2014 年 6 月底，马来西亚实际对中国投资达 67.2 亿美元，中国在马来西亚投资 9.2 亿美元。中马累计相互投资额 76.4 亿美元，马来西亚投资流出大于流入。

泰国：截至 2014 年 6 月底，泰国对中国投资 39.97 亿美元，中国在泰国投资 17.28 亿美元。中泰累计相互投资额 57.25 亿美元，泰国投资流出大于流入。

印度尼西亚：截至 2014 年 6 月底，印尼对中国投资 23.39 亿美元，中国在印尼投资 33.46 亿美元。中印累计相互投资额 56.85 亿美元，中国投资流出大于流入。

菲律宾：截至 2014 年 6 月底，中国对菲律宾投资 4.25 亿美元，菲律宾对中国投资31.5亿美元，中菲累计相互投资额35.75亿美元，菲律宾投资流出大于流入。

文莱：截至2014年6月底，中国对文莱投资0.73亿美元，文莱对中国投资25.99亿美元，中文累计相互投资额26.72亿美元，文莱投资流出大于流入。

缅甸：截至2010年底，缅甸累计在中国实际投资达0.9亿美元，中国对缅甸直接投资累计达19.5亿美元。中国投资流出大于流入。截至2014年6月底，中国对缅甸投资26.6亿美元，居中国对东盟投资第五位。

柬埔寨：截至2014年6月底，中国对柬埔寨投资31.8亿美元，柬埔寨对中国实际投资1.7亿美元。中柬累计相互投资额为33.5亿美元，中国保持为柬埔寨最大的外资来源国，中国投资流出大于流入。

越南：截至2014年6月底，中国对越南直接投资20.3亿美元，越南对中国投资1.2亿美元。中越累计相互投资额21.5亿美元，中国投资流出大于流入。

老挝：截至2014年6月底，中国对老挝非金融类直接投资33.5亿美元。其中2013年，中国对老挝非金融类直接投资8亿美元，同比增长23.7%。2014年1—6月，新增非金融类直接投资5.1亿美元，增长14.9%。中国投资流出大于流入。

（五）投资方式

2014年中国与东盟双向投资方式采取了以合资合作开发、工程承包、绿地投资、跨国并购、移交—经营—移交（TOT）、建设—经营—转让（BOT）与直接投资并举、独资、直接投资与合作并举等多种方式，其中，以合资合作方式为主。比如，中国企业在老挝矿业投资有98%的投资是属于合资方式。此外，部分投资使用了以投融资为先导的特许经营方式。

工程承包方面，2014年前三季度，中国在东盟国家承包工程实际完成营业额为139.57亿美元，同比增长6.97%，占中国在亚洲地区承包工程完成营业额的33.16%，占中国总体对外承包工程完成营业额的15.12%①。

---

① 根据中国—东盟商务理事会《2014年中国—东盟自由贸易区第四季度报告》公布数据所得。

三 2015 年中国与东盟双向投资面临的机遇和挑战

2015 年中国和东盟双方将进入全面深化合作阶段，21 世纪丝绸之路背景下的海上合作将为双边经贸发展注入新的活力。在中国倡议“一带一路”战略、中国—东盟自贸区升级、东盟经济一体化即将建成等诸多因素共同作用下，中国—东盟区域投资环境日趋改善。得益于中国与东盟国家投资环境水平的提升，中国与东盟投资合作将进入快速增长时期。2015 年中国与东盟双向投资面临以下几个有利机遇：

第一，中国政府倡议“一带一路”战略

2014 年 9 月和 10 月，中国政府分别提出建设“新丝绸之路经济带”和“21 世纪海上丝绸之路”的战略构想，也称“一带一路”战略，其中经贸合作是基石。“一带一路”战略为中国与东盟海上合作提供了极佳的平台，随着“一带一路”战略的推进，中国与东盟双向投资将迎来更广阔的国际市场，相互投资流速倍增。

第二，中国—东盟自贸区升级建设

2015 年是中国—东盟自贸区加快升级的重要时间节点，中国东盟双方将继续推动自贸区升级版建设，通过更新和扩充中国—东盟自贸区协定的内容与范围，削减非关税措施。在服务贸易承诺、企业准入条件、人员往来等方面推动投资领域的实质性开放，提升贸易和投资自由化的便利化水平，这些措施将有力促进中国与东盟双向投资的发展。

第三，东盟经济一体化进程加速

2015 年东盟经济一体化建设进入倒计时，作为互通互联的基础，东盟加速经济一体化必然会加大交通、电力等基础设施建设。2015 年底，东盟内部将要形成统一市场和生产基地，实现货物、服务、投资和技术人的自由流动，以及更自由的资本往来。东盟自身的自由贸易程度将进一步提高，将给中国工程承包企业和建材企业带来许多新商机，将促进中国与东盟双向投资发展。

第四，中国—东盟成员投资环境不断改善

中国—东盟区域 11 个成员，除新加坡吸引外资条件较理想之外，其他国家引资条件还有待进一步的改善。在中国—东盟关系不断深化的背景下，中国与东盟国家在引资方面将采取更为积极务实的态度，重视引资政策与措施的研究，不断改善本国的投资环境，比如，2014 年马来西亚政府实施自行申报免税机制，即制造企业、涉及酒店业务的公司，以及货运经营者，可以通过自主申报机制，申请豁免制造业、酒店业及陆路托运业所需机械设备等器材的进口税和销售税；柬埔寨政府允许外资 100% 持股，不需要同本地公司合作；2004 年老挝政府正式颁布鼓励外国投资法；缅甸《外国投资法》和《特区法》宣布放宽对缅甸投资限制，允许外资涉足电力、石油、天然气、通信、制造业和其他服务行业，外国企业可以 100% 独资参与商业活动，并拥有完全出口权，服务业 70% 向外资开放等；2013 年中国政府改革外商投资管理模式，对外商投资试行准入前国民待遇措施等，这将在很大的程度上促进中国与东盟双向投资的发展。

2015 年世界政局多变莫测，仍存在着影响经济发展的诸多不稳定因素。世贸组织预计 2015 年全球贸易量增长 4.5%，增速仍然低于过去 20 年 5.4% 的年均增速，主要发达国家对全球经济的拉动作用仍然趋弱，世界市场需求较弱。同时，房地产降温、人民币汇率走低，中国经济增长回落至 7% 左右的水平，全球贸易投资保护主义趋强，美国实施重返“亚太战略”，中国企业在东盟投资面临产业链不健全的困境以及部分国家政局不稳定，都将使得中国与东盟双向投资面临诸多压力和挑战。

四　2015 年中国—东盟投资趋势

2015 年尽管世界经济面临一些调整，但是中国与东盟双方积极推动自贸区升级建设的步伐不会因此而停止，中国与东盟将继续在地缘优势、政治互信和经济互补的基础上，共同挖掘双方在电子商务、金融、交通、农业和能源、基础设施、环保等多领域的合作空间，相互投资将成为推动中国—东盟区域经济发展的引擎。

（一）投资规模趋势

从世界经济看，随着发达市场的经济复苏，对外需求将不断提高，中国—东盟区域出口与投资的外部环境将有所改善，对外贸易与吸引外资将实现快速增长。但由于欧美国家有的行业对进入的外资设限较多，有的行业对中国设置贸易和投资壁垒，迫使中国一些企业在东盟投资生产产品后销往欧美设限国家，因此，中国必然扩大对东盟投资。

从中国—东盟区域经济看，2014 年在全球经济增速放缓，东盟各国着力推进结构性改革，经济持续小幅增长。除菲律宾外，其他 9 国经济都有不同程度回升，其中柬埔寨、缅甸、越南、马来西亚的经济增长较好。随着东盟经济一体化的推进，2015 年东盟整体经济增长速度将高于 2014 年。同时，经济发展新常态化和城镇化进程加快，使得中国在基础设施、清洁能源、环保和医疗保健等领域将创造新的消费和投资需求。中国—东盟区域经济稳步增长，将促进中国与东盟双向投资规模的扩大。

（二）投资行业趋势

2014 年中国—东盟自贸区升级建设启动，中国东盟双方贸易与投资便利化水平不断提高，区域投资环境趋好。在中国政府“一带一路”战略倡导下，亚洲基础设施银行的设立和实施，提升了中国与东盟双方加强对港口合作、航运建设等方面的基础设施投资的信心，双方将扩大在基础设施建设、附加价值高的制造业、农业、新能源、金融服务、电子商务、房地产领域的投资占比，基础设施建设领域有望在 2015 年成为中国与东盟双向投资金额占比最重的一部分。随着国内外出国旅游人群的增长，中国、泰国、马来西亚、柬埔寨、越南、印尼将积聚大量客源，度假酒店投资将有很大空间。

（三）投资国家/地区趋势

借力于中国—东盟自贸区升级机遇和地缘及资源优势，中国与东盟之间相互吸引投资的能力有望进一步提升；伴随新成员国经济的发展以及“一带一路”战略的实施，中国投向缅甸、老挝、越南、柬埔寨等国家建筑业和基础设施建设的资金日益增多，同时东盟国家在房地产及农业领域吸引中国投资的势头上升；中国经济新常态化发展，人民币汇率稳定也将吸引更多东盟国家的投资，特别是在第三产业的投资。新加坡将保持东盟国家投资中国第一的地位，

（四）投资流入、流出趋势

从中国与东盟双向投资增长空间看，由于东盟国家投资主要来源于新加坡，其他东盟国家对中国投资极少，因此，东盟国家对中国投资还存在上升空间。2013 年东盟十国吸收中国外商直接投资（FDI）占中国 FDI 流

出总量中的比重仅为3.7%，同期，在十个最大的中国对外直接投资地中，东盟国家只有新加坡、缅甸位居其中，占中国FDI流出总额的比重仅为2.8%，表明中国对东盟投资的潜力极大。随着中国与东盟战略地位的提升以及中国经济实力的加强，中国将步入投资东盟的快速发展时期，对外投资流出速度将快于对外引资流入速度。

（五）政策及监管趋势

2014年11月中国国务院发布了《政府核准的投资项目目录（2014年本)》，进一步取消了项目核准中的金额标准——按照目录，只有涉及敏感国家/地区/行业才需要进行核准。同年12月24日，中国国务院对加大金融支持企业“走出去”力度，确定了若干重大的政策改革。此外，上海自贸区允许个人开立资本账户进行境外直接投资，中国政府积极推进汇率改革和人民币的国际化，这些持续进行的改革举措必将为中国投资者“走出去”提供更大的便利与保障。东盟在其经济一体化发展进程中，为了适应当前国际贸易格局重塑以及国际贸易规则更替的大环境，也将以促进贸易自由化和投资无障碍化，强化成员国之间贸易相互依赖性，完善经济有关的法律政治制度为其未来贸易投资政策的基本走向。因此，中国与东盟各国政府对境外投资进一步改革的空间依然存在，大幅松绑势在必行。

中国—东盟海上丝绸之路合作初析

潘　永[①]

海上丝绸之路是中西方文明交流的重要通道，具有悠久的历史。海上丝绸之路的发展大概经历了三个主要阶段：一是兴起于秦汉时期，根据《汉书·地理志下》记载，西汉时期中国和东南亚一带，已经开展海上交通和商业贸易，但只是作为陆上丝绸之路的补充；二是唐宋时期，陆上丝绸之路因战乱开始衰落，海上丝绸之路的范围得以进一步扩大；三是到了明清时期，海上丝绸之路与全球的海上路线相互衔接，成为沟通世界的主要贸易通道，中国通过海上丝绸之路成为世界贸易中心。

建设"21世纪海上丝绸之路"，是中国国家主席习近平在访问印度尼西亚时提出的重大战略，也是党的十八届三中全会和2013年中央经济工作会议提出的重要任务，是中国深化改革开放、构建高水平对外开放新格局的重要支撑。

一　"21世纪海上丝绸之路"倡议提出背景

中国是世界上最早的海洋强国之一，海上丝绸之路的核心价值是合作共赢。中国一贯奉行和平发展的长期战略，早在1984年，邓小平在谈到南海问题时就提出"搁置争议，共同开发"的思想。2013年《中华人民共和国国防白皮书》也提道，"走和平发展道路，是中国坚定不移的国家意志和战略抉择"。

① 广西大学海上丝绸之路研究中心副主任，广西大学商学院副院长，教授。合作者：赖靖，广西大学商学院硕士研究生；莫瑶，广西大学中国—东盟研究院硕士研究生。

一方面，东南亚地区自古以来就是“海上丝绸之路”的核心地段，有着十分重要的政治意义和经济意义。海上丝绸之路的建设，对促进沿线国家发展、增进友谊、维护地区安全和稳定有着重要的影响。中国与东盟互为重要的贸易合作伙伴，双方于2010年正式建立了由发展中国家组成的最大的自由贸易区——中国—东盟自贸区。2014年中国与东盟贸易额为4803.94亿美元，同比增长8.3%，与东盟贸易已超中国对外贸易总额的10%。中国—东盟进出口贸易走势如图1所示。

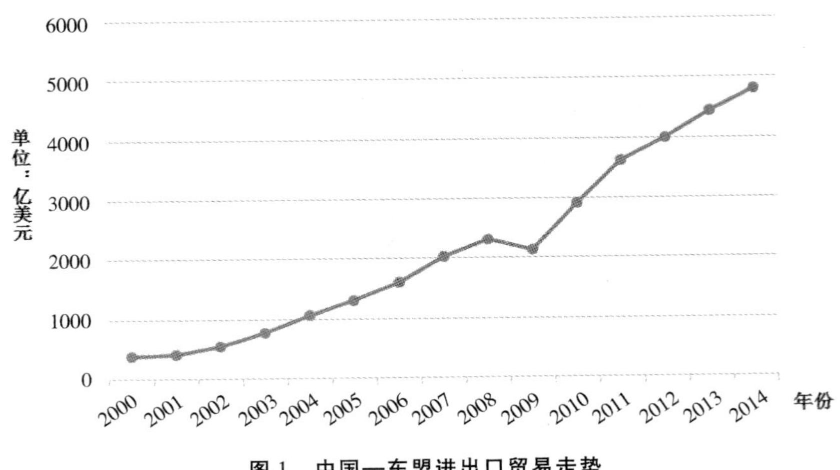

图1　中国—东盟进出口贸易走势

数据来源：wind资讯。

另一方面，海上丝绸之路沿线的国家绝大多数是发展中国家，各国的国家规模、经济实力、宗教文化等方面存在巨大差异，随着中国国力的持续上升，对华疑虑情绪在有的东盟国家时有抬头，对于中国提出的21世纪海上丝绸之路的发展规划，东盟国家既希望通过海上丝绸之路的建设促进本国发展，又担心中国日益强大会对其造成所谓的“威胁”，这中间自然还夹杂着美国、日本等域外大国的影响。概括地说，中国与东盟国家之间的关系处于区域经济合作渐趋紧密、政治互信有待提升的状态，中国从睦邻友好、共同发展的考量出发，提出了共建“21世纪海上丝绸之路”的区域合作框架。

二 “21 世纪海上丝绸之路”倡议的意义

建设“21 世纪海上丝绸之路”倡议是在世界多极化、经济全球化、合作与竞争并存的时代背景下提出的，是为了适应经济全球化新形势，扩大与沿线国家之间的政治、经济、人文往来及利益融合，更好地实现丝路地区各国的共同发展与繁荣。

（一）推进经济层面的合作共赢

打造 21 世纪海上丝绸之路有利于中国与东盟国家建设区域全面经济合作伙伴关系（RECP），符合沿线国家发展经济和改善民生的根本利益。2013 年海上丝绸之路国家（不含中国）人口约 26 亿，GDP 总值达到 7.4 万亿美元，与中国的贸易总额为 7938 亿美元，占 2013 年中国对外贸易总额的 19.2%。

打造 21 世纪海上丝绸之路，同样也是建设中国—东盟自贸区升级版的需要。经过十年的发展，中国和东盟的合作进入新的历史阶段，21 世纪海上丝绸之路建设，将会显著扩大区域内的基础设施投资，改善中国与东盟国家之间的互联互通状况，从而促进中国—东盟自由贸易区货物贸易、服务贸易、投资的发展，实现交易各方的合作共赢。从投资看，过去十年，中国对东盟国家投资额平均年增长率超过 20%（中国对东盟直接投资流量如图 2 所示）。

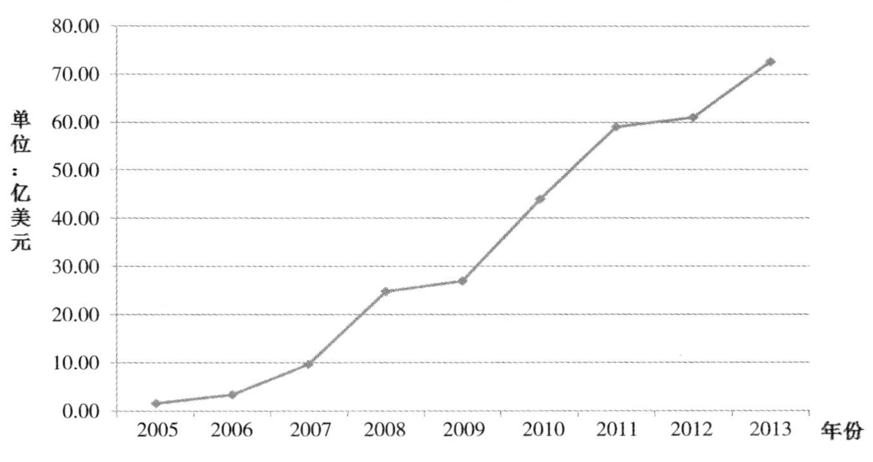

图 2 中国对东盟直接投资流量

数据来源：wind 资讯。

（二）提升政治层面的沟通互信

目前，世界政治中心开始加速向亚太转移，中国与东盟既有利益交织，也有利益冲突，共建 21 世纪海上丝绸之路成为促进双方沟通的重要渠道。中国的经济发展在给周边国家带来利益的同时，也让他们感到威胁。中国倡导建设 21 世纪海上丝绸之路，以积极姿态参与全球合作，旨在传递和平友好的信息，着力塑造一个和平稳定的周边政治环境，推动合作共赢、平等互信亚太新格局的形成。对东盟国家而言，积极参与共建 21 世纪海上丝绸之路，有利于深化区域经贸、人文交流，提升区域内国家间的政治互信，形成互惠互利、平等地参与区域对话的政治合力，提高东盟的国际影响力。

（三）深化人文层面的交流融合

历史上，古代海上丝绸之路不仅是海上贸易的通道，还是中国儒教、道教等传统文化与伊斯兰教、基督教等外来文化传播的通道，是连接了中华文明、印度文明和阿拉伯文明的中西方文化交流融合的通道。在更注重海洋合作与发展的 21 世纪，新的海上丝绸之路将显著缩短沿路国家及辐射国家间的时空距离，从而使区域内的人员往来更趋便利、文化交流更趋紧密，构建起一条多层次、多元化、多样性的人文融合之路，促使彼此间从“国之交”迈向“民之亲”的更高水平。

三　中国—东盟海上丝绸之路合作状况分析

（一）中国—东盟海上丝绸之路合作的发展

1. 高层政治互动成效渐显

过去的 2014 年，中国与海上丝绸之路辐射国家进行了一系列政治互动，由政府间高层对话确定双边或多边合作的框架，从而保证了海上丝绸之路重点领域合作的深化，推动 21 世纪“海上丝绸之路”建设在方向、政策等方面取得了一定的成效。

中国国家领导人多次在各大区域合作会议上谈到建设“21 世纪海上丝绸之路”畅想。习近平主席在北京召开的 APEC 领导人非正式会议上，强调开展互联互通合作是中国“一带一路”倡议的核心；在参加

“加强互联互通伙伴关系”对话会中认为海上丝绸之路建设已经进入务实合作阶段，要通过海上丝绸之路的建设，实现亚洲国家的联动发展。李克强总理在博鳌亚洲论坛年会开幕大会上建议推进“一带一路”的建设。尤其是在大湄公河次区域经济合作第五次领导人会议上，中泰领导人签署了《中泰两国关于深化铁路合作的谅解备忘录》和《中泰农产品贸易合作谅解备忘录》等领域合作文件，标志着中泰两国在互联互通、海上丝绸之路建设上将达到更高水平的合作。双方之间未来的合作将会在高层对话的成果框架内，在重点领域协商确定重大合作项目和具体的合作实施计划。

2. 合作领域稳步拓展

中国提出打造“21 世纪海上丝绸之路”，目的在于实现与沿线国家和谐相处、互利共赢和共同发展。经过一年多的谈判与磋商，中国与东盟各国在电力、金融、港口建设、航运、旅游、产业合作等领域取得了不同程度的进展。

（1）基础设施建设

在首届周边国家电力企业高峰会上，中国、老挝、泰国、越南等国电力企业负责人共同签署了《高层沟通联络机制谅解备忘录》，确立了定期会晤机制，加强多边电力合作。目前，南方电网已经与越南、老挝、缅甸开展了电力贸易，其中近 10 年间累计向越南送电近 300 亿千瓦时。中泰 500 千伏联网工程也在磋商中，计划于 2020 年实现与泰国的电力贸易。电力合作是海上丝绸之路基础设施建设的重点项目之一，为电力基础设施落后的东盟国家推进本国供电产业规模化、现代化提供帮助。

沿海省份结合自身优势，开展了务实有效的工作。海上丝绸之路门户和枢纽的广西在以“携手推进泛北合作，共建海上丝绸之路”为主题的第八届泛北部湾经济合作论坛中提出，重点建设项目包括海运、高速公路、高速铁路、港口和光纤，探索建立北部湾自由贸易港；福建省结合自身优势，开展“21 世纪海上丝绸之路高端论坛”，作为海上丝绸之路发祥地之一的泉州遴选出 48 个建设项目，包括吉永泉铁路、海关特殊监管区等基础设施项目，支持海上丝绸之路发展；海南省加强了海上丝绸之路服务基地建设，项目包括渔港、渔船通信、海上公共服务平台建设和建造渔政执法船等。

（2）港口航运

繁荣的港口航运是海上丝绸之路经济合作的重点领域。第四届中国—东盟物流合作论坛以“海上丝绸之路，物流共促发展”为主题，探讨了在海上丝绸之路框架下，推进中国与东盟国家的跨国、跨区域物流合作。港口建设合作方面，《中国—东盟港口城市合作网络论坛宣言》成为海上丝绸之路中国与东盟港口合作的契机，根据《宣言》，中国与东盟十国的沿海港口城市自愿加入中国—东盟港口城市合作网络，同时加强“海上驿站”的建立与完善。2014 年 12 月，包括湛江海关、南宁海关、海口海关、湛江港（集团）股份有限公司、广西北部湾国际港务集团有限公司、海南港航控股有限公司、国投裕廊洋浦港口有限公司在内的众多单位在湛江共同签署深化合作备忘录，推进环北部湾地区与海上丝绸之路沿线国家经贸往来，这将有利于推进各方优势互补，畅通西南沿海国际物流大通道，促进环北部湾地区物流和开放型经济发展。

（3）金融

宏伟的海上丝绸之路蓝图除了需要分阶段完善沿岸基础设施建设，也需要大量资金的支持。由中国、印度、新加坡等在内的 21 个国家共同投资筹建的亚洲基础设施投资银行，将与亚行、世行等现有机构形成互补，着力解决地区基础设施建设融资难问题。此外，2014 年中国出资 400 亿美元成立丝路基金，优先支持海上丝绸之路基础设施建设，并向东盟国家提供 100 亿美元优惠性质贷款，启动中国—东盟投资合作基金二期 30 亿美元的募集；中国国家开发银行还将设立 100 亿美元的中国—东盟基础设施专项贷款。这些举措都有助于加快海上丝绸之路基础设施建设及专业人员的培养。

（4）人文交流

2014 年是“中国—东盟文化交流年”，中国与东盟各国间进行了各式各样的文化交流活动，意在促进双方人文交流，增进民间友谊，为 21 世纪海上丝绸之路建设营造良好氛围。

2014 年 4 月，第二届中国—东盟文化部长会议签署《中国—东盟文化合作行动计划（2014—2018）》（简称《行动计划》），合作项目包括文化产业、文化遗迹保护、公共文化服务等领域，《行动计划》的目标是为挖掘海上丝绸之路文化内涵，为中国与东盟共建 21 世纪海上丝绸之路提供人文支撑。福建省新建了中国海外交通史博物馆——中国海上丝绸之路国际文化交流展示中心、九日山海丝文化旅游区等文化建设项目，以及“泉州品牌海丝行”系列展销活动等交流合作项目，对接国家21世纪海上丝绸之路战略。广东21世纪海上丝绸之路国际博览会设立了旅游文化合作展区，展示了沿线国家和地区的特色旅游产品、文化产品、民俗风情。

在航运旅游方面，北部湾港—东盟海上丝绸之路邮轮航线将于2015年2月9日首航。游船的航线从北海港南下，途经东南亚古镇和著名旅游胜地。广西北部湾港不仅将成为中国直达东南亚最便捷的邮轮度假航线始发港，也是中国建设21世纪海上丝绸之路的第一个始发港。

（5）科技合作

科技合作是共建21世纪海上丝绸之路的重要内容，中国与东盟均重视科技领域的双边与多边合作。2014年9月召开的第二届中国—东盟技术转移与创新合作大会中，中国与东盟国家新签约的重点科技项目共有16项，包括共建中泰技术转移中心、中老技术转移中心、东南亚移动支付快速通道、北斗及地球空间产业示范基地、卫星导航合作、中泰科普合作、农作物科研合作基地建设等。广西将计划深化信息交流合作，建设中国—东盟信息交流中心。

总体来看，中国建设21世纪海上丝绸之路的倡议得到了各方的积极响应。从中央高层看，中国领导人在不同场合多次提及建设21世纪海上丝绸之路的意义与内涵，大部分国家领导人认可海上丝绸之路的构想，并积极结合本国实际，推动合作。对于东盟国家来说，合作共建海上丝绸之路无疑是一次自身发展的良好机遇。

3. 中国—东盟海上丝绸之路合作进展评述

2014年，推进海上丝绸之路建设取得了较快的发展。首先是中国与海上丝绸之路国家签署了一系列合作协议，涉及面广，规则的制定、制度建设和协议签订，将为日后的具体项目展开打下良好的基础。其次，基础设施建设是推进合作的切入点，通过航运、公路、铁路连接东盟各国，将进一步深化贸易、投资、金融等方面的合作。合作项目不仅有国家层面上的基础设施，也包括各省区结合自身优势开展的特色项目，如广西北部湾旅游、海南渔港等，但目前合作的大部分都是国家推进或政府之间的官方合作，企业直接对接较少，且还不够深入。合作项目主要还是围绕经贸往来，这与过去十年中国—东盟合作模式并无差异，其他领域如金融、科技、人文方面合作有待加强。在合作的广度方面，中国在提出新海上丝绸之路畅想时，欢迎沿线国家将自己的交通网络并入海上丝绸之路互联互通的体系中。

从合作领域看，港口是海上丝绸之路的重要枢纽，沿边各省主要在原有港口的基础上，进行优化升级，提高货物运输能力，加强了与东盟国家的港口合作。金融方面，中国提高了对重点领域的资金支持力度，但融资机制还不健全，且涉及面较窄，货币兑换渠道不畅通。人文方面，文化交流年等一系列活动促进了各国之间官方文化交流，但民间交流还有待加强。东南亚地区旅游业已较成熟，可根据丝绸之路文化背景挖掘新增长点。对于科技和其他产业方面，中国和东盟的合作比较少，存在较大的提升空间。

（二）中国—东盟海上丝绸之路合作面临的问题和阻力分析

中国—东盟海上丝绸之路覆盖面积大，涉及国家也比较多，还包括中国南海和马六甲海峡等一些国际海运要冲。根据中国—东盟区域特征，贸易、港口、能源、旅游、渔业等是重点合作领域，包含领域较广，要使合作落到实处，仍会面临不少问题和阻力。东盟大部分国家对共建 21 世纪海上丝绸之路持支持的态度，但有部分国家受其他因素影响，合作态度明显消极，行为并不友好。

1. 中国—东盟海上丝绸之路合作面临的问题

（1）中国和东盟国家经济结构相似，贸易不平衡

中国和大部分东盟国家有着相似的经济结构，部分国家产品同质、同档次现象明显，这不利于开展双边合作。具体来看，表现在国民经济中劳动密集型产业所占比重较大，比如中国和东盟的出口产品都有服装、玩具、原材料、工业半成品等劳动密集型产品，在国际市场上存在一定程度的竞争，这种附加值和技术含量较低的产品具有很强的可替代性。

从中国对东盟投资的领域来看，中国对东盟国家的投资主要集中在电力、制造业、采矿业和交通运输业，其次是建筑业、商务服务业和批发零售业，对于金融业和科研领域则投资较少（中国对东盟投资的行业分布如图 3 所示）。

从增长速度来看，房地产行业、采矿业、金融业投资增长幅度较大，但居民服务业和信息产业则有待提高（中国对东盟投资的行业分布年度增长情况如图 4 所示）。

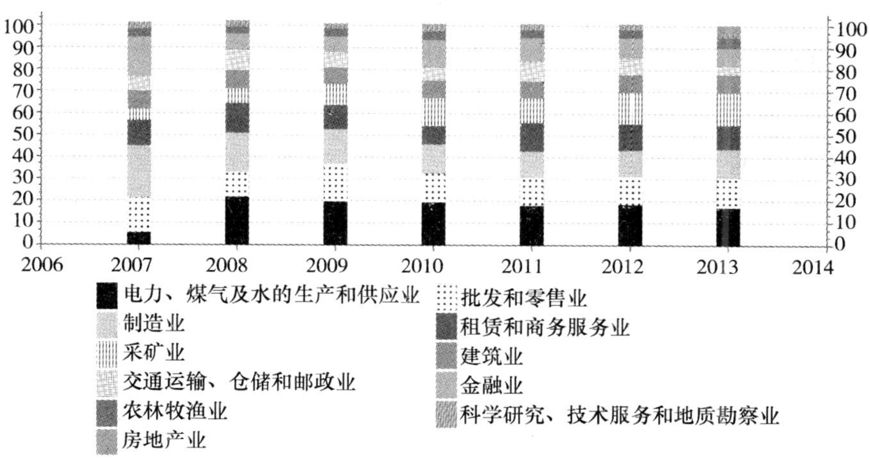

图 3　中国对东盟投资行业分布（%）

数据来源：wind 资讯。

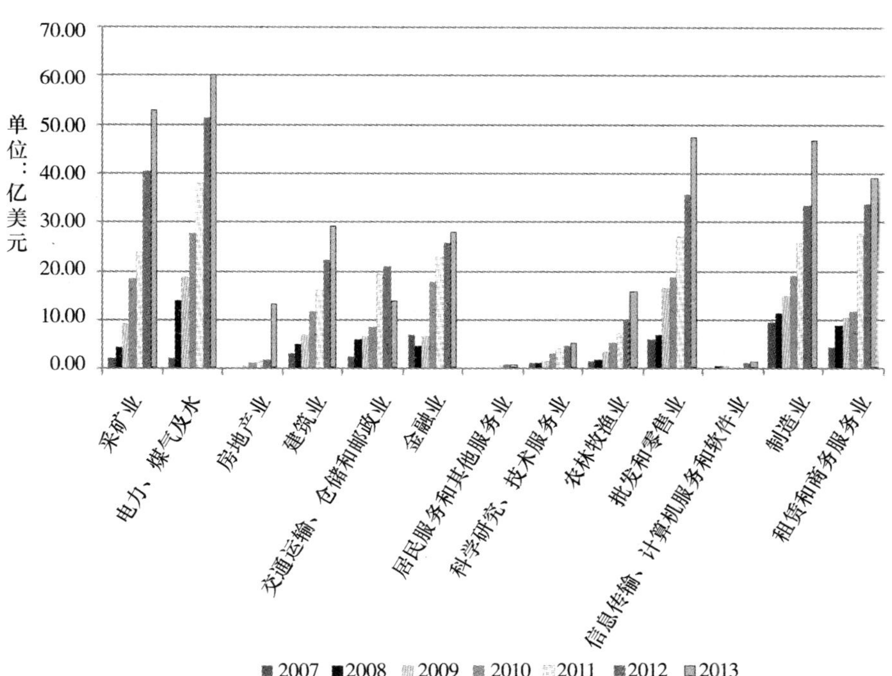

图 4　中国对东盟投资行业分布（年度）

数据来源：wind 资讯。

中国与东盟还存在着贸易不平衡的问题，2014 年中国对东盟的贸易顺差累计为 637.50 亿美元。经常项目的顺差太大，不利于中国的国际收支平衡（2014 年 1—12 月中国—东盟进出口贸易情况如图 5 所示）。此外，中国与东盟贸易进出口市场集中度较高，主要贸易伙伴都包括美国和欧盟，这增加了对外贸易的风险。

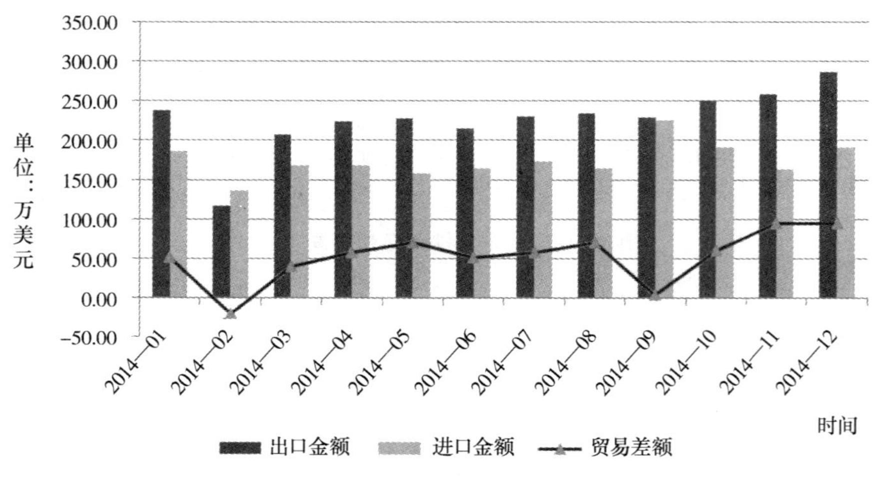

图 5　中国—东盟 2014 年进出口贸易情况

数据来源：wind 资讯。

（2）经济发展不平衡，法律政策信息不对称

在东盟十国中，既有被列入发达国家的新加坡，也有需要国际援助的老挝和柬埔寨，经济水平差距悬殊。2013 年，新加坡人均 GDP 高达 55183 美元，而老挝仅为 1490 美元。自贸区合作框架内，尚未根据经济水平施行差异化对待，这可能会导致贸易政策不公平，引发矛盾。当前的基础设施建设已初具成效，但东盟各国经济基础存在较大差异，制约了区域经贸合作。

中国和东盟国家的法律制度都不完善，部分国家的法律政策才制定不久，存在较多漏洞，有的国家政策变化过快，政府调控市场能力较差。了解投资地市场政策法规是外国投资企业进行风险控制与制定投资方案的决定因素，虽然商务部已经编制了全球 165 个国家的《对外投资合作国别（地区）指南》，并每年更新，但对于东盟国家，因信息沟通不及时，时常导致对外贸易企业不能做出准确的投资决策。

（3）存在不同程度的领土争端

由于历史原因，中国与部分东盟国家在边界、领海等方面存在分歧，东盟内部也存在一些争端，部分地区甚至还有军事行动，这无疑对海上丝绸之路合作顺利开展带来严重威胁。

（4）政府主导为主，市场化合作不高

合作项目还是以政府推进为主，主要采用行政手段，这对于合作的初始阶段是十分必要的：一来政府推进效率高、资金充足，二来能够引发广泛的关注和提升知名度。但国内相关部门存在合作不足，沿边省区各自为政的现象。以中国—东盟博览会为例，主要由广西区政府组织协调，这不符合国际惯例。政府、企业和民间也缺乏有效的沟通协调机制，难以形成合力。中国—东盟合作已经走过十年，目前需要向市场化转型，以保证可持续发展。

2. 中国—东盟海上丝绸之路合作面临的阻力和难点

（1）政治文化差异

中国和东盟国家虽然交往历史悠久，习俗文化相互交融，但不可否认的是，各国的政治社会特征还是存在明显差异。中国和越南是社会主义国家，泰国和马来西亚是君主立宪制国家，新加坡是议会共和制国家。政治制度对经济存在较大的影响已成为广泛的共识，如何减少因制度差异带来的矛盾，达成共识，是促进海上丝绸之路合作顺利展开的关键。

（2）地区间的大国博弈

东盟主要国家一直推行“大国制衡”策略。打造21世纪海上丝绸之路，中国面临着复杂的政治局面，一方面要保持和东盟各国的战略合作伙伴关系，另一方面还要与霸权主义和强权政治斗争。再加上个别东盟国家希望利用大国博弈从中获利，各利益集团的目的不同，无疑会阻碍中国与东盟合作的健康发展。

四　深化中国—东盟海上丝绸之路合作的对策

（一）加强高层协调与沟通

1. 推动边界问题谈判

边界的安全与稳定是一国和平发展的前提，海上丝绸之路涉及沿线十几个国家，各国之间既有合作关系，也有利益冲突，协调好各国的关系，特别是解决好岛屿和海域划分的纠纷，成为建设好海上丝绸之路的重中之重。

中国秉承“睦邻、安邻、富邻”为宗旨的周边外交政策，与许多东盟国家达成了共识。在处理边境争端时，应尽最大努力避免军事冲突，以友好和平的态度促进谈判，必要时引入第三方力量，协调好沿线不同国家的合作关系，消除疑虑，对有争议的海域争取共同开发，分享利益。中国与东盟国家应建立磋商机制，在国际事务中加强沟通，共同促进多边关系健康发展。

2. 推动合作机制的协商

目前，我国搭建了中国—东盟港口发展与合作论坛、“中国—东盟海关与商界合作”主题论坛、中国—东盟矿业合作论坛、中国—东盟环保合作论坛、中国（广东）—东盟战略合作论坛、中国—东盟商务与投资峰会等交流合作平台，签署了中国—新加坡自由贸易协定、亚太贸易协定等经贸协议。此外，还有中国东盟商品博览会、中国东盟海上合作基金及10多个境外经济合作区项目。

中国应继续加强与周边国家的合作，制定区域开放政策，组建丝绸之路沿线港口城市联盟合作机制，签订合作协议，如港口合作协议、旅游合作协议、渔业合作协议等，放宽市场准入条件，提高通关速度，优化已建成的公路、港口，进行加油站、绿地、生活设施等配套设施建设。要加强制度建设，如日常组织机构、协调机构等。同时，为进一步改善中国企业在东盟的投资环境，需政府层面协商共建工业园，推动投资环境逐步改善，为企业消除投资障碍。另外，由于海上丝绸之路沿岸国家存在信息不对称问题，各地要素禀赋差异所带来的比较优势无法体现。各国商务部可定期组织不同的行业进行信息交流，内容包括各国的政策、法律、经济环境等，搭建信息交流网络，帮助跨境、跨地区的经贸交流。

（二）有序推进建设进程

经济建设需要和平的环境，相互合作需要信任的基础。东盟10国之间也有很多差异，难免存在不同的政治见解和利益需求。在中国与东盟的合作中，不同的地区应区别对待，重点加强与积极合作国家的项目推进，同步制衡消极合作国家，有步骤、有次序地推进海上丝绸之路合作。

首先要根据《中国—东盟全面经济合作框架协议争端解决机制协议》解决中国与东盟各成员国之间产生的贸易、投资、知识产权、环境等领域的各项争端。其次，发挥中国的大国优势，对周边国家的金融市场稳定提供更多支持，让他们看到合作的利益，通过与积极的国家所产生的良好示范效应，带动其他国家加强与中国的经济合作。最后，对待消极合作国家，要在沟通中寻找合作机会，借助国际组织或第三方力量加以制衡。

（三）积极拓宽合作领域

首先，如今的海运设施、港口规模已跟不上市场需求增加的脚步，而海运又具有其他运输方式所无法媲美的相对优势。海上运输是连通中国与处于海上丝绸之路十字路口的东盟国家的最佳选择。结合中国与东盟国家的自身特点，海上运输建设的两个重点领域应是港口建设与海运物流建设。下一步应加快沿海保税港区电商、采购、结算、配送、物联网、培训、商贸旅游和增值服务等物流周边基础设施环境建设。

其次，建设21世纪海上丝绸之路的目标之一是实现产业转移和拓展市场。中国不能像美国与东南亚那样只是生产和消费的关系，中国与东盟在某些产业上还存在竞争的关系。中国可以将具有比较优势的产业向东盟国家转移，解决国内部分产能过剩问题，与沿线国家建立新的分工体系，优化供应链和产业链，以达到促进地区产业结构升级的目的。

最后，在建设21世纪海上丝绸之路的过程中，人文合作的影响力同样重要，人文交流是推进文明和谐与共同繁荣的基础，将古代丝绸之路的文化精神与当今时代结合，加快建设海上丝绸之路友好城市和人文交流圈，使海上丝绸之路成为各国人民友好交往的纽带，有利于进一步提升海上丝绸之路的国际影响力。

（四）重视发挥民间力量

民间力量是建设海上丝绸之路的重要力量，对于加强区域共识也很有促进作用。企业界、学术界等民间力量落实国家战略，有时比国家直接推进更加有利。

各个国家之间的民间资本合作，更能让普通民众直接收益，比如渔业基地、资源合作开发等项目，民营企业间的合作就更加灵活。对于企业来说，参与新丝绸之路的建设，也有助于提高其品牌的国际影响力，政府只需加强引导，为企业提供政策支持，为民间合作提供交流平台，同时做好规则的制定。另外，东盟国家普遍资金不足，中国的企业走出去后很难获得银行贷款，中国企业要利用好“中国—东盟合作基金”等平台，中国的金融机构也应继续加强与其他国家的合作，确保企业顺利融资。

民间友好是深化中国—东盟相互信任的基石，各级组织应继续做好民间交流工作，增进国民间的了解和友谊。教育是人文交流的核心，应大力加强教育合作，从人才培育、科研合作等方面入手，保持高层次学术交流，目前在中国学习的东盟留学生超过 5 万人，在东盟国家学习的中国大学生超过 10 万人。同时，加强传媒界的合作，“中国—东盟新闻部长会议”有力地促进了各国媒体间的交流，各国还应继续加强在广播电视、网络报纸等方面的合作，扩大对中国与东盟合作的宣传，向世界传递友好和平的信息。

五　中国—东盟海上丝绸之路合作展望

中国—东盟经过十年的快速发展，政治、经济、科教等各方面合作日益深化，建设 21 世纪海上丝绸之路畅想的提出，无疑为下一个十年发展定下主基调。中国和东盟只有坚持合作，才能满足双方各国人民的共同利益，实现共同发展。通过中国—东盟海上丝绸之路合作，中国与东盟的经济关系即将进入一个全面合作与发展的新阶段。

展望未来，中国—东盟海上丝绸之路合作，总体上将会显现出稳步推进、逐渐深化的态势，在合作领域、深度、方式等方面呈现如下一些特征。

（一）合作进程会呈现出一定的波动起伏。由于东盟内部各国的国情存在较大差异，对中国的认同感以及与中国的双边关系也差别较大，因此，一些国家会积极响应和参与海上丝绸之路的共建工作，与中国的高层互动会更容易取得框架性的成果，在项目合作的推动方面会有较为具体细致的行动和措施，从而合作进程会较为顺利；少数国家则是消极、抵触的态度，会采取阻碍、遏制合作进程的措施，从而延缓合作的推进。两种相反的作用力的交织，使得合作进程必然呈现出波动起伏的态势。从中国的角度看，应该采取由易到难的合作策略，优先务实推进基于双边友好合作的项目进程，逐步取得合作进展。此外，外部势力和因素也肯定会在一定程度干扰、影响这一进程，加剧进程的波动程度。

（二）合作领域的拓展依赖于利益共享的制度设计。与哪个国家在什么领域合作以及能合作到什么程度，过往的关系状况只是基础，具体的合作利益分配安排才是最核心的决定因素。因此，中国需要针对不同的合作对象，深入研究双方可能的合作领域并设计具有针对性的利益分享机制，从而使中国—东盟海上丝绸之路合作不断向新的领域拓展。

（三）合作程度的深化决定于具体措施的持续推进。如果说高层互动成果奠定了合作的框架和基础，那么将高层协商成果转换成具体的措施并加以务实推进才是合作的关键，这直接决定了合作的深度。在这一环节，不仅要建立高层的沟通协商机制，而且更需要合作双方企业具体参与和实施合作的项目，在操作层面通过务实的措施推动合作迈向新的高度、新的深度。

总之，未来的中国—东盟海上丝绸之路合作面临着较为复杂的内外部环境，合作各方的利益考量差异较大，需要彼此从区域共同繁荣的大局出发，求同存异，逐步加强政治互信、经贸往来、人文交流，从而推动合作的不断深入，实现优势互补、利益共享、合作共赢。

2014 年中国—东盟金融合作报告

范祚军[①]

中国—东盟金融合作在中国—东盟自由贸易区建设中发挥了重要作用。中国—东盟金融合作首先开始于中国和东盟国家金融机构的相互设立，此后，中国与部分东盟国家签订了货币互换协议，这给中国—东盟深化政府间金融合作提供了良好的支撑条件。另外，中国和东盟的部分国家由于贸易往来的需求，双方金融机构开展了更为专业的业务合作，如兑换部分东盟货币现钞等。近来，中国又提出了“一带一路”、中国—东盟自由贸易区升级版、中国—东盟“2 +7”合作框架等倡议，不管是中国—东盟命运共同体目标，还是“一带一路”，均以“货币流通”为核心目标，将中国—东盟金融合作列为重要领域。总体来看，中国与东盟的金融合作呈现出积极发展、携手共进的良好态势并逐步深化，合作领域正更加成熟与全面。本报告将主要从中国—东盟在 2014 年的金融合作入手，评述双方金融合作的现状与趋势。

一　中国—东盟金融合作历程简顾

近年来，中国—东盟金融合作得到推进，但与双边贸易、投资等经济合作相比较，中国—东盟金融合作尚处于初级阶段。政府间货币金融合作虽有实质性进展，但对于防范金融危机而进行的合作力度较为薄弱。中国与东盟之间虽然建立了银行双边结算网络，但服务功能仍显脆弱。推进中

---

① 广西大学中国—东盟研究院常务副院长，教授。合作人：常雅丽，广西大学商学院博士研究生。

国—东盟区域金融合作应找准切入点和着力点，遵循由具体到一般、利益共享、互谅互济的原则，有关各方应通过加强磋商与规划，大力提高区域资本有效需求，并为区域内产业合作和贸易往来提供高质量、多元化的金融服务。

（一）相互设立金融分支机构

截至 2013 年 6 月底，中资银行在 9 个东盟国家共设立了 3 家法人银行、16 家分行以及 1 家代表处；共有 5 个东盟国家的银行在中国设立了 7 个法人银行。[①] 就中国在东盟国家设立的分支机构来看，大多是中、农、工、建、交这类国有商业银行。2013 年以后，中国国有商业银行持续进入东盟国家市场，而中国的股份制银行和城市商业银行在东盟市场和东盟业务方面也实现了大跨步发展（详见表 1）。

表 1　**2013 年以来中国金融机构开拓东盟金融市场情况**

2013 年 2 月	中国工商银行新加坡分行获授权担任新加坡人民币业务清算行。
2013 年 11 月	中国银行金边分行获柬埔寨中央银行批准，成为柬埔寨本地和跨境人民币业务清算银行。
2013 年 12 月	中国银行印尼棉兰分行在印尼苏北省会棉兰市正式开业，至此，中国银行在印尼设立的分支机构增至 9 家。
2014 年 1 月	富滇银行控股 51% 的老中合资银行在老挝万象正式开业，2014 年初，富滇银行还开通了泰铢现钞兑换业务。
2014 年 3 月	招商银行新加坡分行正式成立，业务包括传统的双边美元贷款和贸易融资服务，也有离岸人民币贷款业务。
2014 年 4 月	柬埔寨国家银行正式批准中国工商银行金边分行为柬埔寨人民币业务清算行，并为当地银行同业提供人民币账户管理、人民币同业清算、跨境人民币资金清算、流动性支持以及人民币资金市场服务等全面的人民币清算服务。

资料来源：根据《中国日报》、中国金融新闻网、新华网、新浪财经、银行利率网等新闻网站相关资料整理。

中国和东盟国家之间相互设立金融分支机构是其金融合作的一个重要环节和重要途径。互设金融机构，使得中国和东盟国家之间的金融相关业务逐步推进和顺利开展。从互设金融机构的情况看，呈现以下几个特点：一是双

---

① 数据来源：中国新闻周刊网站“中国—东盟金融合作踏入新阶段”。

方互设的金融机构分布不均匀，中国到东盟国家设立金融机构的数目远大于东盟国家来华设立的金融机构数目，这体现出中国金融合作发展的方向和意愿，即中国和东盟国家之间各类贸易的往来频繁使得中国金融机构有必要且有需求进入东盟国家市场，但相对而言，东盟国家金融机构进入中国市场的需求则不够高；二是中国金融机构进入东盟市场的意愿强烈，不仅国有商业银行积极进入东盟国家市场，股份制商业银行和城市商业银行由于业务开展和市场拓展的需要，也逐步进入了东盟国家市场，这使得中国在东盟地区的金融机构之间产生了一定的竞争性；三是金融机构业务开展逐步深入，从第一家设立的分支金融机构到现有的金融机构，其业务开展逐步丰富。从普通的人民币开户、存贷款业务，逐渐扩展到离岸人民币业务和人民币资金市场业务等人民币清算业务。这三个特点说明中国和东盟的金融合作在合作程度上不断加深，合作速度上不断加快。但在此过程中，中国的合作积极性和参与程度较高，而东盟国家的参与程度有待提高。

（二）签订合作协议、倡议或备忘录

中国和东盟国家相互签订的金融类协议（详见表 2）主要围绕着金融机构互设、商会合作、货币互换、金融监管和经济合作等方面展开，可以看出中国和东盟双方对于中国—东盟金融合作保障设施与制度的重视与关切。双方为中国—东盟的全面经济合作、具体合作项目和未来发展规划制定了完美的计划，为中国—东盟金融合作提供了有利的基础条件、良好的合作氛围和一定程度的审慎监管。

表 2　**中国与东盟互签的相关金融协议情况**

2000 年 5 月	中国和菲律宾签订了《在中国和菲律宾设立银行机构的备忘录》。
2001 年 10 月	中国和菲律宾签订了《中国贸易促进会与菲律宾商会合作协议》。
2002 年 11 月	朱镕基总理和东盟 10 国领导人共同签署了《中国—东盟全面经济合作框架协议》。
2003 年 8 月	中国和菲律宾在马尼拉签订了《中国人民银行与菲律宾中央银行货币互换协议》。
2005 年 6 月	中国证监会与越南证券委员会在北京签署了《证券期货监管合作谅解备忘录》，将加强双方在证券期货领域的跨境监管合作和信息互换。
2014 年 10 月	《中泰关系发展远景规划》中指出："双方同意深化金融和银行业合作，推动更多使用两国本币作为两国贸易和投资结算货币……为双方贸易、投资和经济合作提供便利。双方将共同探讨提供更便利的人民币清算服务。"

续表

2014 年 11 月	广西首批跨境人民币贷款签约仪式在南宁举行，工商银行新加坡分行等 3 家境外银行与广西投资集团等地方企业签订总额为 7.7 亿元的跨境人民币贷款协议。
2014 年 11 月	泰国开泰银行、中国民生银行、中国平安银行等来自"东盟 +3"区域 9 个国家共 36 家银行，在泰国曼谷签署合作协议《曼谷宣言："东盟 +3"银行业倡议》。
2014 年 12 月	中国邮政储蓄银行广西区分行与越南农业与农村发展银行芒街市分行在中越边境口岸城市东兴，签订边贸结算业务合作协议。

资料来源：根据中国—东盟自由贸易区网站资料整理。

（三）双边货币互换协议

双边货币互换协议（详见表 3）是中国—东盟金融合作的一个重点内容，也是保障中国—东盟经贸往来稳定和双边金融环境稳定的一个重要举措。这体现了双方合作的诚意和对伙伴国的信任与信心，是中国与东盟国家开展金融合作、深化金融合作的重要保障。

表 3　　**中国与东盟签订的双边货币互换协议情况**

2003 年 12 月	中国和印尼签署了总规模为 10 亿美元的货币互换协议。
2005 年 10 月	中国人民银行和印度尼西亚银行根据《清迈倡议》框架签署货币互换协议。指出，印尼在需要短期流动性支持时，可以印尼盾对美元互换的形式从中国取得不超过 20 亿美元的融资支持。
2009 年 2 月	中国人民银行和马来西亚国民银行签署了双边货币互换协议，互换规模为 800 亿元人民币，相当于 400 亿林吉特，协议有效期 3 年。
2009 年 3 月	中国和印尼建立货币互换安排，规模为 1000 亿人民币。
2010 年 7 月	中国人民银行宣布将和新加坡金融管理局签署双边本币互换协议，该协议规模为 1500 亿元人民币约 300 亿新加坡元。
2013 年 10 月	中国和印尼签署了人民币 1000 亿元（合 163 亿美元）的货币互换协议，有效期为 3 年，经双方同意可以展期。
2014 年 12 月	中国人民银行与泰国银行签署了在泰国建立人民币清算安排的合作备忘录。之后，将确定曼谷人民币业务清算行，并续签了双边本币互换协议。双边本币互换规模为 700 亿元人民币约 3700 亿泰铢，协议有效期 3 年，经双方同意可以展期。

资料来源：根据新浪财经、人民网、路透社国际财经文章、凤凰网财经资讯、中国—东盟自由贸易区等网站相关资料整理。

（四）金融业务开展

截至 2014 年，中国境内人民币与东盟货币兑换增至 7 国货币，但中国—东盟金融合作的业务开展情况（详见表 4）并不乐观。从表 4 可以看到，中国在这个方面已经做出了很大努力，包括对商业银行经营业务标准的放宽、允许境内企业到境外企业上市募资、发行人民币债券等，但东盟国家在这方面有些保守，在合作方面还有很大的潜力有待挖掘。

表4　　中国与东盟开展金融业务结算兑换情况

时间	事项
2005年6月	中国农业银行广西区分行与越南农业与农村发展银行在越南高平省签订了边贸结算补充协议，开通中国靖西龙邦—越南茶岭口岸的边贸结算业务。
2011年6月	中国工商银行在广西南宁设立"中国工商银行中国—东盟人民币跨境清算（结算）中心"，成为广西辖内最早成立的人民币清算结算中心、专司办理东盟业务的金融机构。
2011年12月	广西北部湾银行中国—东盟跨境货币业务中心成立暨人民币对越南盾汇率柜台挂牌仪式在南宁举行。
2013年10月	中国将RQFII（人民币合作境外投资者）试点扩展到新加坡，额度为500亿元。
2013年11月	经国务院同意印发《云南省广西壮族自治区建设沿边金融综合改革试验区总体方案》。
2014年2月	江西赣州康尔实业有限公司在马来西亚成功上市，共募集资金1.5亿元人民币。
2014年3月	中国银行广西分行在东兴、凭祥首家挂牌开办越南盾现钞兑换业务。
2014年3月	国家开发银行宣布，已发行10亿香港人民币债券，东盟多国投资者认购比达70%。
2014年4月	中国农业银行中国（东兴试验区）—东盟货币业务中心正式揭牌成立，该中心首次实现人民币对越南盾的直接报价兑换。
2014年6月	东兴获批开展扩大个人本外币兑换特许业务试点。
2014年6月	中国工商银行新加坡人民币清算行与上海自贸区分行完成了首笔人民币资金拆借和人民币外汇兑换交易，金额约2亿元人民币，同时该行向苏州工业园区一企业发放了1000万元的跨境人民币贷款。
2014年9月	中国银行广西区分行推出人民币兑换柬埔寨瑞尔现钞汇率业务。

资料来源：根据中国—东盟自由贸易区、广西新闻网、广西日报、凤凰财经等网站相关资料整理。

（五）举行会谈和提出倡议

新海上丝绸之路、中国—东盟自由贸易区升级版、"2+7"合作框架等倡议的提出，给中国—东盟金融合作带来发展契机，亚投行、中国—东盟基础设施专项贷款等金融形式给中国—东盟金融合作提供了更多的路径，举行会谈和提出的倡议（详见表5）给学者们提供了探讨中国—东盟金融合作的平台，为中国—东盟的金融合作营造了稳定的经贸氛围，促进了中国—东盟金融合作发展的进程。

表 5 中国与东盟举行会谈和提出倡议情况

2007 年 6 月	中老泰签署跨湄公河大桥项目谅解备忘录，同日，大湄公河次区域经济合作第 14 次部长级会议在马尼拉召开。
2013 年 10 月	中新双边合作联合委员会第十次会议上，双方就金融合作达成多项成果：将人民币合格境外投资者试点范围扩展到新加坡、两国银行间外汇市场推出人民币对新加坡元直接交易等。
2014 年 9 月	第 11 届中国—东盟博览会在南宁举办。
2014 年 9 月	首届中国—东盟电子商务峰会在南宁开幕。
2014 年 9 月	柬埔寨天空网上线推介会在南宁举行，标志着中柬商贸迎来电商时代。
2014 年 9 月	第六届中国—东盟金融合作与发展领袖论坛在南宁举行，会议以“跨境人民币业务创新”为主题，并同时为多家金融机构的人民币业务举行挂牌、揭牌和发布活动。
2014 年 11 月	第十七次中国—东盟领导人会议的《主席声明》指出，中国对《东盟互联互通总体规划》的支持行为受到东盟国家赞赏。东盟国家期待亚投行提供资金支持落实《东盟互联互通总体规划》。
2014 年 12 月	大湄公河次区域经济合作第五次领导人会议李克强指出，将与湄公河流域国家开展跨境贸易本币结算试点，扩大本币直接兑换规模，继续用好中国—东盟基础设施专项贷款等。
2014 年 12 月	李克强指出，将推动中泰两国全面战略合作伙伴关系取得新发展，力争实现 2015 年双边贸易额 1000 亿美元的目标，推动更多使用本币作为两国贸易投资结算货币。

资料来源：根据中国—东盟自由贸易区、新浪财经、中国贸易金融网、新华网等网站相关资料整理。

二 中国—东盟金融合作评述

展望中国—东盟金融合作，未来前景广阔、远景明晰。正是由于前期合作举措的积极推动，促成了中国与东盟金融合作的顺利进行。

（一）中国—东盟金融合作推动利益共同体建设

中国—东盟金融合作不仅为双方的经贸往来提供了便利，更为中国与东盟之间的经贸往来提供了合作路径和保障。

1. 带动双方贸易往来，给中国与东盟的企业间合作提供动力。中国—东盟金融合作的需求来源于双方的经济合作，尤其是企业间的贸易合作。金融发展促进经济发展、金融发展与经济发展的不相适应阻碍经济增长的原理已被学术界所承认，中国与东盟之间的经济发展在现实中也遇到了与金融发展不相适应的瓶颈。此时，中国—东盟金融合作将缓解双方经济增长的压力，提供经济增长的动力，为企业间的业务合作的开展提供良好的金融环境和金融支撑，主要体现在：金融合作降低了企业间进出口贸易成本，提高了双方办理货币业务的效率，加深了企业间合作的意愿。这将给中国与东盟双方的企业合作营造更为宽松的金融环境，带动中国与东盟国家之间的贸易往来。

2. 促进双方企业联系，给中国与东盟的政府间合作提供契机。金融合作使中国与东盟国家的企业联系从贸易往来扩展到相互之间的投融资领域，在一定程度上，中国与东盟的部分企业已经融为一体。在中国政府和部分民间团体的推动下，中国—东盟博览会、中国—东盟电子商务投资峰会、中国—东盟金融合作与发展领袖论坛等会议已经成为中国—东盟金融合作的平台，有关中国—东盟金融合作的相关成果在这里宣布，在理论和现实两个方面为中国与东盟国家之间的贸易往来、金融合作提供了良好的机遇。在当今经济发展过程中，产业结构转型成为发展中国家的重大问题，而中国与东盟的产业结构调整成为双方互相关心的问题。在产业链金融发展迅速的现实下，中国—东盟自由贸易区内部也在逐步形成产业链条，为中国—东盟自由贸易区内部的产业链金融奠定了基础，这离不开中国—东盟双方政府间的金融合作。政府间金融合作的逐步推进将为中国与东盟国家之间的产业合作提供金融支撑，如双边货币互换协议的签订有利于促进贸易开展、相关金融业务的开展有利于引领产业发展方向等，这些都将为中国—东盟自由贸易区升级版的打造提供坚实的基础。基于此，中国与东盟国家领导人之间举行的会谈及签订的协议，将从多个层面考虑双方的未来发展问题，共同探讨中国—东盟自由贸易区的发展方向，深入分析中国—东盟命运共同体的建设道路，为中国与东盟的共同发展做出规划。

（二）中国—东盟金融合作制约因素

虽然中国—东盟金融合作已取得了一定进展，但我们也应注意到，由于相关制约因素的存在，中国—东盟金融合作还不够完善与深入。主要表现在：

1. 中国相对积极，个别东盟国家较为冷淡。尽管中国与东盟的金融合作将为双方带来利益，但是由于南海问题以及美国、日本等国家的介入，中国与东盟的金融合作并不顺利。部分国家对于中国—东盟自由贸易区的发展反应冷淡，使中国—东盟金融合作受到影响。

2. 中国资本项目还没有完全放开。尽管中国的金融开放程度已经有了很大进展，但是在资本项目上，中国一直较为谨慎，这在一定程度上制约了中国—东盟金融合作的发展。

3. 相关法律机制不健全。中国—东盟金融合作监管存在缺陷，一旦出现问题，无法依照相关法律来解决，给中国与东盟的金融合作带来了一定的不确定性。

三 加强中国—东盟金融合作的建议

为了充分发挥金融在中国—东盟经济合作中的支撑作用，推动中国—东盟命运共同体、新海上丝绸之路、自贸区升级版以及“2 +7” 合作框架等合作目标的顺利实施，中国与东盟应进一步加强双方之间的金融合作。本报告从改善商业性金融的业务开展角度，提出以下几点建议：

1. 实现中国与东盟货币的直接挂牌交易业务。按照中国与东盟的贸易额，双边货币直接交易将大大减少成本损失，降低风险水平。可借鉴上海（中国）自由贸易区经验，尽快拓展人民币与东盟货币的直接交易。可先行在广西、云南设立人民币自由兑换中心和东盟国家小币种交易中心，开展东盟境外人民币回流资产池试点，开展个人和法人机构本外币兑换特许业务试点。

2. 拓展商业银行贸易金融相关业务。随着双边贸易额的增加，双边企业的金融需求也会逐渐增加，相关金融业务应进行升级。比较突出的是进出口信用证等业务，如原来的审核只看企业现状，但随着产业链金融的发展，还应看企业产品所在的产业链的发展环境，有着良好发展前景的企业应该给予其融资便利。

3. 开展中国与东盟国家的投资银行业务。商业银行有着自身的信息优势和数据优势，应致力于发掘双边的投资机遇，并提供给有意向的企业家，从机遇发掘、投资引导、管理生产、产品影响、资金回流和企业升级等多个环节融入企业的发展当中，为其提供过桥融资等多样化投资银行服务。

4. 优化涉外金融业务流程，简化金融业务审批程序。积极推进区域金融服务的方便、快捷化建设，加快区域金融资源的优化配置，加强区域金融的基础设施建设。参照中国（上海）自由贸易区的发展模式，简化行政审批流程和实行企业备案制，在中国与东盟的商业性金融合作中也应如此，可大力简化中国与东盟双边贸易企业在银行等金融机构的审批流程。

5. 创新公司金融业务，做好跨国公司金融风险预防工作。中国与东盟的双边贸易，涉及不同国家企业，由于信息的不完整性和信用体系的非统一性，很可能存在欺骗、卷款等违法行为。各商业银行应做好前期准备工作，利用好代理行、委托行制度，制定好相关企业的审批规则，结合自身投资银行部门功能，帮助企业开展公司金融业务，并做好贷款后的监督工作。同时，中国资本项目的放开、利率汇率市场化也在逐步推行中，国内各商业银行应与东盟国家的业务对接银行做好协调及准备工作，为资本项目投资风险做好预防和控制措施。

展望未来，中国与东盟的金融合作将更多地涉及政策性金融和开发性金融，商业性、政策性、开发性金融的相互补充将为中国—东盟的金融合作提供更大动力。双方应该共同打造高规格、高层次的次区域金融合作与同业交流平台，正式建立中国—东盟多层次金融合作机制、机构间金融信息交换与共享机制、国家间货币互换机制、主权国之间的货币记账交易机制以及次区域经济金融形势分析协作机制和经济金融重大课题调研协作机制。

2014年中国—东盟生态环境合作

王英辉[①]

一 中国—东盟环境合作背景

随着中国与东盟经济和社会的发展，环境保护成为中国与东盟合作的优先领域之一。2007年，中国领导人倡议制订中国—东盟环境保护合作战略，建立中国—东盟环境保护合作中心和中国—东盟环境部长会议机制。这些倡议获得东盟国家领导人的积极响应，环境保护被列为中国—东盟领导人会议机制下第11个重点合作领域。此前，中国与东盟在环保领域有一定程度的合作，但比较零散，缺乏政府的全面支持和系统规划。此后，中国—东盟环境合作进入了新的发展阶段，双方的合作力度和速度明显增强，向机制化方向迈进。

为落实领导人倡议，2009年中国环境保护部与东盟国家联合编制完成了《中国—东盟环境保护合作战略（2009—2015）》。该文件作为中国和东盟双方领导人批准的环保合作基础性文件，为双方推进环境保护合作提供了基础，确定了合作的目标、原则和六大合作优先领域。2010年3月，中国环境保护部正式成立了中国—东盟环境保护合作中心（以下简称为“东盟中心”），成为推动中国与东盟成员国之间开展区域环境合作的开放性平台。2013年10月，习近平主席在出访东盟国家时提出，中国愿意同东盟国家发展好海洋合作伙伴关系，共同建设“21世纪海上丝绸之路”。2014年是中国与东盟国家打造“中国—东盟自贸区升级版”和建

① 广西大学中国—东盟研究院生态所所长，教授。合作者：熊建华，广西大学中国—东盟研究院生态所副所长、副教授。

设“海上丝绸之路”的关键一年，中国—东盟环保合作已经提升到国家战略层面，具有严密的战略规划、丰富的合作形式和较充足的资源投入，其合作的速度、深度和广度都具有较大的提升。

二　2014年中国—东盟环境合作内容及成效

2014年中国与东盟的环境合作迎来了新的发展契机。在《中国—东盟环境保护合作战略（2009—2015）》框架下，双方制定了《中国—东盟环境合作行动计划（2014—2015）》，重点推进了生物多样性和生态保护、环保产业与技术交流、环境管理能力建设、联合开展海洋科学研究等领域的合作，同时，启动和实施了中国—东盟绿色使者计划，制定了中国—东盟环境技术与产业合作框架。双方的成功合作探索了卓有成效的区域环境合作和南南环境合作的新模式。

2014年中国—东盟环境合作的主要成果总结如下：

（一）制定《中国—东盟环境保护行动计划（2014—2015）》。2014年4月，“中国—东盟环境合作回顾与展望研讨会”在北京举办，中国与东盟就新制定的《中国—东盟环境保护行动计划（2014—2015）》达成了一致意见。行动计划的主要内容包括：加强中国和东盟环保合作政策对话与交流，继续组织举办中国—东盟环境合作论坛；继续实施绿色使者计划，加强双方能力建设交流与合作，重点加强与东盟国家中最不发达成员的能力建设合作；加强双方在生物多样性和生态保护、环保产业和技术领域的合作；编制“中国—东盟环境展望”报告。

（二）启动“中国—东盟环境展望”联合研究项目。2014年2月，“中国—东盟环境展望”项目启动，根据中国与东盟共同通过的《中国—东盟环境合作行动计划（2014—2015）》，东盟中心与东盟国家、东盟秘书处联合开展“中国—东盟环境展望”报告的研究与制定工作，基于区域视角，分析评估中国与东盟地区间的环境与发展合作现状以及未来发展趋势，为深化双方环境领域的合作提供必要的知识、经验与工具，推动区域的可持续发展。项目同时得到了中国—东盟合作基金的支持。

（三）启动“2014年度领导人机制下发展中国家环境合作项目”。“2014年度领导人机制下发展中国家环境合作项目”包括五个子项目，分别是：区域环境合作问题与机制研究、中国—东盟环境影响评价能力建设研讨班、中国—东盟环境合作机制建设、环保国际合作信息平台和环境保护对外援助。该项目由中国环境保护部指导，东盟中心牵头实施，属于环境保护国际合作及履约行动专项。

（四）举办 2014 年“中国—东盟环境合作论坛”。中国—东盟环境合作论坛是中国和东盟之间开展环境政策高层对话、促进交流、推动务实合作的重要平台。2014 年 9 月，第四届中国—东盟环境合作论坛在广西壮族自治区南宁市举行，以“可持续发展的国家战略和区域合作：新挑战和新机遇”为主题，旨在推动落实《中国—东盟环境保护合作战略和行动计划（2016—2020）》，为双方搭建一个重要的政策对话与交流平台；贯彻落实共建“21 世纪海上丝绸之路”的战略构想，探索“海上丝绸之路”环保交流与合作；同时还举办了“生态文明与绿色转型的制度创新”、“环境可持续城市建设伙伴关系”、“环境保护技术研发与应用合作”三个分论坛等活动。

（五）实施“中国—东盟绿色使者计划”。中国—东盟绿色使者计划是《中国—东盟环境保护行动计划（2014—2015）》确定的合作内容之一，是中国与东盟国家在公众环境意识和教育领域的一个合作项目。主要内容包括三个板块：第一是绿色创新（面向政府决策者的能力建设），第二是绿色先锋（面向青年的宣传教育），第三是绿色企业家（面向企业界建立绿色经济区域伙伴关系）。2011 年 10 月，绿色使者计划正式启动。2014 年 5 月 12—17 日，中国—东盟绿色使者计划内容之一“环境影响评价能力建设研讨班”在江苏省宜兴市召开，来自东盟各国及东盟秘书处共计 22 位环境官员参加了本次研讨班。专家们介绍了中国绿色发展与环境保护的总体形势以及环境影响评价实施与管理等情况，并与东盟国家环境官员就东盟各国环境影响评价现状与发展等进行了交流。绿色使者计划自启动以来，中方与东盟各国环境管理部门、东盟秘书处和相关机构建立了良好的合作关系。绿色使者计划目前已经成为中国与东盟国家在公众环境建设方面的旗帜性项目，在加强双方互信、环保信息共享以及推动区域内环境管理能力提升等方面发挥了重要作用。

（六）通过《APEC 绿色发展高层圆桌会宣言》。2014 年，中国是亚太经济合作组织（APEC）峰会东道主，“APEC 绿色发展高层圆桌会议”作为重要环保合作活动于 2014 年 5 月 8 日在天津召开。会议以“促进亚太地区绿色发展与绿色转型”为主题，通过对话交流，积极探索了绿色发展合作优先领域和创新性合作方式，并就促进绿色发展、加强绿色供应链领域合作达成共识。为鼓励 APEC 经济体落实和推广圆桌会成果，会议讨论并通过了关于促进亚太地区绿色和可持续发展与转型的《APEC 绿色发展高层圆桌会宣言》。

（七）开展生物多样性和生态保护合作。生物多样性保护是中国—东盟环境合作战略确定的优先领域之一。在中国环境保护部和东盟秘书处的支持下，中国—东盟环境保护合作中心和东盟生物多样性中心合作启动了《中国—东盟生物多样性与生态保护合作计划》。该项目旨在支持中国和东盟成员国制定和实施与生物多样性和生态保护相关的政策、计划和活动，交流生物多样性保护经验，提高生物多样性保护能力。2014 年，利用联合国环境规划署的资金支持，中国—东盟环境保护合作中心、东盟生物多样性中心及国际专家合作编写了《中国—东盟生物多样性保护政策工具和实践》。

（八）开展中国—东盟环保技术与产业合作。环保技术与产业是《中国—东盟环保合作战略（1999—2015）》中的优先合作领域之一。随着区域经济一体化的加深和各国对环境问题的重视，环保技术与产业合作的重要性和紧迫性日益突出。2014 年，为落实中国国务院总理李克强在“第 16 次中国—东盟领导人会议”上提出的“中国—东盟环保产业合作倡议”的讲话精神，进一步推动中国—东盟环保产业务实合作，中国环境保护部组织召开了中国—东盟环保产业合作研讨会，东盟秘书处和东盟国家代表出席了会议。会议发布了《中国—东盟环境保护技术与产业合作框架》，并得到了东盟秘书处和东盟国家的共同确认。框架提出了建立环保技术与产业合作机制和搭建信息交流与服务平台的总体目标，并提出了建立中国—东盟环保技术与产业合作网络、搭建中国—东盟环保技术与产业合作服务平台、建立中国—东盟环保技术与产业合作展示基地以及开展环境保护技术、产品与服务示范项目等四方面的合作内容。与此同时，中国环保部还建立了中国—东盟环保技术和产业合作示范基地（地点在江苏省宜兴市），旨在依托宜兴环保科技园区产业集聚的优势，把示范基地建设成为中国和东盟国家环保技术和产业发展的交流平台、环保技术装备的创新平台、环保合作示范项目的建设平台和环保信息的共享平台。此外，拟在广西建设中国—东盟环保产业合作交流示范基地事宜也在积极推进之中，目前已编制完成《中国—东盟环保技术交流合作基地（广西）

建设规划 2014—2020》）。该行动旨在利用广西的中国—东盟博览会平台，以及广西对东盟合作的产业优势和地缘优势，通过环保产业综合展示中心、产业国际化发展服务平台、广西环保产业集团、环保产业研究院等重点工程建设，搭建中国—东盟环保产业合作交流示范平台。

（九）成立中国—东盟环境保护合作中心广西办公室。2014 年 9 月，中国—东盟环境保护合作中心广西办公室正式挂牌成立。该办公室由中国—东盟环境保护合作中心与广西壮族自治区环境保护厅共同组建，以便于支持广西参与中国—东盟环境合作，促进中国与东盟开展务实合作。

三　中国—东盟环境合作面临的挑战及几点建议

中国与东盟同属发展中国家，在环境保护和经济发展领域面临许多共同挑战：一是自然资源丰富，但产业发展模式相对落后。中国和大多数东盟国家一样，拥有丰富的矿产、生物、海洋等自然资源，但是粗放型经济增长方式尚未彻底改变，资源综合利用率低，区域产业发展正面临着资源承载力的瓶颈制约。二是城市化与工业化进程加剧环境压力。东盟地区是全球发展最快的地区之一，处于城市化与工业化快速发展阶段，在社会经济繁荣发展的同时，难以避免会带来生物多样性降低、环境污染、土地退化和生态系统破碎化等一系列环境问题。三是区域环境风险日益突出。中国和东盟都面临着气候变化等全球性环境问题、跨界水和大气污染、有害废弃物的跨境转移等区域性环境问题，完善应对区域环境风险的国际合作显得尤为重要。

目前，伴随着国际环境保护事业的发展，东盟国家对环境问题的认识也逐步深化，从简单到全面，已形成了以东盟组织为核心，多层次、多机制、多领域并存的区域合作模式，其合作特征表现为：在形式上，由务虚向务实合作转变；在内容上，紧密结合全球与区域环境合作热点问题；在范围上，以周边区域合作为主，逐步引入域外势力，形成复杂格局等。但是，中国—东盟环境合作机制和资金投入机制仍需进一步完善。现阶段，中国—东盟环境合作中心成为落实中国—东盟环境保护合作战略及相关合作项目的主要实施机构和技术支撑力量，但与东盟其他环境组织机构（东盟秘书处、东盟区域生物多样性保护中心、联合国环境规划署等）的沟通交流有待进一步加强。目前，中国—东盟环保领域项目合作的资金来源包括中国—东盟合作基金、中国亚洲区域合作专项资金、亚洲开发银行、世界银行等国际金融机构资金，资金来源具有临时性和不确定性等特点，难以支撑中国—东盟环保合作进程中长期和具体的合作项目。中国—东盟环境保护合作亟须拓宽筹资渠道，争取其他资金来源，构建稳定的区域合作基金。

中国—东盟合作进入新的“钻石十年”，习近平主席倡导中国与东盟国家共同建设“21 世纪海上丝绸之路”，李克强总理提出打造“中国东盟自由贸易区升级版”，中国—东盟合作上升为中国国家战略。为进一步深化中国与东盟的环境合作，实现区域绿色发展，我们提出以下三点合作建议：

1. **共建海上绿色丝绸之路，打造区域环境合作共同体**。推进中国—东盟区域海洋环境合作，深化海洋环境合作机制，开展海洋环保与科研合作，加强海洋和岛屿环境管理合作，共同开展海洋环境监测、海洋资源开发、海洋生态系统保护、海洋环境应急，共同构建海洋生态环境安全屏障。

2. **加强政策交流与能力建设，构建多层次、宽领域的合作平台与网络**。务实推进《中国—东盟环境保护合作战略（2016—2020）》，在高层政策对话、跨界环境问题研究、生物多样性和生态保护、环境可持续城市建设等方面积极开展中国—东盟密切合作，打造中国—东盟环保高层政策对话平台、环保信息共享平台、环保智库交流平台、环保能力建设与知识交流平台。积极开展环境技术与产业合作，打造中国—东盟环保产业技术合作示范平台，为区域绿色发展注入新动力，实现区域环境可持续性发展。

3. **拓宽融资渠道，构建区域环保合作基金**。中国政府倡导建立的亚洲基础设施投资银行作为一个政府间性质的亚洲区域多边开发机构，将为中国—东盟环境合作注入新的活力。同时，积极开展与世界银行、亚洲开发银行等其他国际金融机构密切合作，申请对中国—东盟环境保护合作项目的支持，构建区域环保合作基金，共同解决区域发展面临的挑战。

2014年中国—东盟博览会报告

覃维炳[①]

2014年是中国—东盟战略伙伴关系新十年的开端，是“21世纪海上丝绸之路”建设的开局之年，作为为中国—东盟自贸区服务的第11届中国—东盟博览会（以下简称“东博会”），面临新任务，采取了新举措，取得了新成果，为新的“钻石十年”的发展奠定了基础、开了好局。

一　基本情况

2014年9月16—19日，第11届中国—东盟博览会以共建“21世纪海上丝绸之路”为主题，在广西南宁成功举办。中共中央政治局常委、国务院副总理张高丽，中国最高人民法院院长周强、新加坡总理李显龙、柬埔寨首相洪森、老挝国家副主席本扬、缅甸副总统年吞、泰国副总理兼外交部部长他那萨、越南副总理兼外交部部长范平明，共同出席了开幕大会，中国和东盟国家领导人发表了演讲。出席本次盛会的部长级贵宾共266位，其中东盟及区域外110位。各国商协会会长、知名企业家、专家学者和社会各界知名人士共同出席盛会。中国和东盟国家外交部部长、经贸部部长分别出席了中国—东盟特别高官会、中国—东盟经贸部长午餐会。主题国新加坡举办了丰富多彩的活动，包括中新两国领导人共同出席主题国开馆仪式、新加坡领导人与中国企业CEO圆桌对话会等。

---

① 中国—东盟博览会秘书处研究发展部部长。合作者：黄革、张婷婷，中国—东盟博览会秘书处研究发展部。

本届东博会继续采用南宁国际会展中心、广西展览馆、南宁华南城“一会三馆”格局，总展位数4600个，参展企业2330家，其中东盟和区域外企业展位数1259个。在南宁会展中心，外国展位数比例高达42%。参展参会客商5.57万人，采购商团组超过80个，比上届增长14%。

本届东博会期间举办了中国—东盟大法官论坛、中国—东盟网络空间论坛、中国—东盟电子商务峰会以及金融、科技、环保、工商、智库等13个会议论坛，发表了《南宁声明》等一系列共识文件，营造了良好的贸易投资法治环境，促进了东盟各国领导人对“21世纪海上丝绸之路”的总体认同，推动了法律、网络空间、跨境电子商务、产业合作、港口合作、金融等“海上丝绸之路”重点项目的落地，建立了更多的合作机制。

本届东博会有来自15个国家198家媒体1541名记者到会采访，各国媒体大力宣传“海上丝绸之路”建设的重大意义和东博会发挥的作用，发稿量持续增多。据不完全统计，会期中外媒体累计发稿6400多篇，制作网络专题20多个，中国中央电视台等媒体对开幕大会等进行了现场直播，进一步提升了本次盛会的影响力。

本届东博会政治外交规格高，主题围绕“共建21世纪海上丝绸之路”，展览内容紧扣中国—东盟自贸区升级版建设，各国企业参展参会踊跃，会期经贸和人文交流活动富有实效性，经贸成果丰硕，影响力大，在服务21世纪海上丝绸之路建设、推动中国—东盟友好合作等方面取得显著成效。

二　主要特点

（一）围绕“共建21世纪海上丝绸之路”主题达成广泛共识，推动中国—东盟合作再上新台阶

第11届东博会按照21世纪“海上丝绸之路”和中国—东盟自贸区升级版建设需要，努力推动政府、商界以及人文领域就共同探索“海上丝绸之路”的深层内涵达成更多的共识，促进政策与制度的对接，围绕重点合作领域推进重点项目、经济走廊以及平台机制建设，使“政策沟通、设施联通、贸易畅通、资金融通、民心相通”落到实处，使中国—东盟合作迈向更高水平。与会东盟国家领导人均对“共建21世纪海上丝绸之路”倡议表示支持，表达了愿与中方加强合作，积极参与“海上丝

绸之路”建设的共同愿望。这是“共建 21 世纪海上丝绸之路”倡议提出以来，东盟国家领导人反响最积极、达成共识最广泛的一次，为“21 世纪海上丝绸之路”建设的推进实施提供了政治保障。

（二）延伸了展会价值链，促进经贸实效显著提升

本届东博会延伸展会价值链，把贸易投资与相关联的领域，包括信息、技术、海关、检验检疫、过境运输、国际结算、出口信保、产业合作等链接起来，从而使东博会的商品交易和投资合作的基本功能进一步延伸到更多的相关领域，拓宽展会的综合服务功能，使企业在东博会这一个屋顶下获得系统化服务并实现增值，促进产业落地。

会期举办了投资合作圆桌会、产业园区招商大会、中国驻东盟使领馆经商参赞与企业交流会等活动，在推动中国企业“走出去”、促进双向投资方面，达成了更多的投资合作项目，特别是达成了港口合作、互联互通、跨境电商、产业合作等一批“海上丝绸之路”建设的重点项目。本届东博会签约国际合作项目 100 个，投资额比上届增长 8.48%，涉及港口合作、航运建设、电子商务、现代农业、商贸物流等领域；签约国合作项目 157 个，投资额比上届增长 10.45%，其中，东部地区向西部地区产业转移、第三产业等项目比往届更多。

（三）扩大合作区域，由“10+1”向 RCEP 拓展

本届东博会不仅服务中国—东盟 10+1 合作，而且面向 RCEP（区域全面经济伙伴关系）合作。澳大利亚担任本届东博会特邀贵宾国，举办了国家推介会。本届东博会吸引了更多的澳大利亚、韩国、日本、印度、新西兰等 RCEP 国家企业参会，会期举办了中国中小企业面向 RCEP 国家市场推介会、企业家交流会、韩国专场经贸活动等。世贸组织派出代表团参会，联合国国际贸易中心作为东博会支持单位，这些推动中国和东盟进一步融入全球经济合作。

（四）服务了中国各省区市与东盟的合作，拓展带动功能

本届东博会进一步带动了中国各省（区、市）以及港澳台地区与东盟合作。中国内地有 35 个省区市组团参会，众多省（区、市）举办了面向东盟的一系列经贸交流活动。深圳市连续第 6 年包馆参展。宁夏作为中

方“魅力之城”开展了专场推介活动，香港担任下届东博会“魅力之城”，会期宁夏与香港代表举行了“魅力之城”交接仪式。陕西、海南、贵州、江苏等省区市分别举办了面向东盟的经贸交流活动。此外，香港工商界与广西在旅游业、加工贸易及物流领域开展了合作。澳门贸易投资促进局展示了贸易、投资、旅游等领域的合作商机。台湾贸易中心以“电子精品”为主题参展，展示了一批家用电器精品，举办了专题经贸交流会，促进了互利合作。

本届东博会结合广西开放发展需要，在重要活动安排、展览内容、会议论坛、宣传等方面推动广西与东盟合作，促进中马“两国双园”及其他合作园区建设，推动北部湾经济区和珠江—西江经济带建设，为把广西建设成为西南中南地区开放发展新的战略支点作出新贡献。

三 存在的主要问题

（一）东博会发展模式需进一步适应“一带一路”建设的要求

东博会举办11年来，建立了将政治外交、经贸、人文融为一体的全方位合作新模式，但随着国家“一带一路”战略（建设丝绸之路经济带和21世纪海上丝绸之路）的提出，东博会要提升服务国家对外开放战略的地位和作用，打造东博会升级版，建成“一带一路”战略的重要平台和窗口。

（二）展会价值链还需要完善

东博会从过去以商品贸易为主，到目前商品贸易与投资合作并重，同时在多领域合作方面也不断丰富，已经取得长足进步。但是如何把贸易和投资与海关、质检、金融、物流等配套服务，以及互联互通、园区合作、科技创新等相关领域有机结合起来，完善展会价值链，提升综合服务能力，这方面还需要加强。

（三）展览面积偏小，展示规模亟须进一步扩大

东博会从第一届的一期一馆约2500个展位到第七届发展到一期三馆约4600个展位后，受制于场馆条件，连续五届展示规模基本没变化。与中国和东盟各国不断增长的参展需求相比，目前的规模远远无法满足要

求，需要加快场馆扩建步伐。

四 发展建议

（一）提升东博会在国家“一带一路”战略中的地位

建议进一步提升东博会在国家对外开放战略的地位和作用，打造东博会升级版，建成“一带一路”战略的重要平台和窗口。今后，东博会要围绕“一带一路”主题，做好每届的策划，在开幕大会主题演讲、展览设置、项目合作、会议论坛、宣传报道、氛围营造等方面突出主题，努力推动政府、商界以及人文领域就共同探索“一带一路”的深层内涵、重点合作领域，积极推进在重点项目、经济走廊以及平台机制建设，促进政策与制度的对接。此外，完善和建立更多的常办常新机制。在巩固东博会的主题设置、主题国机制、“魅力之城”、特邀贵宾国机制、会议论坛等与众不同的机制基础上，今后还要创造更多的与“一带一路”建设、区域合作相关的新的合作机制，确保常办常新。

（二）继续扩大东博会的服务区域及领域

进一步拓展东博会服务范围，从服务“10 + 1”拓展到服务 RCEP。继续完善特邀贵宾国机制。加强与 WTO、联合国国际贸易中心的联系，拓展与“一带一路”沿线国家的合作，更多地参与全球经济合作，获得更大的市场空间。在做好商品贸易、投资合作基础上，按照中国—东盟2 +7合作框架，进一步拓展合作领域，举办系列会议论坛和活动，推动互联互通、产业合作、海上合作、金融合作、人文交流等更多领域合作。

（三）专注打造展会价值链，形成新的展会模式

东博会是服务中国—东盟自贸区的展会，它的使命决定了内容的综合性。作为综合性展会，东博会要能生存发展，必须适应形势的发展，在服务模式上创新，保持生命力和持续发展的动力。打造展会价值链，就是在做好商品交易和投资合作的基础上，延伸和完善展会价值链。将展会的商品交易和投资合作这一基本功能，延伸到与之相关联的合作领域，比如延伸到政策法律、电子商务等信息服务，延伸到人民币对东盟各国货币结算、挂牌交易等跨境金融创新，延伸到交通物流等互联互通，延伸到产业

投资等园区合作，延伸到转型升级等科技研发合作，延伸到货物、人员、车辆往来等通关便利化，带动贸易、投资、服务等深度融合。

（四）加快南宁国际会展中心升级改造

创新体制机制，加快推进南宁国际会展中心改扩建工程，扩大展馆，优化交通，完善相关配套服务功能，满足东博会升级发展需要。

（五）推出东博会境外展，提升东博的影响力

结合东盟国家的国别特点，适时推动东博会在条件合适的东盟国家落地办展，形成国内国外双线互补、内外开花的办展新格局。

2014年广西与东盟合作报告

秦建文[①]

中国—东盟战略伙伴合作关系已经经历了“黄金十年”，2014年，中国—东盟合作进入了起点更高、内涵更广、合作更深的“钻石十年”。广西与东盟的合作在中国—东盟合作的大背景下，取得了可喜的成绩，广西与东盟友好合作关系持续稳定发展，已经成为沟通中国—东盟的重要桥梁。

一　政治交往促进广西与东盟合作深化

（一）广西与越南全方位合作深化

2014年尽管发生了越南排华事件，但广西与越南的合作仍在继续深化。

在广西各城市与越南合作方面，凭祥市与越南谅山省文朗县双方提出加快跨境合作区、专用货物通道以及浦寨不夜城项目的建设；南宁市市长周红波会见越南驻南宁总领事范清平，双方就继续推动南宁与越南各领域的合作，实现共同进步与发展达成一致；越南高平省与广西靖西县就推动贸易、农业、旅游、教育等领域的合作进行了深入磋商。广西与越南相关省市的友好往来有利于增强政治互信，推动双边经贸及社会文化合作深化。

在国防合作方面，中越双方分别在越南广宁和中国广西联合举办了中

① 广西大学商学院教授，广西大学中国—东盟研究院中国—东盟财政金融政策研究中心研究员。合作者：王涛，广西大学商学院博士研究生；黄苇苇、黄邦定，广西大学商学院硕士研究生。

越边境国防友好交流活动；越南人民军总参谋长杜伯会见了中国人民解放军广西军区司令员肖运洪少将一行，双方表示，今后两国国防部将开通热线电话和设立更加便利的交流机制，力争建设和平、稳定和发展的中越边界线；此外，凭祥市纪检监察机关与口岸联检部门合作共建中越边境地区贸易领域惩治和预防腐败体系。国防合作的进展有助于缓解中越两国南海争端，为构建良好的中越关系打下基础。

（二）广西与新加坡合作步伐加快

2014 年广西与新加坡高层会见更为密切，经贸、投资等领域的务实合作成效明显。自治区主席陈武会见了新加坡驻华大使罗家良，并率团访问新加坡与新加坡总理和多位部长级政要进行会谈；自治区党委书记彭清华会见了新加坡总理李显龙；南宁市市长周红波会见了新加坡客商代表团。2014 年还举办了新加坡—广西专题论坛，双方达成了在运输、物流、金融等方面的合作意向，并希望加深在企业和民间层面的友好往来合作；同时在南宁举办了中国—新加坡经济走廊节点城市市长圆桌会议，会议明确了南宁作为中国—新加坡经济走廊的起点，这将为广西与新加坡开展全方位合作提供便利。

通过上述一系列会见、会谈和会议，广西与新加坡就港口、会展、金融、投资、旅游、产业园区、文化交流等领域加强合作达成诸多共识，从而将推动广西与新加坡合作提升到新的战略高度。

（三）广西与东盟其他国家继续保持友好合作关系

2014 年，广西与泰国、缅甸、马来西亚、柬埔寨、老挝、文莱等其他东盟国家继续保持友好关系。

在高层往来方面，自治区党委书记彭清华会见了缅甸总统吴登盛以及缅甸、柬埔寨领导人，率团访问了老挝；自治区主席陈武会见了马来西亚总理对华特使黄家定、柬埔寨首相洪森、泰国副总理他那萨、泰国副总理比利亚通等政要；陈武副主席还出席了 GMS 第五次领导人会议；自治区政协副主席刘志勇会见了菲律宾代表团团长特拉道；南宁市人大常委会主任谢寿堂会见马来西亚广西总会会长；南宁市市长周红波率团成功出访柬埔寨老挝缅甸三国友好城市；另外，中国人民解放军广西军区司令员肖运洪少将率团访问了文莱，双方还就促进防务合作关系交换了意见。2014 年，广西—缅甸仰光友好省区协议签字仪式启动，广西与柬埔寨暹粒省结为友好区省。广西与上述国家高层之间的密切往来，广西与东盟国家建立友好省份关系，有助于我国与东盟国家建立和巩固良好的政治关系，有助于推动广西与东盟国家之间发挥优势互补作用，在投资、贸易、农业开发、人才培训、海上航线、生态环境保护、国际友城交流等领域深化合作。

（四）“海上丝绸之路”、沿边金融改革成为连接中国—东盟的新枢纽

2014 年，在南宁举办了“深化广西面向东盟开放合作，打造新的战略支点”研讨会、第七届中国—东盟智库战略对话论坛；“21 世纪海上丝绸之路”的提出和广西壮族自治区沿边金融综合改革试验区的推进为广西与东盟的友好合作带来了新的历史机遇。

二　经贸合作推动广西与东盟双边全面发展

（一）广西—东盟地区贸易往来持续升温

截至 2014 年 11 月末，广西全区累计进出口总额为 358.57 亿美元，其中：广西与东盟累计进出口总额为 176.08 亿美元，占全区累计进出口总额的 49.11%，同比增长 29. 9%；出口贸易总额为 151. 07 亿美元，同比增长 41. 8%；进口贸易总额为 25. 02 亿美元，同比增长 -13. 8%。广西与越南双边累计进出口总额为 144.65 亿美元，平均每月占广西与东盟国家进出口总额比重超过 82% 以上（如表 1 所示）。

由此可见，广西在与东盟的进出口贸易中处于较为有利的顺差地位。在出口方面，按主要贸易方式划分，边境小额贸易累计出口额为 125.78 亿美元，同比增长 43.3%，占出口总额 83.2%。可见，边境小额贸易，为广西与东盟贸易往来做出了卓越的贡献。

表 1　　2014 年广西与东盟各国进出口贸易额　　单位：千美元

项目＼时间	1月	2月	3月	4月	5月	6月	7月	8月	9月	10月	11月	12月	2014 全年
越南	15112.3	8404.6	14132.2	1420939.9	1235017.8	1250366.2	1099663.0	939785.1	929878.2	2111924.2	1783991.0	1879436.8	16415910.8
印尼	605.6	420.6	657.0	99523.6	102064.7	97970.4	44395.8	139000.5	54658.9	129723.8	143424.7	54160.0	1033240.6
新加坡	35885.3	7920.6	33696.8	118359.2	60207.6	59499.8	18380.5	96332.2	31197.7	187576.6	90779.7	124428.0	864263.9
泰国	33385.7	26347.8	48412.3	30519.9	34570.2	41078.1	40254.3	37835.8	73038.6	41422.6	83568.1	90393.9	580827.1
马来西亚	31681.5	30718.6	38824.3	70577.5	44267.7	37366.4	42123.5	30426.5	32263.3	42466.7	52230.6	68914.7	521861.4
菲律宾	17079.8	9676.9	12247.8	24236.8	24709.4	24964.4	35185.7	46098.4	84104.4	25964.0	67715.1	41630.8	413613.5
柬埔寨	10671.7	1479.7	7384.4	3152.0	6597.5	3606.5	1220.8	1658.0	1082.7	1514.0	1263.6	2698.0	42328.6
缅甸	5141.7	1423.9	1991.3	3301.5	3098.7	1842.9	1764.3	1570.4	2483.1	2551.9	4321.9	6946.7	36438.5
老挝	3467.9	541.6	4351.7	7586.0	6823.0	5727.9	6697.2	2947.1	4036.8	696.8	1816.8	16287.6	60980.4
文莱	220.8	66.5	82.5	92.5	55.2	1960.9	58.5	150.5	10.1	59.7	103.3	13.7	2874.3
东盟组织	1709329.8	960693.6	1625903.6	1778288.8	1517411.5	1524383.2	1289743.6	1295804.4	1212753.9	2543900.5	2229215.2	2284910.3	19972338.3
进出口贸易总额	3354908.2	2364524.6	2921241.1	3607664.0	3328217.5	3263618.1	2965945.3	2885993.0	3006341.4	4139567.7	4178963.7	4717686.1	40734670.5
越南占东盟总额	88.41%	87.48%	86.92%	79.90%	81.39%	82.02%	85.26%	72.53%	76.67%	83.02%	80.03%	82.25%	82.19%
东盟占贸易总额	50.95%	40.63%	55.66%	49.29%	45.59%	46.71%	43.49%	44.90%	40.34%	61.45%	53.34%	48.43%	49.03%

数据来源：根据南宁海关网 2014 年每月进出口商品国别（地区）总值表（人民币值）计算得出（汇率取美元兑人民币 2014 年末结算中间价 1 美元对 6.119 元）。

（二）各类展会和峰会在南宁顺利举办

1. 第八届泛北部湾经济合作论坛成功举行

2014 年 5 月 15 日，第八届泛北部湾经济合作论坛在广西南宁举行，本届论坛的主题为“携手推进泛北合作，共建海上丝绸之路”。自治区政府主席陈武在论坛上表示，广西将充分发挥“泛北合作”的先导效应，致力把广西建设成为“21 世纪海上丝绸之路”的新门户、新枢纽。

2. 第十一届中国—东盟博览会顺利召开

2014 年 9 月 16—19 日，以共建“21 世纪海上丝绸之路”为主题的第 11 届中国—东盟博览会在南宁顺利召开。博览会期间，同时举办了中国—东盟投资合作圆桌会、产业园区招商大会、中国驻东盟使领馆经商参赞与企业交流会等活动。此次博览会上推出了港口合作、互联互通、跨境电商、产业合作等一批“海上丝绸之路”的重点建设项目。文莱与广西还签署了“文莱—广西经济走廊”合作谅解备忘录。

会议期间还举办了首届中国—东盟工商论坛和多场高端论坛。

3. 举办多场商品博览会和交易会

一是首届中国—东盟电子商务峰会在南宁开幕，广西将把信息经济作为全区经济发展的重要支撑，努力打造中国—东盟国际电子商务中心；二是柬埔寨天空网上线推介会在南宁举行，标志着中柬商贸迎来电商时代；三是中国广西（老挝）商品博览会在老挝万象 Lao - ITECC 展馆举行；四是中国广西（印度尼西亚）商品博览会在雅加达国际会展中心举行；五是中国—东盟水果交易会在凭祥举办。

上述展会、博览会、峰会、交易会和论坛的胜利举行，进一步了凸显广西的“桥头堡”作用，全面推动“海上丝绸之路”建设，推动中国—东盟各领域的深化合作。

（三）广西与东盟的跨境经济合作区将成为深化中国东盟经贸合作新引擎

作为面向东盟的门户，广西近年来一直积极探索新型区域经济合作模式，通过制定优惠政策、建立跨境产业园区，不断扩大边境地区的开放与合作。

1. 东兴—芒街、凭祥—同登跨境经济合作区日渐完善

东兴—芒街跨境经济合作区作为东兴试验区三大启动项目之一，各项

建设工作正在加速推进。在合作区的配套区范围内，包括红木文化产业园、江平工业园、东兴边贸中心等重大产业项目已陆续开工建设，部分已经初具规模。在凭祥—同登跨境经济合作区，通过实施中越物流大货车直通车、基础设施建设、浦寨文化旅游不夜城建设等三大项目，合作区的基础条件正在不断完善。

2. 多家产业园区同时发展

一是，总投资30亿元的东盟泛家居产业城项目正式落户广西中国—东盟青年产业园；二是，中马钦州产业园区首批项目2014年底试产；三是，中马关丹产业园则于8月获广西北部湾联合钢铁投资有限公司投资14亿美元拟建设综合钢铁厂。邕宁新兴产业园区将打造“中国—东盟中小企业创业社区”。

3. 物流合作日益加深

中越边境中草药商贸物流中心进展顺利；钦州港开通钦州港—韩国—印尼—泰国—越南外贸集装箱直航航线；中越边境的中药材集散市场爱店口岸升格为国家一类口岸已完成国家审理程序。

4. 广西钦州保税区港区二三期通过验收

已完成168亿元建设投资的我国西部唯一沿海保税港区——广西钦州保税港区，已建成10万吨航道及8个10万吨级集装箱及多用途泊位，已完成420万立方米的原油储备库等一批重大项目的建设工程。保税港区二、三期建设于8月28日正式通过验收。

广西与东盟的跨境经济合作将成为深化中国—东盟经贸合作的新引擎。

（四）广西—东盟沿边金融改革继续深化

2014年广西将跨境金融合作、跨境人民币业务创新作为沿边金融改革的重要内容，在货币兑换、人民币跨境结算、投融资、保险研究方面均取得重大突破：

中国银行广西分行在东兴、凭祥首家挂牌开办越南盾现钞兑换业务；农行中国（东兴试验区）东盟货币业务中心正式挂牌运行；东兴获得批准开展扩大个人本外币兑换特许业务试点；中国银行广西区分行推出人民币兑柬埔寨瑞尔现钞汇率业务。至此，人民币与东盟货币兑换增至7国货币，人民币与东盟货币挂牌兑换交易，有利于促进边境对外贸易结算业务便利、规范化发展，推动人民币国际化进程。

同时，“区域性跨境人民币业务（广西）”平台已初步完成系统搭建，正在开展对接联调测试；东盟博览会期间，中国银行率先发行了“中银东兴互市边贸专用卡”，用于互市边贸结算；农行东兴支行、中行东兴支行在中越边民互市贸易交易结算中心分别设立跨境贸易人民币结算服务点并“合署办公”；邮储银行广西分行与越南农业与农村发展银行芒街市分行在东兴签订边贸结算业务合作协议。

此外，中马钦州产业园区开发有限公司与中国银行马来西亚分行签订3000 万元贷款合同，用于园区启动区标准厂房（一期）项目建设，该合同成为广西首笔跨境人民币贷款；工商银行新加坡分行、中行（泰国）股份有限公司、建行新加坡分行等 3 家境外银行与广西投资集团等 5 家企业签订总额为 7.7 亿元跨境人民币贷款协议。跨境贷款的引进，意味着广西已成功统筹境内外两个市场、两种资源，有利于人民币流出与回流，推动资本项目可兑换进程。广西还将以建设沿边金融综合改革试验区为契机，深入贯彻《国务院关于加快发展现代保险服务业的若干意见》，推动沿边跨境保险市场发展。

三　社会文化领域的交流合作迈上新台阶

（一）文化交流合作开新篇

1. 文艺交流多姿多彩

2014 年，在南宁举行了首届驻邕高校百名东盟留学生新年联欢会、“中国—东盟国际书画艺术大赛暨东盟各国巡回展”、第 9 届中国—东盟文化论坛、第 11 届中国—东盟博览会文化展等活动。由南宁市承办的“文化走亲东盟行”先后走进新加坡和马来西亚。

由越南胡志明共青团高平省委书记闭登科为团长的越南高平省青少年代表团一行 70 人应邀来到崇左市参加了以“手拉手——共建陆路东盟无毒大通道”为主题的“2014 年中越边境青少年友好交流活动暨红领巾禁毒营主题队会”活动。

2. 文化产业合作充满生机

由中国国家新闻出版广电总局主办，广西壮族自治区新闻出版广电局承办的 2014 年柬埔寨、印尼中国图书展销会在柬埔寨金边和印尼首都雅加达进行；广西人民广播电台代表团赴老挝、柬埔寨开展了广电业务合作。

3. 体育竞赛增进合作感情

2014 年广西与东盟国家举办了丰富多样的文体竞赛活动，增加了广西与东盟国家的合作交流感情。如富有民间特色的狮王争霸赛以及各类棋赛、自行车公路赛和足球友谊赛等。丰富多彩的文化、体育交流活动将加深广西与东盟国家的感情，推动双边和多边全面合作的深化。

（二）教育合作与学术交流齐头并进

1. 教育合作更加密切

最近 5 年，来广西留学的留学生人数平均每年增长 20% 以上，广西已经成为全国东盟国家留学生最多的省份。教育合作，尤其在华文教育方面倍受东盟国家重视。

2014 年，广西大学、广西民族大学、广西师范学院等高校分别与泰国正大管理学院、泰国玛哈沙拉坎大学、越南同奈大学、柬埔寨金边皇家大学和柬埔寨大学等东盟国家高校建立了友好合作关系，就完善孔子学院建设、加强教学、科研和人才培养等方面的合作签署了一系列协议。

2. 学术交流日益频繁

2014 年，广西大学邀请了老挝国家驻南宁总领事进校讲座；广西社会科学院东南亚研究所在广西南宁举行“奠边府战役胜利 60 周年与中越关系”研讨会；第三十七期国际青年干部高级研修班和第四届中国—东盟国际口腔医学交流与合作论坛在南宁举行；中国商务部主办了 2014 中国—东盟会展事务研修班，东盟多国国家官员到研修班进修。

广西与东盟国家的教育合作及学术交流活动，将为双边和多边合作深化提供人才和智力保证。

（三）科技合做不断步深化

2014 年，广西积极实施以面向东盟为主的科技合作战略，贯彻落实有关加强广西与东盟科技交流合作的重要精神，与东盟国家开展了一系列科技交流与项目合作。

广西与越南、新加坡等东盟国家在加强科技合作、技术转移、智慧城市建设、共建技术转移中心等方面达成共识，并着手开展了合作机制建设。

在农业科技合作方面，区党委书记彭清华指示“要大力推进中国（广西）—老挝农作物优良品种试验站建设”；广西科技厅积极组织拓展与东盟国家白蚁防治技术合作；广西与老挝的相关部门就中国（广西）—老挝农作物优良品种试验站项目建设发展问题进行磋商；中越在合作开发优质澳洲坚果新品种方面取得突破。柬埔寨愿意积极推动环保理念进入柬埔寨农业领域。

在能源科技合作方面，由中国—东盟技术转移中心、广西太阳能协会、越南胡志明市科技信息中心在越南胡志明市共同组织举办了 2014 年中国—越南太阳能技术对接会；由广西电网送变电公司负责施工的柬埔寨金边环网第 I 标 230 千伏输变电工程 230 千伏 SPP – WPP 输电线路已顺利通过验收。

科技交流与合作将推动广西与东盟经贸合作迈上新的台阶。

（四）民间交流丰富多彩

2014 年，在广西南宁举办了“汉语小姐选美大赛”、中越山歌歌王大赛和中越廉政山歌大赛、中国广西—越南高平妇女“姐妹携手共建和谐边境”等一系列民间交流活动；柬埔寨妇女事务部国务秘书金占伦率领的柬埔寨妇女代表团来广西开展了为期 7 天的学习交流活动。

民间交流活动将增进广西与东盟国家人民之间的感情，推动广西与东盟合作发展。

（五）旅游合作开创新篇章

2014 年，广西武鸣县举办广西—越南“骆越文化”旅游节；东兴市获批《广西东兴重点开发开放试验区建设总体规划》，开辟赴越南自驾游线路；越南与广西防城港市就完善赴下龙湾的跨国海上旅游航线、共同开通边境自驾游、加强边境旅游市场管理等领域达成合作推进的工作意向；越南广宁省芒街市与广西东兴市在越南广宁省下龙市联合举行 2014 年越南—中国边境商贸旅游博览会推荐会。

广西和东盟国家存在不同的旅游资源，通过旅游将加深广西与东盟的互联互通，推动社会文化各领域的发展。

四　广西与东盟合作中存在的主要问题

（一）地缘政治危机容易影响双边贸易投资活动的正常发展

2014年，越南、菲律宾、马来西亚等国与我国南海争端频繁，双边政治互信有所下降，一定程度上减缓了广西与上述各国间的贸易投资发展速度。另外，部分东盟国家政权先后更迭，发展对华贸易的态度难以预测，这些将给广西与东盟双边经贸发展带来更多的不确定性。

（二）产品贸易结构仍处于较低层次

一是广西与东盟国家间的贸易产品仍以低附加值产品的资源密集型和劳动密集型产品为主。广西制糖、电力、有色金属加工、黑色金属加工、非金属矿物制品业、汽车、化学原料及化学制品制造业和医药制造业等多个特色产业未能形成出口竞争优势。二是交易主体抗风险能力依旧较差。广西边境小额贸易的交易主体大部分为中小型民营企业，规模化发展水平不高，对地缘政治危机、国内政策等环境因素较为敏感，抵御风险能力较差。

（三）自贸区内部同样存在着激烈的竞争

一是自贸区内部整体关税降低意味着国际资本在东盟任何一国投资生产的产品均可享受同样优惠进入“10＋1”市场，因此东盟国家纷纷出台其他优惠政策吸引外资流入，对广西吸引外资产生更加激烈的竞争。二是近年来东盟国家频繁使用技术性贸易壁垒、进出口配额限制和动植物卫生检疫等非关税措施进行贸易保护，对广西的进出口业务产生较大影响。

五　相关政策建议

（一）加强双边合作，营造互利共赢的贸易与投资环境

利用广西区位优势和先发经贸优势，不断扩大发展广西与东盟国家的商贸业务，充分利用和发挥好中国—东盟博览会的平台作用，做好自由贸易区政策宣传，逐项落实中国—东盟自由贸易区各项便利和优惠条件。同时，根据东盟各国不同的发展程度，采取针对性更强的方式深化双边经贸

发展，积极吸纳新加坡等中等发达国家的产业资本到广西投资，对越南等发展中国家大力实施“走出去”战略。

（二）加快推进改革创新，提供有效金融支撑

应抓住机遇，立足广西沿海沿边特点，积极探索自贸区金融改革创新，争取沿边地区金融综合改革取得新突破。要积极稳妥地推进沿边自贸区跨境人民币业务创新，完善金融组织体系，培育沿边发展多层次资本市场，推进保险市场发展，加快农村金融产品和服务方式创新，促进贸易投资便利化，加强自贸区金融基础设施建设的跨境合作，完善金融管理体制，建立金融改革风险防范机制，严控和防范各种违法违规行为，为跨境自贸区建设提供强大的金融支撑。

（三）构建面向东盟的互联互通大通道，开拓更广阔的合作空间和商机

大力推进广西和东盟互联互通建设，涵盖港口网、高速公路网、铁路网、航空网和通信光纤网等网络建设。要加快与东盟 47 个港口的互联互通，全面拓展“海上合作”。打通南宁至新加坡的经济走廊，完善中国西南和中南地区以及粤港澳通过广西连通中南半岛的陆路大通道。同时要加强安全高效的信息网络建设，并将网络拓展至东盟与亚洲以外地区。

（四）积极推进多领域合作，构建中国—东盟人文交流圈

广西应继续积极推进教育、文化、旅游、科技等领域与东盟的合作，包括：共建友好城市群，结合园区开发、项目建设与港口合作，加强与东盟国家建立友城。打造旅游圈，积极推进旅游异地签证、落地签证、免税购物等便利化，推动人员、车辆的跨境自由行。加强科教文卫体交流合作，承办好中国—东盟技术转移中心，扩大科技合作，重点实施中国—东盟政商领袖培育工程，推动设立中国—东盟联合大学。加强环保领域交流合作，促进环保经验共享交流，提升我国环保在东盟地区的影响力。

作为中国—东盟合作的最前沿，广西积累了成功举办十一届中国—东盟博览会、中国—东盟商务与投资峰会的宝贵经验，拥有泛北部湾经济合

作论坛等机制平台。下一步，广西应抢抓机遇、主动作为、勇于担当，倾力参与共建“21 世纪海上丝绸之路”和中国—东盟命运共同体、打造中国—东盟自贸区升级版等工作，创新合作机制，推进互联互通，构建更高层级、更大范围的友好城市和人文交流圈，为实现中国—东盟新繁荣贡献力量。

第 四 篇

2014 年东南亚地区热点问题评析

南海争端现状与趋势

徐全龙[①]　李　红[②]

自古至今，中国对南沙群岛及其附近海域拥有无可争辩的主权。南海争端发端于20世纪60年代末70年初，1968年，联合国亚洲暨远东经济委员会下属的“亚洲外岛海域矿产资源联合勘探校调委员会”完成的报告揭示了南海石油储藏前景。此后，越南、菲律宾、马来西亚等东南亚国家一改以前承认南海海域属于中国的态度，开始采取各种方式侵蚀中国在南海海域的权益，以军事手段占领南沙群岛部分岛礁，在南沙群岛附近海域进行大规模的资源开发活动并提出主权要求。

一般认为，南沙之争，其本质是围绕着石油资源而展开的争端，是名副其实的“石油政治”问题。20世纪70年代末，特别是1982年的《联合国海洋法公约》赋予沿岸国200海里专属经济区和大陆架的管辖权，南海周边国家据此纷纷提出各自专属经济区和大陆架主张，并公然把其主张范围扩大到中国南沙群岛及其附近海域，侵犯领土主权并与中国在南海主张的管辖海域形成大面积重叠。20世纪90年代以来，以南海岛屿归属和海域划界为核心的南海争议，与战略资源的攫取以及地缘安全交织在一起，日趋复杂和激烈。南海争端先后经历了岛礁主权争夺、油气资源掠夺和岛礁主权固化三个阶段[③]，形成了现在的所谓“五国六方”占领格局，南海诸岛的岛礁中，中国实际控制9个、越南占领29个、菲律宾占领8个、马来西亚占领3个、文莱占领1个、印度尼西亚占领2个。

---

① 广西大学中国—东盟研究院国际关系研究所研究助理。

② 广西大学中国—东盟研究院国际关系研究所所长，教授。

③ 许利平：《管控南海争端 推动南海合作》，《当代世界》2014年第8期，第31—33页。

为了维护在南海海域的主权和权益，中国开始采取了一系列措施并坚持通过双边谈判渠道解决争端。在南海问题的战略方针方面，邓小平在20世纪80年代确立了“主权归我，搁置争议，共同开发”的战略构想，中国政府积极与南海有关国家开展外交协调和磋商。1995年4月，中国还打破了一直坚持的在双边框架下讨论南海问题的立场[①]，与东盟组织就南海问题进行了讨论。此后，中国以更加开放的态度参与到东盟主导的管控南海争端的多边框架之中，与东盟合作维护南海和平稳定的大局。2002年11月，中国与东盟在金边签署《南海各方行为宣言》（以下简称《宣言》），规定：“各方承诺保持克制，不采取使争端复杂化、扩大化和影响地区和平与稳定的行动，而要采取具有建设性的方式处理分歧。”[②] 尽管《宣言》没有强制约束力，但其谈判和签署的过程具有重要意义，是中国和东盟在管控南海争端方面的合作典范。

第二节　2014年南海争端的现状及特点

一　概况

在经历了2013年相对缓和的形势后，南海问题再次迅速升温。2014年伊始，南海局势就显得分外不平静，成为整个中国周边地区的矛盾焦点。1月4日，美国助理国务卿拉塞尔（Daniel Russe）在国会听证会上要求中国澄清南海“九段线”的性质[③]，指责中国在南中国海的主权要求缺乏国际法依据，这成为南中国海局势紧张的导火索，同时也是美国官方第一次就“九段线”问题发表评论。3月31日，菲律宾正式将南中国海仲裁案提交至国际海洋法仲裁庭，其间，还发生了中国与菲律宾船只在仁爱礁附近海域的对峙事件。5月初，中国宣布981钻井平台在西沙作业的话音刚落，越南就组织了空前的干扰活动，中越两国在西沙海域形成长时间、大规模的对峙，南海问题达到近年来最紧张的态势。5月以后，菲越

① 张云：《国际政治中“弱者”的逻辑——东盟与亚太地区大国关系》，社会科学文献出版社2010年版，第71页。

② “2002 Declaration On The Conduct Of Parties In The South China Sea”, Adopted by the Foreign Ministers of ASEAN and the People's Republic of China at the 8th ASEAN Summitin Phnom Penh, Cambodiaon, 4 November 2002, http://www.aseansec.org/13163.htm.

③ 《美议员谈南海底线：有机密战略应对中国》，新华网，2014年2月10日，http://news.xinhuanet.com/mil/2014-02/10/c_126110370.htm。

等国频繁对中国在南海的岛礁建设提出抗议，并在国际媒体上造势。5月10日，东盟峰会外长会议在内比都召开，会议罕见地发表了关于南海问题的共同声明，表达了东盟对近期南海事态的关注，显然东盟对中国的质疑加强，并试图通过协调东盟各国立场，发挥东盟的整体作用。5月31日，习近平在会见马来西亚总理纳吉布时强调，中方珍视南海的和平稳定，不赞成把争议复杂化、扩大化、国际化，我们不会主动挑起事端，但对有关国家的挑衅行为要做出必要的反应。8月11日，菲律宾在东盟地区论坛上提出了南海“三阶段行动计划”建议，试图争夺南海话语主导权。12月11日，越南继菲律宾之后就南海问题寻求联合国仲裁，次日，中越两国军舰在赤瓜礁附近对峙。一系列事件表明2014年是近年来南海冲突最为激烈的一年，其中的一些标志性的事件更是值得我们仔细分析思考。

二　标志性事件

（一）“中建南”事件

2014年5月2日，中国企业所属“981”钻井平台在中国西沙群岛中建南海域开展钻探活动，旨在勘探油气资源。该平台作业海域距离中国西沙群岛中建岛和西沙群岛领海基线均17海里，距离越南大陆海岸约133至156海里。中方作业开始后不久，越南迅速出动包括武装船只在内的大批船只，强力干扰中方作业，冲撞在现场执行护航安全保卫任务的中国政府公务船，还向该海域派出了“蛙人”等水下特工，大量布放渔网、漂浮物等障碍物，这就是所谓的“中建南事件”，截至6月7日17时，越方现场船只最多时达63艘，冲闯中方警戒区及冲撞中方公务船累计达1416艘次①。不仅如此，越南国内还发生了大规模地反华浪潮甚至暴力活动。

“中建南”事件是自1988年南沙海战以来中越最严重的海上摩擦，究其原因，双方都试图维护本国在西沙海域的根本权益，形成了尖锐的底线对立。具体而言，实现在西沙海域的油气开发，维护对西沙海域拥有的合法权益，是中方的底线，而将“981”平台驱赶出西沙海域，维护越南对西沙的“主权”是越方的战略目标，这种针锋相对的底线碰撞决定了

① 《“981”钻井平台作业：越南的挑衅和中国的立场》，新华网，2014年6月8日，http://news.xinhuanet.com/world/2014-06/08/c_126592086_5.htm。

“中建南”事件的持久性和规模。

事实上，早在1992年，中国就与美国克里斯通公司签订了万安滩的石油合同，从2004年左右，中国就着手西沙油气资源的开发。但是，直到2014年，“981”平台钻探作业仍然停留在勘探进程中。因此，这次中国顶住越南的大规模干扰，坚持在中建南的作业活动，是具有战略性意义的重大举措，体现了中国开采南海油气资源的坚定意志。

（二）2014年东盟峰会

“中建南”事件在南海局势发展中所具有的转折性意义，还反映在国际社会、尤其东盟国家态度的微妙变化上。2014年5月11日，东盟峰会在缅甸内比都召开，并发表《内比都宣言》，宣言没有直接提及南海议题，即使和中国有主权争议的越南及菲律宾都希望在宣言中对中国采取更强硬态度。在谈及南中国海的段落，宣言只是呼吁各方遵守国际法原则、保持克制、不要动用武力，避免做出进一步把争端升级的行为。但在前一天举行的东盟峰会外长会议罕见地发表了关于南海问题的共同声明，表达了东盟对近期南海事态的关注，虽然声明没有点名道姓，但是，显然东盟对中国的质疑加强，并试图通过协调东盟各国立场，发挥东盟的整体作用。东盟发出的一致声音是，希望中国与相关国家能够在《宣言》的框架下进行磋商，并尽快签订具有法律约束力的《南海各方行为准则》（以下简称“准则”），但是这种倡议面临的挑战是，一方面东盟内部的立场仍然需要协调，另一方面，它们对于中国签订准则的诚意表示质疑。

5月11日，新加坡外长尚穆根表示，在南海问题上“东盟必须保持中立，但保持中立并不意味着保持沉默，我们不能保持沉默”。在尚穆根看来，选择“中立但不沉默”，符合东盟的利益。东盟成员国在南海问题上的处境、立场和利益并不一致，与中国关系的亲疏远近也不相同，东盟难以在中国与南海其他声索国之间“一边倒”。与此同时，东盟又要显示自身团结和“公信力”，展示在南海问题上“当仁不让”的主导性①。

这就需要东盟拿捏好“中立但不沉默”的尺度。一方面，菲律宾、越南企图在南海问题上绑架东盟，拿东盟看重的“团结”、“协商一致”来要挟东盟，逼迫其他东盟国家同他们站在一起。另一方面，中国政府郑

---

① 《东盟峰会：东道国强调中国“很重要”》，参考消息网，2014年5月11日，http://world.cankaoxiaoxi.com/2014/0511/386842.shtml。

重表示，对加强南海合作的积极行动，中方都会倾力支持；对破坏南海和平稳定的挑衅行为，中方会果断回应。中国对南海诸岛及其附近海域的主权不可能拱手相让；中国可以同东盟协商维护南海地区和平与稳定的途径和方式，但涉及领土主权和管辖权的争议只能由声索国双边磋商和谈判处理；东盟的“团结”来自于能否维护地区的整体利益，而不是偏袒个别成员国的私利，或者沦为域外国家制衡中国的工具。

东盟在南海问题上表达了自己的“最低共识”，中国在南海问题上有自己的底线。事实证明，双方在南海问题上的立场并非对立不可调和。如何处理好南海问题，既是对中国的考验，也是对东盟的考验。

（三）“南海行为准则”早期收获

11 月 13 日，中国国务院总理李克强在东亚峰会（10 + 8）上的发言中明确指出了中国处理南海问题的“双轨思路”，即有关争议由直接当事国通过友好协商谈判寻求和平解决，而南海的和平稳定则由中国与东盟国家共同维护，两者相辅相成、相互促进，有效管控和妥善处理具体争议[①]。他还表示，中方同意积极开展磋商，争取在协商一致的基础上早日达成“南海行为准则”，并已取得早期收获。在《宣言》签署 12 年后，各方一直呼吁早日达成的“南海行为准则”终于有了早期收获。

实际上，《宣言》从一开始就提出了尽早达成“准则”的目标，但各方间存在的实质性分歧、尤其是主权主张上的争议依然难解。在对于“准则”的理解上，一些国家主观地将之视作是争端解决机制，这与“准则”构思时作为“冲突管控机制”的初衷相差甚远。也正是在《宣言》落实以及“准则”谈判遭遇重重困境的情况下，中方所提出的解决南海问题“双轨思路”与多数东盟国家间形成了共识。而这种共识的现实基础则是，中国和东盟国家多年来从规则制定、机制建设及务实合作三方面为维护南海和平稳定而做出的主要努力包括批准“准则”磋商的第一份共识文件，分别设立中国—东盟国家技术部门之间的“海上联合搜救热线平台”，及中国—东盟国家外交部之间的“应对海上紧急事态高官热线”，举行中国—东盟国家海上联合搜救沙盘推演，推广卫星系统在南海

① 《中方提“双轨思路”解决南海问题》，人民网，2014 年 8 月 11 日，http：//world. people. com. cn/n/2014/0811/c157278 – 25439125. html。

导航和搜救中的应用等[①]。这是中国与东盟在解决南海争端过程中的重要一步，为“准则”的达成，奠定了一定的基础。

（四）南海发展问题话语主导权的争夺

在2014年8月9日至10日缅甸首都内比都举行东亚合作系列外长会议期间，中国外交部长王毅表示，中国和东盟已找到南海问题解决之道，也就是中方倡导的“双轨思路”（详见本节上文第（三）点）[②]。在11月13进行的“10+8”会议上，李克强开宗明义谈起了政治安全，并且明确了处理南海问题“双轨思路”。这是中国领导人首次明确以“双轨思路”处理南海问题。“双轨思路”的提出意味着中方处理南海争议的手法发生了微调，从拒绝通过任何多边渠道解决南海问题，转向承认可以在有限多边场合寻求部分涉及多边利益的问题的解决之道。

实际上美国和菲律宾也提出了各自的“新方案”：美国的“冻结南海行动”中，建议各南海声索国承诺不再夺取岛礁，不改变南海地形地貌，不采取针对他国的单边行动等；而菲律宾则力推“三步走行动计划”，即第一步“冻结”南中国海地区的挑衅性行为；第二步全面落实2002年的《宣言》；第三步制定更具约束性的行为准则[③]。美国和菲律宾的主要意图就是要维持南海现状，控制中国的扩张。在多次国际会议上，美菲的方案遇冷，而中国提出的“双轨思路”则得到了多数国家，特别是一些东盟国家的支持。

（五）中菲南海仲裁案

2013年1月22日，菲律宾共和国外交部照会中华人民共和国驻菲律宾大使馆称，菲律宾依据1982年《联合国海洋法公约》第二百八十七条和附件七的规定，就中菲有关南海“海洋管辖权”的争端递交仲裁通知，提起强制仲裁[④]。2月19日，中国政府退回菲律宾政府的照会及所附仲裁通知。4月25日，在菲律宾推动下，国际海洋法庭5人仲裁法庭成立。

---

① 《第十七次中国—东盟领导人会议主席声明》，外交部网站，2014年12月1日，http：//www. fmprc. gov. cn/mfa_ chn/zyxw_ 602251/t1215662. shtml。

② 《专家解读东亚合作系列外长会关键词》，新华网，2014年8月10日，http：//news. xinhuanet. com/world/2014－08/10/c_ 1112011536. htm.

③ 《媒体解读李克强南海“双轨思路”新思维》，中央政府门户网站，2014年12月3日，http：//www. gov. cn/xinwen/2014－12/03/content_ 2786138. htm。

④ https：//www. dfa. gov. ph/index. php/2013－06－27－21－50－36/unclos/216－sfa－statement－on－the－unclos－arbitral－proceedings－against－china.

26 日，外交部声明中国不接受菲律宾的仲裁申请，并指出中菲南海争端不是国际海洋法法庭的适用范围①。

2014 年 3 月 31 日，菲律宾正式将南中国海仲裁案提交至国际海洋法仲裁庭。12 月 7 日，外交部受权发表《中华人民共和国政府关于菲律宾共和国所提南海仲裁案管辖权问题的立场文件》，重申中国不接受、不参与该仲裁的严正立场，并从法律角度全面阐述中国关于仲裁庭没有管辖权的立场和理据，这份文件集中体现了中国结合国际海洋法发展在南海问题法理研究方面取得的成果。并鉴于各国有权自主选择争端解决方式，中国不接受、不参与菲律宾提起的仲裁有充分的国际法依据，仲裁庭对于菲律宾单方面就中菲在南海的争端提起的强制仲裁明显没有管辖权②。预计 2015 年法庭将进入口诉程序阶段，2016 年法庭会做出最终裁决。

基于政治、外交、国际社会复杂战略背景以及中方声明及立场不一定被法庭作为证据采纳等诸多因素，本案裁决仍将具有不确定性。但有一点是确定的，即在当事双方未达成合意情况下，单方面强推程序，即使法庭做出对双方有拘束力的裁决，也可能会因中方的不接受，使争端的解决无法达到实质性进展。南海争端的最终解决还需靠当事双方抱诚意态度，在尊重彼此意愿的基础上寻找双方均能接受的方式，达成的协议才可能被双方自觉遵循③。

（六）中国南海岛礁建设

早在 2012 年，中国国家海洋局就同意海南省在西沙、南沙填海建码头。进入 2014 年，加速推进在南沙群岛岛礁的填海工程。2 月开始，中国在南薰礁、赤瓜礁、华阳礁和东门礁进行了史无前例的大规模填海造陆，将曾经的礁石升级为意义重大的岛屿，6 月，又在南沙永暑礁兴建码头等设施。对此，菲越等国家反应强烈，在各种国际场合上散布各种各样的言论，不断扩大事端，制造、混淆国际舆论，目的还是要最终达到非法占领南海岛礁的目的。

---

① 《外交部发言人华春莹就菲律宾推进设立涉中菲南海争议仲裁庭事答记者问》，外交部网站，2013 年 4 月 26 日，http://www.fmprc.gov.cn/mfa_chn/wjdt_611265/fyrbt_611275/t1035477.shtml。

② 《中华人民共和国政府关于菲律宾共和国所提南海仲裁案管辖权问题的立场文件》，外交部网站，2014 年 12 月 7 日，http://www.fmprc.gov.cn/mfa_chn/zyxw_602251/t1217143.shtml。

③ 邢广梅：《试论中菲南海仲裁案》，《国际关系研究》2013 年第 6 期，第 42—56 页。

事实上，菲律宾在南沙群岛的第二大岛——中业岛上已建起了一条较长的飞机跑道及幼儿园，还有相应的补给站码头和一个小型的灯塔，驻军的规模也不在少数。而越南在南威岛、南子岛这些岛礁上，除了建设与菲律宾类似的军用民用设施之外，还重视对这些岛礁的移民工作，对侵占中国这些岛礁实施固化。南海岛礁的建设，在南海局势日益复杂的今天，对中国有效控制南沙有着至关重要的作用。中国对南沙群岛及其附近海域拥有无可争辩的主权，中方在这些岛礁上进行的建设和设施维护以及开展的各种活动都是正当的，是主权国家拥有的权利。

（七）南海军事安全

伴随着各国在南海问题上的博弈斡旋，菲越等国不断联合域外大国，试图加强在南海的军事存在。3 月 29 日，一艘菲律宾政府船摆脱中国海警船的封锁，向搁浅在仁爱礁被菲律宾部队用作基地的一艘军舰运送了食品和换防人员。菲律宾部队试图借这艘军舰向该国对南中国海争端水域提出的主权声索提供支持[①]。经过中越“中建南”事件后，进入下半年，南海气氛虽有所缓和，但有关国家还是动作不断。10 月 2 日，美国局部解除对越南实施了 40 年的致命性武器禁运，以协助越南加强海上保安能力。根据这一决定，美国将可以向越南出售海上防务军事装备，协助越南在南中国海的巡逻和防卫[②]。22 日至 23 日，美国与菲律宾海军连同日本海上自卫队，在南海举行了联合军演，此次三国联合军演是美日菲在南海进行的首次联合军演，主要针对中国在南海的军事活动，欲以此来牵制中国。12 月 18 日，菲律宾政府宣布，为加强海上防卫能力，将展开一项长达 15 年，耗资约 18.7 亿美元的军事设备现代化计划。菲律宾海军将添购两艘隐形导弹护卫舰、两架反潜战直升机和三艘具导弹能力的炮艇[③]。菲越和一些域外国家的一系列军事举动无疑加剧的南海地区的紧张气氛，为和平解决南海争端蒙上了阴影。

---

① 《中国海警船与菲律宾军队渔船在仁爱礁激烈对峙》，新华网，2014 年 3 月 31 日，http://news.xinhuanet.com/mil/2014-03/31/c_126334174_5.htm。

② 《40 年禁运令局部解除 美可售海防军备给越南》，新加坡联合早报，2014 年 10 月 4 日，http://www.zaobao.com/special/report/politic/southchinasea/story20141004-396326。

③ 《菲添购军备应对南中国海主权纠纷》，新加坡联合早报，2014 年 12 月 18 日，http://www.zaobao.com/special/report/politic/southchinasea/story20141218-425350。

第三节 南海争端的新特点与新趋势

围绕岛礁和资源开采等问题，南海局势持续升温，当前局势虽日益复杂，但整体可控，并且呈现出一些新特点和新趋势。

多边化和国际化趋势增强。2009 年至今，南海问题呈现出加速国际化的趋势。这是当前国际体系转型时期的一种伴生现象，有其必然性。在南海问题国际化的进程中，美国利用其在国际体系中的特殊地位，通过战略调整释放信息，成为主要推手。日本和印度基于自身战略考虑，利用美国战略调整提供的“时机”成为积极参与者。在全球大国和区域大国的带动下，处在第一线的菲律宾和越南成为最迫不及待的实践者。不同层次的动因汇聚累积并产生加倍放大的战略效应，对中国坚持南海问题应双边解决的主张产生了越来越大的压力①。目前，南海争端逐渐成为亚太地区多边机制中所热炒的话题。无论是东亚系列峰会，还是东盟防长扩大会议等，南海争端都成为焦点话题，甚至成为大会集体声明所谈及的内容。连与南海问题无任何瓜葛的西方七国峰会，也在 2014 年 6 月 4 日的联合声明中，首次“对南海问题深表担忧，并反对任何一方通过恐吓、胁迫或武力，单方面宣称领土或海上主权”②。

“司法化”成为争端的又一大特点。2013 年，为了争取国际舆论的支持，菲律宾把中菲南海争端提交给《联合国海洋法公约》仲裁法庭，意图使之非法侵占的南沙群岛部分岛礁合法化。2014 年，越南也把中越南海争端提交给仲裁法庭。菲越一唱一和，似乎要开辟南海争端的新战场。但南海问题不是能够简单通过《联合国海洋法公约》机制解决，如某些国家一意孤行，只能使局势复杂化，国家之间要真正取得实质性合作则愈发困难。

国际法和国际规则成为域外大国干涉南海争端的“道德砝码”。部分域外大国自视其站在国际道德的高地上，呼吁中国遵守国际法和国际规则，约束中国在南海的维权行动，在南海争端上施加“道德砝码”。而对

① 惠耕田：《南海问题国际化的多层次动因》，《战略决策研究》2013 年第 2 期，第 16—26 页。

② 《G7 对中国海上紧张关系深感担忧》，英国《金融时报》（中文网），2014 年 6 月 5 日，http：//www. ftchinese. com/story/ 001056579。

于南海争端其他相关国家，域外大国面对菲越等违反国际法和《南海各方行为宣言》的行为，充耳不闻，甚至怂恿放任。所谓“遵守国际规则”完全是域外大国的双重标准①。

经贸合作与政治安全的分离。从经贸数据来看，虽然越南和菲律宾在南海问题上和中国的冲突在程度上是最激烈的，但他们同时是对华贸易增长较快的东盟国家。经贸合作和安全冲突短时间内相互分离的现象，值得进一步观察。

借助西方媒体霸权，菲越等国强化其在岛礁主权上的国际话语权地位。近年来，菲律宾和越南等国，通过其外交部、智库学者和西方学者等渠道，不断在西方主流媒体宣扬其岛礁主权所谓的正当性，意图驳斥中国在南海岛礁主权的合理主张，试图强化其国际话语权。而部分西方媒体在报道南海争端问题时，基本是“中国威胁论”、“中国凭实力改变现状”，等等，有失偏颇，使国际社会对南海问题得不到完整的事实②。

总体说来，现在南海局势是和平稳定的，也是可控的，南海的航行自由与安全没有受到任何阻扰。但随着域外大国深度介入，南海争端呈现出的一些新特点使得南海争端由原来的“隐形问题”渐渐上升为“显性问题”，未来南海争端将呈现各方综合博弈的局面。

第四节　总结与展望

在2014年11月28日至29日召开的中央外事工作会议上，习近平主席提出了推动建立以合作共赢为核心的新型国际关系、构建全球伙伴关系网络、亚太梦、亚洲安全观等构想，坚持互利共赢的开放战略，把合作共赢理念体现到政治、经济、安全、文化等对外合作的重要政策主张③。这就为在新的发展阶段和国际形势下进一步解决南海问题指明了方向。

过去一年，中国继续推进与东南亚国家关系，在2013年李克强总理提出的“2+7”合作框架基础上进一步提出协力规划中国—东盟关系发展大战略等新建议。启动中国—东盟自贸区升级版谈判，商谈中国—东盟

---

① 许利平：《管控南海争端 推动南海合作》，《当代世界》2014年第8期，第31—33页。

② 同上。

③ 《习近平出席中央外事工作会议并发表重要讲话》，外交部网站，2014年11月29日，http://www.fmprc.gov.cn/mfa_chn/zyxw_602251/t1215440.shtml。

国家签署睦邻友好合作条约事宜，推动区域全面经济伙伴关系协定进入实质性磋商阶段。坚持对话协商和平解决与周边一些国家的领土主权和海洋权益争端。在坚决维护自身主权和正当权益的同时，2014 年，中国以边境合作开发促“一带一路”建设和以“双轨思路”处理南海问题成为外交亮点。当前南海局势虽日益复杂，但整体可控。未来，在新形势下，破解南海争端不仅需要信心和决心，而且更需要耐心和智慧。

首先，搁置争议、共同开发仍是是化解矛盾、寻求共识、增强互信的最有效方式。2012 年 11 月，中国共产党第十八次全国代表大会明确提出，“提高海洋资源开发能力、发展海洋经济、保护生态环境、坚决维护国家海洋权益、建设海洋强国”。这充分表明，中国政府把海洋资源开发与合作放在重要的战略地位。特别是在“一带一路”和“互联互通”建设提出及亚洲基础设施投资银行设立后，相关项目的建设将进行到实质性的阶段，只有各方保持克制，才能达到互利共赢，继续争议或扩大争端，势必两败俱伤，不利于各国的发展。

其次，多渠道有效管控南海争端。《宣言》是南海区域危机管理的重要基础，中国和东盟、尤其是南海争端相关国家要在继续落实《宣言》精神的基础上继续就“准则”进行坦诚的谈判，增进互信与共识，在顾及各方共同利益的基础上适时签署“准则”，更好地管控争端，不让南海争端成为中国—东盟命运共同体建设的障碍。管控南海争端与推动南海合作是维护南海地区和平稳定的一体两面，二者密不可分。有效管控南海争端将为南海开展务实合作奠定和平稳定环境，而推动南海务实合作则为管控南海争端增进互信基础。坚持“双轨思路”处理南海问题，趋利避害，防止域外势力深度干扰南海局势是管控南海争端的关键，而南海务实合作则是弥合南海各方分歧，化解外来干涉的重要手段。

再次，中国和东盟国家逐步深化和扩展海上务实合作。一是以“21 世纪海上丝绸之路”建设和中国与东盟“2 + 7”合作架为契机推动南海合作共赢不断取得实质成果，打造中国与东盟自贸区升级版及亚洲互联互通。通过建设“21 世纪海上丝绸之路”，将南海周边和海上地区的共赢合作推向新阶段。同时，借鉴北部湾渔业共同开发的经验，将北部湾湾口争议海域的共同开发作为突破口和试点，为南海其他争议海域的共同开发积累经验。

在“次地区主义”和“新地区主义”国际合作观里，作为“次国家政府行为主体”的地方政府、非政府组织、企业或个人等在次区域合作中扮演者非常重要的角色。尤其是在一些敏感领域，次国家政府行为主体还拥有国家政府行为主体不可比拟的优势。因此中国的广东省、广西自治区等要在中国—东盟海上丝绸之路建设中扮演重要省份的作用，通过“中国—东盟海洋经济合作试验区”的建设助力于中国与东盟的海洋合作。海上丝绸之路的建设离不开东盟国家的参与，中国和东盟需展开更加紧密的经济合作，推动互联互通，而这必然要求双方在政治与安全合作上的完美配合。双方应当本着相互尊重、相互信任的精神，从战略高度和长远角度看待和把握彼此的关系，加强战略沟通和经济合作，实现经贸合作的互利共赢。在“双轨思路”的协调下，政治与安全合作或将成为中国和东盟之间新的战略合作机遇。在共同开发过程中，重视相互信任的建立，为南海争端的最终解决奠定基础。

东盟经济共同体进展2014

王玉主[①]

作为东盟推动区域经济一体化的重要步骤，东盟经济共同体计划自2003年提出以来，一直受到各方关注。2007年，东盟出台《东盟经济共同体蓝图》，清楚表明了经济共同体所要实现的目标。但在八年的时间框架内实现共同体，还是引起了诸多观察者的怀疑。笔者那时也曾对东盟经济共同体建设做过评估，认为即使蓝图中设计的部分目标无法全部实现，东盟将按时宣布建成经济共同体。

自那以来，东盟已经形成了三份经济共同体建设打分卡，分别对2008—2009、2010—2011以及2012—2013三个阶段落实东盟经济共同体蓝图的进度进行跟踪和监督。到目前为止，关于东盟共同体建设的最新数据来自缅甸总统吴登盛，他在2014年11月召开的东盟系列峰会期间发表了东盟已经实现共同体蓝图措施之80%的评论。尽管实现剩余20%目标仍充满挑战，但从东盟—东亚经济研究中心（ERIA）2012年对东盟经济共同体所做的中期评估可以看出，东盟已经做好了把不能实现的目标推迟到2015之后的准备。如此，我们基本还可以坚持原来的判断，即东盟将会在2015年12月31日如期宣布经济共同体建成，而将部分目标顺延作为后2015议程继续推进。

这样似乎就留下了一个问题，东盟经济共同体到底是否如期建成了呢？本文认为，这个问题其实已经不再重要，因为东盟经济共同体已经被东盟定义为一个进程性目标，2015年12月31日只是这个过程中的一个节点。其实，2015年底作为共同体建成时点并没有什么必然性，这是东

---

① 广西大学海上丝绸之路研究中心主任、中国社会科学院亚太与全球战略研究院研究员。

盟各方在综合各种因素后的妥协结果。因此，本文接下来将从进程角度分析东盟经济共同体的实际进展，并从分析东盟经济共同体建设意图的角度，对东盟经济共同体的推进战略作出评价。

二　东盟经济共同体蓝图的落实进程

（一）东盟经济共同体的规划目标

我们知道，《东盟宪章》对东盟经济共同体建设的目标已经作出了规划，涉及市场一体化、资源流动性、消除贫富差距等，但并不系统。同期公布的《东盟经济共同体蓝图》把东盟经济共同体概括为更为系统的四个支柱体系：即把东盟建成一个单一市场和生产基地；一个具有相当竞争力的经济区；一个经济均衡发展的区域；一个完全融入全球经济的地区。这四个方面又被进一步分解为 17 个核心要素。根据规划，这些要素将通过在四个阶段（2008—09、2010—11、2012—13、2014—15）内落实的 176 个优先项目得以落实。

表 1　　《东盟经济共同体蓝图》的 17 个核心要素

单一市场与生产基地	有竞争力的经济区	经济均衡发展	与全球经济一体化
货物自由流动	竞争政策	中小企业发展	协调处理对外经济关系
服务自由流动	消费者保护	东盟一体化倡议	提升对全球供应网的参与
投资自由流动	知识产权		
资本自由流动	基础设施发展		
熟练劳动力自由流动	税收		
优先一体化部门	电子商务		
食品、农业与林业			

资料来源：《东盟经济共同体蓝图》，东盟秘书处 2008 年。

可见，东盟确定的经济共同体目标就是要在八年的时间里完成这 176 项工作。至于这些被分解出来的任务完成后能否还原出一个《东盟宪章》甚或《东盟经济共同体蓝图》的四个支柱所描述的经济共同体，并不重要。事实是，东盟将以这些任务的完成作为共同体建成的标准。为了监督各成员按照共同体建设路线图确定的步骤行动，东盟进一步制定了经济共同体建设打分卡制度。当然，打分卡制度也存在问题，因为即便到时经济共同体打分卡显示东盟完成了任务，由于各国批准协议往往滞后，而转化为国内法律则更是不易，东盟成员国可能也没有真正落实有关目标。但从目前东盟的立场看，这些问题并不会影响东盟把打分卡得分作为经济共同体建成的证据。

（二）蓝图公布以来东盟经济共同体建设进展

到 2012 年，东盟先后公布了经济共同体建设第一份（2008—09）和第二份（2010—11）打分卡。这两份打分卡显示，2008—2011 年这四年间，东盟落实蓝图任务的比率为 67.5%（具体情况见表 2）。从打分卡看，两个阶段东盟各国都没能完成任务，而且头两年措施的落实旅明显好于后两年，反映到具体领域上，东盟已经长期推动的货物贸易、服务贸易和投资等在第二阶段都还有诸多措施未能落实。对此，新加坡谢秀瑜认为，可能是因为第一阶段的措施容易落实。

表 2　**东盟经济共同体打分卡**（2008—2011）

主要领域	阶段 I（2008—09）		阶段 II（2010—11）		2008—2011	
	完全落实	未完全落实	完全落实	未完全落实	完全落实	未完全落实
单一市场与生产基地						
货物自由流动	9	0	23	24	32	24
服务自由流动	10	3	13	17	23	20
投资自由流动	5	1	5	8	10	9
资本自由流动	1	0	5	0	6	0
熟练劳动力自由流动	—	—	1	0	1	0
优先一体化部门	28	0	1	0	29	0
食品、农业与林业	8	0	5	6	13	6
措施总数	61	4	53	55	114	59
落实率	93.8%		49.1%		65.9%	
有竞争力的经济区						
竞争政策	2	0	2	0	4	0
消费者保护	2	0	5	4	7	4
知识产权	—	—	4	1	4	1

续表

主要领域	阶段 I（2008—09）		阶段 II（2010—11）		2008—2011	
	完全落实	未完全落实	完全落实	未完全落实	完全落实	未完全落实
运输	15	10	6	8	21	18
能源	0	0	2	1	2	1
矿业	1	0	7	0	8	0
信息与通信技术	2	0	4	0	6	0
税收	—	—	0	1	0	1
电子商务	—	—	1	0	1	0
措施总数	22	10	31	15	53	25
落实率	68.7%		67.4%		67.9%	
经济均衡发展						
中小企业发展	1	0	4	3	5	3
东盟一体化倡议	2	0	1	1	3	1
措施总数	3	0	5	4	8	4
落实率	100%		55.5%		66.7%	
与全球经济一体化						
对外经济关系	5	0	7	2	12	2
措施总数	5	0	7	2	12	2
落实率	100%		78%		85.7%	

资料来源：ASEAN Secretariat，ASEAN Economic Community Scorecard：Charting progress toward regional economic integration. Jakarta：ASEAN Secretariat，2012.

1. 中期评估

2011 年 4 月，东盟委托东亚东盟经济研究所（ERIA）对东盟经济共同体蓝图的落实情况进行中期评估。到 2012 年，ERIA 专家完成了评估报告。这份从经济共同体建设影响角度作出的评估报告认为，东盟成员已经在实现 2015 年东盟经济共同体的目标方面取得了很大成就。重点的领域包括：

关税方面：东盟六个老成员国共同有效特惠关税（CEPT）计划产品的平均关税实际上已经为零，越老柬缅四个新成员国 2010 年的平均税率则为 2.6%，这四个国家的 CEPT 减税工作无疑将如期完成。减税的效果与与其相同，东盟区内进口相应增加，区内贸易份额从 20% 左右提高到 25%。

贸易便利化方面：印、马、菲、新、泰已经开始运行国家单一窗口（NSW）系统，并将逐步推行到所有重要的港口和机场。文莱和越南正在国家单一窗口建设期，后者计划在 2015 年覆盖到全国一半的进出口平台。柬埔寨、老挝和缅甸三国则尚处于建设初期，离主要港口试点运行还有大量工作要完成。原产地规则是东盟促进贸易便利化领域的一个亮点。目前，东盟的原产地规则已经发展成更加自由和商业友好型，只是优惠税率的使用率并不高。总之，贸易便利化措施已经产生了效果，比如对东盟成员国私人部门的问卷显示，进出口贸易的清关时间已经减少。

投资自由化和便利化方面：东盟各国在农业、渔业和林业、采矿业以及基础设施领域的投资体制已经比较开放：三个东盟成员的投资自由化率超过 90%，有五个在 85%—90%，而另外两个也在 80% 左右。

加深与东亚一体化方面：东盟已经完成了五个“东盟 +”自由贸易协定（FTA），这五个 FTA 包含了东亚峰会所有 16 个初始成员。而这五个 FTA 正在走向区域全面经济伙伴关系（RCEP）。此外，欧盟、美国、海合会等也都表示有兴趣与东盟签署 FTA，说明东盟越来越得到国际社会认可，并对贸易伙伴产生了吸引力。

尽管取得了很大进展，但评估报告认为实现东盟经济共同体 2015 目标绝不是易事，因此根据东盟领导人的意思把经济共同体建设的措施分成了两类：即 2015 之前措施和主要在 2015 之后落实的措施。其中要在 2015 年之前完成的主要是那些对 2015 目标实现有重要影响的，主要包括关税和非关税壁垒的消除；贸易便利化；服务自由化和国内改革；投资自由化和便利化；互联互通和运输便利化；促进中小企业发展；落实东盟一体化倡议以及 RCEP 协议的谈判工作。

2. 中期评估以来的进展

尽管中期评估显示，东盟经济共同体已经取得了很大成就，但正如打分卡显示的，前四年蓝图规划措施的落实率不足 70%。这对东盟领导人来说当然意味着一种压力，但东盟 2012 年领导人会议仍决定东盟经济共同体的目标时间为 2015 年 12 月 31 日，并为实现这一目标采取涵盖东盟经济共同体建设的四个支柱领域的措施。

2012 年，东盟采取了一系列措施推动经济共同体建设。具体包括：第 20 次东盟领导人会议通过《东盟共同体建设金边议程》；第 21 次东盟领导人宣布《东盟全面投资协定》生效；召开以“缩小城乡发展差距、共享经验教训”为主题的东亚论坛；召开第十三届能源部长会议，决定继续执行《东盟能源合作行动计划（2010—2015)》；召开东盟一体化发展合作论坛，促进解决发展差距问题；宣布启动地区全面经济伙伴关系协议的谈判；加强互联互通建设；推动《东盟国民免签证框架协议》的落实；深化次区域合作，召开东盟—湄公河流域开发合作机制第十四次部长；等等。这其中，RCEP 谈判和互联互通建设都是对东盟经济共同体建设意义重大的措施。RCEP 涉及东盟所有成员及其六个重要贸易伙伴，其成功落实将加强东盟与地区经济的联系。互联互通涉及基础设施、制度建设以及人员交流和沟通，对与加深东盟一体化、特别是解决东盟内部发展不平衡问题具有特殊意义。

东盟的努力表现在了经济共同体蓝图的落实率上。到 2012 年 8 月东盟第四十四届经济部长会议召开时，落实率已经达到 72%，而到 11 月份东盟第 21 届领导人会议召开时，落实率则进一步上升到 74.5%。面对这样一份成绩单，东盟第四十四届经济部长会议认为，不确定的世界经济仍是东盟面临的主要风险，东盟需要加快落实东盟经济共同体。具体要采取的措施包括：首先，按照东盟第 20 次领导人会议通过的《东盟共同体建设金边议程》的要求，加倍努力实现东盟经济共同体。一个重要的信息是部长们同意对经济共同体建设措施做优先排序，锁定到 2015 年可实现的目标。其次，同意为更深入的经济一体化而增加政治承诺。特别值得注意的是，部长们注意到了增加制度支持对一体化的重要性。他们为此作出的重要决定包括：为解决非关税措施形成一项制度机制、在投资领域加强同行监督、通过经济一体化高级工作组的工作促进管理的改革，以及通过东盟一体化监督办公室加强对东盟经济共同体的监督。最后，部长们同意需要为应对东盟经济共同体的发展挑战作出更多努力。其中最重要的是通过《东盟均衡经济发展框架协议》来解决经济均衡发展问题。此外，部长们对于增加与私人部门以及其他利益相关者互动的重要性有了认识。

几个月后的东盟领导人会议，对东盟经济共同体建设做出了如下评价：“我们很高兴东盟经济共同体蓝图的落实率已经增加到 74.5%。但我们知道我们在落实经济共同体上都面临来自国内的挑战。我们同意更加在落实经济共同体涉及的领域更加努力，以便到 2015 年实现东盟经济共同体目标。我们对东盟经济共同体委员会落实的经济共同体优先措施以及东盟经济共同体蓝图中期评议提出的建议表示欢迎。”

2013 年，推动东盟经济共同体建设仍是东盟的重头任务之一。根据蓝图目标的执行情况，东盟第 19 届经济部长非正式会议提出，今后将集中有关贸易协调、服务业、投资、和运输等方面存在的问题。例如，批准了国家和地区层面解决非关税措施的工作计划、2012 东盟关税命名一致化协定开始实施、签署了修改东盟有关货物贸易的某些经济协议的议定书等等。8 月在文莱举行的第 45 届东盟经济部长会议上，又决定在单一市场和生产基地、单一窗口方面加大建设力度。此外，在消除发展差距方面、在中小企业发展方面、在加强互联互通方面、在推动次区域合作方面以及对外合作方面，东盟都有很多措施得到落实。

对于 2013 年经济共同体建设的进展，经济共同体委员会第十次会议只做了非常简要的介绍，但对经济共同体蓝图措施 79.7% 的落实率感到满意。委员会同时对经济共同体目标实现的挑战认知也不像 2012 年那么强烈，认为世界经济虽然有所恢复，但东盟仍需加快一体化为地区经济增长提供动力。经济共同体建设的另外一个挑战在于民众对经济共同体建设了解不够，还存在误解，因此需要加大宣传和沟通。但第 45 届东盟经济部长会议对经济共同体建设的进展似乎不很满意，认为到 2013 年 7 月底 79.7% 的落实率只是一个很小的进步。与此同时，声明中提到部长们批准了由经济共同体不同部门确定的东盟经济共同体蓝图 2013 年和 2015 年优先措施清单。这部分说明东盟已经认识到全面落实 2015 目标难度非常大，因此在执行 2012 年领导人通过的《东盟共同体建设金边议程》方面态度更加坚决。随后于 2013 年 10 月召开的东盟第 23 届领导人会议委婉地证实了我们的这个看法。“认识到落实东盟经济共同体面临的挑战，我们进一步同意，对于经济共同体建设中那些影响大、能保证 2015 年一体化结果可信的措施，我们将更加努力去落实。”尽管如此，根据第 12 次东盟经济共同体委员会会议公布的数据，设计在 2013 年完成的 229 个优先领域也只完成了 82.1%。

进入 2014 年以后，东盟经济共同体蓝图进入收尾的第四个落实阶段。2014 年 11 月 12 发布的东盟第 25 届领导人会议主席声明显示，到 2014 年 10 月，设计在 2014—2015 年落实的优先领域有 61 项已经完成。这份声明和东盟经济共同体委员会第 12 次会议的声明一样，都没有像以往会议那样提及经济共同体蓝图的落实比率。因为已经进入建设的最后阶段，前期在各领域所做的努力或已达成协议等待签署，或接近达成协议。结果是第25届东盟领导人会议的主席声明中很大篇幅谈及三个共同体建设在各具体领域取得的成果。

不过，余下的任务并不轻松。经济共同体委员会第12次会议的成果说明表达了这种担心，特别是对于落实单一市场和生产基地这个目标的实现。因为这是一个对地区贸易、投资和增长影响最直接的领域，所以"需要再加倍努力来实现经济共同体要求的降低和消除货物贸易、服务贸易和投资的非关税以及管理壁垒"。而最后一年的首要任务主要包括三个方面：一是通过快速轨道落实影响大的经济共同体优先措施；二是对中小企业、公民以及其他主要利益相关者宣传东盟经济共同体；三是东盟经济共同体后2015议程，其中一个重要部分是迅速处理东盟经济共同体2015未完成的议程。

（三）东盟经济共同体建设的特点

前面我们简单介绍了蓝图公布以来东盟经济共同体的建设情况，主要是希望弄清楚东盟经济共同体建设的特点。我们发现，对于《东盟宪章》和《东盟经济共同体蓝图》中所描述的相对比较抽象的目标，东盟将其分解为四个领域，并进而细化为很多具体措施，然后放到四个连续的时间段里逐步落实。最后再把这些具体的协议、安排组合成为一个经济共同体。这种将目标马赛克化战略的核心是将目标分解为进程。对于东盟来说它的一个优点在于一方面它可以被按照由易到难的顺利落实。这在经济共同体打分卡的得分不断下降中已经有所表现。另一方面在目标不能全部完成时，可以选择重要的模块优先落实，确保它们能够拼出最终目标的轮廓，而更清晰的图像则可以通过进一步的努力逐步完成。而这也正是东盟目前在目标无法全部实现的情况下所采取的做法。

东盟经济共同体建设的这种战略同时也部分回答另外一个问题，即东盟共同体建设是否会走欧盟道路。显然，东盟共同体建设充分考虑了内部的差异性，作为进程的共同体建设具有自己的特色。

三　作为进程的东盟经济共同体

当东盟经济共同体建设目标被马赛克化为诸多措施和安排，并作为一个进程推进的时候，再去探讨 2015 年底东盟能否建成经济共同体已经没有太大意义。东盟目前所作的努力就是要使 2015 年底宣布建成的共同体（经济共同体只是其中一部分）看起来更像一个共同体。换句话说，那些对东盟一体化程度有决定作用的部分一定要尽力完成，而其他的任务可以留作后 2015 议程继续推进。

东盟经济共同体目标进程化后的第一个问题就是东盟为什么会采取这种马赛克化战略。这首先涉及东盟经济共同体建设的初始动力，即东盟经济共同体到底是东盟合作理念的必然表达形式，还是东盟应对不断深化的世界经济一体化进程的演进结果。对此，学术界并没有深入的探讨。一些把东盟经济共同体建设作为东盟一体化努力的自然顺承的看法，似乎把经济共同体概念的提出作为东盟合作到了一定阶段的自然选择。但如果注意到东盟成员对于不干涉原则的坚持，或者说东盟方式形成的历史背景，我们就会更同意大多数学者强调的外部因素的作用。这样，东盟经济共同体目标的提出，就可以认为是东盟在自身利益诉求的推动下，应对外部挑战而为自身的一体化建设设定的目标。一方面，2015 目标被作为这个进程中的一个节点，一个阶段性目标；另一方面，即使是 2015 目标本身也被作为一种进程，分解成为诸多马赛克，渐进式落实。

同时，进程化也是由东盟作为一个区域组织所具有的多元性所决定的，因为一刀切的条约推进模式在东盟合作中并不现实。将共同体建设马赛克化为渐进性进程之后，目标落实的弹性加强，照顾到了东盟合作中的舒适度问题。但从结果看，正如我们前面介绍的，东盟一体化水平还是有了很大提高。

这就联系到了东盟把经济共同体建设马赛克化的另一个方面，即东盟共同体建设的目标。从东盟各种文件的表述来看，建设经济共同体首要目标就是为地区经济增长服务，外部因素之所以重要是因为它们威胁到东盟的经济增长。从这个意义上讲，是否建成一个大家公认的共同体就不重要，东盟看重的是一体化水平的实质提升。每一点进展都是一种贡献。那么为什么东盟要坚持 2015 目标呢？一方面，以这样的阶段性目标可以督促成员国采取行动。另一方面，东盟共同体还有其对外的目标，那就是一个统一、团结的东盟形象，这关系到东盟的国际地位，关系到东盟在区域合作中的中心地位。因此，即使 2015 年底不能完成经济共同体蓝图规划的所有目标，东盟通过努力完成那些对东盟共同体形象最重要的措施

（马赛克），就可以从2016年开始以一个共同体的名义开展活动，建设一个水平更高的共同体。因此，那种认为经济共同体建设应为地区合作形成一个共同的框架、加速完成此前东盟自贸区、投资以及服务贸易安排未完成的工作、提升CLMV国家参与地区一体化的能力等才能真正应对东盟面临的挑战的看法，虽然正确，但不会成为指导目前东盟经济共同体建设的原则。

最后，虽然东盟认为经济共同体建设只是个进程，不会苛求2015目标的全面落实，但2015年底东盟将宣布建成的共同体却与地区全面经济伙伴关系的建设密切联系在一起。因为很难想象，东盟在经济共同体建设中没能实现的目标，会在RCEP协议谈判中作出让步。这样看来，关注2015年东盟落实经济共同体蓝图的实际落实情况，对于分析东盟的RCEP立场还是很重要的。

2014年马航空难事件评述

谷名飞[①]

2014年对马来西亚的航空业，乃至它整个的经济发展，都是灾难性的一年。历经了2014年3月8日的“马航MH370失踪事件”，7月7日的“马航MH17坠机事件”和12月28日的“亚航QZ8501坠海事件”三起事件，马来西亚乃至整个东南亚航空业都受到了严重打击。

一 2014年马航空难事件的影响

2014年马来西亚空难事件的影响是多方面的，既有经济层面的，比如，马来西亚航空在经历两次空难以后，亏损巨大，目前已经进停盘重组阶段。也有政治层面的，比如，“马航MH370事件”中许多受难者家属对马来西亚政府在事件处理过程中表现出来的效率低下，组织混乱，信息发布前后矛盾等问题表达了强烈不满，并波及马来西亚和其他国家的外交关系。还有国际地缘政治层面的，比如，在“马航MH17事件”中，乌克兰政府，乌克兰独立武装分子，美国和俄罗斯相互指责，给整个的空难事件的调查和取证都带来了很多的困难。

（一）对马来西亚航空业和经济的影响

自从2008年国际金融危机爆发后，马来西亚的经济已经开始转型。其中，纳吉布总理在2010年提出的经济转型计划本身就是以金融业和旅游业作为支柱，而且对民航业也非常重视，出台了很多支持性的政策。因

① 广西大学中国—东盟研究院中马产业园发展研究中心常务副主任。

此，在事件发生前，马来西亚航空业整体上一直表现良好，乘客人数不断创下新高。同时，据中国商务部最新统计数据，2013 年中国—马来西亚双边贸易额首次突破千亿美元大关，达 1060.8 亿美元，同比增长 11.9%。再根据中马 2013—2017 年经贸合作五年规划，预计至 2017 年，中马双边贸易额将达到 1600 亿美元。但是，2014 年发生的这几起空难事件让这一良好势头戛然而止。

首先，从短期影响来看，这三起飞行事故可能会打击乘客以及投资者的信心，造成飞机的载客率下降，以及航空公司股价的下跌。比如，在 2014 年 3 月 8 日“马航 MH370 事件”发生后，3 月 10 日马来西亚航空公司的股价就下跌了 8%，加上马来西亚航空过去 3 年的全年业绩均为亏损，目前，马航已经进入了停盘重组阶段。同时，据一些旅行社的反应，很多原定到马来西亚旅游的乘客，在“马航 MH370 事件”发生后也开始推迟或者取消他们的行程，或者不再选择乘坐马来西亚航空的飞机。

其次，从中期影响来看，“马航事件”也会给航空公司的安全性带来一些质疑声。随着空难事故调查的深入，越来越多航空公司在管理上和制度上的弊端被暴露出来。比如，在“马航 MH370 事件”中就有乘客使用假护照登机，安检也出现了问题，甚至一开始连飞机上的乘客人数也无法确定。又比如，在“亚航 QZ8501 坠海事件”的调查中，甚至发现该航班当天并没有取得“飞行许可”和“航程许可”就直接起飞了。这些问题都会给航空公司的声誉照成较大的损害。

最后，从长期影响来看，由于整个亚洲，特别是东南亚地区航空市场的需求非常巨大，所以，我们认为，2014 年的这几起空难事件并不至于给该地区整个航空业的发展带来长远的不利影响。只要渡过这段困难期，航空业还是会重新回到高速发展的道路上来的。

（二）对马来西亚外交关系的影响

在 2014 年发生的这几起空难中，“马航 MH370 事件”和“马航 MH17 空难事件”对马来西亚外交关系的影响尤为巨大，但大马政府在其中的表现和获得的评价却截然不同。

一方面，在“马航 MH370 飞机失踪事件”的处理过程中，马来西亚政府的工作效率和能力备受质疑。比如，很早《纽约时报》记者 Thomas Fuller 就用“客机失踪暴露马来西亚威权政治弊端”为题，报道了马来西亚政府在处理本事件中所表现出来的多种弊端。德国《明镜》周刊也批评说“马来西亚关于失联飞机的混乱信息让各国失去耐心，也显示这个东南亚国家危机管理存在大漏洞，军事科研等方面力量薄弱”。随着事件的发展，这种不满的言论也从媒体转移到了官方。越南交通部次长范贵椒公开表达担忧，认为搜救的努力因为马方缺乏合作的积极态度而打了折扣。3 月 10 日后，中国外交部发言人秦刚也敦促马国政府“加大搜索力度、加快调查速度”。中国外交部长王毅也通过电话向大马外交部部长拿督斯里阿尼法表达中方的不悦。

另一方面，在“马航 MH17 空难事件”的处理过程中，马来西亚政府斡旋于多个强国之间，总体上，即保持了冷静客观的态度又展示了灵活的外交手腕，获得外界一致称赞。在该事件发生后，马来西亚总理纳吉布首先在 2014 年 7 月 23 日，召开紧急国会会议，动议谴责马航客机 MH17 遭击落的不人道行为，并和国会议员为马航客机 MH17 的遇难者默哀。并且表示马国正为起诉任何涉嫌“击落”马航 MH17 航班的人做准备工作。接着，出乎所有观察家的预料，纳吉布宣布已经与乌克兰亲俄罗斯武装分子达成共识，对方答应把马航 MH17 班机的黑匣子交给马来西亚，另外，282 具乘客遗体也将运往荷兰解剖。这个行为出乎国际社会的预料，获得一片赞扬之声。

总之，马来西亚政府在处理这几起性质完全不同的航空事故中，有过挫折，也有过成功，表现了符合它国力的外交水平。

当然，对中国政府和民众来说，最为关注的还是“马航 MH370 事件”的处理，原因主要有三个：一是这架飞机上载有 154 名中国乘客，一开始就引起国内媒体和政府的高度关注，国内民众情绪反应巨大。二是，中国政府投入了大量的人力物力进行搜索和救援，这次搜救行动也被认为是一个检验和考验中国科技能力，军事能力，协调能力的机会。三是，这起事故的发生，发展和结局非常诡异，引发了后来的种种猜测，所以舆论关注度一直很高。至于中马关系，虽然“马航 MH370 事件”让双方关系一度紧张，但中国领导人在多个场合明确，中马之间 40 年的友好关系不会受到这个突发事件的影响，波折之后，还将继续朝好的方向前进。

（三）对国际和地区关系的影响

从国际关系的角度而言，在 2014 年发生的这三起航空事故中，“马航

MH17 空难事件”的影响最大。

从性质上而言，该事件是一起非常恶劣的，武装冲突中的一方攻击无辜的第三方民用航器的行为，这种滥杀无辜的行为，违反了所有的国际法的基本原则，获得了国际社会的一致谴责。同时，由于飞机失事地点位于乌克兰政府军和民间武装激烈交火的乌东部地区。事发后，乌克兰军方和民间组织都否认击落了客机，并相互指责。而且，在事件发生的第一时间，在还没展开调查的初期阶段，美联社就报道说，一名当地记者 17 日早些时候在乌东部城镇曾看到过布克发射装置，并将责任直指亲俄武装分子和背后的俄罗斯。但俄罗斯常驻联合国代表丘尔金在纽约联合国总部接受采访时立即表示“我们没有击落飞机”。此后，双方的口角之争和舆论战一直没有停止。

总体上，在这场涉及乌克兰政府，乌克兰独立武装分子，美国和俄罗斯四方的国际地缘政治较量中，美国延续了其在处理乌克兰问题上的一贯立场，即坚定地站在亲西方的乌克兰政府一方，对亲俄的独立武装分子及背后的俄罗斯进行施压。但是，如同在克里米亚问题上一样，美国并不愿与俄罗斯展开正面的冲突，主要还是想通过“经济制裁手段”来实现它的战略目的。而俄罗斯则想借助国际社会对马航 MH17 事件的关注，重新将乌克兰问题置于国际舆论的中心，通过给乌克兰政府施加压力，争取早日促成乌克兰政府军与独立武装分子的停火。

目前马航 MH17 事件的调查还在进行，乌克兰危机也远未解决，根据报道，美国已经在考虑给乌克兰政府军提供武器装备，可预见该地区的冲突还将持续下去，并有可能升级。在这种背景下，马航 MH17 事件的调查会变得更加艰难，结果也会变得更加敏感。事态如何发展，值得继续关注。

二　对 2014 年马航空难事件的反思

在 2014 年发生的这三起与马来西亚有关的空难事件中，涉及政治，经济，外交等方方面面的问题，我们认为有两个问题尤其值得特别关注：一是在技术方面，马航 MH370 和马航 MH37 的飞机都是波音 777，亚航 QZ8501 是一架空中巴士 A320，是安全性相当高的飞机。但最后都出现问题，原因是多方面的，有的是天气原因，有的是人为原因，有的是武力摧毁。特别是，马航 MH370 飞机失踪的区域位于南中国海，是一个航线众多，飞越频繁，雷达覆盖面广的地区，但至今没找到飞机的任何踪迹，可以说，在飞机的跟踪和定位方面仍有许多可以改进的地方。二是在制度方面，透过马航 MH370 事件和亚航 QZ8501 事件，特别是马航 MH17 事件，引申出一个“空难调查权”的问题。因为根据《国际民用航空公约》，国际民航组织（ICAO）不能领导或负责主持调查任何坠机事件，只能协助事件发生国进行调查。在马航 MH370 飞机失踪事件中，由于无法确定飞机最终失事的地点，所以与该机有关的国家都参与了调查，主要包括马来西亚，中国，美国和澳大利亚。而在马航 MH17 事件中，由于事故发生地的乌克兰处于内乱之中，没有能力展开调查，所以它委托了失事飞机上乘客人数最多的荷兰来进行调查。

（一）中国与东南亚国家关系发展的不平衡性

透过“马航 MH370 事件”的搜索和调查活动，我们看到，虽然中国是多数东南亚国家的最大贸易伙伴，双方在经济上的相互依赖性不断提高，但在经济以外的领域，如政治互信，军事合作和信息分享等方面的合作仍然相当薄弱。在搜救过程中，中国领导人和政府曾多次公开指责马来西亚政府没有给中国搜救行动提供足够的信息以及给予足够的配合，但这些指责和施压最终都没有得到什么实质性的回应和结果。

因此，“马航 MH370 事件”也给中国的外交战略提出了一个新问题，即如何在发展经济的同时，也能加强与周边国家的政治和军事合作。近年来，中国一直在强调它在该地区外交战略的经济内涵，但透过这次马航 MH370 事件，我们看到中国和东南亚国家双边经济关系的加强，并不意味着在其他领域的沟通就一定顺畅。因此，马航事件促使中国政府在加强和该地区国家经济合作的同时，也必须提出和建立一系列在民航监管，信息交流，联合搜救等领域的合作机制，以应对在该地区将来可能发生的更为复杂的国际问题，因为它不仅关系到中国整体外交战略的成功，也关系到很多中国公民在该地区的安全和幸福。

（二）中国媒体的报道方式和能力问题

自从“马航 MH370 事件”发生以来，该事件一直是各国媒体报道的焦点，它也是一个检验和分析我国媒体报道方式和报道能力的重要机会。

总体而言，中国民众在事件发生以后的初期，主要是通过网络媒体以及社交平台来了解该事件的发展进程的。但遗憾的是，绝大部分网络媒体，包括人民日报微博这样的半官方媒体，除了发布一些煽情和感性的言论，它们发布的信息即缺乏对事实的客观描述又缺乏对原因的理智分析。在事件发展的中后期，由于政府的重视，“马航 MH370 事件”的报道转而由电视媒体和平面媒体来承担，但依然存在“不知如何挖又挖不到”重要信息的尴尬。同时，透过这次对“马航 MH370 事件”的报道，也看出看中国媒体对东南亚地区长期以来关注很少，甚至对很多国家的基本情况都不了解，导致报道质量严重落后于国外媒体。

背后的原因是多方面的：一是技术方面的问题。虽然中国的科技在不断进步，但很多核心技术仍受制于人。比如，马航 MH379 失联客机就是由美国波音公司制造，发动机生产厂商是英国罗罗公司，而接收信号的国际海事卫星组织总部位于伦敦。因此，中国记者就很难获得相关信息。二是中国记者挖掘信息能力有待提高。在马航 MH370 事件调查过程中，我们看到，一些关键性的信息，比如有“两名乘客使用假冒护照登机”和“马军方承认客机失踪前有折返迹象”都是由西方媒体爆出来的，中国的记者很难获得“独家性”的新闻。三是相对于西方很多有很深专业背景的记者，中国媒体人在专业化程度上也明显落后。一旦发生事情，西方记者可以很快找到新闻的关键点和该领域的专家，获得第一手的资料和分析，从而做出及时和优秀的报道。

总之，媒体能力是一个国家综合能力的体现，它也与一个国家的文化有关。比如，在这次“马航 MH370 事件”的报道中，一方面中国民众渴望获得信息，希望及时了解事件的进展和背后的原因。另一方面，很多专业人士都不愿，或者不能给出专业的意见，既怕承担个人言论带来的社会后果，又怕受到其他专业人士的批评。因此，如何拓宽媒体获取信息的渠道和质量不单单是中国媒体的责任，而是整个社会需要共同解决的问题。

（三）国际航空安全制度保障问题

如前文提到，“马航 MH17 空难事件”是一起非常严重的武装冲突一方攻击民用飞行器的恶劣事件。除了给予舆论谴责以外，也给国际民航安全的管理部门提出了两个问题：

一是民用航空器飞跃战争区域的问题。我们知道，目前主要由 ICAO 根据它所掌握的信息，就各个航空公司飞行路线所经过的地区可能发生的危险，发布它自己的预警信息。同时，某些区域性组织如欧盟，它们自己的民用航空的监管机构，也会就飞行安全问题提出预警。但在目前的体制下，飞行路线的最终决定权仍掌握在各个航空公司，以及它所属的国家手里。透过此次马航 MH17 事件，我们看到至少有 15 家航空公司的飞机，在 MH17 被击落时，仍直接在乌克兰的冲突地区进行飞行。因此，如何提高预警信息的准确性和及时性，以及如何加强与各航空公司的协调，以避免类似事件的发生，是一个非常值得关注的问题。

二是民用航空器事故调查权的归属问题。在马航 MH17 事件发生后，我们看到不少媒体和组织声称，希望由国际民航组织（ICAO）来主导调查。其实这是一种误解，因为根据《国际民用航空公约》，ICAO 不能领导或负责主持调查任何坠机事件，只能协助事件发生国进行调查。如果事故发生国没有能力主持调查，可以委托别国调查。按照国际法的惯例，飞机失事的调查权属于事故发生地国，在马航 MH17 事件中，也就是属于乌克兰。但在当前局势下，一方面乌克兰没有能力领导事件的调查工作，另一方面，以俄罗斯为首的部分国家也怀疑乌克兰能否在调查中保持其独立性和客观性。因此，经乌克兰同意，马航 MH17 事件的调查权最终转交在该起空难中遇难人数最多的荷兰。

结　语

在 2014 年发生的“马航 MH370 事件”，“马航 MH17 空难事件”和“QZ8501 空难事件”，虽然都和马来西亚有直接或者间接的联系，但本身的性质是截然不同的。“马航 MH370 飞机失踪事件”是历史上最诡异的一起飞行事故，至今没找到飞机的任何踪迹，催生了种种“阴谋论”。而“马航 MH17 坠机事件”，虽然具体责任还在调查当中，但整个事件的发生过程基本清楚，飞机的残骸和遇难者的遗体也已找到，只是它所处的区域复杂，最终演变成“国际地域政治”角力的对象。至于“亚航 QZ8501 坠海事件”，相关的搜索工作进展顺利，黑匣子也已找到，事故的原因也基本确定，相对而言这是最简单的一起空难事故。透过对这三起空难事件的分析，我们看到，在世界各国的政治，经济，文化关系日益密切，人员往来日益频繁的今天，空难发生的几率变大，同时空难可能引起的反应和后果也在变大。同时，只有对每一起空难，都做认真的调查和客观的分析，才有可能避免同样的悲剧再次发生，这关系到每一个普通公民的安全。

2014年泰国军事政变评述

岳桂宁[①]

2013年11月起，“人民民主改革委员会”秘书长素贴·特素班领导的反英拉政府示威啸聚曼谷，瘫痪泰国长达半年之久。2014年5月22日，泰国陆军总司令巴育以“结束国家动乱”为由，中止宪法，推翻尼瓦探隆看守政府，全面接管政权。此次政变，是泰国政治体制与社会矛盾长久积弊的结果，无论是对当前泰国政坛的分野，还是对未来泰国政治体制的走向都将产生颠覆性的改变。

一 前戏

理解这次政变产生的原因，必须首先理解泰国社会的基本现状，并厘清泰国皇室、军方、民主党和他信四者之间的关系。

（一）脆弱而艰难的民主化转型

150年前，泰国是一个偏居中南半岛，国力平平，封建割据林立的小国。19世纪50年代，该国五世皇朱拉隆功开始推行日本“明治维新”式的西化改革，逐渐建立了一个中央集权，实行西方治理模式的近代化国家。

1932年，受大萧条影响，泰国以銮披汶·颂堪为首的留洋军官发动军事政变，逼迫暹罗国（泰国旧称）七世皇接受君主立宪政体，从此，

---

① 广西大学中国—东盟研究院泰国研究所所长，教授。合作者：岳汉，广西大学中国—东盟研究院泰国研究所特约评论员，泰国《星暹日报》泰国时政要闻部及评论部编辑。

泰国进入了一个以军事独裁为核心的官僚政治时代，并逐渐走向法西斯化。

二战期间，泰国加入轴心国阵营。日本战败后，一度失势的军方势力迅速卷土重来，重新建立牢固的军事独裁政权，外交上依附于美国。基于冷战的现实需求，美国对泰国历届军政府保持默许的态度。因此，20 世纪 90 年代以前，泰国在多数时间里实际上是一个军政国家，军方具有先天的“干政传统”，社会大众对此基本上保持“顺其自然”的态度。

1946 年，泰国现任君主拉玛九世皇普密蓬·阿杜德在军方支持下登基。此后，为了营造自身的统治合法性，泰国军政府通过现代传媒手段，极力将泰皇普密蓬塑造成为“人间神明”，“千古圣君”，加之泰皇本人勤政亲民，使得君主在泰国人心目中逐渐具有了至高无上的号召力。

20 世纪 70 年代，以法政大学师生为首的泰国进步人士开始公开反对军人独裁政权，而政治嗅觉敏锐的泰皇巧妙地利用了自己的政治影响力，扶植示威学生和文官政党，在反复的较量中，屡次重创军人政权，建立起了以炳·廷素拉暖为代表的“军中保皇派”，并在 1992 年军方与学生群众的流血冲突中，成功驱逐军人总理素金达，建立起稳固的文官政府。在此基础上，泰国 1997 年颁布了以德国式议会内阁体制为蓝本的新宪法，通过多数制和比例制两种投票方式选举国会下议院，并由国会产生总理。自此，泰国完整意义上的民主化改革才算得以完成。

（二）他信的起落

长期以来，泰国社会贫富差距巨大，经济结构失衡，1998 年的东南亚金融危机使泰国经济遭受重创，而此时又恰逢泰国民主化大门的开放期，这一难得的历史时间叠加窗，被一位叫作他信·西那瓦的泰国华裔富商牢牢抓住。

西纳瓦家族来源于中国广东的丰顺，在清末民初的时候迁到泰国北部的清迈，家族原本姓邱，他信的中文名叫作“邱达新”，其胞妹英拉的中文名叫作“邱仁乐”。他信作为家族的核心，以从商起步，进而转入政坛。他信于 1998 年创立“泰爱泰党”，在 2001 年，他将商业的组织原理应用在选举中，以现代企业的组织模式，全国布局，分区经营，逐渐笼络地方势力，带领一个仅成立 3 年的“泰爱泰党”异军突起，横扫泰国政坛，击败具有 50 年历史的老牌政党民主党，当选总理，执政组阁。在当选总理后，在军警政界安插亲信，以国家财力推行巨额经济刺激计划，广推惠民政策，同时以家族企业为骨干，国家资金为后盾，大力发展能源、传媒等新兴产业，再将其家族企业所积累的巨额资本投入政坛和选战之中。如是往复，摧枯拉朽，几年之间便得到了北部、东北部地区贫困农民和曼谷城市底层民众的倾心拥护，一时间所向披靡，逢选必胜，成为泰国有史以来首位获得连任的民选总理。

然而，获得成功的他信，锋芒毕露，其不断扩张的商业帝国也撼动了泰国精英阶层的利益分配格局，同时更显露出越来越大的政治野心，甚至公开拉拢民望不佳的王储哇集拉隆功，筹谋储君，让实权在握的泰皇对其产生了戒备。而在泰国现行的民主体制下，政坛的任何派别都无法撬动他信的选票优势，对他信的制衡，只能通过“非常手段”进行。由此，一幕接一幕的军事政变和政坛动荡的连续剧便于 2006——2014 年间在泰国上演。

（三）“红黄衫之乱”

2006 年，乘他信赴纽约参加联合国大会之机，泰国军方突然发动政变，罢黜他信，取缔泰爱泰党，并取消该党近 300 名常委的参政资格。遭遇重击的泰爱泰党随即展开应对，将剩余党员全部转入由他信控制的其他小党派，并依然在 2008 年的大选中再次胜选。

面对他信集团的再次掌权，皇室、军方与民主党组成的“反他信联盟”一方面组织城市民众身着黄衫，史称“黄衫军”，开展街头示威，另一方面通过手中的“宪法法院”、“反贪委员会”、“中央选举委员会”以及大理院（最高法院）和最高检察院等机构，不断指控和罢免他信的代言人，先后罢黜了他信集团的沙马和颂猜两任民选总理，并由最高法院“判决”民主党执政，该党魁阿披实于 2009 年 1 月 11 日正式上台出任首相。对此，他信集团岂肯善罢甘休，2010 年，他信政党开始如法炮制，“以其人之道，还治其人之身”，组织旗下以贫困地区农民为主的更加广大的乡野民众，身着红衫，史称“红衫军”，开展街头示威，大闹曼谷，最终红衫军重要领袖卡迪亚被军队狙击手击中头部，5 月 17 日身亡。随后，军方于 19 日血腥清场，乱局才暂时得以平息。

2011 年，他信集团组建“为泰党”参加大选。他信之胞妹，同为富商出身的英拉·西那瓦以绝对优势胜选。执政两年间，英拉政府全面复制了他信的执政模式，以国家财力向农民收购稻米、橡胶等大宗农产品，制定巨额基础建设规划（包括著名的“大米换高铁”）并与中美等国建立良好关系，再次巩固政权。

二 过程与反响

2014 年 5 月的泰国政变，堪称史上一次“完美政变”。在皇室的授意和反对派民主党的助演下，泰国军方与投靠军方的“民主党激进派”领袖素贴成功合作导演了一次“动乱——结束动乱”的双簧戏，兵不血刃夺取政权。巴育政权尚未企稳，便迅速变脸，“明修栈道，暗度陈仓”，对他信集团施以“高压下的拉拢”，与军方最初站在同一阵营的民主党，反而迅速遭到边缘化，为泰国政局未来再添诡谲。

（一）政变过程

1. “民改组织”示威与司法打压

2013 年 11 月，民主党籍前副总理素贴·特素班组成“民改组织”（即“人民民主改革委员会”），开展持续不断的反政府示威抗议，期间与亲政府的红衫军发生多起冲突，造成人员死伤。

2013 年 12 月 9 日，英拉被迫宣布解散国会下议院，于 2014 年 2 月 2 日举行大选。但大选遭到“民改组织”多方阻挠，封锁各地投票站，造成各地投票并未能在同一天完成，宪法法院便以此为由，在 2014 年 3 月 21 日判决选举无效。

2014 年 5 月 7 日，泰国宪法法院宣布解除英拉及多个内阁首长职务，副总理兼商务部长尼瓦塔隆·汶颂派讪被执政党选为看守政府总理以取代英拉。然而，“民改组织”主导的抗议活动仍在持续。

2. 戒严与政变

2014 年 5 月 20 日，泰国皇家陆军总司令巴育·占奥猜上将宣布，根据《1914 年泰国戒严法》，军方自当地时间凌晨三时起全国戒严，各派示威者和平撤离，媒体节目全部停止正常播放。

两天后的 5 月 22 日，军方召集各方会谈，尼瓦塔隆政府、红衫军、为泰党、民改组织、民主党等各派参与会议。军方要求为泰党交权，遭到拒绝，于是 22 日当天下午，谈判破裂，巴育上将当场宣布夺权，将全部与会者软禁于皇家禁卫军第一步兵团。

下午 5 时，泰国军方召开电视记者会，由泰国陆海空三军总司令与警方资深官员共同宣布中止宪法，组建“国家维持和平秩序委员会”（National Peace and Order Maintaining Council，NOPMC，当地华媒简称“维和委”）。18 时 26 分宣布全国宵禁，自 22 时起至 23 日凌晨 5 时止，全泰国人民禁止出门，只有军人可以携带武器。全泰国商家与曼谷公交系统必须在 20 时前结束营业。

同日晚，国会下议院，以及传统上支持军方的上议院遭到解散，2007 年宪法除君主原则外被全部废止，英拉也于同日夜间遭到逮捕。

至此，军事政变全面完成，泰国再度回到“军政府”统治时代。

（二）国际反响

5 月 22 日，法国总统弗朗索瓦·奥朗德谴责政变，呼吁泰方恢复民主选举。

同日，美国国防部表示“正在检讨与泰国军方的合作关系”，并推迟美泰联合军演。美国国务卿约翰·克里发表声明称“这种行为将对美泰关系带来负面影响”。

欧盟对外事务部于也于当日发表声明，呼吁各方保持克制，要求泰国回到合法的民主进程中。

5 月 26 日，中国外交部例行记者招待会做如下表态：作为泰国的友好邻邦，中国密切关注当前泰国局势，希望有关各方各派都能够保持冷静、克制，坚持通过对话协商来解决有关问题，使国家秩序尽早恢复正常。——我们希望，不管局势如何变化，中泰之间的友好交往以及互利合作能够继续保持下去。

（三）政变实质与后续影响

此次政变，虽然早先的军方“维和委”及三个月后上台的巴育军人内阁一直保持着“不得已而为之”的对外官方解释，但是泰国各方对此其实早已得出结论——政变是一次以长达半年的政治动乱为前哨，以皇室的默许为后盾，按部就班，精心策划的行动。

以阿披实为党魁的民主党，长久以来与军事独裁政权斗争，具有较为坚定的民主原则。因此素贴“民改组织”的街头抗议，实际上是素贴本人脱离民主党主流，与军方合作的结果。民主党希望坐收渔利，重温2010年由军方推上大位的剧本，因此对素贴和军方的行动采取了“乐见其成”的态度。而军方长期掌权的意图浮上水面之后，民主党与军方迅速决裂，反而成为政变最坚定的反对者。

而素贴民改组织的反英拉示威，其高潮在2月2日大选期间，军方如果在当时取缔集会，英拉政府必然会在大选中再次获胜。因此，军方没有在那时出面“维持稳定”，反而是在素贴集会声势渐弱，几乎难以维持时宣布夺权，表明两者之间存在着明确的前后因果联系。政变之后素贴本人也曾经表示与军方时刻保持接触，也印证了这一事实。

因此，素贴出面“把水搅浑”，再由军方出面，以“平息局势”为由，将尼瓦探隆政府一网打尽，这是此次政变的基本构架。这是2006年推翻他信政变的一次升级版重演，它的发生，各方早有预判，因此事发后并无意外可言。

由于此举违背了西方世界口头上所秉承的民主观念，因此政变之后，泰国罕见地遭到了美国的指责。由于泰国是美国亚太地区忠实的军事战略伙伴，因此美国并未立即对泰国开展直接经济制裁，但随后不久，美方以泰国渔业“非法奴工和人口贩卖现象严重”为借口，将泰国“打击人口贩卖评级”降至最低，并进而禁止进口泰国明虾，延迟美泰“金色眼镜蛇”联合军演，以此表达对泰国军方的不满。此举引发巴育政府的反弹，亲英拉的美国驻泰大使遭到撤换，民间反美情绪上升，巴育政府加速了与中国“大米换高铁”的谈判，并于2014年12月与李克强签订了铁路合作与农产品合作的备忘录。因此，从外交层面上看，此次泰国军方政变，中国成为最大的受益者。

从经济上看，除了政变前期的全国戒严对泰国旅游业产生了一定影响之外，政变结束了此前半年多的社会动荡，对泰国经济的宏观复苏具有较大的正面价值。同时，为了争取民心，执政后的巴育内阁推出了高达3000亿泰铢（约合600亿人民币）的经济刺激计划，并对价格暴跌的大米和橡胶产业进行了补贴。如果军方未来能够继续维持社会的大体稳定，2015年泰国经济增长的预计仍将可以达到3%—4%。因此，如果不将素贴发动的近半年之久的反政府示威游行所带来的损失计算在内的话，仅就此次军事政变而言，其对泰国经济的负面影响，几乎可以忽略不计。

三 路在何方？——“后政变时期”的泰国政局

2014 军事政变之后，泰国政坛最大特点，是军方“长期掌权”的木已成舟，以及军方为实现这一目的而改革选举体制，对他信势力转而“以抚代剿”。把握这一点，是理解当前及未来泰国政治走向的关键所在。

（一）“三国体系”成形成

假如说此前的泰国政坛是“孙刘抗曹”（军方与民主党联合抵制他信），那么在政变结束，军方自立国会（军方人士占半数的“国家立法议会”），执政组阁之后，泰国出现了彼此分离聚合的“三方势力”——军方、民主党、为泰党（他信）。而从目前的态势来看，此前针锋相对的军方与他信，正在逐渐走向一种“相互戒备的联合”，而民主党日益遭到边缘化，泰国政治格局出现了 180°的奇特逆转。

巴育政府执政后，宣布开展国家改革“三步走”战略，本质上，就是要构建一个能够延续军方主导，防止他信的为泰党再次一党独大的体系。然而，虽然一拖再拖，但是泰国军方终究不敢彻底抛弃民主原则，因此最迟到 2016 年年中，泰国仍然还是要重开大选。而他信目前依然得到北部广大农民的支持，手握全国七成选票，因此军方绝无自信能够在普选中正面击败为泰党，为今之计，便是迫使他信与军方合作，以“联合执政”，“红衫军保送军人当总理”的方式保持军方在大选后对国家的掌控。

为迫使他信就范，政变后，军政府掌控的司法机构对英拉和为泰党前政府要员提出了一系列指控，但是各项指控的司法程序，均在军方的授意下“久拖不决”，如同一个高悬头顶却永不落下的铡刀，以此作为笼络和胁迫他信的筹码。

如果他信选择对抗，军方控制下的“国家立法议会”将立刻永久取消全部为泰党核心成员的参政资格，以“侮辱皇室”的罪名对“红衫军”余部进行清剿，并以“稻米典押计划巨额亏损”为名，对他信家族处以高达 6000 亿铢（约合 1200 亿人民币）的天价索赔；而如果他信选择合作，军方暗示将在新宪法中加入“特赦条款”，对 2010 年参与反阿披实示威的他信“红衫军”骨干和贪腐指控缠身的为泰党要员（包括英拉）“网开一面”。

2014 年 10 月，英拉和他信以“私人度假”为由前往北京，而同一时间，巴育政府的副总理兼国防部长巴逸上将，低调来到北京。此后不久，泰国“国家反贪委”即以“宪法被废除以致无法可依”为由搁置了剥夺英拉参政权的指控程序。双方“暗通欢款曲”，一目了然。

然而，军方与他信毕竟在政治利益上存在根本冲突，因此民主党、为泰党、军方仍旧呈现出“合纵连横”的不稳定状态。三者之间，任意两方都会突然联合，共同攻击压制第三方。因此，三方之间形成了奇特的制衡，没有任何一方敢于轻举妄动，走上街头或者大动干戈。这样暂时稳定的“三国状态”，将是当前和此后短期内泰国政坛的基本面貌。

（二）军方的“新宪法”尝试

2014 年 9 月，军方组建“国家改革议会”，此机构中的成员又构成了“宪法起草委员会”，专事制定新一版本的泰国宪法。于是，在实际上由军方主导的“宪法起草”过程中，“改革议会”和“制宪委”不断放出各种风声，试探各方反应，为军方的立法意图“投石问路”。

从几次主要的“投石问路”当中，可以明确判断：军方正在寻求一种可行的途径，以保证自己在下一次大选中能继续掌控局面。

起初，军方提出“直选总理”，企图将“内阁制”改为变相的“总统制”，绕过地方选举，凭借巴育铁腕执政所积累的民望来直接攻占最高领导位置。遭遇为泰党和民主党强烈反对后，这一动议被搁置。

随后，军方又提出了“政党议员上限”和“非议员也可担任总理”两大建议，一方面限制未来议会中“绝对多数党”的出现，同时留一个后手，为“他信旗下的议员推举军人总理”而打开方便之门。目前，为泰党对此仍持反对态度，而民主党则毫不掩饰地斥责巴育上将“为自己量身定做宪法”。

目前，这两个原则是否能够写进新宪法，尚无定论。但无论如何，军方控制下的立法机构，仍将不断地为军人政权的合法延续寻找出路。各方的彼此试探，或许会一直延续到 2016 年大选之后。

四 “以不变应万变”——泰国政局无解，中国利益尚安

2014 年泰国军事政变，是一次精心策划，而又无可奈何的“强行重

启”。它为泰国的民主化转型再次开启了一个不祥的先例——在一个牌局中，如果你知道自己赢不了，就干脆中断牌局，重新洗牌，甚至改变规则，以此维护庄家的“赢面”。

下一场牌局结局如何，难以预料。但是从长远而言，泰国社会分化严重，政坛各方立场悬殊，对规则的藐视与破坏蔚然成风。多党执政，必是党争不断；他信胜选，必是政变重演；军方擅权，则重返 70 年代。无论哪一种可能性出现，泰国政坛都难以太平。

同时，泰皇普密蓬年事已高，而王储不但生活糜烂，民望低落，而且在军方炳上将（皇室的实际掌控者）和他信之间摇摆不定，以至于民主党和知识阶层中“拥立诗琳通公主登基”的呼声日益高涨。继位之战，一触即发，即便王储顺利登基，他会支持身边的枢密院老将军，还是青睐老盟友他信，对所有人而言，都是一个要命的赌局。

说到底，泰国严重的阶层差异，必然造成政治的割裂，底层民众平权分利的渴望，与精英阶层主导国家的意志，两者之间是不可调和的。即便他信真的被连根拔起，下一个他信也一定会出现。不正视底层民众的民主诉求，泰国下一次的军事政变，遭遇抵抗甚至演变为内战与革命的可能，永远存在。

幸而，泰国与中国的友好合作关系，长期以来始终是政坛各方的一致共识。无论是红衫总理，黄衫内阁，还是军装政权；无论是太子登基，还是公主即位，对华友善，互利合作，都会成为泰国基本的外交方向。

阿披实政府时期，中泰大型基建项目的谈判已经开启；英拉政府时期，中泰之间大项目合作更是硕果累累，李克强极力推销的“大米换高铁”甚至已经煮成熟饭。而军政府上台后，仍然保持了一贯的对华友善姿态，将一度中断的铁路合作项目重新确定。

根本上，两国之间的友好是彼此的相互需要所决定的。两国在战略安全上素无抵牾（中国对越南的军事压力甚至帮了泰国大忙），而当前泰国矿产、燃油、大米、橡胶等大宗产品面临滞销，迫切需要中国帮助消化。而中国旺盛的生产力也急欲进入泰国，在泰国布局标轨铁路，甚至开挖克拉地峡运河，更是中国梦寐以求的“泛亚交通网”的核心部分。因此，泰国政局变动，长远上不会对中泰关系造成实质影响，“旁观无为”是中国对泰的最理性选择。未来，泰国政局无论向哪个方向发展，中国对泰必须恪守和平共处五项原则，保持中立，促成和解，绝不过分卷入，更不可明确“选边站”，以免开罪泰国政坛任意一方，影响中泰友好的大格局。

总之，泰国政局的未来从短期看尚稳定，长期则存较大的变数。中国最优选择也只能是“静观其变”，“以不变应万变”。

越南排华事件：原因、影响及启示

金　丹[①]

2014 年 5 月 2 日，中国企业所属“981”钻井平台在中国西沙群岛毗连区内开展钻探活动，旨在勘探油气资源。作业海域距离中国西沙群岛中建岛和西沙群岛领海基线均 17 海里，距离越南大陆海岸约 133 至 156 海里。但是此举却引起越南政府强烈不满，越南方面立即出动包括武装船只在内的大批船只，非法强力干扰中方作业，冲撞在现场执行护航安全保卫任务的中国政府公务船，还向该海域派出“蛙人”等水下特工，大量布放渔网、漂浮物等障碍物。5 月 2 日以来，中方在各个层级与越方进行了多次沟通，要求其停止非法干扰活动，令人遗憾的是，越方的非法干扰活动仍在继续。从 5 月 3 日到 7 日短短 5 天内，越南共派出 35 艘各类船只对中方船只进行了 171 次主动的冲撞，引发两国船只在海上的对峙。5 月 11 日，越南开始有民众示威抗议。5 月 13 日，示威抗议规模迅速扩大，越南平阳省、河静省等多地发生了打砸抢烧严重暴力事件。5 月 14 日，游行示威和打砸抢烧蔓延到越南北部，受波及的省份已占到了越南 63 个省中的 22 个。暴乱共造成了 4 名中国公民死亡，300 多名中国公民受伤，财产损失重大。这是越南自 1979 年以来最严重的一次排华事件。

事实上自 2004 年以来，中国企业一直在南海海域进行勘探活动，包括地震勘探及井场调查作业等，此次“981”钻探平台作业是勘探进程的例行延续，完全在中国主权和管辖权范围内，越方上述行为严重侵犯了中方的主权、主权权利和管辖权，严重危及中方人员和“981”钻井平台的安全，严重违反包括《联合国宪章》、1982 年《联合国海洋法公约》、

① 广西大学中国—东盟研究院越南研究所所长。

1988 年《制止危及海上航行安全非法行为公约》和《制止危及大陆架固定平台安全非法行为议定书》在内的相关国际法，破坏了该海域的航行自由与安全，有损于地区和平稳定。对越南在海上的挑衅行动，中国保持了高度克制，采取了必要的防范措施，派遣公务船到现场保障作业安全，有效地维护了海上生产作业秩序和航行安全。

表 1　**越南 2014 年排华事件经过相关报道**

时间	内容	消息来源
5 月 05 日	5 月 3 日越南、中国为中海油钻井平台起争执	美国之音
05 月 10 日	从 5 月 3—7 日 5 天内，越南已对中方船只进行了 171 次主动的冲撞。	南方周末
05 月 12 日	越南多地爆发反华示威，抗议中国海洋石油在南海西沙群岛钻探石油。	大公网
05 月 12 日	芹苴市约 2000 名市民举行集会和游行，反对中国海洋石油 981 钻井平台。	越南人民报
05 月 13 日	越南反华游行脱序　千家台商遭殃	中央社
05 月 14 日	越南民众反华示威演变为暴力事件	在线报导
05 月 14 日	越南爆发反中骚乱，抗议者焚烧华人工厂	美国之音
05 月 16 日	越南反华潮扩大，暴徒追打中国人	纽约时报中文网
05 月 22 日	越南就东海当前局势向联合国提交公告	越通社
05 月 25 日	约 200 越南人在香港举行反华集会、喊叫反华口号，再掀与华领海争端	大公网
05 月 25 日	越南排华案　再有中国工人被捅	新唐人电视台
06 月 01 日	越南向联合国秘书长递交抗议中国的照会	越南人民报
06 月 02 日	越南渔检力量继续要求中国将海洋石油 981 钻井平台撤出越南海域	越通社
06 月 02 日	在香港越南人举行集会并书写血信反对中国	越共电子报
06 月 02 日	越南总理称南海问题已准备起诉中国　被迫时动武	搜狐军事
06 月 05 日	越南原国家副主席发表公开信，讲述中国侵犯越南的主权。	越通社
6 月 06 日	越南第二次向各国代表团致函　反对中国侵犯越南东海主权	越通社
06 月 14 日	在第 24 届《联合国海洋法公约》缔约国会议上，越南继续反对中国行为	越通社
06 月 16 日	越在 77 国集团峰会上指责中国并要求将这一议题加入峰会最后宣言中	新浪网
06 月 25 日	越南时隔 1 个月再次发生反华示威　越共迅速平息	大公网
06 月 30 日	越南渔检力量坚持斗争，要求中国将 981 钻井平台撤出越南主权海域	越通社
07 月 04 日	越南继续向联合国递交越南立场文件	越通社
12 月 13 日	越南决定加入菲律宾提出的国际仲裁裁决南海主权争诉的行动	法广中文网

数据来源：笔者根据广西大学中国—东盟研究院《越南所每日一报》整理

一　越南排华事件发生的原因

（一）中国南海政策的积极作为

在南海问题上，中国提出“主权归我，搁置争议，共同开发”的主张，并于 2002 年与东盟各国签署《南海各方行为宣言》，中国恪守《宣言》原则，在南海争端上最大限度保持忍让和克制。但是越南全然不顾中国国家主权与核心利益，实际执行的是“搁置与中国主权争议，共同与西方石油公司大力开发”的战略，使中方主张形同虚设。多年来，中国本着维护地区和平稳定的态度，以忍让和克制对待周边国家的侵犯，用最大诚意来避免采取任何可能导致南海问题扩大化的行动，对越南在南中国海域的采油作业等非法行为，中方也仅在外交层面对越方提出交涉，并未采取具体行动。但是，越南不仅不断联合域外国家一起蚕食我国岛礁和海域、盗采我国南沙海域油气，还非法阻挠、破坏中国油气勘探和开发。如上世纪 90 年代中海油与美国克里斯通签订合作开发合同，中国勘探船在南沙“万安北”—21 区块开始勘探，先是遭到越南抗议，后电缆、管道等设备遭到破坏，出于维护两国友好关系考虑，中国主动撤离。这次“981 平台”首度在西沙海域进行油气钻探，是中国继三沙市成立后在南海维权漫长而艰巨的征程中迈出的又一个历史性和关键性步伐，意味着中国深海油气资源开发的开始，是中国加强南海实效控制的开始，这对越南刺激很大，越南通过调集大量船只干扰、冲撞中国在钻井平台周边警戒的船只，企图迫使中国将钻井平台撤出西沙海域。但是，这次中国一反惯例没有撤离，表明了中国在维护南中国海的主权比以往更加强烈和坚决，于是越南政府通过对内误导民众，肆意宣称对南海拥有主权，颠倒黑白妄称中国以大欺小，煽动民族主义情绪，最终引发民众暴力反华排华事件。

（二）越南官方的支持

这次“排华”事件的发生，与越南官方的宣传、支持和纵容是分不开的。（1）从 5 月 3 日起，越南国家电视台就大肆报道，宣称中国在越南“黄沙群岛”（即中国的西沙群岛）“非法”进行海上石油钻井勘探，开始逐步煽动全国情绪。（2）越南官方也一改以往对国内游行示威活动予以限制的做法，对游行给予积极支持。越南政府肯定“全国人民掀起反对中国非法作业的声潮，表达爱国热情，是完全正当的”。（3）5 月 12 日，参加第 24 届东盟峰会的越南总理阮晋勇也亲自上阵，向东盟各成员国蓄意歪曲“黄沙事件”，声称“中国单方将深水钻井平台设立在越南专属经济区和大陆架范围内的海域。中国的行动严重违反国际法、1982 年《联合国海洋法公约》和 2002 年中国与东盟签署的《东海各方行为宣言》。中方的上述行动已经对东海和平、稳定与航行安全造成严重威胁。”（4）阮晋勇的“上阵”，彻底煽动了越南的民众情绪。5 月 13 日，越南在新加坡、日本、法国，甚至乌克兰的越南侨民借着“声援总理，保卫黄沙”的口号大规模集会游行。事实上，关注此次越南国内由排华情绪变成排华行动的人们不难发现，如此大规模的针对华人的暴力袭击，是一个从积蓄、到爆发的过程，如果越南政府能够像此前中国政府处理公民因钓鱼岛争端引发的国内冲突一样，及时出手、管控到位，是不至于发生如此强烈的暴力行为的。

（三）国际社会的推波助澜

越南排华事件的爆发同样离不开国际社会的推波助澜，特别是美日菲的煽风点火。（1）中越之间的撞船事件发生后，美国立刻站队越南，定性中国在争议海域进行钻油活动具有挑衅性。美国负责东亚事务的助理国务卿丹尼尔·拉塞尔 5 月 8 日在河内、美国跨党派参议员 5 月 9 日的联名声明都在对此事表达关切，挺越批华意味浓厚。5 月 12 日，国务院发言人珍·普萨基在记者会上就反复强调，“实施挑衅行为的是中方”。去年 12 月美国国务卿克里访问越南时曾表示美国愿意帮助越南捍卫主权。现在的美国实际上是以越南保卫者的姿态出现的。（2）除了美国，日本也积极为越南站台。日本首相安倍晋三整个 5 月都忙着在国际国内场合宣扬解禁集体自卫权，其依据便是中国的海上威胁。5 月 15 日，安倍在一次相关的恳谈会上提及中越对峙，称“日本自卫队在海外的冲突中需要更大的行动自由。”《华尔街日报》据此称，2012 年底上台以来，安倍不断强化日本与菲越等西太平洋“有着共同目标的国家”的安全合作，以期共同对抗中国。（3）菲律宾声援越南暴力反华骚乱，声称菲律宾应与越南团结起来对抗中国。《菲律宾每日问询者报》刊出这样的报道“菲律宾和越南应该团结起来对抗与中国的海上争端”。文章称，随着中国与越南、菲律宾在南海问题上争端升级，一些菲律宾人组织呼吁 16 日到中国驻菲律宾大使馆前游行，抗议中国，加入到越南人的反华示威中。

（四）越南民众对外资的偏见

在越南国内，本土劳工同外来劳工工资水平的差异，以及全球资本的大肆压榨，也在一定程度上激化了越南人仇视外国人的情绪，导致排华暴乱。越南民众长期以来都认为外资企业触动了他们的根本利益，特别是对越南矿产资源，水利资源等资源的开发和利用，被越南人民认为是资源掠夺行为，而对改善民生领域的衣、食、住、行、医等方面外资投资较少，对当地公益事业的贡献较少，因此越南人民对外资缺乏一定的认可度和亲和力。越南人民认为，外资企业赴越投资只为追求超低的人工成本，对越南工人无情压榨，因此不少越南工人有伺机报复的心理。根据越南总工会的统计，从 1995 年到 2012 年，越南境内一共发生 4922 件罢工事件，其中在越外资企业占 3500 多件。2008—2012 年期间，发生了 3000 多件劳资纠纷案，主要是发生在越南南方的胡志明市、平阳省和同奈省的外资企业。原因多为雇主给付年终奖金和结算年假加班费引发的冲突和纠纷，更有部分台资和日资企业要求越南籍劳工接受超出法令规定的加班时间、连续加班、劳动条件和膳食品质没法保证，故意规避帮越南籍劳工缴纳社会保险和医疗保险，与劳工签署阴阳劳动合同，管理劳工严苛和虐待劳工也不时发生。这一点，台资企业和韩资企业，甚至一些新加坡企业表现得十分明显，因此这也是中国台湾、韩国、新加坡等外资企业在此次排华事件中受到冲击的原因。

二　越南排华事件的影响

（一）对中越关系造成恶劣影响

从政治上看，越南排华事件后，5 月 15 日，中国外交部发言人华春莹在答记者问时表示：“我们对有关事件感到震惊，并表示严重关切”。15 日晚，外交部部长王毅同越南副总理兼外长范平明紧急通电话，代表中国政府向越方表示强烈谴责，提出严正抗议。5 月 19 日，中国外交部发言人洪磊在每日例行记者会上表示，越南排华暴力事件造成中国公民伤亡和财产损失，破坏了中越交流与合作的气氛和条件。为此中方从即日起已提升中国公民赴越旅游安全提示级别，调整为“暂勿前往”，并暂停部分双边交往计划。中国政府还将3553名在越南暴力事件中受冲击的中国企业员工安全运回国内。从经济上看，越方排华事件已经给中国企业造成了巨大的财产损失，严重伤害中国人民的感情，影响中越两国企业的信心。据云南红河州中心支局对中越边境地区5家外汇指定银行及25家对越贸易企业的调查显示：2014年5月，红河州对越跨境收支总额为3174.46万美元，同比下降18.19%，6月对越跨境收支总额为3940.53，同比下降5.35%。另外，中越间唯一公路客运定期国际班线——广西南宁至越南河内班线已也因越南排华事件于2014年5月15日停运。

（二）无限放大了“中国威胁论”

随着中国综合实力的提升和影响力的不断扩大，中国有了大国的诉求与责任，对世界事务的参与比以往更加积极。因此，“中国威胁论”的论调就成了某些国家在国内政治中的惯用工具，成了国际社会中阐述中国问题，特别是中国外交政策的一种权力话语现象。中国与越南在南海上发生争端，越南的主流媒体便不断宣传和强化“中国威胁论”以激发国内民众排华情绪。排华事件爆发之后，越南的高层官员频频外访，频频地向西方世界渲染“中国威胁论”，诉说中国以大欺小，国强必霸，奉行“霸权主义”，以博取西方同情，并为其侵占岛屿寻求国际支持。同时，越南还积极寻求日本、印度和俄罗斯等国家的支持以联合抗衡中国。此外，美国为了攫取亚洲地区霸权地位，为了实施其“亚太再平衡”战略，极力插手亚洲事务，也大肆鼓噪“中国威胁”论，并且还故意唆使、怂恿和支持越南、菲律宾等国采取各种单边的南海措施，以对抗中国在南海方面的合理合法的行为和建议。一时间“中国威胁论”成为国际舆论的主要话题，成为美国等西方国家遏制围堵中国崛起的重要理论依据。

（三）影响了越南自身的经济

一方面，越南的进出口贸易受到影响。越南是一个严重依赖外国投资的国家，外资企业出口是拉动越南外贸业务的火车头，仅3月份外资出口额便占越出口总额的68%之多。2014年4月越南的出口额为13071万美元，其中外资出口额为9005万美元，2014年5月中越南海争端爆发以来，越南的外资出口遭受重创。外资出口额已连续5个月低于4月份的水平，使得越南出口贸易也经历了连续3个月的下跌，直到8月份才恢复到争端前的水平（具体数据见表 2）。另一方面，越南的旅游收入受到影响。越南旅游业对 GDP 的贡献为 10% 左右，去年中国游客占越南入境游客总数的 25%，是第一大客源。5 月 19 日，中国外交部宣布将中国公民赴越旅游安全级别调整为“暂勿前往”，使得中国来越游客数减少了 10%，从而也使得越南接待外国游客数连续几个月下降，直到 2014 年年底也没有恢复南海争端前的水平（具体数据见表 3）。

表 2　**越南 2014 年 1—12 月进出口贸易金额**　（单位：百万美元）

时间	外贸总额	出口额	外资出口额	进口额
2014—01	21476.00	11460.00	7525.00	10016.00
2014—02	19630.00	9540.00	6458.00	10090.00
2014—03	24750.00	12277.00	8062.00	12473.00
2014—04	25331.00	13071.00	9005.00	12260.00
2014—05	25185.00	12408.00	8437.00	12777.00
2014—06	24808.00	12378.00	8184.00	12430.00
2014—07	25881.00	12916.00	8678.00	12965.00
2014—08	25470.00	13272.00	8804.00	12198.00
2014—09	25850.00	12634.00	8630.00	13216.00
2014—10	28140.00	14068.00	9620.00	14072.00
2014—11	26022.00	13230.00	9361.00	12792.00
2014—12	27100.00	13100.00	9586.00	14000.00

数据来源：Wind 资讯。

表 3　**越南 2014 年 1—12 月接待外国游客数**

时间	外国游客数（人）	外国游客数环比（%）	外国游客数同比（%）	中国来越游客数（人）
2014—01	776200.00	7.50	20.80	158700.00
2014—02	842000.00	8.50	47.60	238300.00
2014—03	709700.00	-15.70	20.80	190500.00
2014—04	746000.00	5.10	21.50	216700.00
2014—05	674200.00	-9.60	20.70	194000.00
2014—06	539800.00	-19.90	-4.90	136700.00
2014—07	564700.00	4.60	-14.20	123400.00

续表

时间	外国游客数（人）	外国游客数环比（%）	外国游客数同比（%）	中国来越游客数（人）
2014—08	618600.00	9.50	-8.60	135200.00
2014—09	590900.00	-4.50	-3.90	148900.00
2014—10	559000.00	-3.30	-11.10	143800.00
2014—11	608600.00	8.90	-16.70	129700.00
2014—12	657304.00	8.00	-9.00	133590.00

数据来源：Wind 资讯。

三　越南排华事件的启示

（一）中国南海维权要有战略思维

南海维权需要有长远的战略思维，这次海洋石油“981”钻井平台在西沙群岛的打井行动，是中国政府继设置三沙市后在南中国海进行维权又一次重大行动，是中国海洋战略向前迈进的重要标志。中国的南海政策将坚持“主权在我，搁置争议，共同开发”的基本原则，但不会像过去那样过分侧重其中某一个方面，而会加强三大要素间的良性互动，在规划和执行上更趋全面。如整合多个部门职责成立专门负责海洋事务机构，提高维权效率和能力，实现海上维权常态化存在；在中国固有领海岛礁进行大规模作业，建立永久设施对海上维权提供基础设施保证，使中国政府捍卫国家主权的行动，逐步走向正规化、制度化和常态化，并对侵略扩张者形成强大的威慑力。加强掌控海洋维权话语权，通过领导人讲话、研讨会等方式，传达中国海洋观，并从法理上加强主权宣誓，将主张清晰化、法理化。如 2014 年 6 月 8 日，外交部网站就刊登了《越南的挑衅和中国的立场》一文，详细阐述中国对 981 钻井平台附近海域拥有主权的法理依据。中方将该文提交联合国秘书长，并要求将该文件散发给全体会员国，让国际社会了解真相。中国的南海战略还与东海维权、海军现代化、海洋资源开发管理、海洋贸易通道保障密切相关，构成了一个有机的整体，是建设海洋强国战略的重要组成部分。由于南海涉及周边环境，域外大国的干涉，因此南海战略应该放在中国总体战略的重要位置，它是中国强国战略中周边外交与大国外交的聚焦点，南海问题应服从、服务于国家的整体布局，服务中华民族伟大复兴。

（二）中国要大力开发才能促成南海合作

在南海争端上，中国政府一直采取忍让的态度，希望越南能够理智对待中越关系，但是越南不但没有收敛，反而变本加厉，对于越南的这种无赖行径，中国该怎么办？事实证明，国家的核心利益，特别是国家主权是不能妥协的，在南海问题上，妥协和退让不仅换不回国际社会的尊重与理解，而且还会纵容与中国有领土领海争议国家的言行，使得他们更加肆无忌惮地挑起事端，甚至把既成事实当成理所当然和法理依据，使得南海问题更加复杂。因此面对周边国家的强力干扰和破坏，中国不但不能停止南海各类资源的勘探和开发，还要加大开发力度，以开发促合作，以开发求稳定。中国必须大力开发南海资源，只有这样才能显示“主权属我”。中国可以通过钻井、固岛、填海、巡海、修法等实质性措施加强在南海地区的实际存在，加强岛礁的扩建活动，把相关岛礁建设成为经略南海的基地，还要强化对已控岛礁的设施保障并定期完善，在维护中国在南中国海主权归属和海洋权益的前提下，逐步推进对各个群岛，尤其是南沙群岛各个岛的有效实际控制。在南海的开发策略上，可以将“自主开发”与“共同开发”有机结合起来。坚持“自主开发”，是中国作为一个南海主权国家对自己所属领土的主权、主权权利和管辖权的必然体现；坚持“共同开发”，是中国面对历史和现实，兼顾相关国家利益，践行“亲诚惠容”的周边外交政策，向周边国家释放合作诚意，维护南海和平稳定的现实选择。

（三）中国对外投资既要深植民意又要重视政治安全

此次越南排华事件的发生，给中国投资两个启示：一是对外投资要积极融入当地，深植民意。就拿对越投资而言，中国企业要在更加互惠的基础上关注越南的国内民生，切实关注衣、食、住、行、医等民生领域，适当做好公益活动，打好民意基础。要注意避免给越南人民带来经济上的新殖民主义倾向，要避免由于经济上的交往带来越南政府和人民在政治上的冷漠甚至对抗。“国之交在于民之亲”，中国要进一步培育中越人民的传统友谊，增进相互合作，实现互利互惠，通过新型义利观和命运共同体来丰富与越南的外交内涵。这对越南如此，对世界其他国家也同样如此。目前，中国正在实施“一路一带”战略，该战略需要沿线国的大力支持才能成功，中国必须要让沿线国确信参与“一路一带”建设对自己国家安全有利无害，经济上利大于弊，文化互融互补，要打消一些中小国家担心对中国的经济依赖程度太高而对自身国家安全构成威胁的顾虑。二是对外投资要注意政治安全。越南排华事件对中国在越投资影响巨大，凸显了政治安全因素对投资的重要性。例如尽管中国政府正在积极推动“一路一带”战略，与沿线国家对接推进贸易、产业、投资及金融的合作，实现中国与沿线国家的共同发展，但“一路一带”仍然面临很多地缘政治风险不能忽视。如何确定一些政治稳定、经济有潜力、愿意与中国合作的支点国家，从而串起“一路一带”，应该成为中国考虑的一个重点，这需要进一步加强对“一路一带”涉及地区和国家的风险评估和研究，特别要吸取越南排华事件的教训，注重国别政治风险、地缘政治动荡的风险、经济民族主义风险的分析与研判，在政策制定上加强主动性和针对性以便重点提升对于相关国家及周边环境的引导和构建。

四　结语

越南排华事件的背后，凸显的是国家利益在国际政治交往中的决定性作用。中越南海争端因周边部分国家将中国崛起误解为国强必霸而积极开展军备扩充、引入区域外大国，使得南海问题变得越加复杂。而越南政府为了自身的利益需求，纵容民众游行示威最终酿成民众大规模暴力排华事件，恶化了中越关系，无限放大了“中国威胁论”，也使得越南自身经济受到了影响。越南排华事件后，中国维护南海形势稳定有了新的思路——“双轨思路”，即有关具体争议由直接当事国在尊重历史事实和国际法基础上，通过谈判协商和平解决，南海和平稳定由中国和东盟国家共同加以维护。中国需要进一步丰富和深化的“双轨思路”，使南海政策实现从稳定性战略向综合性战略的转轨和升级，使底线、红线意识与顶层战略思维形成好的互动，在维护国家主权安全的同时，与东盟国家共同维护好南海地区的和平稳定，实现周边外交的战略目的。

2014 年印尼大选回顾

韦宝毅[①]

2014 年是印尼的大选年，是自 1998 年进入民主改革时代以来举行的第四次议会选举。2014 年 4 月 9 日投票选出四级议会候选人，然后 7 月 9 日直接投票选出正副总统。2014 选举是苏西洛时代的终结，内政外交将做出调整，印尼将进入新的历史发展阶段。

一　大选的背景

2004 年，苏西洛成为印尼首位民选产生的总统。2009 年，苏西洛成功连任。在苏西洛执政的 10 年中，总体上讲印尼的经济得到发展，人民的生活得到了提高。但是，受到 2008 年世界金融危机的影响，印尼的经济受到极大打击。加上印尼的政治民主改革进程艰难，腐败普遍，受贿成风。印尼上下人心思变。具体表现为：

（一）苏西洛总统与国会矛盾不断。苏西洛在任期内其领导的民主党在国会中处于弱势，国会第一大党专业集团党对其处处限制，苏西洛的很多政策都无法获得通过。总统和国会之间的矛盾影响政府改革进程。为了不得罪国会，总统势必牺牲一定的政治、经济和社会改革来换取国会的支持，而改革和发展的长远目标被搁置一旁，导致政府效率低下、政策缺乏连续性，民主化发展受阻。总统和国会之间的斗争打击了印尼民众支持政府民主化改革的热情，造成大众对民主的冷漠。

（二）政党政治不成熟。政党组织的制度化水平较低。印尼绝大部分

① 广西大学中国—东盟研究院印度尼西亚研究所研究助理。

政党没有明确的意识形态和政治纲领，其核心是政党领袖。政党内部缺乏凝聚力，冲突不断。一是在政党内部上下级之间的冲突，一是地方委员会的派系成员和省地级委员会的政党领导人之间的冲突。政党处于不断的分化和组合。印尼各政党仅仅迷恋于选举、权力交易和斗争，致使民主沦为政党和权力精英之间的游戏。各政党只是关注眼前利益和局部利益，缺乏对社会、经济和政治发展的长远规划，无法给人民带来切实利益。同时，由于政党缺乏群众基础，无法成为民众利益的代表、表达出民众的需求，更无法在国家与社会之间架起沟通的桥梁。印尼内阁职位常常用来拉关系或者回报政治盟友。政党内部腐败严重。政党和候选人之间已经由正常的关系转变成一种交易关系。一些政府高官仍然兼任政党领袖，党派效忠观念依然存在，党派利益代替了国家利益。

（三）旧势力依然强大。政府推行的政治经济改革势必危及旧势力的切身利益，从而引起后者的不断干预和阻挠。印尼的宗教冲突不断、地方分离主义活动活跃都和旧势力有着极大的关联。目前印尼保守势力相对强大，改革力量刚刚兴起，旧势力挑起的政治动荡和引发的社会混乱时有发生。

（四）军队的影响力依然强大。苏西洛任期内都由军人担任重要部门部长，军人的影响不仅没有下降，反而有所上升。军队虽然表面上已经中立化和职业化，但由于历届政府对军队改革不彻底，再加上军队长期的影响，军队依然是印尼有影响力的政治势力。印尼的经济发展、经济和收入分配不公问题无法从根本上得到解决、政党政治无法真正实行、政局动荡都和军队对政治、社会长期的影响及军人干政分不开。

（五）中产阶级弱小。印尼而言中产阶级还没有成为政治转型的中坚力量。一方面中产阶级是民主政治改革的推动者。另一方面中产阶级依靠国家和政府获得成长，对政府有着高度依赖性。中产阶级在民主化改革中已经被边缘化，印尼的民主实际上只是由小撮政治精英一手主导。

（六）贪污腐败严重。贪污腐败是印尼的顽疾。梅加瓦蒂的丈夫是商人、议员，曾被控利用政治关系敛财。前国会议长、最高法院院长、总检察长等人都曾面临腐败指控。基层腐败现象严重。选举导致金钱政治，政治家通过金钱政治方法收买人民的选票，从而使腐败加剧。印尼猖獗的腐败挫伤了国内投资者的信心，也令外国投资者望而却步，极大地妨碍了印尼投资和经济的发展。印尼街头的游行示威，多半是和腐败有关系。腐败令民众感到愤怒和失望。

二　大选的回顾

议会选举

2014 年 4 月 9 日，印尼议会选举。印尼全国 1.86 亿选民参与投票，选出从中央到省、市、县等四级议会近两万名议员。本次选举中，印尼全国将近 6600 名候选人将角逐议会 560 个席位和人民协商会议 132 个席位，另有约 16000 人参加地方自治县市议会的选举。各政党的得票情况如下：

2014 年印尼议会大选各政党得票情况

名次	政党	得票
1	斗争民主党（PDIP）	23681471 票（18.95%）
2	专业集团党（Golkar）	18432312 票（14.75%）
3	大印尼行动党（Gerindra）	14760371 票（11.81%）
4	民主党（Demokrat）	12728913 票（10.19%）
5	民族醒觉党（PKB）	11298957 票（9.04%）
6	国家使命党（PAN）	9481621 票（7.59%）
7	繁荣公正党（PKS）	8480204 票（6.79%）
8	国民民主党（Nasdem）	8402812 票（6.72%）
9	建设团结党（PPP）	8157488 票（6.53%）
10	民心党（Hanura）	6579498 票（5.26%）
11	星月党（PBB）	1825750 票（1.46%）
12	印尼正义与团结党（PKPI）	1143094 票（0.91%）

这次议会选举没有明显的赢家。尽管全国性政党只有 12 个，但是没有一个政党主导选举结果，没有任何一方能够得到 20% 的选票。根据印尼法律，只有在国会选举中获得至少 25% 选票的政党，才有资格推举正副总统候选人。此次没有任何政党得票率会超过 25%。因此与其他政党结盟是各党的唯一选择。没有明显多数的议会意味着决策、长期规划和治理可能受到不断的争论和阻力在立法层面，使印尼的政治进一步复杂化。而印尼最需要是一个能够促成一致团结的领袖和一个团结的政府联盟，汇

集不同利益集团、省代表和阶级，前瞻性地提出印尼的价值和目标。

专业集团党及斗争民主党获得最高的资格获选率，是因为这两个政党拥有强大的党组织。专业集团党根基稳固，党组织遍布全国，党员具有建基于新秩序时代的集体意识。而斗争民主党是一个团结进取的政党，当选地方首长的党干部形象良好也有利于提高其支持率。他们拥有在全国坐镇的干部及组织。他们比其他政党拥有更多的地方领导人，如市长、县长及省长。

在议会选举最大的失望是斗争民主党。国际媒体大都预测斗争民主党将在此次“赢得”选举。斗争民主党最明显的失败是“佐科效应”达不到预期的效果。在选举前预测佐科将有助于斗争民主党提高其支持水平，达到30%的关口，确保斗争民主党顺利地取得胜利，然后寻找盟友将比较简单。但事与愿违。

值得注意的是伊斯兰政党的发展。伊斯兰政党（繁荣公正党、民族党醒党、建设团结党和国家使命党）总共占有32%的选票，使他们成为第二大投票团体。然而，伊斯兰政党没有能够团结。

总统大选

由于议会大选没有一个政党得票超过25%，所以与其他政党结盟成为各党唯一的选择。

斗争民主党首先推举佐科为总统候选人，与来自专业集团党的卡拉组成竞选伙伴，并先后与国民民主党、民族复觉醒党、民心党、印尼正义与团结党结成联盟。这个联盟在人民协商会议中只占207个席位，属于少数派联盟。佐科一直声称斗争民主党希望结盟不只是为了瓜分权力，而是能够与一个具有共同愿景、使命的政党结成有效的联盟。结盟不是为了分享政权，而是为了造福人民。

大印尼行动党由于对斗争民主党自己提出总统候选人，不履行2009年诺言支持柏拉波沃竞选总统，而不与斗争民主党组成联盟。专业集团党虽然是议会第二大党却因议会大选中失利而引起内讧，放弃提名，转而与大印尼行动党结盟。大印尼行动党还与建设团结党、繁荣公正党、国家使命党、星月党结盟。民主党在大选前夕才宣布支持大印尼行动党，但是民主党领袖和总统苏西洛在选举中保持中立。大印尼行动党领导的联盟在人民协商会议中占据了353个席位，属于多数派联盟。大印尼行动党推举柏拉波沃为总统候选人，来自国家使命党的哈达成为副总统候选人。大印尼行动党在结盟过程中，为了分享政权与各个党派进行了谈判。

两个联盟对决在 2014 年 7 月 22 日的总统大选日揭晓，佐科—卡拉组合以 53.15% 的得票率打败帕拉波沃—哈达组合。佐科成为印尼第七任总统。佐科的胜利是民心思变的结果，因为：1. 佐科“接地气”的亲民风格。一些局外人把从默默无闻中的快速成名的佐科与美国总统巴拉克·奥巴马崛起相比，这与帕拉波沃等印尼的老牌政治家形成鲜明对比。2. 佐科清廉的、高效的形象。长期以来，印尼的官僚机构腐败、低效。人们眼中的“政客”几乎等于“骗子”，而佐科真诚的形象深入人心。从政初衷即为从政为民的佐科，禁止他的亲属参与市政工程的竞标。而且佐科曾经商人的经历，使得他具有商人那种对目标异常敏锐和时间就是金钱的逐利行为形成的高效习惯。3. 专注减贫。1998 年苏哈托专制政权倒台后，印尼成为权力最分散的国家之一。但是，人们对选出来的地方领导人的素质非常失望。曾作为小城梭罗市市长和雅加达市市长的佐科在减贫领域取得实实在在的渐进的改善，不管重新安排摊贩到新的市场还是为雅加达穷人引进免费的医疗和教育。4. 合适的副手。佐科在竞选中的成功很大程度上归因于他的副手卡拉。在印尼东部拥有高度声望的人物，有着雄厚的民众基础，加固佐科在国会的实力。5. 精明的宣传。佐科已经证明自己是一个聪明的沟通者。在整个竞选过程中，他一直穿着廉价的红色或者蓝色的格子花纹的衬衫。这就是对他“接地气”亲民风格的政治品牌的一个精心包装。他标志性的现场视察是为了确保他在印尼众多的 24 小时新闻频道、网站和报纸中产生持续的关注。6. 帕拉波沃缺乏类似的特质。印尼是一个快速增长的、年轻的国家，但是明显缺乏新生代的领导人。在 1.9 亿选民中，10%—20% 的选民今年将是第一次投票。帕拉波沃是过去对总统之位曾尝试过和失败过的有争议的人物。佐科是近年涌现的极少数有前途的、年轻的领导人之一。

三　佐科施政政策介绍

佐科新政府提出了建设世界海洋轴心的理论并重点推动五个主要领域工作：一是重建印尼海洋文化。二是维护和管理海洋资源。重点通过发展渔业，建设海上食品基地，并为包括渔民在内的印尼民众带来福祉。三是构建海上高速公路。通过兴建现代化港口、完善海上运输物流网络、发展海洋旅游等方式，提高印尼基础设施建设和互联互通发展水平。四是开展海洋外交。通过加强与其他国家在海洋领域的合作，减少和消除非法捕捞、侵犯主权、领土争端、海盗、海洋污染等海上纠纷和冲突。五是加强海上防卫力量。建立强大的海上防御力量，维护海洋主权和财富，保障航运和海上通道安全。

新的施政目标。佐科强调以海洋为轴心发展海洋经济，推动造船工业发展，鼓励地方和企业发展海运、河运，在全国范围内建立100个渔业中心，并配套交易、仓储及加工设施。同时，推动发展“海上高速公路”战略，建设2000公里公路、10个新机场、24个新海港、15个工业园区和3500万千瓦电站项目，重点发展海上互联互通，带动海陆空和通讯等基础设施建设，支持东部地区发展，降低物流成本，以实现年均经济增长7%的目标，促进经济发展和改善民众生活水平。

新的经济政策。一是扩大出口，保持贸易平衡。2014年印尼贸易部将2014年出口目标调整为1843亿美元，比去年下降0.9%，加强对虾、食品、棕榈油、化工产品等8种商品出口推进力度，以减少贸易逆差。二是简化程序，改善投资环境。佐科就任总统以来，一直强调要打造亲商政府，解决投资难题，希望建立吸引投资的一站式服务体系，切实解决商业许可证发放缓慢等问题。印尼中央政府将于2014年底或2015年初落实“一站式”服务。三是加强农业发展，实现粮食自给自足。佐科表示，希望在本届政府执政第二个年头，印尼能够停止进口大米，第三个年头能实现玉米和大豆自给自足，随后实现大蒜、牛肉、食糖等自给，并要求各部门按时完成农业改革措施和发展目标。四是加大基础设施建设，降低物流成本。佐科多次表示将建设“海上高速公路”，计划在未来5年中，筹措2000亿美元的建设资金，建立贯通东西的全国海运网络，以码头、公路、船舶、铁路公路等基础设施，将全国的主要岛屿连接起来，实现海陆互联互通，激活地方经济。此外，佐科要求各部委取消2014年10月底尚未启动或仍存在不确定性的项目，并已决定加入中国倡导的亚洲基础设施投资银行，以寻求更多融资支持。五是大力发展海洋经济，提高经济效益。提高向大型渔船收费标准，对国内小型渔户提供税收减免，促进中小型渔业公司发展，同时严厉打击外国渔船在印尼海域捕捞。制订优惠政策鼓励造船业发展。六是大力建设工业园区，振兴制造业。未来5年，将在爪哇岛以外特别是印尼东部地区，建造至少 15 个工业园区，未来 20 年在爪哇岛外的偏远地区建设 36 个工业园区，以促进地区经济平衡发展。七是维持原矿出口禁令，简化矿业部门许可程序。能矿部表示，印尼政府还将简化采矿业许可程序，以促进矿业领域投资。希望通过简化许可程序，把现有的 101 个程序简化至 71 个。八是削减燃油补贴，控制原油进口。九是加快电力建设，保障电力供应。印尼政府计划在未来 5 年内新增 3500 万千瓦电站项目，决定成立加快电站建设工作小组，简化各种阻碍电站建设的程序，大力发展电站配套产业，推进发电机组与零部件等在国内生产。为鼓励更多的私营企业参与电站投资，印尼政府还承诺将提高购电价格，以保证投资者的回报。九是扩大免除签证范围，刺激旅游消费。自 2015 年起，将为来自中国、澳大利亚、韩国、俄罗斯和日本的入境者提供免办签证待遇，以推动旅游业的发展。

可以看出，佐科以海洋为轴心的施政目标将带来基础设施的大建设，以此推动印尼经济的发展。

四　大选结果对东盟和中国的影响

印尼总统大选尘埃落定后，印尼政府将在总体上保持内外政策的延续性，对内突出国民经济建设，对外强调全方位友好合作。在外交领域，佐科将充分继承和延续现有的外交政策，印尼历届政府所签署的各类外交文件和达成的外交共识也将得到充分的保障。新政府的外交基石及主要对外战略不会有原则性的改变，其中包括：1. 坚持东盟为印尼制定外交政策基石的理念，不断提高作为东盟领导者的威望和责任，在努力维护东盟团结的基础上，协调一致对外立场和政策。2. 继续坚持“1 千个朋友太少，1 个敌人太多”的亲善外交政策。3. 继续保持大国平衡战略，对美、中、俄等大国保持平等的交往和密切的合作。4. 不断提高印尼在国际社会的地位，努力在相关区域或国际组织中争取一个新兴大国应有的地位和权力，同时在区域或国际事务中发挥更加积极重要的作用。

对东盟关系领域，印尼一直在东盟积极推动合作。印尼致力于维护东盟作为地区的驱动力量，因为印尼的命运将由这一地区的国家决定。印尼的大国地位为其在东盟的领导权奠定基础。印尼是东盟面积最大和人口最多的国家，其经济发展水平虽不如新加坡、马来西亚和泰国等，但是印尼的地位是这些国家无法取代的。随着新一代领导人的崛起和东盟经济共同体的实现，东盟将在运作机制和内部结构等方面进行改革和调整，佐科政府势必在关注国内建设的同时，增强印尼在东盟的地位和作用，推动东盟一体化的建设。

在对华关系领域，印尼新总统和新政府也将延续目前的对华政策。深化发展中印尼全面战略伙伴关系，是中印尼两国的外交重点之一，而且这种深化发展不仅仅局限于政治和经济领域，同时还将扩展到军事、人文以及区域和国际合作等更广阔的领域。此外，中印尼双方还将积极推动落实中印尼经贸合作五年发展规划，加强两国之间的互联互通；加强双边农业合作磋商以及在粮食生产与加工、食品安全、化肥和农产品互惠贸易等领域开展务实、全面的合作，保障粮食安全；扩大在油气、矿业和电力等领域的合作，积极探讨新能源和可再生能源合作机会；进一步加强在航行安全、海上安全、海军合作、海洋科研与环保、海上搜救、渔业、蓝色经济等领域的务实合作；充分发挥两国科技联委会作用，促进两国研究人员交流，深化各领域科技与创新合作。

第五篇

东盟国别研究短评

中老高铁：机遇还是危机？

方晶晶[①]

由中、老双方推动的跨境高铁建设项目，其好处和战略意义不言而喻。穆迪公司将这个项目评为双赢项目，因为对中老双方而言该铁路都将是通向大海的一个重要通道。外媒评论褒贬不一，其担忧的焦点在于，高铁建设带给老挝的债务负担及社会问题。这个耗资巨大的高铁项目，会给老挝带来巨大的发展机遇，还是将老挝推向岌岌可危的境地？实际上，机遇把握不好则容易引发危机。

一　老挝的债务负担沉重与否与贷款偿还方式相关

2010—2014 年，老挝的对外公债占当年 GDP 的一半左右，其债息仅占出口总额的 5% 左右，债务负担较为稳定。国外的评论认为高铁建设产生的巨额负债相当于老挝一年的 GDP 总值，将使老挝原本稳定的负债比从 50% 左右一下子跳跃到 125%，成为仅次于日本、津巴布韦、希腊之后的全球第四大负债国。中老高铁项目 2011 年预计建设资金总额 70 亿美元，其中 70% 由中国金融机构以优惠贷款的形式提供给老挝，目前贷款的偿还方式及偿还时间都还在商议中。

老挝的债务负担是否沉重，与中老双方商定的偿还方案有必然的关联。如果中国是以援助的形式帮助老挝修建高铁，则发放给老挝的应该是优惠贷款，贷款利息较低或者无息。而在款项偿还时间过长的情况下，中方还会进行一定的债务免除，例如 2003 年中国就免除了老挝的三笔债务。

① 广西大学中国—东盟研究院老挝研究所研究助理。

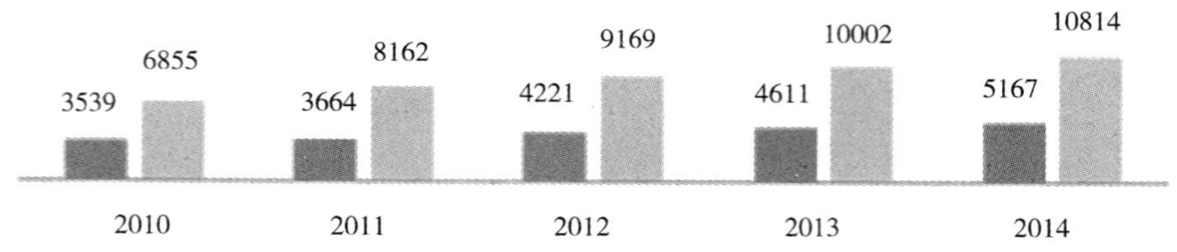

图 1　老挝 2010—2014 对外公债与名义 GDP（百万美元）

数据来源：老挝当局提供数据，IMF 工作人员预测估算。其中，公共财政的数据是指一个财政年度内（10 月至次年 9 月），2013 和 2014 年数据为预算数据。

如果中老双方是以普通商业合作的形式修建高铁，也不一定如外媒所描述的那样，会对老挝形成“沉重”的债务负担。一方面，老挝近十年来经济有着显著增长，GDP 更是以每年 7%—10% 的速度在增长，加之老挝政府的负债并不需要一次性偿还，因此单纯地将建造总额 70 亿美元与老挝的年度 GDP 对比是不太合理的，这是一种“偷换概念”以夸张引起关注的方式。

债务负担沉重与否与贷款的偿还方式、偿还时间以及贷款条款有一定关联，不同的方式所带来的债务负担迥然不同。中国提供的这笔贷款，应考虑到对老挝宏观经济的影响。如果中老双方能够纳入一定的民间资本，结合 BOT（建设—经营—转让）、PPP（公私合作模式）等融资方式，相信能适当减轻老挝的债务压力。

二　高铁收益与铁路建设发展规划相关

中老高铁老挝段的规划建造里程为 421.17 公里，起点为中老交界处的磨憨，终点是老挝首都万象。据国内铁道部总经济师介绍，预计 6000 公里的高铁需要投资超过 8000 亿元，是普通铁路造价的 325 倍。如果按照国内高铁造价，那么中老高铁建造费用实际超过了 561 亿人民币（约合 89 亿美元），这远远高于 2011 年预计总造价 70 亿美元。考虑到通货膨胀、货币贬值等因素，中老高铁动工项目工期的拖延，或致使其总造价逐年增长。当然，老挝高铁项目建设期间的大部分资金来源依靠中国政策性金融机构的贷款解决。但高铁建成之后，老挝政府短期内能否通过高铁盈利还是未知数。

以我国京沪高铁为例，总投资2200亿元，全长1318公里，目前客运票价水平为0.7元/人公里，根据盈亏平衡，运量大约在4600万人次/年方能实现盈利。但目前京沪高铁匡算运量3500万人次，迄今还处于亏损状态。一般地，我国高铁至少在10—15年内经济效益将徘徊在亏损或微利区间。老挝2013年总人口677.6万，人口密度28.6人/平方公里，远远低于中国京沪地区的人口数量和人口密度，高铁建成后预计需要20—30年甚至更长的时间，才能够摆脱亏损的状态。短期内仅依靠客流量增加来实现高铁盈利不现实，需慎重考虑将一半以上的运力投入到货流量的增长上。另外，高铁建成后能否具有生产要素集聚效应——即铁路建设带来人员流、资源流从而促进区域经济发展的效应，有赖于政府对铁路沿线周边规划的有效性。

因此，中老政府之间需要就这种可能存在的双重债务负担有一个较好的协商，因为高铁建成后如没按预期带给老挝较强的经济正效应，则会影响到老挝的债务偿还能力，增加老挝的债务负担比。为避免上述危机扩大化，中老双方可以考虑制定客流量、货流量培育周期计划以及铁路周边土地、相关产业增值计划等，根据上述发展计划制定相应的债务偿还计划。另外，为减少高铁项目的负债比例，中老双方应考虑是否在建造过程中引入外部战略资本投资，有效提高项目资本金比例，缓解高铁建成初期长时间无收益而导致的诸多现状问题。

三 “资源换资本”偿还方式优劣与产业发展目标相关

根据2012年老挝提交国会的报告显示，老挝建造高铁的贷款是以铁路所有收益和资产以及未指定的两处矿区来偿还的。而目前媒体报道的偿还条款是在2020年以前老挝每年向中国提供500万吨的钾作为贷款偿还。这样一种以“资源换资本”的发展方式本身就是利弊参半，它一方面使得老挝能快速获得发展所需资本，另一方面，过度开采导致的环境破坏，短期内大量供应导致大宗产品价格走低等这些因素不可忽视。

老挝政府目前的经济发展模式就是以“资源换资本”，利用本国的丰富矿产资源吸引国外投资。这种偿还方式遵循了比较优势原理，本无可厚非，但鉴于矿产基本上是不可再生资源，如老挝政府因偿还债务过度开采，招致的阻力将会比引入外资开采要大。加之，老挝矿业开采基础设施落后，指定偿还债务的“资源”后，势必需要中国协助勘探开采，在老挝国内的相关制度、法律保障措施不够健全的情况下，每年按两国约定提供资源以偿还债务将难以得到保证。例如，2006 年一家澳大利亚企业在老挝勘探发现了一个储量达 2000 吨的特大型金矿，而老挝政府部门在金矿勘探之初仅获得澳方承诺的 10% 干股（未出资而获得的股份），因未制定相关的矿业政策规范矿产勘探成功后的开采分成等问题，造成了国家矿产资源的重大损失，为此政府相关部门为检讨当时的矿业政策而暂停了对其他金矿项目的审批。

简言之，如果老挝政府没有全面、可持续的国家矿业发展计划，则这种“资源换资本”的偿债方式在无序开采情况下将不能保证资源的持续供应。另外，高铁建成后，交通运输状况的改善势必给老挝的矿业投资带来大幅度增长，撇开环境的破坏不说，矿产运输的特点主要是运量大，时间成本对运输并无太大影响。普通的铁路运输已经能够满足矿业发展的需求，如果老挝政府高负债建立的高铁仅仅只是用来运输矿产，那么其性价比还不如修建一条普通铁路。

目前老挝并不以制造业为主，因为国内人力资源开发不够，缺乏熟练工人。铁路短期内不会为其带来什么好处，因此老挝利用铁路出口自己的产品还有很长的路要走。而国外研究者认为老挝的政府之所以会需要这样一个高负债的铁路建设计划，一个可能点就是他们似乎在进行一场赌博：铁路建设后大宗商品价格会提高，在还债期间矿产升值将使得债务会更快还清。如果这个赌局是真的存在，那么中国贷款回收的风险将会成倍增加。

四　社会影响的正负与政府统筹安排相关

铁路修建会对当地经济、社会产生一定的影响，而中老高铁这条跨境铁路的修建，更是给老挝国内带来极大的社会影响，例如地理环境改变、外来人口流动、文化变迁等等。

第一，铁路建设项目需要铁路沿线两边 50 米宽的土地清理，100 米隧道的开凿，3000 个铁路站点的修建。另外需要额外的空间，给建筑工人的住宿，存储建造设备和材料。因此，铁路线穿过的地方将使得许多当地民众失去原有土地，而穿过的城市将遭遇当地文明被破坏的危机，例如铁路线穿过的世界文化遗产城市琅勃拉邦。更重要的是，为支持投资发展老挝政府非法占地的行为已经声名狼藉，如果在高铁修建过程中，政府对人员的补偿安置及城市文化保护不得力，将会引发一系列社会问题，加剧社会矛盾。再者，铁路修建过程中外来劳工对本国民众的影响，也是一大问题，之前在缅甸、印尼、斯里兰卡使用外来劳动力遭到当地人的激烈反应。

第二，许多老挝民众以及地方政府，厌恶处理与中央王朝的关系，宁愿长期建设与越南人的关系，因为越南人在过去十年一直在尽力拉拢老挝人的心理和思想。在处理与中国的长期关系时，老挝并非同心协力。一位老挝学者甚至宣称如果公开采取民意调查，70%的老挝人民会反对这个项目，但是最终的决定权在于老挝共产党首领。这样的一种国内政治的压力，比高铁项目本身所面对的建造难度还要大。因此中老双方之间就这样的一些社会问题预先协商，并制定矛盾解决机制载入合作备忘录是一个较为明智的做法。

总而言之，中老高铁建成之后的前景虽然一片大好，但老挝经济社会发展水平与高铁建设所要求的经济、社会环境实际上并不匹配。鉴于高铁网络的建设有可能会改变一个地区的地缘政治、经济格局，大部分国家都觉得这是利好趋势。但是，中国政府方面也应该深思：老挝积极期盼中国资助修建高铁，是否因为中国目前的铁路资助项目仅仅涉及“高铁出口”，而不考虑普通铁路援建？

实际上，国外评论认为在一个普通铁路都缺乏的国家，修建高铁有些超前。这种没有把握的超前，可能会让老挝倾尽国力换回来的高铁只是为他人作嫁衣裳——老挝国仅仅沦落为一个借道国。如果中国在高铁输出的同时能够考虑将高铁与引入国的经济发展水平相配套，将会取得事半功倍的效果。

参考文献

[1] Charlie Campbell. Laos' Mammoth Train Project a Fast Track to Debt and Despair [J]. TIME, 4/15/2013.

[2] Montlake, Simon. China pushes rail links into southeast Asia: Is Laos aboard? [J]. Christian Science Monitor, 6/14/2011, pN. PAG. 1p.

[3] William dennis. Lao-China railway link stalled under financial strain [J]. Engineering & Technology, July, 2013.

柬埔寨：腐败、民主与经济发展

毛　薇[①]

一　现状分析

（一）腐败

腐败现象一直以来都是柬埔寨国家的社会顽疾。近几年来，洪森政府一直致力于惩治腐败现象，那么到底结果如何？让我们先来看一组数据报道。2014 年 3 月，国际劳工组织预计柬埔寨国家国内生产总值（GDP）的 10% 因为腐败而流失，相当于一年 170 万美元被腐败稀释。与此同时，2014 年 3 月柬埔寨商业协会与雇主联盟（CAMFEBA）最新调查发现，柬埔寨 58% 企业曾支付贿赂金。在受访的 300 家企业中，三分之一在监管和法律环境下，遇到腐败和不道德行为时，没有采取任何行动。更为直观和直接的证据来自于国际透明度组织腐败调查报告。其数据显示柬埔寨廉洁排名一直徘徊在全球倒数 10% 左右，说明柬埔寨面临比较严重的腐败现象。2012 年，柬埔寨在国际透明度组织的腐败印象评估表上的 176 个国家中排名第 157 位。2013 年，柬埔寨在 177 个国家中排名第 160 名。（见下表）如下图所示，2008 年柬埔寨国家的腐败情况最为严重，2009 年情况开始好转，2009 和 2010 连续两年廉洁排名均有所上升，可惜好景不长，最近三年来，腐败现象又出现反复的苗头，从 2011 年至今，柬埔寨的廉洁排名连续下降，直到 2013 年下降到接近 2008 年最严峻的情况。由此可见，近几年柬埔寨的反腐工作成效并不是十分显著，腐败仍然是柬埔寨国家面临的严峻考验。

---

① 广西大学中国—东盟研究院马来西亚研究所所长。

表 1　　**柬埔寨贪污印象指数**

年数	廉洁排名（排名/总数）	贪污印象指数
2007	90%（162/180）	21
2008	92.22%（166/180）	19.7
2009	87.78%（158/180）	22
2010	86.52%（154/178）	21
2011	89.62%（164/183）	21
2012	90.23%（157/174）	22
2013	90.40%（160/177）	20

数据来源：由国际透明度组织腐败调查报告数据整理得出。

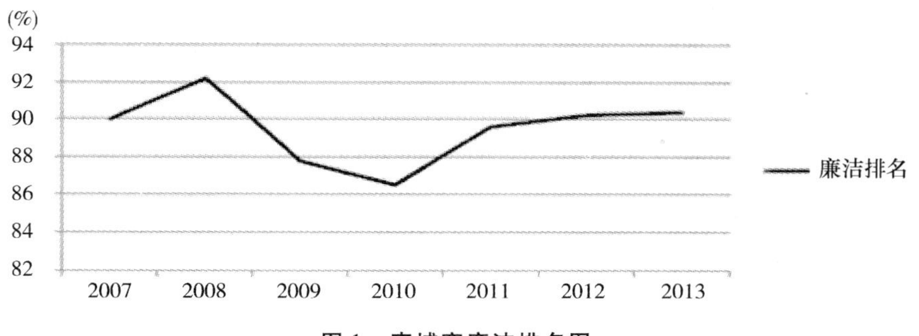

图 1　柬埔寨廉洁排名图

数据来源：由国际透明度组织腐败调查报告数据整理得出。

（二）经济发展

据世界战略和分析风险商讨公司 Maplecroft 于 2014 年 3 月发布的关于分析柬埔寨投资风险的报告显示，国际投资商面临的主要风险就是腐败现象，也因为这个现象，柬埔寨投资风险比邻国，如老挝、越南和泰国都高。然而，今年最新的经济数据却显示，柬埔寨经济在面临严重的腐败问题的同时，依然保持快速增长，对外贸易和来柬投资都依然呈上涨趋势。例如，2012 年柬埔寨经济增长率为 7.3%，国内生产总值（GDP）总量约为 140.6 亿美元，人均 GDP 约 987 美元。2013 年柬欧贸易额增长 30%，其中出口总额同比增长 33%，进口总额同比增长 4%；柬对东盟贸易额增长 12%，其中柬埔寨对东盟出口总额同比上升 51%，进口总额上升 8%。亚洲银行对柬埔寨经济发展依然也持乐观态度，其预测柬埔寨经济在今年将保持 7.5% 高速增长。同时，柬埔寨商业部公司注册司统计显示，2014 年 1—2 月共登记新公司 708 家，比去年同期增长 88%。英国同时也宣布计划 2020 年与柬埔寨贸易额增到 50 亿美元。这一系列数据告诉我们，在柬埔寨，腐败现象和经济快速发展并存。

（三）民主

柬埔寨国家在经历内战、红色高棉的极权统治等一系列流血斗争之后，终于于 1993 年在国际社会的监督下，举行了第一次全国大选，从此走上了民主化的道路。然而 1993—1998 年间，柬埔寨国家依然政治混乱。尤其是 1997 年，党派之间为争夺红色高棉残余武装收编权发生“枪战”，一度使柬埔寨与东盟关系迅速倒退。随后 1998 年的全国第二次大选，洪森领导的人民党成为第一大党，并组成各党派联合政府，取消两个首相制度。至此，柬埔寨的民主化进程才迎来了新的曙光。在 2000 年至 2005 年，柬埔寨一直被列为“中等自由”行列。但自 2006 年起，它已跌落“较不自由”的等级。报告指出，其自由指数下跌的主要原因之一就是贪污现象屡禁不止。目前，大选仍是柬埔寨政治高度敏感期。2013 年大选以后，柬埔寨政府更是面临严峻的两党问题。人民党和救国党因改革选举委员会意见分歧而陷入僵局。与此同时，罢工也在柬埔寨国家愈演愈烈。Philip Ruddock 作为澳大利亚政府首席评论员，描述说洪森政府是“一党专政”政府。负责柬埔寨问题的联合国人权专家利普里特警告说，严重的贪污腐化现象已经危及柬埔寨民主的发展。由此可见，伴随着腐败与经济发展共存现象的柬埔寨，在民主化的道路上也呈现出倒退的趋势。

二　理论解释

柬埔寨国家目前面临腐败与经济快速发展并存，而民主化进程却有所倒退的局面，为何会出现这种现象？笔者试图从理论上加以解释。

关于腐败的研究可以追溯到 19 世纪 70 年代。Krueger 最早研究腐败现象，并用寻租理论解释了国家腐败行为。随后，Ackerman 借助“委托—代理”理论解释腐败的经济学内涵。国内学者陈轶鸥从政府与市场的关系中阐明了腐败行为的产生。市场在资源配置中发挥巨大作用的同时也存在弊端和缺陷，需要具有强制性和普遍性的公共权力来实行必要的干预，从而弥补市场失灵，这就是市场经济中的政府职能。然而，政府的过度干预和无效干预，会造成“政府失灵”的现象，并产生由寻租、创租活动所引起的贿赂型腐败。

虽然大部分研究腐败与经济增长的研究表明，腐败将降低经济发展水平，例如 Lien，Paolo Mauro，Brennan 和 Buchanan，Keith 等人，Hillman 和 Katz 等人，但是理论界仍然有些学者证明，腐败在某些情况下，可以促进经济的发展。Leff 和 Huntington 最早提出了“腐败有效论”。他们认为腐败是私人投资者为了避开政府的错误政策和管制而对政府失灵的理性反映，因为企业家们所寻求的特殊政策也许正是经济增长所需要的，有利于提高资源的配置效率，从而促进经济的发展。最具代表性的文章是 Liu 建立的排队博弈模型，认为个体之间时间价值存在差异，时间价值较高的个体会通过向官员行贿的方式插队使其时间成本最小化，从而提高效率。由此用 Nash 均衡理论证明了腐败可以提高资源配置效率，从而促进经济发展。这些理论从一定程度上解释了柬埔寨国家腐败与经济快速发展并存的现象。

然而，越来越多的学者发现，民主在腐败和经济发展的相关关系中起到关键性作用。换句话说，权力结构或者说民主化水平决定了腐败到底是促进经济发展还是抑制其增长。例如，Huntington 提出：一个僵化而清廉的政府比一个僵化的、高度集权的、腐败的政府更难以推动经济增长。Méon 和 Sekka 在政策选择期刊发表文章说明，腐败在政府治理薄弱的国家对经济造成的伤害最大。Toke 等人建立新的理论模型并用经济数据证明了腐败与经济的关系决定于一国的具体制度情况。管理高效的政府，腐败对经济增长起显著的负面作用。相反，当政府管理质量较低时，腐败对经济增长没有显著的影响。

由此可见，腐败，民主和经济发展三者之间并非孤立存在的，而是密切相关。因此，在制定反腐政策的过程中，必须要充分考虑到三者之间的关系，才能达到减少腐败，经济增长，促进民主化进程的三赢局面。

三　政策建议

柬埔寨在反腐的道路上一直努力，主要体现在法律法制的逐渐健全，反腐意识的普及推广，以及政府公务员薪水的提高三个方面。

1994年开始草拟的《反腐败法》于2009年12月完成并获内阁通过，2010年4月由国会表决通过，由此拉开了柬政府为期五年的反腐败行动计划。为协助柬埔寨反腐败进行有效调查，加快解决柬埔寨腐败问题，同时实行官员《财产申报制度》。为使公共收费合理化，防止政府部门行政腐败，制订了政府部门《公共服务表》，规定在22个部门中，撤销100项不合理收费项目。同时，为提高全民反腐意识，柬埔寨反腐委员会还与教育部合作，开始对学生宣传反腐知识，并将反腐知识列入高中的教育课程。最后，学习新加坡的“高薪养廉”政策，提高公务员薪酬。

然而就是在这一系列的反腐举措之下，柬埔寨国家的腐败现象在近几年却没有好转，甚至恶化，武传兵归因于反腐的“雷声大雨点小”。柬埔寨反贪机构（ACU）主席在一次接受采访时表达过自己的担心“我们的名誉将被摧毁，同时我们的政府也将受到指责，那么人民还用什么来信任政府?”

因此，我们可以看出，在柬埔寨国家发展的过程中，纵然一直致力于打击腐败，但因为只打苍蝇不打老虎的现象使反腐效果甚微。尤其随着柬埔寨经济的发展，人民对国家治理的参与要求越来越高。在民主化程度逐渐提高的柬埔寨，腐败对经济的负面作用越来越显著，从而表现出近几年柬政府廉洁排名的倒退。同时，这种愈发显著的负作用又反过来阻碍了经济的进一步发展和柬政府民主化的进程。由此可见，柬埔寨政府反腐迫在眉睫。

在清楚的了解腐败，民主与经济发展的关系，并且客观评价了柬埔寨现行反腐举措的基础上，笔者给予柬埔寨政府一些反腐的政策建议。

（一）对“微腐败”和“大腐败”零容忍

犯罪学理论认为，所有罪犯都是理性犯罪人，他们会计算犯罪成本（犯罪成本理论上约为惩罚力度与惩罚概率的乘积）。现行的柬政府虽然提高了反腐力度，但是惩罚概率依然偏低。尤其表现在反腐过程中，只对“小鱼小虾”动手。建议政府提高整治“大鱼”的概率，对不管是“微腐败”还是“大腐败”实行零容忍。

（二）提高透明度，充分利用舆论监督

柬埔寨政府虽然在2010年便开始实行财产申报制度，但是因为这一制度要求只报给“柬埔寨反贪机构”，因此财产申报制度收获颇微，往往

只是流于形式。建议政府提高财产申报制度的透明度，把公共资金的使用以及财产注册的信息都通报给公众，利用群众舆论的监督力量，有效打击腐败惩治犯罪。

（三）建立与反腐相配合的民主化政策

通过理论分析，我们发现，随着经济的发展，民主的要求越来越强烈，而民主化程度的提高使腐败行为对经济增长的负作用愈发明显。从而反过来影响了经济的发展，并且阻碍了民主化进程。因此，在提高国家民主化进程的道路上，应注意反腐和经济发展相匹配，必须要充分考虑，腐败，经济发展和民主三者之间的相关关系，配套制定政策，才能达到惩治腐败，经济增长和民主化的三个目标。如果忽略了反腐败的进程，而一味地追求国家民主化，就会导致腐败负作用的滋生放大，从而反过来引起民主化的倒退。

参考文献

[1] Kruger, A. O. The political economy of rent—seeking society [J]. American Economic Review, 1974, 64 (3): 291 -303.

[2] Ackerman, S. R. Corruption: A study in political economy [M]. New York: Academic Press, 1994.

[3] 陈铁鸥．论经济伦理的缺失与腐败滋生 [J]．经济研究导刊，2009，7：7 -9.

[4] Lien. Corruption and allocation efficiency [J]. Journal of Development Economics, 1990, 33: 153 -164.

[5] Paolo Mauro. Corruption and Growth [J]. The Quarterly Journal of Economics, 1995, 110 (3): 681 -712.

[6] Brennan, G & Buchanan. Towards a tax constitution for leviathan [J]. Journal of Public Economics, 1997, 8: 255 -278.

[7] Keith Blackburn, Gonzalo F. & Forgues-Puccio. Distribution and development in a model of misgovernance [J]. European Economic Review, 2007, 51 (6): 1534 -1563.

[8] Hillman, A. L. & Katz. Hierarchical structure and the social costs of bribes and transfers [J]. Journal of Public Economics, 1987, 34: 129 -142.

[9] Leff, N. H. Economic development through bureaucratic corruption [J]. The American Behavioral Scientists, 1964, 8 -14.

[10] Huntington, S. Political order in changing societies [M]. Yale University Press, New York, 1968.

[11] Liu. An equilibrium queuing model of bribery [J]. Journal of Political Economy, 1985, 93 (4): 760－781.

[12] Méon, P. G., Sekkat, K. Does corruption grease or sand the wheels of growth? [J] Public Choice, 2005, 122: 69－97.

[13] Toke Aidt, Jayasri Dutta b, & Vania Sena. Governance regimes, corruption and growth: Theory and evidence [J]. Journal of Comparative Economics, 2008, 36: 195－220.

[14] 蒋玉山. 柬埔寨：2012 年发展回顾与 2013 年展望 [J]. 中国—东盟年鉴发展报告，2013：91－95.

[15] 武传兵. 柬埔寨人民党着眼执政安全解决土地纠纷 [J]. 当代世界，2012：54－56.

菲律宾："绑架产业"的温床

缪慧星[①]

一 菲律宾绑架现象

世界上每个国家都有其独具特色的一面，如日本被称为“樱花之国”、老挝被称为“万泉之国”、马来西亚被称为“绿色王国”，等等。而在西太平洋上的群岛之国——菲律宾，却被冠上了“绑架之国”的名号。在2014年4月2日，1名中国籍女游客在马来西亚沙巴州仙本那的一家酒店被疑似阿布沙耶夫组织成员绑架，虽于5月30日获得自由，但像此类的绑架事件在菲律宾几乎每隔几天就会发生一次。据菲律宾统计局统计（如表1所示），从2005年到2012年，菲律宾绑架勒索赎金事件平均每年发生44件。

表1　　2005—2012 菲律宾绑架勒索赎金事件

年份	2005	2006	2007	2008	2009	2010	2011	2012
绑架勒索赎金事件（件）	48	44	28	44	50	68	24（上半年）	11（上半年）

数据来源：菲律宾统计局。

菲律宾的绑架事件大致可以分三类，第一类是在马尼拉及其他城市绑架商人，特别是华裔商人或其家眷以勒索赎金；第二类是阿布沙耶夫组织及其他穆斯林反政府武装制造的绑架事件；第三类是其他反政府武装或小

① 广西大学中国—东盟研究院菲律宾研究所所长。

的犯罪集团因各种不同动机制造的绑架事件。近些年来，靠近菲律宾南端的沙巴州（马来西亚所属）是菲律宾绑匪活动猖獗的地方。到目前为止已发生了多次反政府武装入境劫持人质、枪杀外国人事件。沙巴州之所以发生这么多绑架事件，原因在于和该州隔海相望的菲律宾南部，是菲政府管控不力的地区，多个极端势力盘踞该地。该地区除了阿布沙耶夫组织外还存在许多分离主义组织，他们常年和菲律宾政府军对抗，这些绑匪制造的绑架案绝大多数没有政治意图，主要是为了谋求钱财。

绑架被普遍认为是一种严重的犯罪，绑架背后的诱因也是多种多样，如政治诉求、司法不公、腐败、收入差距等因素。菲律宾绑架事件的频频发生与其政治混乱、经济落后有很大关系。在这里，笔者仅就菲律宾绑架与家族政治、贫富不均、腐败的关系进行初步探讨。

二 菲律宾“绑架产业”与贫富不均

帕特森（Patterson）探讨了犯罪率与经济状况之间的关系，认为社会犯罪率与绝对贫困、相对贫困（如收入分配不公）有一定的关联性。海谢和普格（Hsieh 和 Pugh）的研究结果表明暴力犯罪与贫困及收入不平等之间的确实存在较为紧密的相关性。虽然近些年菲律宾经济发展速度较快(2013 年经济增长率已超过马来西亚、新加坡、泰国、印度尼西亚、越南等东南亚国家)，但菲律宾的经济增长属于非均衡、非包容性增长。在经济增长的同时，贫困人口越来越多，国民之间的收入差距也越来越大。以“反腐、减贫”口号赢得大选的菲律宾总统阿基诺在 2014 年初也已承认，在其任期内菲律宾将无法消除贫困，只能是尽力降低贫困率。根据 2014 年修订后的经济计划，菲律宾政府的目标是将贫困率降低为 16.6%，失业率降低为 6.5%。依据菲律宾统计局的统计，菲律宾从 2006 年到 2012 年贫困家庭与贫困人口的绝对数量都在不断增长，贫困家庭数量占家庭总数以及贫困人口占总人口的比重虽然有所下降，但降低幅度较小（如表 2 所示，2006 年到 2012 年这六年间，贫困家庭数量占家庭总数仅降低了 1.3 个百分点，贫困人口占总人口比重仅降低了 1.4 个百分点）。

近年来，全球金融危机使菲律宾的经济发展更加失衡，失业率和贫困率居高不下。高失业率、高贫困率应是菲律宾绑架案件上升的主要原因。人们为了生计，不得不从事绑架等犯罪行为。在菲律宾一些贫穷地区，人质就意味着金钱和职业，武装分子雇请的哨兵及看管人质的武装人员，每天工资可以高达3000至5000比索（相当于该地区一个普通工作人员一个月的工资）。”在绑架案件中，由于看守、传达信息、联络等环节都需要帮手，而且报酬又相对较高，因此，绑架已然成了阿布沙耶夫所占据的岛上长期失业、贫困潦倒的居民的“变相职业”。

表2 **菲律宾贫困现状**

年份	人均贫困线（比索）	贫困家庭		贫困人口	
		数量（千户）	比重（%）	数量（千人）	比重（%）
2006	13，357	3，809	21.0	22，644	26.6
2009	16，871	4，037	20.5	23，300	26.3
2012	18，935	4，215	19.7	23，746	25.2

数据来源：菲律宾统计局。

三 菲律宾“绑架产业”与家族政治

学者特纳（Turner）认为任何类型的绑架，无论其动机如何，都不可避免地与政治有直接或潜在的关系。他以1991—1993年的菲律宾为例作了解释——这3年间菲律宾的绑架勒索进入到一个高潮，尤其在其首都马尼拉。这种情况最终被称呼为一场“危机”，也就是说已经不再是单纯的犯罪行为，而转变成了影响国家政策和政治局势有关的事件。Turner认为菲律宾绑架事件能够影响政治的原因有三个：一是绑架事件对吸引投资造成了威胁，国内外投资人开始考虑绑架危机的影响，寻找更安全的投资地点，这与当时Ramos总统的经济政策相违背；二是绑架事件导致了公众对菲律宾执法机构在信任危机；三是绑架事件导致当时Ramos总统的支持率跌至25%。

事实也是如此，菲律宾绑架事件中有一部分是直接源于政治诉求，如2009年菲律宾南部马京达瑙省的绑架与屠杀事件，这场事件是由马京达瑙省的两大政治家族——安帕图安家族和曼古达达图家族为争夺地方选举而出现的惨剧。如果把政治分类的话，菲律宾政治属于家族政治。在菲律宾，家族势力对政治的影响很大，他们中的大多数人占据政府部门中的要职，对国家权力进行控制。例如，在菲律宾2007年的选举中，差不多

50%的当选议员和省长来自政治家族（在美国，这一比例是7%）。在菲律宾79个省中，有40%的省长与众议院议员有着密切的关系。在东南部的莱特省，其省长自1916年以来就一直由Veloso家族控制。

菲律宾的选举制度是照搬美国的民主选举制度，而由于家族政治的存在，使这种“民主”变了味道。特别在地方政府选举中，家族与家族之间为争夺省长位置（省长是地方政府职务中最有权力和最有油水的，省长有权决定财政、审计等地方政府机构人员的任免，有权决定如何使用中央的财政拨款，因此省长也成了地方选举中竞争最为激烈的职务），往往伴随着血腥与暴力。在地方选举中，一个家族对抗另一个家族最方便、最经济实惠的手段就是绑架与暗杀。而菲律宾私人军队的存在、司法程序的不公为绑架与暗杀提供了发展空间，并形成一种恶性循环。

四　菲律宾“绑架产业”与腐败

在马尼拉，流传一种说法，“遇到抢劫事件，伦敦警察10分钟内赶到，纽约警察5分钟内赶到，马尼拉警察马上就能赶到，因为，他就在犯罪现场。”虽然这是调侃之语，但却映射出菲律宾“绑架产业”中的腐败因素。笔者认为菲律宾绑架事件的根源归结起来就是腐败问题。如司法腐败，腐败在司法界滋生，导致司法无效力，执法机关不依法惩处暴力犯罪分子，于是民众开始迷恋暴力违法行为带来的实际利益。军队腐败，社会枪支泛滥，导致暴力犯罪高发，有些军警甚至直接参与绑架犯罪行为。军队战斗力减弱也给了反政府武装和其他犯罪团伙发展的机会，而他们正是菲律宾绑架暴力行为的主要群体。其实以上两个腐败的根源在于政治腐败，菲律宾德拉萨大学治理研究所教授佩德罗认为，菲律宾政治腐败持续蔓延，群众暴力趋势增强，是绑架事件此起彼伏的原因之一。

综上所述，孕育菲律宾“绑架产业”的温床是贫富不均、家族政治与腐败。而想要从根本上解决这些问题，对于菲律宾来说，挑战是前所未有的，改革是任重道远的。为了长远发展，菲律宾一方面要改革套着“民主”外衣的家庭政治，完善司法制度，杜绝军队腐败；另一方面，要致力于发展经济，实现包容性增长，使民众能够分享到经济发展带来的成果。

参考文献

[1]《菲"绑架产业"怎样炼成?》，新华网，http：//news. xinhuanet. com/world/2014 -04/13/c_ 126384682. htm，2014 年 4 月 13 日。

[2] Patterson E B. Poverty, income inequality, and community crime rates [J]. Criminology, 1991, 29 (4): 755 -776.

[3] Hsieh C C, Pugh M D. Poverty, income inequality, and violent crime: a meta-analysis of recent aggregate data studies [J]. Criminal Justice Review, 1993, 18 (2): 182 -202.

[4]《菲律宾舆情周报（第 1 期)》，广西大学中国—东盟研究院网，http：//cari. gxu. edu. cn/info/1125/1755. htm，2014 年 4 月 17 日。

[5] 舒平. 人质：菲律宾贫困地区的摇钱树 [J]. 东南亚纵横，2005 (9)：14 -14.

[6] Turner M. Kidnapping and politics [J]. International Journal of the Sociology of Law, 1998, 26 (2): 145 -160.

[7]《菲律宾 50% 官员来自大家族　官场盛行世袭制》，凤凰网，http：//news. ifeng. com/shendu/fzzm/detail_ 2011_ 12/07/11162505_ 1. shtml，2011 年 12 月 7 日。

[8]《菲律宾缘何沦为"绑架之都"》，广州日报，http：//gzdaily. dayoo. com/html/2010 -08/26/node_ 1. htm，2010 年 8 月 26 日。

试析中国对缅投资受挫原因

关毓东[①]

2011 年 3 月吴登盛总统上任后，缅甸新政府高度重视国内经济发展，积极扩大对外开放，努力改善投资环境，大力吸引外国直接投资。继 2012 年 11 月颁布新的《外国投资法》后，又于 2013 年 1 月 31 日颁布实施《外国投资细则》，进而大幅提高外商投资优惠政策、放宽投资领域限制。缅甸吸引外国投资由此跨入了一个崭新的阶段。中国曾经是缅甸最大的投资国，作为缅甸的友好邻邦，中国重视发展与缅甸的经济合作，中国企业积极对缅进行互惠互利的投资。然而近年来，中国在缅甸的投资额急剧下降。缅甸公布的外国投资报告数据显示，2012 财政年度（2012 年 4 月至 2013 年 3 月），中国企业对缅甸的投资仅为 4.07 亿美元，仅占缅甸外商投资总量的 29%。而此前两年的投资额分别为 43.5 亿美元和 82.7 亿美元。莱比塘铜矿进展不顺、密松水电站被叫停、中缅铁路工程计划搁浅，中国资本在缅甸遭遇一次次重大挫折，中国投资在缅甸遭遇前所未有的挑战。

一　中国对缅投资受挫的三大工程

（一）莱比塘铜矿命运多舛

莱比塘铜矿位于缅甸西北部实皆省蒙育瓦市，在第二大城市曼德勒以西 100 多公里，是近年来中缅合资的大型项目之一，项目总投资 10.65 亿美元，设计产能 10 万吨阴极铜/年。2010 年 6 月 3 日，在中缅两国总理

① 广西大学中国—东盟研究院缅甸研究所研究助理。

的共同见证下，双方正式签署合同。2011 年 7 月 8 日，中方开始该项目前期基建及 10 年生产期的采剥工作。2012 年 3 月 20 日，莱比塘铜矿项目举行奠基仪式。2012 年 6 月 4 日，莱比塘铜矿项目部接到业主方万宝矿产及缅甸经控公司的通知，莱比塘铜矿项目因故全面停工。2012 年 9 月 9 日，莱比塘铜矿项目在历经停工三个月之后全面复工，当日即完成采剥工程量约 6 万吨，创下铜矿项目自开工以来最高日产量。2012 年 11 月开始，莱比塘铜矿外发生大规模抗议事件，当地民众以铜矿拆迁补偿不公、污染环境等理由举行抗议，并占领了万宝公司在铜矿附近的营地，铜矿的建设工作被迫全部中断。12 月 2 日，吴登盛总统颁布总统令，任命 30 人组成调查委员会，由昂山素季担任主席。该调查委员会于 2013 年 3 月 12 日提交了最终调查报告，报告认为，综合考虑经济、社会、环保、国际关系等因素，莱比塘铜矿项目应该继续实施，但需要采取建议的改进措施。2014 年 12 月 22 日，根据缅甸政府地决定，万宝公司对拖延 2 年之久的莱比塘铜矿进行围挡扩建时，遭到受政治团体煽动的部分当地民众的围攻，激进分子甚至扬言要杀死中国人。缅甸警方和抗议群众发生冲突，最终导致警民冲突有一名村民死亡，20 人受伤。虽然事后围挡扩建工作照常进行，但莱比塘铜矿自始至终可谓命运多舛。

（二）密松水电站叫停

缅甸密松水电站位于缅甸北部的克钦山区，恩梅开江与迈力开江下游合口交汇形成的伊洛瓦底江干流河段上，距密支那市 30 公里。距云南腾冲县 200 多公里，是中国电力投资集团 2009 年在缅甸伊洛瓦底江流域开发建设的重大水电项目，总值 36 亿美元。按照双方先前达成的协议，该项目由中电（力投资）集团负责运营 50 年之后无偿移交给缅甸。在此期间，缅方可通过税收、免费电力和股权分利等获得 540 亿美元的收益。项目移交后，缅方可得数百亿美元的固定资产，加上上千亿美元的运营收益。另外，在工程建设期间，各种用工将达到 4 万多人，将极大地解决当地就业问题。因担心大坝建设影响环境，缅甸当地政治组织和民众强烈抗议密松水电站项目建设。2011 年 9 月，缅甸总统吴登盛突然致函缅甸下议院，以“缅甸政府是民选政府，必须尊重人民意愿”为由，宣布在其任期内暂时搁置密松水电项目。吴登盛如此解释，密松电站可能会“破坏密松的自然景观，破坏当地人民的生计，破坏民间资本栽培的橡胶种植园和庄稼，气候变化造成的大坝坍塌也会损害电站附近和下游的居民的生计”。密松水电站工程被叫停，至今未能恢复。

（三）中缅铁路工程计划搁浅

2011 年 4 月，中缅双方签署协议决定兴建中缅铁路即中缅皎漂—昆明铁路工程，该铁路是规划建设中的泛亚铁路的一个组成部分，同时也是中国加强与东盟互联互通计划的重要部分。起点为中国云南省的昆明市，经瑞丽出境，途经缅甸的腊戍、曼德勒等内陆城市，西南至缅甸印度洋深水港皎漂港，全长 1500 公里（中国境内段昆明到瑞丽 690 公里，缅甸境内段木姐到皎漂 810 公里）。它是中缅共同实施的皎漂—瑞丽通道计划的一部分，同时也是中国和东南亚各方泛亚铁路计划的一部分。根据协议，该项目原计划投资 200 亿美元，该项目以 BOT（建设—经营—转让）的形式实施，2015 年前建成，中方负责筹措大部分资金，并拥有 50 年运营权。2014 年 7 月，缅甸铁道运输部官员敏瓦对外宣布，中缅铁路工程备忘录 3 年期限已到，目前仍未进入启动阶段，且对于该项目中方也未提出任何续签要求，加之缅甸部分国民、社会组织与一些政党持不同意见，因此决定将不实施该项目。中缅铁路工程计划搁浅。这也是继密松水电站被叫停之后，中国资本在缅甸再度受挫。

二　中国对缅投资受挫的原因及遭遇的挑战

（一）对缅政局变动的战略误判

中缅合作项目大多是在军政府时期签署，在遭受西方制裁的岁月中，中缅两国高层往来的密度、合作领域的深度和广度是其他国家不能比的。长期以来，由于西方国家对缅甸实行遏制和封锁政策，中国成为缅甸唯一的外来投资者。但在军政府淡出国内政治和民主化改革运动风起潮涌下，中国自然成为其国内部分反政府势力的“泄愤对象”；另外，缅甸政府也希望看到一种投资来源多元化的局面出现，适当拉开同中国的距离，可使缅甸获得更多安全感和心理上的平衡。民主化改革之后，缅甸政策指针或逐步摆向中立。中国对缅战略偏隘地执行“上层路线”，“内比都能处理好”的陈旧观念占了上风，对缅甸政局走势缺乏准确预判，投资受挫在所难免。

（二）中国企业对缅甸社会变局和公民诉求缺乏了解

缅甸新的民主政治下，民间团体和非政府组织影响力不断扩大，缅甸社会呈现多样化。一些非政府组织（NGO）为捞取政治资本，增加自身影响力而对中资项目进行煽动性的负面宣传，当地民众受其误导，认为中国企业是“资源掠夺者”。中国在缅甸的一些大型投资项目不断受到冲击，当局经常以环保、民生为由干预中国在缅的建设项目。而中国企业对缅甸社会变局和公民诉求缺乏了解，在项目整合评估过程中缺乏透明度，开发商、当地民众及地方政府间缺乏沟通交流。这就导致了中国企业在缅投资项目屡遭民众反对，频频遭遇挫折。

（三）中国对缅投资缺乏前期调研与评估

目前，中国在缅甸的投资主要集中在能源、电力和基建等方面，尽管这些投资项目对缅甸基础设施建设和国内发展大有益处，却容易引发环境问题，进而遭到当地民众的强烈反对。中国在缅投资项目缺少必要的前期调研与评估，缺少对缅投资的可行性研究，缺乏足够的风险意识。面对缅甸政治形势与投资环境的变化没能及时改变投资结构，没有学会协调政府、民众甚至反政府武装等各方利益。中国在缅甸投资的剧减，很重要的一个原因是中国企业对当地环境和社会了解不足。

（四）中国在缅甸投资面临激烈竞争

随着以美国为首的西方国家取消了对缅甸的经济制裁，缅甸国内经济快速发展，外资优惠政策出台，吸引了外国公司大举投资缅甸。中资企业在缅受挫的同时，许多国家的政府开始寻求提升与缅甸的关系和商业往来。美国、日本、印度、韩国等国家已开始努力寻求与重获新生的缅甸政权结交，并纷纷借此“进入缅甸”。据缅甸官方统计，2013 年 1—12 月，进入缅甸的外资总额达到了 27.8 亿美元，同比大幅增长 160.2%。2013 年对缅甸投资最多的国家依次是新加坡 7.8 亿美元，韩国 6.2 亿美元，泰国 4.1 亿美元，英国 3.4 亿美元和中国（含港澳）3.1 亿美元。2014 年，缅甸作为东盟轮值主席国，更是充分利用东盟区域经济合作这一平台大力吸引外国投资。由于各国纷纷大举投资缅甸，中国在缅投资面临巨大的竞争压力。

（五）日本的搅局

中国对缅投资大幅减少的原因固然是多方面的，但不能排除日本的搅局。随着缅甸民主化进程的推进，日本进入缅甸的步伐也在不断加快，双方经济合作不断加深。缅甸不仅有着丰富的油气资源和金属矿藏，还有充足的低廉劳动力和广阔的市场。毫无疑问，日本想要在这个新兴的市场分一杯羹。中国对缅投资大幅下降的几年，恰恰是日本在缅甸影响不断扩大的几年。在密松水电站项目受到争议时，日本却加大了对缅的投资力度。安倍政府免除了缅甸拖欠的5000亿日元债务，向缅甸提供了约1600亿日元（约合人民币97亿元）的经济援助，同时还在缅甸南部的德林达依省开发了土瓦经济特区。日本此举意在支持日企入缅，同时牵制中国对缅的影响力。

三 对缅甸投资前景与中国企业的应对之道

由于缅甸长期以来由军人执政，新政府上台后发起改革，缅甸经济进入转型阶段，政治和经济制度发展仍然存在不确定性。缅甸国内难以停息的民族宗教冲突不可避免的增加了在缅投资的诸多风险。而缅甸政府的治理能力明显不足。因此，中国企业若要对缅甸进行跨国投资，仍需要在投资决策前认真考虑这种不确定性所蕴含的风险。

据世界著名风险评估机构 Maplecroft 2013 年报告，缅甸仍是全球排名第五位投资风险最高的国家。尽管缅甸的国家风险较高，但由于缅甸已经加入东盟，中国企业可以利用中国—东盟自由贸易区的合作框架及合作机制，降低其国家风险，保障企业走出去的投资安全。

首先，中国应根据缅甸的实际情况，逐步扩大直接投资，结合中国企业“走出去”的发展战略，在缅甸当地投资建厂。通过投资促进当地就业，赢得当地政府和人民的好感。

其次，中国企业还需改变目前较为单一的投资结构。当前，中国企业的投资集中在能源、电力、矿产、原材料等领域，对其他领域的投资微乎其微。这种投资结构并不受当地人欢迎，也容易引发环境问题。中国企业应注重投资缅甸正在鼓励发展的电信、纺织、制鞋、饮料、养殖等领域。劳动密集型和资金密集型正适合缅甸现阶段经济发展要求，中国企业要把相对劣势变为相对优势，尊重当地文化，体察当地民情，承担社会责任，促进传统友谊和文化融合，形成核心竞争力。

中资企业对缅投资要特别注意做好环境和社会方面的评估，在缓和与当地民众的矛盾，处理好与当地民众的关系的同时，改变过去那种往往本着低调做事的原则，不习惯或不愿意与缅甸政府以外的其他社会团体打交道的行事作风，多做宣传介绍，多向社会公布必要的信息，建立合理的信息沟通机制，增加当地民众的信任与理解，减少对项目开发不利的社会舆论，如此方能提升中国企业在缅甸的形象。

根据麦肯锡全球研究院的一份报告，缅甸 GDP 将从现有接近 500 亿美元的规模增加到 2030 年 2000 亿美元，成为亚洲发展最快的新兴经济体。但缅甸的基础设施投资规模大、周期长、收益率低，是欧美资本普遍不愿进入的领域；而中国正在筹划建立亚洲基础设施投资银行，提振东南亚和中亚的基础设施水平。以目前缅甸经济对中国的依赖和资本力量的匮乏程度，在未来的一段时间，中国对缅甸基础设施的投资规模必将扩大。

综上所述，在缅甸国内民主化改革和融入世界经济一体化浪潮背景下，缅甸未来吸引外国投资发展必将迎来广阔的空间，对缅投资也有值得期待的前景。中国企业应吸取教训，继续调整对缅政策，摆脱过去只与政府部门和高层人物打交道的习惯，要关注民意，增加对缅甸改革的了解，把握缅甸的政治与经济趋势，提高应变能力，努力规避在缅投资的风险。面对更多外资涌入缅甸、竞争加剧的形势，中国企业应该学会“换位思考，投其所好”的策略，提高自身的投资竞争力并加强与当地民众的沟通，以更加谨慎与长远的目光做出切实可行的规划，实现投资多元化，抢占未来对缅投资的制高点。

参考文献

［1］张金宝．外资投资缅甸的经济和金融风险分析［J］．前沿，2013（17）．

［2］郑国富．中缅双边贸易合作发展的特点、问题、挑战与前景［J］．价格月刊，2014（5）．

［3］郑国富．缅甸国际直接投资的特点、问题与前景［J］．东南亚南亚研究，2014（1）．

［4］刘翔峰．缅甸的产业发展及中缅贸易投资［J］．全球化，2014（4）．

［5］杨龙，李湘宁．谁的迷失？当中国资本遭遇民主缅甸［J］．文化纵横，2014（5）．

新加坡的公积金制度为何引起抗议？

何　政[①]

一　背景描述

2014 年 6 月 7 日新加坡芳林公园爆发大规模集会，抗议政府的公积金养老制度。当天参加集会的约 6000 人，比预先在“脸谱”网上登记参加的 1000 人超出许多。芳林公园只是“举行有关公积金课题的集会”，“共约 2000 人”。8 日报道说，周六的集会在管控严厉的新加坡堪称“公众异议最大规模的一次爆发”。集会组织者是 33 岁的鄞义林，他于上个月发表了题为《你的公积金去了哪儿》的博文，涉嫌影射新加坡总理李显龙挪用公积金款项，李显龙随即起诉其诽谤。据报道，不少中低收入的新加坡人认为政府主导的养老金制度不透明且不能满足退休生活。鄞义林在集会上说，“新加坡人有权知道我们的钱去哪儿了”，同时批评政府使用高压手段恐吓人民。BBC 称，新加坡已出现“信任危机”，新加坡作家林宝音在《写给总理的公开信》中称，目前年轻一代领导人所获得的尊重和爱戴程度不如前总理李光耀，因此人们对政府“教训斥责人民”以及领取高薪等做法会感到不服。

二　事件分析

新加坡罕见集会示威抗议公积金养老制度并非空穴来风，而是有其爆发的根本原因的。那么何为新加坡的中央公积金制度？这一新加坡中央公

① 广西大学中国—东盟研究院老挝研究所所长。

积金制度始建于1955年，最初是为雇员提供退休保障的强制性的长期储蓄计划。经过半个多世纪的发展，中央公积金制度功能不断扩展，已经成为新加坡为国民养老、医疗、住房、家庭保护等进行储蓄的综合社会保障体系。政府通过这一制度有效地调控消费基金，解决职工购买住房和退休后的养老问题。新加坡中央公积金制度是一种独具特色的社会保障制度。作为一种社会福利制度，即所谓“退休基金社会主义”制度，它实际上是一种强制性的居民长期储蓄。

从事件的表面来看虽只是一次小规模的抗议集会，没有发生什么流血冲突，但深挖其因可以看出，新加坡的公积金制度也是存在着不少问题的。例如，该制度没有再分配功能；缴费率过高，最高时达到工资的50%，企业负担较重；账户投资收益率一直处于较低水平等等。具体来说主要有以下几点：

（一）过度的公积金储蓄导致居民社会消费需求的缩减

新加坡的公积金储蓄已大大超过其能够在国内做再投资的限度，而政府又不允许国民动用这笔储蓄用于社会消费，结果就是过度储蓄而消费不足。当前世界经济不景气的情况下又不利于新加坡政府把国内无法投资的资本转移到国外，造成了资本的过剩，在公积金交纳率不断提高，公积金总额急剧增加的情况下（现已结余900多亿新元），强制性地限制国内消费的扩大会影响经济的发展，成为目前新加坡经济衰退的主要原因之一。

（二）公民的公积金结存数额差距较大，会员用公积金投资仍存在风险

有些会员结存公积金过多，有些则太少。如1982年，结存公积金款超过3万新元的11万名会员（占会员数的6.6%），总共积累了65亿新元（占结存总额的41.7%）。而结存不到500新元的39万名会员（占会员总数的23.1%），总共积累了7000万元（占结存总额的0.5%）。这使众多的会员产生疑虑，公积金制度能否为每一个雇员提供公平有效的社会保障。新加坡30年来几次修改中央公积金条文，除允许会员动用公积金购买政府组屋、私人住宅以及用于家庭医疗保险外，还鼓励会员购买政府或私营企业的各种股票、债券进行投资。可是这些种类的投资在提高收益可能性的同时，降低了安全性，不断上升的投资风险，必将会损害部分会

员的利益。

（三）过高的投保费率，阻碍多层次养老社会保险出台，迫使退休者只能享受到一种养老保险。

实行养老社会保险的其他国家，或是由国家统筹保险费，或是由雇员、雇主、政府三方分摊保险费，而新加坡仅由雇员和雇方双方分担。这样高的投保比例，对雇员来说，如果工资水平低是不可想像的。因此，它是建立在雇员享有高工资的基础之上。对雇主来说，由于缴纳的公积金摊入成本计算，必然会加大产品成本，如果企业经营不善，劳动生产率提高不了多少，就会给企业竞争带来不利后果。此外，雇主会千方百计地应付强加给他们的高投入率；借故压低给予雇员的种种福利；寻找各种开除雇员的借口，以便从别的方面压低费用支出；借口储蓄性保险的缴纳比例过高，不同意办理企业保险等，这些可能风险对雇员的利益造成了一定的威胁。

（四）缺乏社会互助共济的功能，投保者难以获得确定性保障。

公积金制度只具有个人纵向收入再分配功能，缺乏横向收入分配的社会互助共济功能。因此该制度下年轻工人和低薪工人的生活、老年保障并不可靠。年轻工人若不幸意外丧失工作能力，往往由于工龄太短、（投保费）缴纳公积金太少，此后的生活很难有保障。低薪工人也会遇到同样的问题，即退休后养老金收入低，难以保障正常生计。然而，社会成员互助共济恰恰是社会保险应当具有的重要功能之一。因此，从收入分配角度来看，中央公积金制度的作用仅等同于强制性居民的长期储蓄存款。正是这个问题，使该制度受到来自社会各界的众多非议。

（五）对经济发展有意外的负面作用

一方面，由于雇主缴纳的比例不断提高，使得国内厂商的生产成本和营业成本随之提高（因为雇主所缴纳的公积金算入产品成本内），企业盈利锐减。

另一方面，在新加坡建筑业萧条的情况下，公积金的缴费率却不断提高，结存的巨额款项由中央公积金局投资于建屋发展局，造成商业楼宇、旅店和酒店的过度膨胀，这些也影响了新加坡经济的发展。

三　对中国的启示与借鉴

2014 年上半年，在中国引发社会热议的养老金并轨问题终于有了实质性进展。根据国务院日前发布的《事业单位人事管理条例》（以下简称《条例》）规定，“事业单位及其工作人员依法参加社会保险，工作人员依法享受社会保险待遇”。该条例于 7 月 1 日起正式实施，影响 3153 万事业编制人员，2014 年也因此成为养老金并轨破题之年。

新加坡的公积金制度是在一个城市国家所拥有的人口基数上建立起来的社会保障制度，而中国是拥有 13 亿人口的大国，两国各具有自己的国情特点，只能从各自所拥有的人口数字等方面的特点出发，相互借鉴探讨而不能完全地照搬照抄。新加坡中央公积金对于中国的启示与借鉴如下：

（一）强化社会保障资金的市场化运作

2011 年底，我国基本养老保险基金结余累计 1.95 万亿，医疗保险基金结余累计 4015 亿元，失业保险基金结余累计 2204 亿元、住房公积金结余累计 2.1 万亿，合计约 4.6 万亿。现行体制下上述资金只能进行银行储蓄和购买国债，机会成本很高，隐性损失巨大。可借鉴新加坡中央公积金管理体制，将具有一定相似属性的资金，尤其是长期结余的资金，集中起来，通过市场化方式，进行投资运营，减少管理成本，发挥规模效应。

（二）加强储蓄型养老保障体系建设

除了新加坡的中央公积金制度外，在养老保障体系发达的国家，基金积累制的储蓄型养老金计划往往成为养老保障体系的主体，如美国的 401K 计划和个人税延养老金计划、澳大利亚的超级年金计划等。中国基金积累制的企业年金计划发展滞后，个人税收延递型养老计划缺失，成为中国养老保障体系建设的短板。借鉴新加坡储蓄式的养老金计划，可大力发展企业年金和个人税收递延养老计划，并依托多层次资本市场，市场化运作，实现保值增值。

（三）政府发挥合理的主导作用

当前养老保障体系改革，可以借鉴新加坡政府在中央公积金制度中功能定位，发挥规划、引导和监督等积极作用。如可以考虑划拨国有资产及其红利，转移优势资源税收收入，为养老保险确立长期稳定资金来源，并做实个人账户。对社会统筹的社会保障资金，以安全性和流动性为基础，由政府专门机构集中管理，市场化运作。对企业年金及职业年金，在规则公平的基础上，坚持市场化原则，扩大参保者自主选择权，确保保值增值目标。要完善对住房公积金缴存人的利益补偿机制。

四　结束语

当然，世界上没有任何一个国家到目前为止拥有100%完善的社会养老保障制度，任何一种制度都需要在实施过程中加以不断修正完善。新加坡的公积金制度以及由此引发的罕见的抗议集会所引发的启示，除探讨公积金制度的理性健康发展之外，也要注重加强政府与百姓之间的疏导与沟通，公积金制度在根本上是为老百姓安居乐业而制定的，如同一个家庭要每个成员积极尽力，日子才能过得红火，不能因为有些困难就彼此水火不容，搞得鸡犬不宁的局面对改变任何困难都于事无补，我们要充分发挥中国公积金的优势和特色，扬长避短，可以说这也是新加坡公积金制度及现存问题对中国在很多地方都值得借鉴和思考的地方。

参考文献

[1]《尚达曼：投资风险全由政府承担　新加坡公积金制度坚固可持续》http：//sg. xinhuanet. com/2014—06/22/c_ 126653983. htm.

[2]《新加坡中央公积金制度》，http：//wiki. mbalib. com/wiki/Singapore_ central_ provident_ fund.

[3]《新加坡中央公积金制度的经验与启示》，http：//stock. hexun. com/2013—03—03/151657816. html.

[4]《对比新加坡中央公积金制度和我国住房公积金制度的异同》，http：//wenda. so. com/q/1366844812067501？src = 140.

[5]《新加坡罕见集会示威抗议公积金养老制度》，http：//www. chinairn. com/print/3699500. html.

[6]《15省城乡养老保险并轨　事业单位人事条例下月施行》，中国新闻网财经频道2014年06月30日，http：//finance. sina. com. cn/china/20140630/ 001819554735. shtml.

文莱《伊斯兰刑法》评介

罗传钰[①]

2013 年 7 月 15 日，文莱苏丹哈桑·博尔吉亚在其 66 岁生日庆典仪式上，宣布在国内全面推行《伊斯兰刑法》（Shari'ah Penal Code Order，马来语 Perintah Kanun Hukuman Jenayah Syariah），并表示在未来六个月后开始分阶段实施。2014 年 5 月 1 日开始，《伊斯兰刑法》正式分阶段实施。从该法诞生之初，就引起了国内外的瞩目，虽然未有大问题出现，但一直争议不断。至今，该法已经实施了半年有余，本文试图就该法的实施情况做一简单评析。

一　限制抑或维护？
——《伊斯兰刑法》对文莱公民权利的影响

建国以来，文莱一直同时采用世俗法和宗教法两种法律制度。但是，在《伊斯兰刑法》实施之前，伊斯兰法律制度只适用于婚姻家庭等民事领域，比如遗产分配、婚姻效力的认定等，而刑事领域一直采用普通法系的刑法制度。也就是说，作为英联邦成员国的文莱，所采用的是与印度、巴基斯坦、马来西亚和新加坡等类似的《麦考利刑法》（Macaulay's Penal Code）。因而，《伊斯兰刑法》的出台，使得文莱成为东南亚地区首个全面实施伊斯兰法的国家。

对于文莱国内的穆斯林而言，《伊斯兰刑法》遵循的是传统伊斯兰教法，因而该法的实施对他们权利的影响并不大。对非穆斯林而言，尽管他

---

① 广西大学中国—东盟研究院法律所副所长、文莱研究所研究助理。

们与穆斯林相处融洽，但《伊斯兰刑法》对他们的生活与工作，乃至宗教信仰等各领域的权利仍然给他们带来诸多疑问。为此，《伊斯兰刑法》实施之前，文莱国内规模弱小的天主教会团体曾要求此类刑法条例只针对穆斯林。圣母无染原罪堂本堂司铎罗伯特·莱昂神父表示，希望“此类条例一如既往地只针对穆斯林……不会殃及现行的、宪法保障的宗教自由”。

显然，这种只适用于穆斯林的法令并不能体现“伊斯兰教”作为文莱国家基石的特点。虽然该法所规范的主要对象是穆斯林，但并不仅限于穆斯林，像抢劫（第63条）、强奸（第76条）、通奸与鸡奸（第82条）等罪行的追究，就包括了穆斯林与非穆斯林。并且，该法也专门规定非穆斯林实施的某些行为属于犯罪，如通过巫术传播伊斯兰教之外的其他宗教、唆使穆斯林叛教、唆使和诱骗无宗教信仰者信仰其他宗教等。同时该法还对某些行为做了明确的界定，比如通奸行为，只有系非穆斯林对穆斯林所实施，才会构成《伊斯兰刑法》所规定的通奸罪。

就公民的宗教信仰自由而言，《伊斯兰刑法》也对非穆斯林的行为进行了约束。目前，《伊斯兰刑法》处于实施的第一阶段。在本阶段，主要针对未婚先孕、故意不履行周五主麻日聚礼、不尊重斋月禁忌、男女幽会、在公共场所男扮女装、唆使有妇之夫或有夫之妇离婚或不履行对配偶或子女应尽的义务、拐带和诱骗穆斯林女子逃离父母或监护人等犯罪行径加以惩处。可见，本阶段《伊斯兰刑法》主要强调的是如何在执法过程中维护伊斯兰宗教神圣性。

二　冲突抑或协调？
——《伊斯兰刑法》对文莱司法体制的影响

如前所述，文莱目前实行的世俗刑法以英国习惯法为基础，这部刑法对谋杀、抢劫、盗窃、强奸等罪行也同样进行了规定，刑罚上同样适用罚金刑和有期徒刑，情节严重者甚至同样可以适用死刑。在《伊斯兰刑法》实施后，文莱就存在了两套刑法制度——世俗刑法制度和伊斯兰刑法制度，两者存在罪名相同，审判机关、证据制度和惩罚机制截然不同的情况。因而，如何协调两种司法体制在实施上存在的冲突，也成为文莱政府在实施《伊斯兰刑法》时需要解决的问题。

一方面，文莱政府在立法上进行了协调。与《伊斯兰刑法》同时颁布的，还包括了《伊斯兰法院法（2014 年修正案）》（Shari'ah Courts Act（Amendment）Order 2014），《宗教法庭和裁判法庭法（2014 年修正案）》（Religious Council and Kadis Courts Act（Amendment）Order 2014），《伊斯兰法院证据法（2014 年修正案）》（Shari'ah Courts Evidence Act（Amendment）Order 2014）。这三部修正案从管辖权、诉讼程序和证据搜集等三方面对两种司法制度进行了调整。

比如，在管辖权方面作出了如下规定：当两种司法制度管辖权重叠的案件发生后，应由文莱皇家警察部队负责接受报案并展开调查，同时文莱宗教执行委员会等执法机构进行协助；在调查结束后，案件应移送至公诉人（Public Prosecutor）处，此时伊斯兰教法首席检察官（Shari'ah Chief Prosecutor）也应协同工作，共同对该案进行评估，如果有充分证据证明该案属于《伊斯兰刑法》所规定的罪行，或者嫌疑人想根据《伊斯兰法庭证据法》和《伊斯兰法庭刑事诉讼法》（The Shari'ah Court Criminal Procedure Order）的规定进行认罪，那么该案件就会被转交至伊斯兰法庭，由伊斯兰检察官提起诉讼，由伊斯兰法庭负责审理。反之则由普通法法庭负责审理。同时，文莱政府还规定，即便是嫌疑人所犯的罪行同时触犯了世俗刑法和《伊斯兰刑法》，嫌疑人也不必担心会受到双重审判或重复审判，而只需要接受其中一部法律的制裁。

另一方面，文莱政府也在通过修订世俗刑法来加强对伊斯兰教法的维护。2013 年 9 月，努鲁尔·伊曼皇宫被一名当地人驾车非法侵入，2013 年 11 月—2014 年 1 月间 15 座清真寺被盗，围绕着这两件事，文莱政府在 2014 年 10 月对世俗刑法和《侵害皇家财产法》进行了修订，对非法入侵的刑罚加重至强制鞭刑和 10 年以上的有期徒刑，对盗窃皇家清真寺罪的刑罚力度同样提高至 2—7 年有期徒刑或施以两杖的杖刑。

文莱宗教法律制度系苏丹所颁布，司法体制具有独立性，伊斯兰法院此前审理的是穆斯林的宗教案件，随着《伊斯兰刑法》的实施，非穆斯林的案件也有可能会由伊斯兰法院来负责审理，那么是否会带来伊斯兰法院管辖权的扩张？而伊斯兰法院现有的人力物力是否可以支撑？两种司法体制下的刑罚不同是否会出现不公平待遇？这些问题都需要在日后的实践中留待观察。

三　反对或支持？
——《伊斯兰刑法》对国际社会的影响

因文莱苏丹在统治期间对国民宅心仁厚，加之丰富石油资源所带来的丰厚回报，文莱一直被认为是温和穆斯林的代表，而且自1957年以来均维持着有效的暂停适用死刑的做法，一度被国际社会认为是废除死刑的国家。然而《伊斯兰刑法》的出台，使得文莱再一次引起国际舆论的瞩目。

根据《伊斯兰刑法》规定，可直接判处死刑的罪行包括强奸、通奸、鸡奸、穆斯林间的婚外性关系、侮辱或者诽谤先知穆罕默德、诋毁或者篡改《古兰经》和圣训中的任何词句、亵渎伊斯兰教、宣称自己是先知或者是非穆斯林，以及抢劫和谋杀。同时规定，对于强奸、同性性行为、婚外性关系等几项罪行，将以乱石砸死的具体方式进行处决。这些规定正是国际社会批评的焦点。

早在2013年，苏丹宣布将分阶段实施《伊斯兰刑法》，国际刑事法院就发表了文章，对该法提出了批评，认为文莱重拾死刑的做法是回到了石器时代。而在2014年《伊斯兰刑法》正式实施之前，联合国人权高专办也特别发表声明，对此表示严重关切。发言人科尔维尔说，“依据国际法，乱石砸死的判罚属于酷刑或其他残忍、不人道或有辱人格的待遇或处罚，因此被明确禁止。一些联合国的研究还显示，由于社会存在着根深蒂固的歧视和成见，包括在执法和司法人员中间，女性更容易被判处石刑处决。同时，对成年人之间在私下两相情愿的性关系进行定罪并判处死刑也违反了一系列基本人权，包括享有隐私权、健康权、法律面前人人平等，以及免遭任意逮捕和拘留的权利等。经修订的文莱刑法典可能会鼓励更多针对女性以及基于性倾向的暴力和歧视”。因此，联合国促请文莱当局进一步建立正式的暂停死刑机制，并朝着最终在司法实践中完全废除死刑的方向而努力。

各国政府也对此表示了担忧。在人权理事会2014年7月举行的第27届会议上，在文莱做人权报告时，不少发达国家就对《伊斯兰刑法》进行了特别关注。英国、澳大利亚、法国、西班牙、意大利、爱尔兰和瑞典都对该法所涉及的宗教信仰自由、言论自由、同性恋和死刑问题提出了严重关切，认为该法的实施将影响文莱在国际上的人权承诺，同时建议文莱推迟执行《伊斯兰刑法》，全面审议该法以确保其符合国际人权标准。加拿大、荷兰、西班牙等国还建议撤销关于使用死刑的《刑法》修正案并保留目前实际上的暂停实行死刑，不再将自愿同意的同性成年人之间的性活动定为犯罪，并确保根据文莱人权义务保护性少数群体的人权。

除此之外，一些个人或民间团体也在公开场合表示对文莱实施《伊斯兰刑法》的不满。在文莱宣布实施《伊斯兰刑法》后，一些名人，包括美国知名主持人艾伦蒂·珍妮丝及英国著名演员史蒂文·弗莱就发起了抵制文莱苏丹旗下连锁宾馆的行动，认为该法主张采取酷刑惩治性侵等罪行，并“歧视”同性恋者。

对此，文莱苏丹穆夫提阿旺·阿卜杜勒·阿齐兹否认伊斯兰刑法针对某一族群的迫害和严酷。他在官方媒体上说：“无论割手刑、石刑还是监禁刑都绝不会有针对任何族群的歧视。伊斯兰刑法的实施务必满足各项公正而客观的条件下，采取公正而正当的方式和方法加以实施。”

客观地说，与其他古代法律相比，伊斯兰法律最为重视证据，让后人刮目相看。以谋杀罪为例，《伊斯兰刑法》规定该罪名的成立取决于被控嫌疑人认罪或两名可靠证人的作证。但世俗刑法对该罪名的成立标准则并不确定，完全依赖于法庭所获得的证据是否充分。正是证据法律体系的高门槛，大大缓和了伊斯兰刑法的严酷。穆斯林社会中，石刑处死、小偷砍手极为罕见，原因正在于此。同时，大部分犯罪，伊斯兰法都有变通的处罚形式，从刑罚对赎金的广泛采用，到诉讼程序中对调解的鼓励，都体现了宽大精神。并且《伊斯兰刑法》还规定了宽恕权，即受害人的继承人可以宽恕被控嫌疑人，无论该嫌疑人是否做出了经济补偿，而审理案件的法庭只负责定罪量刑。这种权利在世俗刑法中自然不会出现。鉴于伊斯兰教法对行为人内心的有效约束和刑罚的外在威慑，再加上严格的司法程序，被国际社会诟病的肉刑与石刑应该也不会出现，更不用说会执行过滥。

四　唯一抑或模板？
——《伊斯兰刑法》对东盟成员国的影响

笃信伊斯兰的苏丹哈桑·博尔吉亚，将《伊斯兰刑法》的实施称为一项“伟大成就”，并视之为执政 50 年来最大的“政治财富”，这自然也引起了东盟其他成员国的关注。例如，邻邦马来西亚亦以穆斯林为社会主体，伊斯兰刑法早就成为该国的热门话题。马来西亚伊斯兰党就多次公开表示，要向国会提交议案，在吉兰丹州落实伊斯兰刑法的实施。

那么，文莱的经验是否可以推广呢？笔者认为，文莱的做法存在着相当大的特殊性。首先，文莱实行的是君主制，宪法并不是文莱的根本大法，至今为止，苏丹仍然宣布文莱处于紧急状态，依据这一法令，苏丹可以绕过宪法制定其他法律，因而《伊斯兰刑法》有着独特的生存土壤，这与东南亚其他国家的民主共和制不同。比如在马来西亚 1957 年建国时，宪法就是该国的根本大法，因而伊斯兰刑法并不符合宪法及该国的基本原则。其次，目前文莱全国人口约为 422.675 万，其中 66% 为马来裔、11% 为华裔。在这些人口中，穆斯林占到了 78.8%，基督教徒占 8.7%，佛教徒占 7.8%。

再加上伊斯兰教系文莱的官方宗教，亦是该国唯一法定宗教。所以对于文莱人来说，他们既是文莱的公民，更是苏丹的臣民，因此遵守《伊斯兰刑法》对他们来说是非常正常也非常公平的事情。在东盟其他成员国，虽然也有宗教盛行的国家，比如泰国的佛教徒就占到了绝大部分，但是泰国实行的是君主立宪制，国王已经将权力让渡给了国会，更多的是精神上的象征，宗教并不会与政治过分融合，所以也不容易产生类似文莱的政治环境。最后，伊斯兰法的本原在于对《古兰经》等伊斯兰教法的理解，而每个人对该教法的理解存在差异，这就导致了在世界范围内信仰伊斯兰教的国家不少，却无法统一相关术语的局面，较之东南亚地区的马来西亚、印度尼西亚等伊斯兰国家而言，文莱虽然人均 GDP 位列世界前列，但并不具有足够的话语权，因而也无法形成广泛的示范作用。

小 W. 科尔·德拉姆与布雷特·G. 沙夫斯合著的《法治与宗教》一书提出，评价一个特定社会的宗教自由程度可以根据两个维度进行，一个是政府行为对宗教信仰和活动干涉的程度，可称之为宗教自由连续体；其二是政府机关与宗教组织之间的混同程度，即政教混同连续体。伊斯兰刑法之所以能够在文莱国内顺利实施，与文莱政教混同的国情有着密不可分的联系。《伊斯兰刑法》固然能维护苏丹统治和伊斯兰教国教地的地位，强化原有的政教体制，反过来，若政府对宗教只是一味进行垄断，而不考虑国际法公认的公民基本权利，那么就会在一定程度上激起不同信仰群体间的矛盾，失去其存在的合理性，收到适得其反的效果。即使在伊斯兰会议组织 1990 年所公布的《开罗伊斯兰人权宣言》这一具有伊斯兰概念特色的国际法中，也明确提出："人人负有维护基本权利和普遍自由的个人责任，伊斯兰乌玛负有集体责任。"很明显，文莱也应遵循该基本原则。

此外，对于有志于向欧盟学习、谋取未来高度统一的东盟而言，值得注意的是，穆斯林力量在东盟各成员国内并不少见，加之伊斯兰金融近年来迅猛发展的态势，因而文莱此举显示了伊斯兰在包括马来西亚、印度尼西亚在内的东南亚国家如火如荼的发展趋势，有可能会进一步引发东盟伊斯兰化的争论。

参考文献

[1] Heavier Penalties Decreed for Mosque Thefts and Trespassing of Royal Property, Effective [EB/OL]. http://m.bt.com.bn/news-national/2014/10/14/heavier-penalties-decreed-mosque-thefts-and-trespassing-royal-property.

[2] 联合国人权高专办对文莱将实施严厉伊斯兰教刑法法典深表关切 [EB/OL]. http://www.un.org/chinese/News/story.asp?NewsID=21689.

[3] 第二十七届会议议程项目 6 普遍定期审议普遍定期审议工作组报告＊文莱达鲁萨兰国 [D]. A/HRC/27/117, 2014.7.

[4] 文莱成为东亚首个全面实施伊斯兰法国家 [EB/OL]. http://www.muslimwww.com/html/2014/guoji_0502/23873.html.

[5] The World Factbook [EB/OL]. https://www.cia.gov/library/publications/the-world-factbook/rankorder/2119rank.html?countryname=Brunei&countrycode=bx®ionCode=eas&rank=175#bx.

[6] Brunei - 2014, CIA World Factbook [EB/OL]. http://www.theodora.com/wfbcurrent/brunei/index.html.

[7] 文莱《伊斯兰刑法》加剧政教混同 [EB/OL]. http://ethn.cssn.cn/mzx/sjmz/201405/t20140510_1154638.shtml.

第六篇

大事记

2014年中国—东盟合作大事记

2014年中国—东盟合作大事记

赵　慧①

1月

· **7日**　中国—东盟商务理事会在北京举行颁奖仪式，向20家来自中国和东盟的企业颁发了“2013中国成功走进东盟成功企业奖”和“2013东盟走进中国成功企业奖”。

· **17日**　东盟外长会议在缅甸蒲甘举行，会议重点讨论了包括加速东盟共同体建设、东盟一体化、推进实施东盟共同体重大计划等2014年东盟优先发展事项。

· **17日**　中国—东盟泛北部湾经济合作高官会在广西南宁召开。会议就合作目标、原则、优先合作领域、合作机制框架和融资方式等内容展开讨论，通过了《中国—东盟泛北部湾经济合作路线图》。

· **17日**　东盟防长扩大会（ADMM+）人道主义援助与救灾专家组第三次会议在越南庆和省芽庄市召开。越南与中国共同主持本次会议。

· **22日**　由富滇银行与老挝外贸大众银行共同发起设立的老中银行在老挝首都万象正式挂牌开业。这是国内城商行在境外设立的首家经营性机构。

2月

· 4—14日　东南亚教育部长组织地区职业技术教育培训中心“提升教育机构的形象”培训项目在文莱举办。

---

① 广西大学中国—东盟研究院研究助理。合作者：黄娴静、温健纯，广西大学中国—东盟研究院硕士。

· 24 日　中国国务院总理李克强在北京会见越南祖国阵线中央委员会主席阮善仁。

· 26—27 日　第二十次东盟经济部长非正式会议在新加坡召开。

3 月

· 3 日　中国—东盟行业合作座谈会在北京召开。中国—东盟商务理事会正式启动中国—东盟行业对接工程，以促进中国—东盟的产业合作和行业对接。

· 11—13 日　中国—东盟自由贸易区联委会第五次会议在四川成都举行。

· 18 日　中国与东盟国家为落实《南海各方行为宣言》的第十次联合工作组会议在新加坡举行。会议就“南海行为准则”进行磋商。

· 25 日　第十五次中国—东盟联合合作委员会会议位于印尼首都雅加达的东盟秘书处召开。

· 26 日　东盟—中国联合合作委员会第十五次会议在位于印尼首都雅加达的东盟秘书处召开，就双方合作进展进行评估。

· 31 日　《区域全面经济伙伴关系协定》（RCEP）第四轮谈判在广西南宁开幕。谈判就关税减让模式、服务和投资自由化模式、协定章节框架等问题进行讨论。

4 月

· 1 日　中越北仑河第二公路大桥在广西东兴正式开建。该桥将把中国公路网、越南以及泛亚公路网连成一体，并与现有的北仑河大桥实现客货分流。

· 7 日　2014 中国—东盟文化交流年开幕式在北京举行。中国国务院副总理刘延东与东盟轮值主席国缅甸副总统年吞出席开幕式。

· 8 日　中国国家副主席李源潮在北京会见缅甸副总统年吞。

· 19 日　第二次中国—东盟（10＋1）文化部长会议暨第六次东盟—中日韩（10＋3）文化部长会议在越南顺化举行。会议通过《中国—东盟文化合作行动计划（2014—2018）》，以此成为双方开展文化对话与合作的指导文件。

· 22 日　第二十次中国—东盟高官磋商会在泰国举行。会议重点讨论如何落实 2013 年中国—东盟领导人会议上中方提出的“2 +7 合作框架”。

·26 日　中国农业银行中国（东兴试验区）东盟货币业务中心正式揭牌成立，标志着东兴试验区首次实现了人民币对越南盾的直接报价兑换。

·27—28 日　东盟地区论坛第十三届救灾会间会在四川成都举行。

·31 日　中国—东盟自由贸易区的首份季度经济报告《中国—东盟自由贸易区季度报告（2014 年第 1 季度）》在北京发布。

5 月

·3 日　东盟与中日韩财政部长级会议在哈萨克斯坦首都阿斯坦纳召开。

·4 日　中国航天科技集团宣布预定 2015 年为老挝发射通讯卫星，这将成为老挝第一颗卫星，也是中国为东盟国家发射的第一颗卫星。

·9—10 日　2014 中国—东盟矿业合作论坛暨推介展示会在南宁国际会展中心开幕。主题为“建设绿色矿山，促进矿业可持续发展”。

·11 日　主题为“团结起来，迈向和平与繁荣的共同体”的第二十四届东盟领导人会议在缅甸首都内比都开幕。会议发表了《内比都宣言》。

·12 日　第 11 届中国—东盟商务与投资峰会联络官会议在北京召开。

·29 日　主题为“海上丝绸之路”的 2014 年中国—东盟博览会文化展在南宁国际会展中心举行。这是中国—东盟博览会举办 10 年来首次设立文化专业展。

6 月

·6 日　第 5 届中国—东盟行业合作会议在云南昆明召开，中国与东盟国家有关代表就打造中国—东盟行业合作升级版达成了《昆明共识》。

·6—8 日　第 12 届东盟华商会在云南昆明召开。

·8 日　东盟与中日韩高官会、第 9 届东亚峰会高官会在缅甸仰光举行。

·9 日　东盟地区论坛（ARF）高官会在缅甸仰光举行。

·12 日　第 3 届中国—中日韩（10 +3）新闻部长会议在缅甸内比都举行。

·18 日　中国—东盟国家经贸记者研修班在中国广西南宁正式开课。

·18 日　中国联通广西东盟信息交流中心一期建设项目主体工程正式开工。

·24 日　中国国家主席习近平在北京人民大会堂会见马来西亚国会下议院议长潘迪卡尔·阿明。

·27—30 日　缅甸联邦共和国总统吴登盛对中国进行国事访问。

7 月

·4 日　“建设中国—东盟命运共同体研讨会暨中国—东盟思想库网络启动大会”在北京召开。

·18 日　中国国家主席习近平就马来西亚航空公司客机坠毁事件（17 日）致电马来西亚最高元首哈利姆表示慰问。

·23 日　中国国家主席习近平致电佐科·维多多，祝贺其当选印尼新一届总统。

·28 日　中国国家主席习近平在北京人民大会堂会见老挝人民革命党中央总书记、国家主席朱马利。

·30 日　第 11 届中国—东盟博览会和中国—东盟商务与投资峰会组委会会议在北京召开。

8 月

·8—10 日　第 47 届东盟外长会议、第 21 届东盟地区论坛、东盟与对话伙伴国会议、第 15 届东盟与中日韩会议、第 4 届东亚峰会外长会议和第 21 届东盟地区论坛等一系列重要的区域会议在缅甸内比都举行。

·9 日　中国—东盟（10＋1）外长会在缅甸内比都举行。中国提出建设“中国—东盟海洋伙伴关系”的建议及与东盟国家全面有效落实《南海各方行为宣言》。

·10 日　东盟地区论坛第四次救灾演习标识发布暨筹备工作启动仪式在缅甸首都内比都举行。

·26 日　第十三次中国—东盟经贸部长会议在缅甸首都内比都举行。中国和东盟同意开始中国—东盟自由贸易区升级版谈判。

·27 日　中国国家主席习近平在北京人民大会堂会见越南共产党中央总书记特使、越共中央政治局委员、书记处常务书记黎鸿英。

·28—30 日 中国国务委员杨洁篪对新加坡进行正式访问。新加坡总理李显龙、副总理兼财长尚达曼、荣誉国务资政吴作栋、外长尚穆根分别会见了杨洁篪。

9 月

·1 日 第 7 届中国—东盟教育交流周开幕式暨部长讲坛在贵阳举行。本次讲堂的主题为“友邻相携、教育惠民”。

·12—13 日 第 7 届中国—东盟智库战略对话论坛在中国广西南宁举行。本届论坛主题为“共建 21 世纪海上丝绸之路”。

·12—13 日 第 1 届中国—东盟警学论坛在中国广西南宁召开。东盟成员国与中国警察力量就打击跨国犯罪和恐怖主义的合作达成一致。

·14 日 中国—东盟特别高官会在广西举行。外交部副部长刘振民与泰国外交部次长西哈萨共同主持会议。

·15 日 中国国务院副总理张高丽在广西南宁分别会见前来出席第 11 届中国—东盟博览会和中国—东盟商务与投资峰会的新加坡总理李显龙、柬埔寨首相洪森、老挝国家副主席本扬、缅甸副总理年吞、泰国副总理兼外长他那萨和越南副总理兼外交部部长范平明。

·16—19 日 第 11 届中国—东盟博览会和中国—东盟商务与投资峰会在广西南宁举行。本届博览会的主题是“共建 21 世纪海上丝绸之路”。

·18 日 首届中国—东盟网络空间论坛在广西南宁开幕。本届论坛的主题为“发展与合作”。

·18 日 “中国—东盟：充实战略伙伴关系，共同迈向区域繁荣”研讨会在曼谷举行。

·19 日 主题为“中国—东盟关系：面向未来的新思考”的第 9 届中国—东盟民间友好大会在成都闭幕。本次大会通过了《成都宣言》。

10 月

·6 日 东盟与中国签署了《灾害管理合作谅解备忘录》。中国将为相关项目的展开提供约合 810 万美元的资金援助。

11 月

·2 日 中国—东盟海产品交易所在福州马尾正式开业。

·3 日　泰国开泰银行、中国民生银行、中国平安银行等来自东盟加三区域 9 个国家共 36 家银行，在泰国曼谷签署合作协议《曼谷宣言：东盟加三银行业倡议》。

·6—11 日　第 10 届中国南宁—东盟围棋国际邀请赛、第 9 届中国南宁—东盟桥牌国际邀请赛在广西南宁举行。

·13 日　第 9 届东亚峰会、第十七次中国—东盟（10＋1）领导人会议、第十七次东盟与中日韩（10＋3）领导人会议在缅甸内比都召开。中国国务院总理李克强提出一系列“中国方案”。

·28 日　第十三次中国—东盟交通部长会议在缅甸曼德勒召开。会议商定，中国与东盟下一步将在“一带一路”框架下，联合推进铁路、公路、水运、航空等基础设施在建项目和新建项目。

12 月

·8 日　东盟地区论坛（ARF）海上航道安全研讨会在北京举行。

·13 日　首届东盟发展论坛在中国香港举行。本次论坛的主题为“共建互信，打造命运共同体”。

·15 日　东盟与中日韩卫生部长特别会议在泰国曼谷召开。会议重点讨论了通过加强区域卫生合作共同应对埃博拉疫情。

·16 日　2014 中国—东盟文化交流年闭幕式在缅甸内比都国际会议中心举行。此次交流年的主题是“我们的文化，我们的未来”。

·19 日　大湄公河次区域经济合作第五次领导人会议在泰国曼谷举行。会议主题为“致力于大湄公河次区域的包容性和可持续发展”。

·22 日　中国—东盟中心第四届联合理事会会议在北京举行。

·22—23 日　泰王国总理巴育·占奥差对中国进行正式访问。

2014 年中国—文莱合作大事记

罗传钰①

1 月

·1 日　文莱苏丹发布 2014 年新年御辞，强调要公共机构与私人业

① 广西大学中国—东盟研究院文莱研究所研究助理。

紧密合作，宣布 2014 年将修建 6000 套国民住宅、拟定环保法等措施，并呼吁民众支持 2014 年开始实施的《伊斯兰刑法》。

·3 日　据海关数据显示，2014 年 1 月，中国与文莱两国双边贸易进出口总额达 2.35 亿美元，环比激增 110.8%，双边贸易呈现大幅上涨的趋势。

·14—17 日　文莱皇家海军部队代表在中国南京参加西太平洋海军论坛 2014 年工作小组会议。

·26 日　文莱—中国友谊协会会员大会在文莱举行。文莱工业和主要资源部常任秘书长表示，文莱将以广西南宁为立足点，扩大在中国的投资份额。

·27 日　中国恒逸实业有限公司与文莱经济发展局签署土地租赁协议以建设石油炼油厂。

·31 日　文莱皇太子携其他皇室成员参加华人社区举办的中国农历新年庆典活动。

2 月

·10 日　中国恒逸实业有限公司与 13 名文莱大学学生签署合约，资助其前往中国浙江大学学习化学工程。

·17 日　中国证监会副主席刘新华与文莱金融管理局董事经理拿督罗斯里在文莱帝国酒店签署了两国证券期货管理合作谅解备忘录。

·25 日　中国恒逸实业有限公司、香港天逸国际控股有限公司与文莱达迈控股有限公司在中国杭州市签订合资协议，共同在文莱大摩拉岛承建石油精炼和芳烃裂解厂项目。

3 月

·2 日　中国苏绣作品展在文莱皇家码头艺展中心举行。

·2 日　2014 年文莱华社新春联欢团拜如期在文莱国际会议中心举行。

·3—7 日　文莱政府高级官员组成的联合代表团赴恒逸杭州总部考察访问。

·5 日　南京唯一一座明代涉外国王墓葬——古浡泥国（即文莱）国王墓向公众免费开放一天。

· 6 日　第 115 届中国进出口商品交易会（广交会）推介会在文莱举行。

· 10 日　文莱苏丹致电中国国家主席习近平，就马航—H370 航班失联一事表示慰问。

· 21 日　中国人民解放军副总参谋长孙建国赴文莱进行为期两天的访问。

· 22 日　应中国国家宗教局的邀请，文莱宗教代表团首次正式访华。

4 月

· 7 日　文莱文化青年及体育部副部长在北京出席了“2014 中国—东盟文化交流年”的开幕活动。

· 19 日　中国驻文莱使馆邀请文宗教部官员举办《伊斯兰刑法》吹风会。

· 22 日　中国外交官语言与沟通技能培训项目结业仪式在文莱大学语言中心举行，中方学员获颁结业证书。

· 28 日　文莱经济发展局与中国葫芦岛市钢管工业公司签署土地租赁合约，用于该公司在文莱投资设厂生产焊接碳钢结构钢管。

· 30 日　文莱苏丹宣布《伊斯兰刑法》第一阶段 5 月 1 日开始生效。

5 月

· 6 日　文莱中海油服合资有限公司第一次董事会会议顺利召开，通过了 2014 年公司运营管理计划，标志着中文正式启动油气开采合作。

· 16 日　中国商务部部长高虎城在山东青岛会见了来华出席 2014 年 APEC 贸易部长会议的文莱外交与贸易部第二部长林玉成。

· 28 日　文莱工业发展局与 SQW 中国有限公司的香港顾问签署合同，任命其为 Kuala Lurah 工业区的房地产项目的总体规划提供咨询服务。

6 月

· 17 日　文莱驻华大使拜访防城港市市长何朝建。

· 18 日　文莱驻华大使在防城港市出席中国东盟文化之旅开幕式。

· 27 日　台北经济文化部官员表示，台湾从 2014 年年初开始从文进口油气后，贸易额在 1 至 4 月间大幅上升。

·27—28 日 文莱总理办公室能源部部长出席在北京举行的 APEC 第 5 届矿业部长会议。

7 月

·13 日 2014 年台湾农产品节在文莱斯里巴加湾市举行。

·15 日 苏丹 68 岁华诞。

·15 日 文莱女学生艾菲拉获颁中国政府奖学金，将赴北京师范大学就读行政管理系硕士课程。

·17 日 12 名 14 至 18 周岁的文莱学生赴中国，开展为期两周的中国之行。

8 月

·1—31 日 1 日文莱斯里巴加湾市举行升旗仪式，由此拉开苏丹 68 岁华诞庆典序幕。14 日分别举行了检阅仪式、觐见与授勋仪式等传统节目。此后一个月里，苏丹及其他皇室成员出席各地举办的“苏丹与民同乐”华诞庆典活动。31 日，降国旗仪式举行，苏丹 68 岁华诞庆典活动圆满结束。

·2 日 文莱武术总会与中国武术协会签署了推广武术段位制协议书。

·8 日 苏丹发表 2014 年东盟日献词时，呼吁东盟大家继续巩固睦邻关系，加强友好与合作，确保全体的和平与繁荣。

·9 日 文莱外交及贸易部长出席东盟外长会扩大会议时会见了中国外交部长王毅。双方一致认为，中国和东盟国家有责任通过“双轨渠道”处理南海问题。

·11 日 在中国驻文莱大使馆举行的中国人民解放军 87 周年晚宴接待会上，使馆防务专员表示，文莱与中国间国防关系日益加强。

·13 日 中国驻文莱大使郑祥林出席“第 2 届夏季青年奥林匹克运动会”代表团授旗仪式，为赴南京参赛的文莱青年运动员送行。

·18 日 30 多名旅游业人士参加了由东盟—中国中心与文莱旅游发展局合办的“旅游业专员能力建设”讲习会。

9 月

·4 日　中国驻文莱大使馆借“中秋节”之际举办招待会，感谢媒体支持与协助。

·5 日　中国厦门市翔安戏曲学校闽剧团应邀赴文莱腾云殿，庆祝福德正神与境主广泽尊王千秋宝诞。

·6 日　文莱福州十邑同乡会近百人在该会长陈嘉兴私邸举行中秋晚会。

·8 日　为庆祝中秋节，文莱腾云殿举办灯笼观赏会活动。

·8 日　中国驻文莱大使馆与文福建会馆共同在大使官邸首次举办中秋歌会。

·15 日　文莱最高法院首席大法官启程赴广西南宁出席“中国—东盟大法官论坛”，中国驻文莱大使郑祥林到机场送行。

·15 日　文莱工业与初级资源部部长叶海亚启程赴广西南宁出席第 11 届“中国—东盟博览会”，中国驻文莱大使郑祥林到机场送行。

·16 日　第 11 届中国—东盟博览会和中国—东盟商务与投资峰会在广西南宁开幕。文莱此次参展“魅力之城”的城市为斯里巴加湾市，而文莱加宁国际食品有限公司等多家企业将举行文莱项目推介会，力推“文莱清真”品牌产品及文莱生物创新走廊项目。

·17 日　《文莱—广西经济走廊经贸合作谅解备忘录》在第 11 届中国—东盟博览会专场签约仪式上正式签署，海上丝绸之路在中国和东盟之间又赋新篇。

10 月

·1 日　苏丹致贺电中国国家主席习近平与总理李克强，恭贺中国第 65 个国庆日。

·3 日　台北驻文“经济文化办事处”举行招待会，与各界人士庆祝双十节。

·22 日　由中国东盟银行联合体理事会—文莱伊斯兰教银行主办的中国—东盟银行联合体理事会第四次会议及研讨会在文莱举行。

·28 日　《中国百名优秀企业家奋斗史》一书出版发行。培英学苑集团总裁许嫣璎博士因其对文莱华文教育的杰出贡献，成为文莱唯一入选者。

· 29 日 中国驻文莱大使馆政文处郑东立主任出席中国青少年书画艺术赛及世界华人少年作文大赛颁奖典礼，并颁发奖牌、奖状于培英学校及培英国际学校。

11 月

· 7 日 在 2014 年 APEC 领导人非正式会议召开前夕，赴会的苏丹就中文关系、区域经济一体化、中国企业赴文莱投资等问题，接受了新华网专访。

· 10—11 日 在北京召开的 APEC 领导人会议期间，苏丹与中国国家主席习近平会面，苏丹因未缺席每届 APEC 峰会而获赞。参会期间，文莱还签署备忘录，加入中国倡导成立的亚洲基础设施投资银行。

· 17—20 日 文莱文化、青年和体育部副部长参加在北京举行的“亚太会议性别平等和妇女权益：北京 +20” 会议时，强调了文莱政府政策的有效性和对教育的重视。

· 25 日 文莱福州公会为即将离任的中国驻文莱大使郑祥林举办告别晚宴。

· 26 日 中国恒逸实业有限公司举办了第三次利益相关者对话活动。

· 28 日 中国恒逸实业有限公司参加了文莱 2014 年石油和天然气职业展。

· 30 日 中国人民解放军广西军区司令员肖运洪少将率代表团赴文莱访问。

12 月

· 11 日 中国驻文莱大使郑祥林会见由广西商务厅副厅长韦朝晖率领的广西经贸代表团。

· 15—17 日 中国驻文莱大使郑祥林卸任在即。15 日，郑大使伉俪前往拜访文莱斯里巴加湾市瀛洲茶室东主、文莱海南乡亲长辈韩琼元，并向其辞行。17 日，福州十邑同乡会也为郑大使举办了践行晚宴。

· 19 日 华为文莱分公司成功中标文莱 Progresif 移动通信公司 3G 网络改造项目。

· 19—21 日 文莱多地华社理事暨主席改选。19 日，文莱大埔同乡会举行2015—2016年新届理事复选会议。21日，文莱留台同学会举行第24届（2015—2016年度）新届主席选举。同日，文莱斯里巴加湾市广惠互助社新届（2015—2016）理事会举行复选会议。

·20日　首相署第二财政部长、第二外交贸易部长和首相署能源部长工作视察位于恒逸集团炼油厂工程建设地点。

·30日　文莱华裔殷商款待中国日照市政府代表团，中国驻文莱大使馆经济商务处主任方家文受邀出席。

·31日　就日照国际海洋城项目，中国日照市政府驻新加坡经贸代表处与文莱福州十邑同乡会举行交流会。

2014中国—缅甸合作大事记

黄爱莲[①]

1月

·1日　中国自2014年起对缅甸经边境贸易出口中国的7831种商品给予免税待遇，占缅甸向中国出口商品种类的95%。

·20日　对外经贸大学代表团访问缅甸曼德勒孔教学校并签署合作框架协议备忘录。

2月

·7日　中缅警方通过国际执法合作机制，联合破获一起特大贩毒贩枪案。

·21—22日　中国红十字会圆满完成首次对缅北克钦地区的人道物资援助任务。

·23—26日　应缅甸巩发党邀请，中共中央对外联络部副部长艾平率中共友好代表团对缅进行友好访问。

3月

·13日　第2届中国—缅甸民间交流圆桌会在缅甸仰光举行，此次会议的主题为“中缅民间组织共同行动”。

---

① 广西大学中国—东盟研究院缅甸研究所所长。

·17 日　银联国际与缅甸合作社银行在缅甸仰光签署合作协议，约定全面加快银联卡业务合作。

·26 日　由中国国务院新闻办公室、中国驻缅甸使馆以及缅甸宣传部、文化部、教育部共同在缅甸举办的“感知中国·缅甸行”系列活动正式启动。

4 月

·1 日　中国国务院新闻办公室影视片库与缅甸瑞丹伦媒体有限公司签署供片协议，中方免费向缅方提供电视专题片和纪录片播放。

·2 日　《中华情·感知中国·缅甸行》文艺晚会在缅甸首都内比都国家电视台成功举办。

·3 日　缅甸仰光大学“中国馆”正式成立。

·7—9 日　缅甸副总统吴年吞来华出席 2014 中国—东盟文化交流年开幕式等活动。

·9 日　中国电建集团承担编制的缅甸国家电力发展规划正式完成并提交缅甸电力部。

·8—12 日　缅甸联邦议会议长兼人民院议长吴瑞曼率缅甸联邦议会代表团访华，双方签署《中国全国人大和缅甸联邦议会合作备忘录》。

·29 日　中缅两国首都之间的第一条往返国际航线正式开通。

5 月

·13 日　中国特使王英凡出席在缅甸克钦邦首府密支那举行的缅甸政府与 17 支缅甸民地武组成的全国停火协调小组的和谈。

·15—16 日　中国全国人大常委会副委员长严隽琪赴缅访问。

·16 日　缅甸德林达依省劳龙镇村民向缅甸总统府递交请愿函，支持当地中国炼油项目，此次为缅甸民众首次联署支持中方投资项目。

·19 日　中国国防部部长常万全在缅甸内比都会见缅甸国防军总司令敏昂莱。

·22 日　中国电建集团与缅甸电力部正式签署《缅甸丹伦江纳沃葩水电站、楠马河满通水电站项目投资协议备忘录》。

6 月

·**5 日**　来华访问的缅甸仰光大学代表团与云南师范大学签署战略合作协议。

·**15 日**　“2014 中缅国际眼科医疗中心”缅甸医护人员培训项目在云南启动。

·**27 日**　赴缅访问的广西民族大学代表团与缅甸曼德勒外国语大学签署合作协议。

·**27—30 日**　缅甸总统吴登盛应邀对中国进行友好访问，出席在北京举行的和平共处五项原则发表 60 周年大会。

·**30 日**　“缅甸风格佛殿落成典礼暨安奉开光法会”在河南洛阳白马寺举行，缅甸总统吴登盛专程到访出席。

7 月

·3—4 日　缅甸举行“南海功能性合作”研讨会，中国国际友好联络会会长李肇星出席。

·**20 日**　缅甸铁道部单方面宣布中缅皎漂—昆明铁路项目计划搁浅，这是继密松水电站与莱比塘铜矿项目之后，中国在缅重大投资项目的又一次受挫。

8 月

·**8—11 日**　中国外交部长王毅应邀出席在缅甸内比都举行的东亚合作系列外长会议并访问缅甸。

·**19—25 日**　由缅甸曼德勒 7 位高僧组成的僧侣访华团赴云南、四川等地访问。

9 月

·**11—12 日**　中国全国政协副主席、中共中央对外联络部部长王家瑞访问缅甸。

·**15 日**　中国国务院副总理张高丽在广西南宁会见前来出席第 11 届中国—东盟博览会和中国—东盟商务与投资峰会的缅甸副总统吴年吞。

·**16 日**　缅甸电力部表示已批准中国三峡集团、葛洲坝集团参与缅甸萨尔温江上游的塔桑大坝项目，合作修建东南亚最大的大坝。

·24 日 中缅农业部门在缅甸内比都签署《中国农业部与缅甸农业与灌溉部关于加强农业合作的谅解备忘录》。

10 月

·1 日 缅甸中央银行批准中国工商银行在缅开设分行，从事缅央行规定的银行业务。

·21 日 中缅质监部门签署合作备忘录以及缅甸大米、玉米输华植物检验检疫议定书，缅甸大米、玉米正式获准以一般贸易方式进入中国。

11 月

·7—9 日 缅甸总统吴登盛作为 APEC 互联互通伙伴国领导人来华参加 APEC 工商领导人峰会。

·11 日 首条中缅自驾游环线在云南瑞丽正式启动。

·12—14 日 中国国务院总理李克强赴缅甸出席东亚合作领导人系列会议并对缅甸进行正式访问，期间两国签署了总额约 80 亿美元的一系列合作协议。

·14 日 中缅国际陆地光缆工程全线贯通。

·19 日 中国人民解放军副总参谋长王冠中会见来华出席第 5 届香山论坛的缅甸国防军参谋长拉泰温。

12 月

·1 日 中缅首个跨境民间联合禁毒中心在云南瑞丽成立。

·11—13 日 第 14 届中缅边交会在缅甸木姐举行。

·16 日 中国国家副主席李源潮在缅甸内比都分别会见缅甸总统吴登盛、副总统吴年吞，并与吴年吞共同出席中国—东盟文化交流年闭幕式。

·21 日 中国粟秀玉教授基金在缅甸仰光举行捐助缅甸贫困学生仪式，此次为该基金成立后第三次大规模在缅友好慈善行动。

·22 日 中缅合资的莱比塘铜矿发生示威冲突事件，造成一名当地妇女死亡，多名中方员工与警察受伤。

·30 日 缅甸反对派领袖昂山素季在缅甸仰光召开记者会，表示包括中国在内的赴缅投资外企需顾及当地民众的利益。

2014 年中国—柬埔寨合作大事记

刘亚萍①

2 月

·27 日　中国民航局副局长夏兴华与柬埔寨民航局国务秘书毛哈万纳，在柬埔寨首都金边举行会谈。旨在加强中柬两国民航关系，并签署谅解备忘录。

·27 日　“中柬优质蔬菜水果示范基地”在柬埔寨首都金边正式揭牌成立。该基地是中国政府在柬埔寨建设的第一个农作物优良品种示范基地。

3 月

·6 日　中国湖南省国资委直属企业——湖南环球集团投资考察团到柬湖南商会与商会专家进行座谈。

·10 日　中国政府提供优惠贷款支持的柬埔寨 57B 公路扩建项目举行竣工通车仪式。柬埔寨首相洪森、中国驻柬大使布建国、柬政府多位副首相、高官及 10000 多名当地群众参加。

·12 日　柬埔寨商业部长孙占托在办公楼会见了中国商务部外贸合作与投资代表团，就加强双方的经贸与投资合作进行了会谈。

·12 日　中国驻柬埔寨大使布建国在中国驻柬埔寨大使馆会见柬中友协会长艾桑。

·17 日　柬埔寨副首相兼国防大臣迪班上将在金边会见了中国人民解放军副总参谋长孙建国海军上将。

·19 日　国家广播电影电视总局广播科学研究院与柬埔寨通信传媒集团在北京国际会议中心签署战略合作协议，共同推进柬埔寨通信广播影视业务发展。

·21 日　中国国家副主席李源潮在北京会见了柬埔寨国王诺罗敦·

① 广西大学中国—东盟研究院柬埔寨研究所所长。合作者：聂祝兰，广西大学商学院硕士研究生。

西哈莫尼和太后诺罗敦·莫尼列·西哈努克。

·27 日　由中国大唐集团公司投资建设的位于柬埔寨菩萨省的斯登沃代水电站和金边西—马德望输变电工程投产。

·31 日　柬埔寨自本月 31 日起，给予持普通护照的中国公民落地签待遇，中国公民持空白因私普通护照、联程机票即可前往柬埔寨旅行。

4 月

·1 日　中国重庆市长黄奇帆与柬埔寨首都金边市市长索契特旺签署了《中华人民共和国重庆市和柬埔寨王国金边市建立友好城市关系协议书》，协议的签署标志中国西部直辖市重庆与金边市正式建立友好城市关系。

·3 日　由中国政府提供优惠贷款援建的第四座中柬友谊大桥在柬埔寨合龙。

·4 日　中国银联与柬埔寨湄江银行合作，在柬埔寨发行首张湄江银行银联白金信用卡。

·8 日　据柬埔寨国土规划与建设部的报告，中国成柬房地产业第二大投资国，建筑项目 72 个，总投资 7.47 亿美元。

·17 日　中国驻柬埔寨大使馆举行仪式，向柬埔寨柬华理事总会及当地华文学校转交由中国国务院侨务办公室（国侨办）和中国驻柬使馆资助的华文教育基金。

·20 日　中国中共中央政治局委员、新疆维吾尔自治区党委书记张春贤在乌鲁木齐会见柬埔寨首相洪森。

·23 日　柬埔寨卫生部部长蒙文兴会晤中国驻柬埔寨商务参赞宋晓国。在会谈中，宋晓国表示，中国政府将赠送柬埔寨卫生部 200 辆救护车，提高柬埔寨卫生服务能力，他相信，这批人道主义援助将帮助柬埔寨发展卫生领域。

·27—28 日　中国人民武装警察部队副政委于建伟率代表团访问柬埔寨，双方就增进中国武警部队和柬埔寨宪兵部队之间的交流与合作交换了意见。

5 月

·5 日　中国华为技术（柬埔寨）公司在金边向柬埔寨红十字会捐赠

20 万美元，用于支持柬埔寨抗灾救灾的人道主义活动。

·**5 日**　中国广东四川商会纺服分会访柬埔寨川渝商会，就来柬投资项目进行融洽交谈。

·**8 日**　金边晚报消息称，由中国葛洲坝集团第一工程有限公司承建柬埔寨国公省达岱河水电站项目，预计今年 6 月投产发电。

·**5—9 日**　应柬埔寨高棉控股集团的邀请，中国电子科技集团公司一行 14 人于 5 日抵达柬埔寨首都金边，展开了为期 5 天访问活动，并在活动期间与高棉控股签署协议。

·**10—12 日**　中国国家宗教局副局长陈宗荣，中国佛教协会副会长、尼泊尔中华寺方丈、中国深圳弘法寺方丈印顺大和尚带队的中国佛教代表团一行 10 人出访柬埔寨。

·**15 日**　柬埔寨公共工程和运输部副国务秘书温山出席了在中国南宁举行的第 8 届泛北部湾经济合作论坛之 21 世纪海上丝绸之路专题研讨会。

·**18 日**　中国国家主席习近平在上海会见柬埔寨首相洪森。习近平表示，中柬友谊源远流长，我们一定要坚定不移推动中柬全面战略合作伙伴关系发展，把中柬友好事业坚定不移推进下去，让两国和两国人民世世代代友好下去。

·**19 日**　柬埔寨洪森总理及夫人文拉妮亲王以及高级代表团参观了上海航空研究院。

·**20—21 日**　柬埔寨洪森总理及代表团出席了在上海举行的第 4 届亚洲互信峰会。

·**27 日**　中国深圳键桥通讯技术股份有限公司（键桥通讯公司）公布了与柬埔寨合作项目，该项目标志着公司正式进军柬埔寨市场。

6 月

·**3—7 日**　柬埔寨副总理兼内政部部长苏庆率领代表团对中国进行为期 5 天的友好访问。访华期间，苏庆副总理会见了中国公安部部长郭声琨，双方就加强公共安全和执法领域的合作交换意见。

·**4 日**　展示“陆上丝绸之路”文化魅力搭建中柬文化交流平台“2014 年中华文化大乐园—柬埔寨金边营”开营。

·**5 日**　中国云南省委常委、常务副省长李江在昆明会见了柬埔寨商务部国务秘书庚西通一行。

·7 日　中国广东省副省长、省公安厅厅长李春生在广州会见了柬埔寨副总理兼内政部部长苏庆。

·8 日　柬埔寨上丁省湄公河柬中友谊大桥昨正式合龙，它不仅横跨湄公河，更紧紧连着柬中友谊。

·13 日　中国军医专家“送医送药送健康”义诊活动在柬埔寨首都金边举行，11 位中国军医专家为柬军人、当地居民及华侨华人提供免费疾病咨询和治疗。

·16 日　中国援助柬埔寨 300 套农村户用沼气池设备项目和 3 辆车交接仪式在柬埔寨茶胶省隆重举行。

·19 日　2014 中国——东盟知识产权高级培训班座谈交流会在山东省青岛市举办，柬埔寨相关代表参加了该座谈会。

·21 日　中国广州银行与柬埔寨加华银行、万联证券以及柬埔寨加华证券在第 3 届中国（广州）国际金融交易博览会期间分别签署了合作谅解备忘录。

·18—22 日　中国北京环境卫生工程集团有限公司代表团对高棉第一投资控股集团进行了为期 5 天的访问，并于 22 日在高棉控股集团总部会议室签署了《战略合作框架协议》。

·27 日　中国国家知识产权局副局长何志敏与柬埔寨商业部国务秘书屋波杰签署了《中柬两国 2014—2016 年知识产权领域合作谅解备忘录》。

7 月

·4 日　柬埔寨中国商会在柬华理事总会二楼会议厅举行捐款活动，共为桔井省桔井市中山学校和桔井省仕伦县光华学校两所学校捐了 3 万 9000 美元。

·10 日　柬埔寨中国文化经济协会在金边正式揭牌成立，该协会的创办是为了促进中柬文化交流，并发展柬埔寨的农业、工业和旅游业，符合国家消贫政策，同时加强和增进柬中两国的合作。

·13—14 日　中国建筑一局（集团）有限公司代表团对高棉控股集团进行了为期 2 天访问，14 日晚共同签署了战略合作谅解备忘录。

·15 日　前中国驻柬埔寨大使张金凤为团长的中国人民外交学会代

表团前往王宫拜祭西哈努克太皇并敬献花圈。

·21 日　中国武汉开通至东盟四国（泰国、柬埔寨、越南、老挝）试验航线。

·21 日　中国中央纪委副书记、中国纪检监察学院院长陈文清在中国纪检监察学院会见了第 2 期柬埔寨纪检监察干部研修班全体学员并出席开班式。

·22 日　“柬埔寨—四川商务洽谈会”在柬埔寨金边的金界大酒店举行。此次洽谈会由中国四川省贸易促进会和柬埔寨贸易促进总局联合举办

·22 日　中国文化遗产研究院院长刘曙光和柬埔寨文化与艺术部长彭萨格娜在金边签署了《高棉的微笑——柬埔寨吴哥文物与艺术展》协议，80 件（组）吴哥文物将到中国展出半年。

·24 日　中国现代国际关系研究院（CICIR）和柬埔寨王家研究院在金边签署了学术交流与合作协定。

·24 日　柬埔寨副总理、总理府部长宋安会见了中国现代国际关系研究院（CICIR）常务副院长季志业。中柬两国将在柬埔寨王家研究院成立“柬中友好关系”研究组，将对柬国政治、经济、商业往来进行研究，以提供给双方政府，旨在进一步加强双方的合作关系。

8 月

·4 日　柬埔寨洪森总理向中国国务院总理李克强致唁电，对云南省“云南鲁甸 6.5 级地震”造成中国人民上百人死伤表示哀悼。

·8 日　中柬友谊“送医下乡”义诊活动第三站在金边西北郊区塞速区翁隆克安村开展。

·3 日　中国重型机械有限公司（中国重机 \ CHMC）投资建设的柬埔寨达岱水电站 1 号机组完成调试并一次成功并网发电。

·13 日　柬埔寨国务部长兼商业部长孙占托一行在中国北京会见了中国国家质检总局局长支树平。双方就柬埔寨橡胶、胡椒、腰果、芒果、玉米、大豆等输华事宜进行了广泛交谈。

·14—18 日　中国广东省海外交流协会代表团对柬埔寨进行了为期 5 天的访问。

·14 日　中国政协委员中国电影文学编剧学会会长王兴东率领的中

国电影艺术家协会代表团抵达柬埔寨首都金边，进行访问。

·17 日 中国国侨办向柬华校派遣的 25 名中国外派教师抵达金边。至此，国侨办援柬华校外派教师共 45 人已全部到位。

·18 日 柬埔寨工业与手工业部、中国—东盟技术转移中心和柬埔寨国际合作机构合作共建的“中国—柬埔寨（柬埔寨—中国）技术转移中心”合作协议签字仪式在金边水务局会议室举行。

·19 日 中国全国政协副主席陈元在北京会见了柬埔寨参议院外交国际合作及媒体新闻委员会主席迪波拉西一行。

·25 日 中国工业和信息化部部长苗圩会见了柬埔寨邮电部部长巴速坤，共同深入探讨加强两国政府和企业之间的信息通信领域合作等问题。

·26 日 柬埔寨洪森总理在金边和平大厦会见了中国国家发展和改革委员会副主任连维良。

·28 日 中国山东省副省长张超超在济南会见了柬埔寨人民党高级干部考察团一行。

9 月

·2 日 2014 中国——东盟高校校长国际合作论坛在贵阳生态会议中心举行。包括北京理工大学、重庆大学、柬埔寨柴桢大学等学校在内的 17 所来自中国和东盟的大学校长共同达成协议，成立中国—东盟工科大学联盟，加强联盟成员之间的交流合作。

·2 日 中国山西省委书记王儒林，省委副书记、省长李小鹏在太原会见了柬埔寨国王西哈莫尼。

·3 日 中国政府向柬埔寨无偿援助价值 410 万人民币的林业物资项目的仪式在金边举行。

·7—9 日 中国人力资源和社会保障部长副部长信长星对柬埔寨进行为期 3 天的工作访问。

·16 日 第 11 届中国—东盟博览会和中国—东盟商务与投资峰会在广西南宁国际会展中心朱槿花厅开幕。柬埔寨总理洪森出席并在以“建设 21 世纪海上丝绸之路”为主题的第 11 届中国—东盟博览会开幕式中发表致辞。

·16 日 柬埔寨洪森总理在中国南宁会见中国广西壮族自治区主席

陈武，并表示希望柬埔寨和广西共同努力，争取到2017年实现双边贸易额达2亿美元的目标。

·18日　由国际贸易中心和中国—东盟商务与投资峰会秘书处主办的中国与柬埔寨、老挝和缅甸贸易发展研讨会在广西南宁举行。

·19—22日　第11届中国—东盟博览会在中国南宁举办，超过500名柬埔寨商人和投资者参加。

·22日　湄公河流域国家与中国记者交流会议圆满结束。新闻部长乔干那烈在金边酒店出席会议期间表示，柬中在新闻合作上具有非常重要的作用，通过两国媒体间的互动，将进一步深化两国传统友谊，促进两国人民相互了解。

10月

·13—15日　柬埔寨金边市英翁尼副市长率代表团对中国广东进行为期3天的访问。

·17日　中国广西壮族自治区主席陈武与柬埔寨暹粒省省长肯文松在南宁市签署了广西与暹粒省正式缔结友好区省关系协议书，标志着广西与暹粒正式成为友好区省。

·21日　中国驻柬埔寨大使馆和中国重型机械有限公司为柬埔寨矿业能源部赠送一批办公设备，帮助改善矿业能源部的工作条件。

·22日　柬埔寨国家反腐委员会主席翁仁典在金边会见了中国江苏省纪委监察厅厅长兼预防腐败局局长江里程，双方就加强反腐败领域的交流与合作交换了意见。

·24日　亚洲基础设施投资银行在北京成立。包括中国、柬埔寨、印度、新加坡等在内21个首批意向创始成员国的财长和授权代表在北京签约。

·31日　柬埔寨中国商会电力企业协会宣告成立，该协会旨在增强中资电企业团结力量，更好地参与发展柬埔寨电力行业。

·31日　第1届“广东21世纪海上丝绸之路国际博览会”在东莞举行。中柬友好协会主席艾森沃、柬埔寨公共工程和运输部国务秘书林西德宁一行出席了此次博览会。

11 月

·4 日 柬埔寨民航国务秘书处（SSCA）和中国商用飞机公司（COMAC）在金边市王家大酒店举行会谈，双方就关于航空产业及飞机供应方面进行深切的交流。

·6 日 柬埔寨反对党救国党主席沈良西出席在中国香港举行的亚洲自由与民主联盟理事会会议。

·7 日 中国国家主席习近平在北京会见了柬埔寨总理洪森，洪森总理向中方提出，希望中国每年提供5至7亿美元优惠贷款，帮助柬埔寨各领域发展。

·7—12 日 柬埔寨总理洪森出席了在中国北京召开的亚太经合组织系列峰会。并在峰会期间，分别会见中国国家开发投资公司总裁冯士栋、华为技术有限公司副董事长兼轮值CEO胡厚崑、中国路桥公司总经理卢山，就在柬投资项目进行交流。

·10 日 中国驻柬埔寨大使馆向柬埔寨华校——逢咋叻觉群学校，捐助教学设备。

·12 日 柬埔寨驻中国广西南宁领事恩速皮在中国南宁会见了柬埔寨媒体代表团。

·12—13 日 东亚领导人系列峰会当晚在缅甸首都内比都落下帷幕。本次系列峰会包括东盟领导人会议、中国—东盟领导人会议（10+1）、东盟与中日韩领导人会议（10+3）和东亚峰会（10+8）等，会议主题为“团结一致，迈向和平繁荣的共同体”。

·13 日 中国驻柬埔寨大使馆向柬埔寨东宵楼东华公校捐赠电脑和打印机等价值500美金的教学用品。

·13 日 柬埔寨副总理兼总理府部部长宋安在金边分别会见了中国驻柬埔寨大使布建国和美国驻柬埔寨大使威廉·托德（William E. Todd）。

·15 日 “中国重庆—柬埔寨投资贸易合作暨项目推介会”在金边举行。

·15 日 柬埔寨暹粒省省长文松省出席在中国郑州举办的2014中国（郑州）世界旅游城市市长论坛。

·15 日 中国河南省省长谢伏瞻在郑州会见了柬埔寨暹粒省省长文松省。前来河南省访问并出席2014中国（郑州）世界旅游城市市长论坛。

·18 日　柬埔寨金边市副市长英恩尼在金边会见了中国环境保护公司代表团一行，双方就中国环境保护公司在金边建垃圾焚烧发电厂事宜进行讨论。

·19 日　金边中国文化之家正式成立，中国文化部副部长董伟专程到现场考察，并为“金边中国文化之家”牌匾。并与柬埔寨文化艺术部部长彭萨格纳在金边签署了《柬中文化合作谅解备忘录》。

·16—22 日　柬埔寨王家军总司令波沙伦率领代表团对中国进行了为期 7 天的正式访问。中柬双方就国际和地区安全局势、两国两军关系等议题深入交换意见。

12 月

·10 日　中国国家 863 计划地球观测与导航技术领域战略规划专家组组长，以及中国科学院光电研究院代表等 3 人抵达柬埔寨首都金边，对中国科技部对外援助项目“中老柬北斗卫星精密定位应用示范”下设的“柬埔寨北斗连续运行参考站系统建设及其警务定位示范应用”课题进行验收前检查。

·15 日　柬埔寨金边市市长巴速杰德旺在金边会见了中国天津市商务委员会副主任黄春艳，呼吁投资垃圾改造业。

·15 日　柬埔寨副总理兼总理府部部长宋安在金边会见了中国现代国际关系研究院副院长冯仲平，双方就加强学者的交流与合作进行了深入探讨。

·16 日　“知识产权保护和品牌营销策略”知识讲座在柬埔寨金边举行。该讲座由柬埔寨商业部、中国香港贸发局联合举办。

·18 日　柬埔寨副总理兼外交与国际合作部长何南丰在金边市洲际酒店会见了五位前中国驻柬埔寨大使及现任中国驻柬大使布建国。

·22 日　柬埔寨洪森总理在金边和平厦会见了到访的中国共产党中央委员会对外联络部（中联部）副部长陈凤翔。双方就两党交往和青年交流等共同关心的问题交换了意见。

·23 日　柬埔寨奉辛比克党主席阿伦列斯美公主在金边会见了中国共产党中央委员会对外联络部副部长陈凤翔。双方就两党关系及柬中关系交换了意见。

·**29—31 日** 中国国务委员杨洁篪于对柬埔寨进行了正式访问。并在访问期间出席柬中政府间协调委员会第二次会议，签署了多项合作文件。

·**29 日** 柬埔寨旅游部和中国国旅集团在总理府友谊大厦签署《旅游产业战略合作协议》。旨在加强中柬旅游产业合作，吸引更多中国游客来柬旅游。

·**30 日** 中国国旅集团首家海外免税店—吴哥免税店正式对外开业。

2014 年中国—印度尼西亚合作大事记

刘主光[①]

1 月

·**12 日** 印尼原矿出口禁令正式生效，对于中国市场而言，大部分进口企业已做好应对准备，因而对中国镍铁厂和铝厂影响不会太大。

2 月

·**13 日** 印尼仍居中国铝土矿进口首位。

3 月

·**1 日** 第 2 届东亚国家合作促进巴勒斯坦发展会议在雅加达举行，中国中东问题特使吴思科率团出席。

·**4 日** 印尼华人黄惠忠以 76 亿资产居 2014 年福布斯全球富豪榜印尼首位。

·**11 日** 据中国统计局数据，印尼是最关注本届人大会议的国家，印尼人民越来越意识到中国的发展对印尼的意义。印尼认为政府工作报告中的各项改革新政的提出将对地区间经济合作和双边往来带来极其重要的影响。

·**16 日** 印尼将恢复对中国和华人的称呼为 TIONGKOK，TIONG-HOA。

---

① 广西大学中国—东盟研究院印度尼西亚所副所长。合作者：艾雨婷，广西大学商学院硕士研究生。

·24 日　印尼 2014 年首次全国汉语考试举行，近 4 万人参加，显示华文教育在印尼日趋普及。

4 月

·16 日　三一设备耗资 6.4 亿美元完成由习近平主席签约，与印尼总统苏西洛共同见证的印尼青山工业园一期工程。

·23 日　印尼开始对冷卷反倾销进行期中复审：觉得对来自日本、韩国、中国台湾、中国和越南的冷卷征收为期 3 年的 5.9%—55.6% 的反倾销税。

·26 日　8 家中国企业将投资 24 亿美元在印尼建镍生铁熔炉。

5 月

·12 日　第 3 届印尼留学生协会会议在上海结束。

·13 日　中印尼海上合作委员会第二次会议在雅加达举行。

·12—13 日　2014 年东盟峰会首次就南海问题发表声明上，印尼改变以往“审慎”态度，“无声”支持越南和菲律宾。

·14 日　印尼夏利·悉达亚斯拉伊斯兰教大学动工兴建《四库全书》图书馆。

6 月

·28 日　印尼外长明确表示，中国已正式承认靠近南中国海的纳杜纳群岛属印尼领土。

·14 日　印尼政府与中国政府谈妥有关 solo-ertosolo 高速公路建设 4 万亿盾经费贷款问题。

7 月

·19 日　中国驻印尼大使馆在雅加达社会福利机构举办斋月献爱心捐赠活动，捐助一批物品给该机构，向印尼人民致以斋月的诚挚问候和美好祝福。

·26 日　印尼银行与中央银行宣称，经过近日举行的东盟与中日韩财长和央行行长会议之后，清迈倡议多边化协议的金融合作规模从原先的 1200 亿美元翻倍至 2400 亿美元，这将大力强化区域的金融安全网。

8 月

·2 日　印尼政府邀请成龙作为印尼旅游大使。

·30 日　印尼国家银行公司首次在香港设有 4 台可全部存取的提款机。

·30 日　雅京特区省政府针对雅京交通日益严重塞车和其他交通问题，探讨与两家中国交通工程公司进行合作研究和改善方案。

9 月

·6 日　全国人权委员会支持修订 1974 年第 1 号婚姻法令，即把不同宗教信仰的婚姻自由化。

10 月

·11 日　佐科周日晚会见了印尼华人协会。

·24 日　习近平同印尼总统佐科通电话祝贺其就任印尼新一届总统，并对其前来北京出席亚太经合组织领导人非正式会议表示期待与欢迎。

11 月

·3 日　佐科会见中国外交部长王毅表示，印尼对中国重启丝绸之路敞开大门。

·4 日　印尼与中国谈判转让两款反舰导弹技术问题。

·8 日　印尼与中国政府决议合作发展高速公路和铁路。

·8 日　能源矿物部签发出口同意书准许两家中国铁砂开采公司出口生铁。

·8 日　印尼政府决定从 2015 年起对中国游客免签证费。

·9 日　佐科前往北京与中国国家主席习近平会晤，表示希望推进两国全面战略合作，不断提升双边关系水平。以海上和基础设施建设等领域为重点，带动两国整体合作。

·15 日　与中国签订 12 项投资备忘录涵盖交通运输采矿能源等领域。

·8—16 日　佐科总统首次出国访问，中国成为第一个受访问对象。

12 月

·8 日　中国驻印尼登巴萨总领事馆开馆。

2014 年中国—老挝合作大事记

李　好[①]

1 月

·8 日　中国驻老挝大使馆在老挝万象举办老挝中资单位成果展，老挝苏州大学成为中老两国教育成果合作的典范。

·22 日　由中国云南富滇银行与老挝外贸大众银行合资成立的银行—老中银行在老挝万象开业，也是中国银监会批准城市商业银行在国外设立的首家合资金融机构。

·23 日　云南省人民政府和老挝科技部在云南昆明共同组织召开了“云南—老挝科技合作对接会”，双方签署了共建“老挝国家建设工程质量监督检验检测中心”和“热带、亚热带特色生物资源开发利用实验室”合作备忘录。

·24 日　值华大基因 2013 年年终会议在老挝万象闭幕，老挝科技部携手华大基因举行生物技术社会发展现状与前景国际研讨会。

·25 日　云南广播电视台国际频道在老挝开播，成为老挝首家老挝语中国电视频道。

·26 日　中国水利水电建设股份有限公司投资建设的南欧江梯级水电站第六级电站成功实现大江截流，仪式在老挝丰沙里省举行。

·28 日　中国人力资源和社会保障部与国际劳工合作组织合作的促进就业服务南南合作项目签约和启动仪式在老挝万象举行。

2 月

·17—20 日　中华全国妇联副主席崔郁率中国妇女代表团访问老挝，老挝国家副主席本扬和妇联中央主席西赛分别会见代表团。

---

① 广西大学中国—东盟研究院老挝研究所所长。合作者：潘小芳，广西大学商学院硕士研究生。

·27日　由中国中工国际投资（老挝）有限公司投资建设的老挝“万象新世界”项目中的购物广场在老挝万象正式开工。

3月

·7日　老挝第13号北际公路修复项目在老挝乌多姆塞省市举行开工仪式，项目拟利用中国政府优惠贷款，由中国云南路桥建设公司、中国第三铁路勘察设计研究院集团承担建设任务。

·14日　由中国五矿二十三冶建设集团承建的中国政府援老挝国家文化中心更新维修工程在老挝万象宣布正式开工。

·17日　科技部万钢部长在部内会见了老挝科技部长波万坎·冯达拉等人，双方就加快推进中国—东盟科技伙伴计划框架下的中老科技创新合作交换了意见。

·26日　广西代表团抵达老挝万象进行访问，进一步深化双方在投资、贸易、教育、卫生等领域的务实合作，希望老方继续大力支持博览会的举办。

·28日　由中国亚太移动通信卫星有限责任公司为总承包商的老挝卫星项目万象地面站基建工程正式开工。

·31日　亚太森林组织、中国林业局、老挝农林部在老挝农林部共同见证《老挝北部森林可持续管理示范项目合作协议》的签署。中方作为亚太森林组织的发起方和主要出资方，通过亚太森林组织与老挝开展林业项目合作。

4月

·8日　国务院总理李克强与老挝总理通邢在海南三亚举行会谈，双方就推进中老全面战略合作伙伴关系达成新的共识，共同宣布启动中老政府间铁路协议商谈。

·8日　由中国和老挝两国农业部门合作建立的中老合作农作物优良品种试验站，在老挝万象举办首届“哈密瓜节”，并宣布在老挝首次成功试种哈密瓜。

·13日　中国广西柳工机械股份有限公司在老挝万象宣布成立老挝首家4S店，这是中国工程机械品牌在老挝设立的首家4S店。

·15日　三一国际世界首台非煤双臂大采高掘进机EBS630交付

老挝。

5 月

·3 日　中国葛洲坝集团股份有限公司与老挝国家电力公司在老挝南涧水电站工地举行工程奠基仪式。

·4 日　中国航天科技集团宣布将于 2015 年为老挝发射通讯卫星，官方日前正式批准该卫星出口项目，卫星地面站基建工程已启动。

·20 日　老挝总理通邢在总理府会见前来万象悼念老挝人民革命党中央政治局委员、副总理兼国防部部长当斋，老挝人民革命党中央书记处书记、公安部部长通班等同志的中国公安部代表团。

·29 日　2014 年中国—东盟博览会文化展在广西南宁国际会展中心举行电影签约仪式，中国和老挝首部合作电影《琅勃拉邦有我的爱》进行签约。

6 月

·7 日　大湄公河次区域物流企业合作委员会第二次会议在云南昆明举行，主题为“GMS 物流行业合作与新商机”，中远洋物流有限公司与泰国的 K. N. R 物流集团、老挝的 LFF 物流公司就“中老泰跨国物流合作”签订框架协议。

·10 日　中国、老挝两国警方在老挝万象瓦岱机场举行“3·19”湄公河特大跨国贩毒案犯罪嫌疑人移交签字仪式，5 名嫌疑人被全部移交中国警方。

·25 日　中国水利水电建设股份有限公司投资建设老挝南欧江二级水电站首个移民新村在老挝琅勃拉邦省落成。

·25 日　老挝政府与中资企业对话会秘书处在老挝万象举办中资企业老挝《投资促进法》和《企业法》讲座。

7 月

·1 日　由纹拉·阳罗拉为团长的老挝工会代表团一行来到哈尔滨，就“技能培训与劳模工作”与中方工会组织代表进行交流学习。

·17 日　商务部副部长高燕与来访的老挝副总理宋沙瓦在北京共同主持召开中国—老挝经贸和委会第六次会议，双方就关注的中老铁路、农产品贸易、跨境合作区建设及其他重点领域合作交换意见，达成一系列共识。

·28 日　中国进出口银行提供约 12 亿美元用于支持南俄 3 电站项目及相关设备采购，该项目是中老电力能源合作备忘录项下首个项目，也是老挝迄今电力领域金额最大的出口买信融资项目。

·28 日　国家主席习近平在人民大会堂同老挝国家主席朱马里举行会谈，双方就两党两国关系、执政治国理念及共同关心的国际和地区问题交换意见，达成重要共识。

8 月

·4 日　老挝国家农村发展和扶贫委员会与中国国际扶贫中心签署备忘录，双方将在老挝万象桑通区建立培训中心，培养生产所需人力资源和人才，以满足消除贫困的基础性条件。

·12 日　老挝政府将南通水电站 II 期第三水闸作为老挝发展下游灌溉系统的标杆，该灌溉项目资金 95% 来自中国政府贷款，由中国北方工业国际承建。

·15 日　老挝老中友好协会在老挝万象为中国云南鲁甸地震灾区举办大型慈善募捐活动，共筹集善款超过 15 万美元（约合 92 万元人民币）。

9 月

·5 日　“2014 老挝—中国（广西）交易会”暨“2014 中国广西（老挝）商品博览会”开幕式在老挝万象举行。

·19 日　中国援老挝 5MW 太阳能发电示范项目谅解备忘录签字仪式在老挝万象举行，旨在为社区开发可再生能源以及增加电力供应。

·29 日　老挝香蕉、木薯、甜玉米和西瓜获中国 SPS 认证。

·29 日　重庆方德房地产开发有限公司与老挝国防部合作建设的“拉萨翁广场”在老挝万象正式开工，该项目建成后将以 138 米的新高度成为老挝首都最高建筑。

10 月

·1 日　由云南东岩实业有限公司、老挝国家石油公司、老中联合投资有限公司合作投资建设的老挝成品油精制生产项目合作签约仪式在老挝万象举行，三方代表正式签署了《老中联合投资建设成品油精制生产项目经营协议书》。

·20 日　由中国葛洲坝集团股份有限公司承建的老挝会兰庞雅水电站正式下闸蓄水。

·23 日　由中国数家民营企业合资成立的老挝龙福投资有限公司在老挝万象打造的“万象天阶”商业地产项目正式开工，这是老挝首个真正意义上的城市综合项目。

·27 日　云南江城县向老挝约乌县政府发送公函，共同打击贩卖野生动物的违法行为，28 日，双方达成“联宣、联治、联勤、联通、联动、联防”六联共识。

·31 日　中共中央政治局委员刘奇葆率中共代表团访问老挝，会见老挝国家主席朱马里，并出席在老挝万象举行的第三次中老两党理论研讨会，会议主题为“建设社会主义法治国家的经验”。

11 月

·3 日　中国文化部在老挝设立的中国文化中心在老挝万象揭幕。

·7 日　中国水利部副部长矫勇与老挝自然资源与环境部副部长莫曼尼女士在老挝万象签署了《中华人民共和国水利部与老挝人民民主共和国自然资源与环境部在水资源领域的合作谅解备忘录》。

·8 日　老挝国家主席朱马里来华出席加强互联互通伙伴关系对话，习近平在北京人民大会堂会见朱马里。

·11 日　老挝国家工商会与香港总商会（中国）举行“香港　你的国际贸易伙伴”主题研讨会，全力支持老挝产品出口香港。

·12 日　中国重庆市对外经济贸易委员会与老挝国家工商会在老挝万象共同举办“中国重庆—老挝投资贸易合作暨项目推介会”。

·18 日　中国南方电网公司与老挝政府在老挝计划投资部签署南塔河一号水电站特许权，标志该项目正式进入实质建设开发阶段。

·26—27 日　由中国社会科学院马克思主义研究院、越南社会科学翰林院、老挝国家社会科学院联合主办，老挝国家社会科学院承办的第 2 届社会主义国际论坛在老挝万象成功召开，本届论坛的主题为“在社会主义条件下建设团结共识社会”。

12 月

·1 日　中国河南长久农业技术有限公司与老挝国立大学签署合作谅解备忘录，约定双方将在老挝万象共同建立农林示范基地、农林业测试—科学研究中心及学员实习基地等。

·11—18 日　中国人民解放军义诊专家组在老挝万象和琅勃拉邦开展为期一周的送医、送药、送健康义诊活动。

·12 日　中国建筑股份有限公司代表与老挝政府办公厅国家会议中心代表在老挝万象签署中国政府援老挝国家会议中心 VIP 工程交接协议。

·12 日　由中国—东盟技术转移中心（CATTC）、广西科技厅、老挝科技部技术创新司（DTI）共同举办的 2014 年中国—老挝科技创新对接会在老挝万象市举行。

·18 日　云南文化艺术团“文化中国　七彩云南”文艺演出在老挝万象的国家会议中心举行。

·25 日　中国驻老挝琅勃拉邦总领事馆宣布正式开馆，这是中国在老挝开设的第一个领事馆。

·27 日　中国驻老挝使馆举行开放日活动，来自老挝国立大学中文系、孔子学院、寮都公学等从事汉语教学的中国老师、志愿者和部分学生代表等应邀参观。

·29 日　由中国驻老挝大使馆、老挝计划投资部及老挝中国商会共同举办的第 4 届老挝政府与中资企业对话会在老挝万象举行。

2014 年中国—马来西亚合作大事记

李秋梅①

1 月

·16 日　马来西亚总理对华事务特使黄家定指出，马中贸易总额突破 1000 亿美元的历史新高，马来西亚成为继日本及韩国之后，与中国双边贸易额成功突破千亿美元的第三个亚洲国家。

---

①　广西大学中国—东盟研究院马来西亚研究所研究生助理。合作者：罗远平，广西大学商学院硕士研究生。

2月

·**13日**　马来西亚计划出口整个新鲜榴梿至中国，农业与农基工业部部长依斯迈沙比里将在今年3月或4月亲赴中国与相关单位洽商，推广本地“猫山王”榴梿。

3月

·**3日**　中国参建的槟城第二大桥落成。

·**26日**　中国海军的第一批舰艇抵达南印度洋的目标海域开展对MH370搜救工作。同时，中国海军第17批护航编队将赴印度洋搜寻失联客机。

4月

·**20日**　马来西亚政府将在布城兴建“马中友好公园”，以凸显马中两国友谊邦交。

5月

·**18日**　中国驻马大使馆领事参赞林动指出，通过马航MH370客机事件的共同应对，中马两国在民航、搜救和应急处理方面的合作达到一个层次，拓宽了合作领域。此外，中国已注资在搜寻马航MH370的工作，并在多个阶段积极参与搜救马航工作。

·**21日**　中国向马来西亚借出的两只大熊猫“福娃”和“凤仪”，于21日上午抵达吉隆坡国际机场，开始10年的旅居马来西亚生活。

·**27日**　为庆祝马中建交四十周年和中国熊猫福娃、凤仪旅马，马来西亚中国银行近期将在马来西亚市场限量发售中国熊猫金币。

·**27日—6月1日**　纳吉布总理5月27日抵达中国展开为期6天的官方访问，并庆祝马中建交40周年纪念。

·**31日**　马中建交40周年庆祝大会在北京举行，纳吉布总理指马中关系迈入新篇章。

·**31日**　纳吉布总理和中国总理李克强在人民大会堂举行的马中建交40周年庆典上签署联合公报，内容包括两国同意增进经贸关系和民间关系，促进多领域合作，并维持南中国海的和平、安全及稳定。

·31 日 在马中经济高层论坛中，纳吉布总理提出，马来西亚盼更多中国企业到马投资，以解决两国投资额不平衡的问题，并以马来西亚作为他们在本区域扩充业务的据点。

6 月

·3 日 华总大厦属下的马来西亚华人博物馆将与中国华侨历史博物馆加强合作，双方同意互借珍贵的文物供展出，促进两国在文物方面的交流与认知。

·9 日 随着纳吉布总理访华之旅取得丰硕成果，2014 年底将有额外约 1000 种清真产品进入中国市场，而 2015 年更将有多达另 3000 个马来西亚清真产品打入神州。

·21 日 中国驻马大使黄惠康称，应纳吉布总理之邀，中国国务院总理李克强已经当面答应纳吉布总理，准备展开历史性的访马行程。

·24 日 习近平在人民大会堂会见马来西亚国会下议院议长丹斯里班迪卡阿敏，指出中国政府高度重视发展同马来西亚的友好关系，将推进中马关系作为周边外交的重要方向。

·27 日 马来西亚国家银行正式对外限量发售马中建交 40 周年纪念币，吸引国人热烈抢购。

7 月

·3 日 中国厦门大学马来西亚分校在雪兰莪沙叻丁宜，由纳吉布总理等人奠基。马华副总会长何国忠将继续跟进马中学位认证事宜，并优先处理与厦门大学的认证。

·23 日 中国商务部亚洲司司长陈洲指出，中国与东盟各国的贸易在过去 10 年不断增长，而马来西亚在去年更成为东盟成员国里，首个与中国贸易额突破千亿美元的国家。

8 月

·13 日 中国外交部长王毅在缅甸首都出席东亚合作系列外长会议，会见马来西亚外长阿尼法，商谈继续搜寻失联 MH370 的下落。

9 月

·1 日　马来西亚总理对华事务特使黄家定热烈欢迎中国“走出去”的企业来马来西亚进行投资，两国一起大力投入“21 世纪海上丝绸之路”的建设发展。

·3 日　马来西亚最高国家元首哈利姆夫妇前往中国北京，展开为期 3 天访问。

10 月

·29 日　中国驻马大使馆领事参赞龚春森指出，当泛亚高铁由中国昆明直通老挝、缅甸、泰国、马来西亚，抵达新加坡的工程建竣开通后，马来西亚成泛亚高铁集散中心。

11 月

·10 日　马来西亚国家银行与中国人民银行签署了在吉隆坡建立人民币结算安排的合作备忘录。

12 月

·22—26 日　马来西亚与中国军方昨天首次举行联合桌面推演。代号“和平友谊 2014”的推演在马国联合部队司令部模拟中心举行。

·31 日　马来西亚半岛饱受水灾侵袭，3 家中资企业连同中国政府，捐献总额约 125 万林吉特的义款，另外中国政府还通过中国红十字会向马来西亚捐出 10 万美元（折合约 35 万林吉特）。

2014 年中国—菲律宾合作大事记

缪慧星①

1 月

·7 日　菲律宾驻华大使巴西里奥接受采访时表示中菲互为重要邻

---

① 广西大学中国—东盟研究院菲律宾所所长。合作者：王新元，广西大学中国—东盟研究院菲律宾所研究生助理。

国，菲方高度重视中菲关系，中菲没有理由终止互惠合作。中国—东盟关系的迅速扩展，对中菲双边关系大有裨益。

·12 日　中国北车集团大连机车车辆有限公司获得马尼拉城市轨道交通 3 号线运能扩展工程合同。

·14 日　香港特区政府为菲律宾“海燕”台风灾民捐款 411.7 万。

·18 日　菲律宾总统府表示欢迎中国愿意就南中国海的争议进行对话，并且在新渔业规则上做出让步。

2 月

·10 日　中国红十字会在菲律宾台风“海燕”重灾区援建的 166 间临时校舍正式移交菲方。

·21 日　由中国—东盟商务理事会、菲律宾驻华大使馆和中国水利电力对外公司共同主办的“走进菲律宾”投资说明会在北京举行。

3 月

·7 日　菲律宾移民局表示，中国人仍名列于今年常年报到的外国人榜首；今年到移民局报到的中国人有 2 万 5446 名。

·12 日　菲律宾农业部、国粮署和社会福利发展部举行移交仪式，见证来自中国的代表将捐赠的 1 万袋泰国米交给菲律宾国粮署。

·28—31 日　“感知东亚文化之都泉州·闽南文化菲律宾行”在马尼拉举行开幕仪式，总统阿基诺三世出席庆典仪式并发表演讲。

·31 日　“2014 年菲律宾华裔青少年学中文夏令营”45 名学员抵达泉州师院开始为期 53 天的学中文活动。

4 月

·8 日　中国新任驻菲律宾大使赵鉴华在菲总统府向菲律宾总统阿基诺递交国书并同阿基诺总统简短会见，双方就中菲关系和南海问题等交换意见。

·23 日　香港与菲律宾政府就马尼拉人质事件达成共识，特区政府从即日起撤销对菲律宾实施的制裁，同时将菲律宾的旅游警示级别由黑色调至黄色，菲律宾和香港关系恢复正常。

·24 日　高雄地检署侦办中国台湾、菲律宾、中国大陆跨境电话诈欺集团案，通过驻菲律宾代表处及两岸司法互助管道，在菲律宾逮捕嫌犯

46人。

·25日　赵鉴华大使在出席菲华各团体为他举行的欢迎宴会上发表讲话时说，希望广大旅菲华人继续为增进两国人民的友谊与合作作出更大贡献。

·26日　旅游部部长拉蒙·吉姆内兹说，随着香港对菲律宾旅游警示从黑色降至黄色，旅游部已着手协助民间业者筹组旅游推广团赴港。

5月

·17日　由国务院侨办、上海市侨办主办的2014年“中国寻根之旅”菲律宾华裔青少年夏令营举行闭营仪式暨联欢会。

·22日　2014菲律宾华裔学生汉语进修团在福建结业。

6月

·4日　菲律宾蔬菜进出口协会宣布，受中国山东进口商委托，将向中国出口77吨香米和25吨黑米，FOB价格1800美元/吨。

·10日　菲律宾华社举行晚会庆祝菲律宾独立116周年和第13个“菲中友谊日”。菲律宾总统阿基诺、中国驻菲律宾大使赵鉴华出席并讲话，两人交换了和平友好的信息。

·13日　中国北车大连机辆公司与菲律宾交通部签订出口合同，将为马尼拉城市轨道交通3号线提供轻轨列车，合同金额约为人民币5.4亿元。

·13日　菲律宾女众议员访问团一行12人对北京、重庆等几个城市进行了考察与交流，并与中方卓有成效地讨论以及评估了中菲双边关系。

·16日　中国北车集团大连机车车辆有限公司与菲律宾交通部签订出口合同，为马尼拉城市轨道交通3号线提供轻轨列车。

·17—19日　“魅力东盟·走入中国”文化之旅活动在广西防城港举办，菲律宾驻华大使巴西里奥和菲律宾艺术团应邀参加。

·18日　中国驻菲律宾使馆捐赠10万比索用于遭受被台风破坏的塔克洛班市医院的重建。

7月

·10日　5月份，菲律宾对中国出口额为9.59亿美元，环比增长

6.4%。中国对菲律宾的贸易实现顺差 1.15 亿美元。中国超过美国成为 5 月份菲律宾仅次于日本的第二大出口市场。

· 29 日　中国驻菲律宾大使馆举行庆祝建军节招待会，到场祝贺的菲律宾国防部长加斯明特别感谢中国在“海燕”袭击菲律宾后向菲台风灾区提供的救灾援助。

8 月

· 15 日　2014 年上半年菲律宾吸引中国游客 22.6 万人次，在各游客来源国中排名第三，中国游客在菲律宾消费 48.8 亿比索，在各游客来源国中排名第五。

· 27 日　国务委员杨洁篪在人民大会堂会见菲律宾华社代表访华团，对菲律宾华侨华人对中国与中菲友好合作的支持表示感谢，并希望菲律宾华侨华人为推进中菲两国关系继续做出贡献。

9 月

· 13 日　菲律宾总统府公开向中方保证，菲律宾政府能够保护来菲中国公民的安全。

· 16 日　菲律宾工商副部长特拉多率团出席第 11 届中国—东盟博览会、中国—东盟商务与投资峰会，并表示两国在南海的领土争端将不会影响两国的贸易关系。

· 17 日　由菲律宾工商部主办、“中国—东盟博览会秘书处”协办的“菲律宾国家推介会”在南宁国际会议展览中心举行。

· 18 日　菲律宾国际贸易展览中心项目经理道莉丝·牙楚表示，菲国希望通过第 11 届中国—东盟博览会，寻求中国增加在菲国的投资。

· 27 日　菲律宾亚典耀大学孔子学院和红溪礼示大学孔子学院举办游园及展览活动，庆祝全球首个“孔子学院日”。

10 月

· 15—19 日　2014 菲律宾驻中国大使馆主办的“菲尝美食”在天津举办，菲律宾驻华大使巴西里奥在开幕式上致辞。

· 16 日　中国—东盟博览会秘书处副秘书长杨雁雁带团到马尼拉访问，并参加第 60 届“马尼拉国际家居及饰品、时尚产品展”。

·21 日　菲律宾阿基诺总统称，在菲国境内发现的中国外逃贪官及其资产，只要中国政府提出需要菲方配合，菲政府都愿意提供帮助。

·24 日　菲律宾签署《筹建亚投行备忘录》，加入中国发起的亚洲基础设施投资银行。

·31 日　2014 年前七个月中菲的双边贸易额增加了 19%，达 103 亿美元。2014 年上半年菲律宾政府批准的来自中国的投资达 96.2 亿比索。

11 月

·11 日　中国国家主席习近平在亚太经合组织第二十二次领导人非正式会议期间，同阿基诺总统简短交谈，双方表达了改善两国关系的意愿。

·11 日　亚太经合组织第二十二次领导人非正式会议闭幕，阿基诺总统从中国领导人手中接过主办明年亚太经合组织系列会议的接力棒。

·11 日　菲律宾参议院经济计划办公室（SEPO）发布报告称，今年1—7 月，赴菲中国游客共计 26.8 万人，同比增加 8.5%。

·23 日　菲律宾副总参谋长劳尔·德尔·罗萨里奥少将在第五届香山论坛表示，菲律宾始终认为海上争端不是菲中关系的全部，菲方欢迎中国的和平崛起，并希望与中国合作。

·29 日　9 月份，访菲中国游客共 26279 人次，同比大幅下降 31.26%；今年前 9 个月，访菲中国游客累计达到 334672 人次，同比仅增长 2.33%，占同期访菲外国游客总数的比例跌至 9.31%。

12 月

·7 日　菲武装部队总参谋长说，在台风黑格比蹂躏菲律宾的同时，中国等 11 个国家已经承诺提供紧急援助。

·10 日　“2014 年‘中国寻根之旅’秋令营——菲律宾优秀华裔青少年中文游学营”举行闭营式。菲律宾驻华大使巴西里奥寄语华裔青少年，希望能够推动中菲友好关系。

·13 日　为吸引中国游客，菲律宾国家旅游局联袂多家菲律宾企业在上海举办“更多欢乐，尽在菲律宾”的大型路演活动。

·17 日　菲律宾 LIWAYWAY 公司投资的上好佳集团与福建平和县政府签订意向协议书，将入驻平和科技产业园，拟建设膨化食品、果汁饮品、有机奶制品等休闲食品生产线。

·21 日 菲律宾餐饮连锁集团快乐蜂与合作伙伴 Jasmine Asset 控股有限公司取得甜甜圈与咖啡品牌 Dunkin' Donuts 在中国内地的经营权。

·23 日 菲律宾十月份进口额上升 7.5%，同比增长 7.5%。中国仍为最大进口来源地，进口额为 8.5 亿美元，占进口总额的 16.4%，同比增长 35.2%。

2014 年中国—新加坡合作大事记

何 政[1]

1 月

·24 日 新加坡金融管理局发布公告称，新加坡所有符合条件的金融机构可申请人民币合格境外机构投资者（RQFII）牌照，持牌照者将有权提供人民币投资产品，并使用离岸人民币投资中国证券市场。

·25 日 云南祥鹏航空开通昆明—贵阳—新加坡航线。

3 月

·5 日 中国招商银行新加坡分行正式成立。

·7 日 由四川省与新加坡合作共建的“新川创新科技园”与腾讯等 5 家企业签订了首批落户协议，累计投资金额达 67 亿元。

4 月

·8 日 中国新加坡商会山东分会成立大会在青岛举行。

·22 日 新加坡总理、人民行动党秘书长李显龙在新加坡会见中共中央政治局常委、广东省省委书记胡春华。

·29 日 环球银行金融电信协会新加坡成为香港外全球最大离岸人民币清算中心。

5 月

·15 日 新加坡卫生部代表团访问中国中医药管理局，签署中新中

---

① 广西大学中国—东盟研究院新加坡研究所研究助理。

医药合作计划书，双方将进一步在中医药科研、教育、管理等领域加强交流合作。

6 月

·5 日　中国商务部部长高虎城与新加坡贸工部部长林勋强在新加坡共同主持召开中新投资促进委员会第四次联席会议。双方就新加坡对华投资、支持中国企业“走出去”、中新自贸区、服务贸易合作等议题取得广泛共识。

·16 日　由新加坡八家旅游业者成立的新加坡旅游联盟在北京与中国出境游服务商凯撒旅游共同启动“个十百千万、从心发现新加坡”主题活动。

7 月

·9 日　首次中国—新加坡人民币跨国调运在广州启动。

·17 日　2014 慧眼中国环球论坛在新加坡香格里拉大酒店开幕。本届慧眼中国环球论坛，主题为“中国前途路：深化改革的维谷与挑战”，以客观视角，洞察与剖析当下有关中国的热点课题。

8 月

·16 日　新加坡总统陈庆炎在南京紫金山庄会见中国国家主席习近平。两位领袖也都表达了继续拓广和深化双边合作的信心，并讨论新加坡在中国西部开发第三个国家级合作项目的可能性。

·28—30 日　中国国务委员杨洁篪对新加坡进行访问。29 日，新加坡总理李显龙会见杨洁篪。

9 月

·18 日　中国籍前导游杨寅因被指侵占新加坡 87 岁老妇钟庆春 4000 万元财产案。杨寅面对 349 项控状，其中包括伪造收据做假账等失信罪。

·11 日　李显龙总理对中国进行为期 8 天访问。李显龙总理与广东省委书记胡春华、中国副总理张高丽、香港特区行政长官梁振英等会面，出席在南宁举行的第 11 届中国—亚细安博览会，并发表演讲。

·16—19 日　第 11 届中国—东盟博览会、商务与投资峰会（2014 中国东盟博览会）于 2014 年在广西南宁国际会展中心举办，新加坡为当年主题国。

10 月

·24 日　中国、新加坡等 21 个首批意向创始成员国的财长和授权代表正式签署《筹建亚投行备忘录》共同决定成立亚洲基础设施投资银行，标志着这一中国倡议设立的亚洲区域多边开发机构的筹建工作将进入新阶段。亚投行法定资本 1000 亿美元，总部设在北京。

·26 日　新加坡副总理兼国家安全统筹部长及内政部长张志贤对中国进行为期三天的访问。

·28 日　第十一次中国—新加坡双边合作联合委员会于苏州市举行，中共中央政治局常委、国务院副总理张高丽宣布在银行间外汇市场开展人民币对新加坡元直接交易。

11 月

·9 日　中国国家主席习近平同李显龙总理会面时指出，中新合作具有很强的战略性、前瞻性、示范性，始终走在中国同东盟国家前列。

·10—11 日　李显龙总理在中国北京出席第 22 届亚太经济合作组织峰会。

·18 日　新加坡广东商会在新加坡的香格里拉酒店正式揭牌。

12 月

·22 日　新加坡华人陈声桂获中国中央电视台颁传播中华文化奖。

2014 年中国—泰国合作大事记

岳桂宁①

1 月

·15 日　受选举法律影响，泰国售中国百万吨大米计划停摆。

① 广西大学中国—东盟研究院泰国研究所所长。合作者：刘馨元，广西大学中国—东盟研究院科研助理。

2 月

·24 日　中国驻泰宁赋魁大使拜会英拉。

3 月

·4 日　武汉光谷北斗中泰项目正式启动。

·6 日　教育部副次长帕妮率泰国教育部代表团访问成都。

·8 日　印顺大和尚受邀出席泰国皇室为代僧王菩塔瞻举行的供僧法会。

·11 日　泰国商业部对来自中国的铝锌涂层钢发起反倾销复审调查。

·12 日　泰国商业部在北京与中国中粮集团（COFCO）签署 G2G（政府对政府）购百万吨泰米协议。

·22 日　中国科技部与泰国科技部合作联委会第一次会议在北京举行。

·25 日　50 名来自泰国的华裔青少年在广西开展为期 12 天的“文化之旅”，欢度壮族“三月三”歌节。

·25 日　46 名泰国学生抵达湖南湘潭开展为期 12 天的中国文化研习。

·27 日　海尔集团中标泰国逾 43 万台平板电脑，总价 8.67 亿泰铢（约合 1.36 亿元人民币）。

4 月

·2 日　海能达获泰国国际机场专网通信项目。

·5—10 日　诗琳通公主访华，分别会见杨洁篪、俞正声、海南省副省长许瑞生，并受聘中山大学名誉教授。

·18 日　海南师大与泰国海南文化教育基金会签订合作协议。

·18 日　泰国正大管理学院在南宁设立首席代表办公室。

·24 日　教育部长袁贵仁会见到访泰国教育部长乍都隆一行。

·24 日　泰国教育部代表团访问北大。

5 月

·6 日　泰国曼谷市副市长普莎蒂女士会见到访广州市人大常委会副

书记陈伟光一行。

·12 日 河北省为企业入泰国投资搭建对接平台。

·13 日 泰国国米品牌金泰誉正式亮相中国市场。

·23 日 泰国盘谷银行在重庆开业。

·26 日 外交部发言人就泰国局势表态，望继续保持中泰互利合作。

6 月

·4 日 上汽集团泰国基地正式投入使用。

·6 日 巴育会见到访的中国商团。

·9 日 泰国外交部常务次长西哈萨于在缅甸仰光参加东盟高官会期间会晤中国外交部副部长刘振民。

·9 日 吉林省委书记王儒林、省长巴音朝鲁会见到访正大集团执行副董事长谢吉人一行。

·9 日 中国移动欲 55 亿人民币购泰国电信运营商 True18% 股份。

·11 日 泰国国防部副次长苏拉萨率泰国军方代表团访华。

·14 日 泰国三座由光谷北斗建设完成的北斗增强基站正式运行。

7 月

·2 日 首届中泰移动游戏与移动应用对接洽谈会开幕。

·8 日 泰国新时代航空开通南宁直飞泰国甲米国际航班。

·11 日 杨洁篪会见到访泰国外交部次长西哈萨。

·15 日 泰国新时代航空开通桂林直飞泰国甲米国际航班。

·16 日 泰国文化促进委员会与首师大举办为期 15 天的首届官员汉语培训班。

·18 日 泰国促进投资委员会（BOI）在青岛举行泰国投资机遇说明会。

·28 日 巴育派特使副总理颂吉赴中国，强化泰中友谊合作关系。

8 月

·1 日 泰国开放新产稻谷出口，与中国签订百万吨新合同。

·3 日 中企商会为泰国清莱灾民赠物资。

·4 日 泰国旅游局重庆路演，推介“微笑国度”九大旅游胜地。

·6 日　广东汕头市在泰国设立经贸联络处。

·8 日　第 3 届泰中战略研讨会在泰国曼谷尚泰广场 CENTARA 大酒店开幕。

·9 日　王毅在缅甸首都内比都出席东亚合作系列外长会期间会见泰国代理外交部部长西哈萨。

·9 日　为期 3 个月对中国大陆及台湾游客免除 230 元签证费政策开始实施。

·12 日　昆明首条直飞泰国苏梅岛航线开通。

·14 日　阿里巴巴与泰国开泰银行合作，泰国企业将入驻阿里平台。

·25 日　海尔集团重启泰国市场扩张计划，斥资 1 亿泰铢扩建泰国海尔工业区。

·27 日　泰国向中国采购 20 个火车头，淘汰美国车头。

9 月

·3 日　泰国政府为云南地震灾区捐款 100 万泰铢。

·3 日　泰国新时代航空即将开通桂林—曼谷航班。

·3—18 日　泰国参展第 11 届中国—东盟博览会，成为下届主题国。

·9 日　中国春秋航空公司首开杭州—曼谷直飞航线。

·11 日　中国移动有限公司与 True Corporation Public Company Limited 于泰国曼谷正式签署战略合作协议。

·16 日　中国助泰实现狂犬疫苗国产化。

·18 日　泰中同意恢复经贸投资论坛。

·18 日　奇虎 360 公司与泰国亚洲软件公司（AS）签署战略合作协议。

·19 日　中央军委副主席范长龙、总参谋长房峰辉分别会见到访泰国副总理兼外长、武装部队最高司令他那萨。

·23 日　洛阳白马寺迎来泰国曼谷金山寺佛骨舍利。

·25 日　5 尊流失的古代观音像从泰国运回国内。

·26 日　“中国西部：经济发展新前沿”论坛在泰国举行。

·27 日　中泰外长在出席联大期间会晤。

10 月

· 8 日 泰国工程院 EIT 抵制中国钢材进口，呼吁停止中国钢铁认证。

· 9 日 副总理巴逸会见中国驻泰大使宁赋魁。

· 27 日 武汉市在泰国举行经贸旅游推介会，光谷北斗智慧旅游成亮点。

· 31 日 泰国中华文化访华代表团访莅汕共同研究侨批文化。

· 31 日 他信、英拉梅州祭祖受热烈欢迎。

11 月

· 7 日 广州直飞泰国甲米的航线开通。

· 7 日 中国驻泰国普吉领事办公室举行开馆仪式。

· 9—10 日 巴育出席北京 APEC 会议，分别会见习近平、李克强、华为泰国区总裁杨蜀、橡胶谷董事长张焱；偕夫人娜拉蓬及随从到北京灵光寺参拜佛牙舍利。

· 13 日 泰国获中国资助发展三条双轨铁路。

· 11 日 泰中签价值上千元通信卫星项目合作框架协议。

· 14 日 中国批准购买泰国 200 万吨大米、20 万吨橡胶农产采购大单。

· 17—21 日 刘云山、王家瑞、胡春华分别会见由民主党主席、前总理阿披实率领的泰国民主党代表团。

· 19 日 刘家义会见到访泰国国家审计委员会主席猜习一行。

· 19 日 内阁审议批准泰中合作备忘录草案，泰中将以政府对政府合作方式合建 3 条复线铁路。

· 23 日 新知图书泰国清迈华文书局开业。

· 24 日 海南橡胶与泰国橡胶组织建立战略合作关系。

· 25 日 泰国促进投资委员会（BOI）借山东—泰国经贸洽谈会，引入山东投资者。

· 26 日 中国多家航空公司将与泰国大学合建汉语毕业生实习就业基地。

· 28 日 中泰经贸联委会第三次会议举行，签署《中华人民共和国政府和泰王国政府贸易、投资和经济合作联合委员会第三次会议纪要》。

·28 日　中银泰国在广西沿边率先发放跨境人民币贷款 2.5 亿元。

·29 日　泰国曼谷市获对华友好城市交流合作奖。

12 月

·1 日　泰国驻青岛总领馆正式开馆。

·2—4 日　泰国外交部副部长敦·帕马威奈率泰国外交部代表团访华，深化科技、高铁、橡胶等领域合作。

·2 日　泰国外交部副部长参访光谷北斗，推动两国卫星合作。

·2 日　海南省长蒋定之会见到访泰国南部五府代表团。

·3 日　泰国近两个月来查处 1500 多名违反交规的中国游客。

·3 日　曼谷与上海签友好合作意向书。

·4 日　中泰铁路合作谅解备忘录草案获泰国立法议会批准。

·5 日　西宁直飞泰国曼谷航线开通。

·6 日　中国“湖南文化走进泰国”活动在泰国曼谷举行。

·10 日　泰国佛教文化团到万宁交流。

·11—12 日　黄树贤与到访泰国改革大会代表团举行工作会谈、王岐山会见到访泰国改革大会代表团。

·15 日　泰国影星马里奥·毛瑞尔（Mario Maurer）受聘中泰旅游大使。

·13 日　朱拉蓬公主访问中国。

·18 日　中国东北首条直飞泰国普吉岛航线——沈阳—普吉岛开通。

·18 日　泰国清迈府尹会见到访云南省省长陈豪一行。

·19—20 日　庆祝泰中建交 40 周年文化艺术节在泰国曼谷隆重举行。

·19—20 日　李克强访泰，出席第五次湄公河流域 6 国峰会，出席泰中合建复线铁路谅解备忘录（MOU）、泰—中农产品商贸协议签署仪式。

·22—23 日　巴育访华，分别与李克强会谈、与习近平、张德江会见；参观高铁管理中心，体验中国高铁；会见华为副董事长兼轮值 CEO 胡厚崑。

·22 日　中泰续签规模为 700 亿元人民币的双边本币互换协议。

·22 日　泰国证券市场、南荣码头总裁拜访中国银行，双方签署合作谅解备忘录。

·23 日　豪迈科技布局泰国，图扩大东南亚市场份额。

·24 日　中泰推进反偷渡合作。

·24 日　中利科技 8.8 亿泰铢布子泰国，拓展海外光伏市场。

·25 日　泰国总理巴育发表年底讲话，称中国是经济发展好榜样。

·26 日　宋卡王子大学普吉孔院与攀牙府红十字会中学签署教学点合作协议，在海啸灾后重建地新增汉语教学点。

2014 年中国—越南合作大事记

赖　靖[①]

2 月

·28 日　中国与越南同意建立国防部直线电话，标志两国军事互信显著增强。

·25—27 日　2014 年越南河内国际海事展览会在广州举行，该展会成为我国船舶行业企业寻求商机，获得发展的有效平台。

3 月

·5 日　越南驻华大使阮文诗在列席第 12 届全国人民代表大会第二次会议开幕式。

·11 日　越南国防部部长冯光青会见参加越中边境国防友好交流会的中国代表团，中越两国国防部在越南广宁和中国广西举办越中边境国防友好交流活动。

·19 日　中越商事纠纷特别巡回法庭在广西东兴揭牌成立，这是在原驻东兴边民互市贸易区调解室的基础上成立的特别巡回法庭，旨在促进中越边民商贸关系良性发展。

·19—21 日　商务部副部长高燕率中国政府经贸代表团访问越南，双方就落实领导人高访成果和“海上丝绸之路”战略构想、深化中越经贸关系、推动双方互联互通和泛北部湾经济合作等共同关心的问题深入交

---

① 广西大学中国—东盟研究院越南研究所研究生助理。

换了意见。

· 20 日　推进中国（凭祥）—越南（同登）跨境经济合作区建设座谈会在越南谅山市举行，中越双方代表就如何更好地推进合作区建设有关问题进行友好深入的交流与磋商，提出了许多宝贵的意见和建议，达成了共识。

· 24 日　政府总理阮晋勇与中国国家主席习近平进行了双边会晤。

· 25 日　中国银行广西分行在东兴市东兴支行营业部开办越南盾现钞兑换业务。农行防城港分行将在 3 月底广西沿边金融综合改革试验区建设启动仪式之前，让东盟货币业务中心正式挂牌运作，代表中国农行对外公布人民币兑越南盾交易挂牌汇率。

· 31 日　区域全面经济伙伴关系协定第四轮谈判在南宁开幕。东盟 10 国、中日韩印澳新代表团共 500 余人参加谈判，讨论了关税减让模式、服务和投资自由化模式、协定章节框架等问题。

4 月

· 8—11 日　越南政府副总理武德儋将率团出席在中国海南博鳌镇召开的博鳌亚洲论坛 2014 年年会。

· 8 日　越南文化体育旅游部副部长邓氏碧莲来到中国—东盟中心参观访问，并与中国民间艺术家们亲切交流。

· 11 日　越南工贸部代表团到广西百色考察，旨在进一步加快推进中国龙邦—越南茶岭跨境经济合作区建设。

· 14 日　越南工商部同广东省人民政府在越南河内联合举行中国广东—越南经贸合作交流会，讨论两国如何实现高层领导所提出的到 2015 年提高越中双向贸易额和减少越南对华贸易逆差额等目标。

· 16—17 日　中越海上共同开发磋商工作组在河内举行第二轮磋商，双方就海上共同开发进一步深入交换了意见，继续推进中越海上合作与共同开发，争取尽早取得实质进展。

· 18 日　为落实中国国土资源部与越南科技部签署的“长江三角洲与红河三角洲全新世沉积演化对比研究”合作协议，中越双方在青岛举行了项目第一次技术交流研讨会。

· 24 日　越南人口计生局副局长阮文新率团访问我国计生委，双方共同主持召开了中越人口和计划生育法制建设研讨会。

·25 日　中国南方航空公司开通南宁至越南岘港新航线，班期为每周一和周五，飞行时间为 1 小时 40 分钟。

·26 日　中国农业银行中国（东兴试验区）东盟货币业务中心正式揭牌成立，首次实现人民币对越南盾的直接报价兑换。

·27—30 日　越南李荣光副主席率团出席在中国浙江省义乌国际博览中心举行的第 9 届中国（义乌）文化产品交易会。

5 月

·4 日　广西社会科学院东南亚研究所在广西南宁市举行“奠边府战役胜利 60 周年与越中关系”研讨会。

·15 日　第 8 届泛北部湾经济合作论坛在广西南宁市召开，越交通运输部副部长阮红长率团出席。

·20 日　越南河江省工贸厅与云南省商务局举行会谈，双方签署了关于促进越中边贸经济合作关系的文件。

6 月

·24 日　越南政府向受反华骚乱影响的近 140 家企业支付了 700 多万美元的首笔赔偿，中国大陆与台湾企业也在受赔偿之列。

7 月

·14 日　越南永福省人民委员会主席冯光雄率领招商团到吉隆坡招引华商，表示不会再排华，并为外资提供种种投资优惠。

8 月

·12 日　越南老街省决定向中国云南省资助 100 吨大米，以协助云南省地震灾区人民克服困难。

·15 日　越南平阳省领导同本省 11 家中国台湾企业代表举行会晤，旨在解决各家企业在投资生产经营活动中所遇到的困难。

·27 日　中国国家主席习近平在人民大会堂会见越共中央总书记特使、越共中央政治局委员、书记处常务书记黎鸿英。

9 月

·2 日　亚太经合组织第十一届能源部长会议昨日在中国北京召开，越南工商部副部长高国雄率领越南代表团出席会议。

·14—16 日　越南政府副总理范平明参加在中国举办的东盟—中国博览会暨东盟—中国贸易投资峰会，强调越南重视推动东亚地区经济互联互通进程。

·15 日　广西壮族自治区党委书记彭清华在南宁会见越外交部部长范平明，并表示愿与越共同推动泛北部湾经济合作深入发展。

·16 日　第 11 届中国—东盟博览会在广西南宁开幕，一百多家越南企业前来参展，成为参展企业数量最多的国家。

·21 日　越南首都河内至老街高速公路全线正式通车，这是越南首条连接中越边境的高速公路。

·22—24 日　中国—东盟自贸区联委会第六次会议暨中国—东盟自贸区首轮升级谈判在越南河内举行，双方重点讨论了中国—东盟自贸区升级谈判的工作安排。

·24—28 日　中共委员孟学农率领中共代表团对越南进行工作访问，旨在落实越共与中共代表团互访计划。

10 月

·9—10 日　越中海上合作共同发展磋商工作组在中国广西南宁举行第三轮磋商，双方阐明了各自立场，坦率、开放地交换了意见。

·14 日　第四届越中禁毒合作双边会议在河内举行，越南公安部杜金线同中国禁毒委员会副秘书长刘跃进与会。

·14 日　南宁市市长周红波会见了新任越南驻南宁总领事范清平，双方就进一步加强交流与合作进行了友好交谈。

·26 日　越南公安部长陈大光大将率团对中国进行访问，并与中国共同主持召开越中两国公安部第四次合作打击犯罪会议。

·27 日　国务委员杨洁篪和越南副总理兼外交部部长范平明共同主持召开越中双边合作指委会第七次会议，一致同意认真实施有关越中陆地边界的三个文件，妥善解决海上问题。

11 月

·7 日 亚太经合组织第 26 届部长级会议在北京国家会议中心举行，越南外交部部长范平明率团出席并发表重要讲话强调区域合作与互联互通继续作为主导趋势。

·8—12 日 中越边境经济贸易交易会期间，越中两国企业签订贸易合同 19 个，贸易合同成交额 4.4 亿美元。

·9 日 越南国家主席张晋创抵达北京，开始出席在中国北京举行的亚太经济合作组织第二十二次领导人非正式会议。

·17 日 越南广宁省芒街市与广西东兴市联合举行 2014 年越南—中国边境商贸旅游博览会推介会。

12 月

·1 日 中国大陆蒙河铁路今天通车，成为大陆与越南国际铁路通道的重要一部分，进一步推动了大陆与东南亚各国交流。

·9 日 越中陆地边境口岸合作第二次会议召开，越中陆地边境口岸合委会总结经验并指导继续落实首次会议达成的内容，强调加大协调配合力度，旨在促进越中两国友好关系，建立和平、友好、合作、共同发展的越中边界线。

·10—12 日 越中北部湾湾口外海域工作组第六轮磋商在北京举行，越中双方同意落实稳步推进北部湾湾口外海域划界谈判，促进在北部湾的共同合作与发展。

·17 日 越南驻华大使馆同东盟中国中心联合举行“新形势下越中经贸合作”研讨会，研讨两国经贸合作的机遇与挑战。

·19 日 越南河江省人民委员会同中国云南省人民政府举行仪式，公布越南清水—中国天保对接口岸升级为国际口岸。

2014年东盟各国大事记

2014年文莱大事记

罗传钰[①]

1月

·1日　苏丹发表新年御辞，要求公共机构与私人业紧密合作，并强调《伊斯兰刑法》将于2014年开始实施，希望民众广泛支持。

·6日　教育部宣布，为纪念文莱正式教育100周年，今年将在全国上下举办庆典活动。

·14日　为纪念先知穆罕默德生辰，苏丹携皇室成员参加了纪圣节游行。

·16日　文莱河大桥举行破土仪式，皇太子出席了该仪式。

·31日　皇太子携皇室成员参加文莱华人社区举办的华人新年庆典活动。

2月

·1日　文莱首次参加世界头巾日，并举行庆典仪式。

·10日　文莱农业—技术公园将更名为生物创新走廊。

·17日　总理署举办感恩祈祷仪式，庆祝皇太子40岁生日。

·23日　文莱举行国庆30周年大型庆典活动。

·26日　文莱出版七本文莱历史刊物，以鼓励青年一代学习国家历史。

---

① 广西大学中国—东盟研究院文莱研究所研究助理。

3 月

·3 日　文莱举办 2014 年赛舟会，中国南京市政府外办副主任率团参加。

·6 日　文莱第 10 届立法会议举行，国防预算支出上调 39%。

·15 日　东帝汶总理古斯芒首次访问文莱。

·24 日　因在南中国海域新发现大量潜在的油气资源，文莱有望每年提供 3500 万桶石油，该产量预计可以到 2035 年。

4 月

·11 日　“标准普尔”将文莱商业银行列入第六类，与泰国、西班牙、土耳其等为一组，风险级别为平均偏高。

·20—22 日　苏丹偕夫人前往新加坡，对其进行为期三天的国事访问。

·22 日　苏丹在新加坡发表演说时指出，东盟必须主动塑造未来，亚洲的崛起将会改变当前的全球战略配置。必须继续加强东盟国家的合作，并通过和平对话解决区域问题。

·23 日　企业顾问公司 Vriens & Partners 最新发表的亚太地区投资环境报告显示，文莱 2014 年投资环境指数为 73.5，排名亚太区第五位。

·25 日　世界经济论坛发布的全球信息技术报告显示，文莱知识产权保护排名从 2013 年的第 47 位上升至 2014 年的第 39 位。

·30 日　苏丹宣布，《伊斯兰刑法》将于 5 月 1 日开始生效。

5 月

·1 日　据国际比较项目（ICP）最新研究报告，文莱人均 GDP 排在第五位，为 7 万 4397 美元。

·11 日　苏丹在第 24 届东盟峰会上发表讲话，支持东盟共同体建设。

·17 日　马来西亚银行文莱新总行举行开幕仪式。

6 月

·5 日　为纪念文莱独立 30 周年，总理办公室举办了一场为期四天的特别展览，展览突出了总理办公室这30年来的成果和关键里程碑。

·6日　科威特表示支持文莱《伊斯兰刑法》实施。

·4—10日　文莱与新加坡举行了2014年塘鹅（Pelican）双边海军演习。

·7日　文莱发布国际商品贸易统计报告表示，今年3月份贸易额相比去年同期下降25%。

·7日　文莱公布的消费者价格指数显示，今年4月份相比之前商品和服务价值指数上涨0.4%。

·10日　39名越南海员被控在文莱水域非法捕鱼。

·24日　第14届国际犯罪高级官员会议在文莱举行，本次会议重点讨论打击恐怖主义、非法毒品交易、人权交易和犯罪等问题。

·16—17日　文莱劳动部组织东盟各成员国劳工代表进行对话，试图探索一种方式，提高区域内职业安全和卫生标准。

·26日　文莱皇家海军派遣两艘海上巡逻船，首次参加第24届美国太平洋舰队主办的环太平洋海上演习。

7月

·9日　一名印尼籍男子因禁食期间在公众场所吸烟，成为文莱国内首位违反《伊斯兰刑法》并遭处罚的人员。

·15日　苏丹主持了文莱首部适合本国国情的《古兰经合集》的出版仪式。

·14日　文莱与韩国共同签署了渔业技术合作和研究合作谅解备忘录。

·15日　15日系文莱苏丹的68岁华诞，各国元首及政要纷纷发来贺电。

·15日　为迎接开斋节的到来，文莱伊斯兰宗教理事会发放近690万济贫金。

·22日　文莱伊斯兰银行向文莱伊斯兰宗教理事会移交两笔济贫税。

·24日　联合国发布2014年度人类发展指数报告，文莱以0.852的极高指数继续在187个国家和地区中排名第30，在东南亚国家之中排名第2。

·25日　据文莱公布的数据，文莱5月油气出口量较之上月下降了15.1%。与此同时，文莱5月商品进口量较之上月上涨了66%。

·29—31 日　文莱庆祝今年开斋节，各地举行了盛大的庆祝活动。

8 月

·1 日　文莱金融管理局数据显示，国内金融系统资产今年首季出现下跌。

·4 日　文莱首次从柬埔寨进口了 3003 吨的茉莉香米。

·9 日　文莱外交及贸易部长在内比都出席东盟外长会扩大会议时会见了中国外交部长王毅。双方一致认为，应通过“双轨渠道”处理南海问题。

·14 日　文莱全国庆祝苏丹陛下华诞庆典正式拉开序幕。

·18 日　文莱国家穆夫提在马来西亚讲解《伊斯兰刑法》。

·18 日　文莱与泰国共同在文莱举办一场文化展，纪念两国建交 30 周年。

·21 日　30 名文莱武装队人员前往黎巴嫩参加维和行动。

·25 日　文莱经济计划和发展部发布数据显示，7 月份 CPI 下降 0.6%。

·25 日　经济计划和发展部表示，6 月份原油出口量增长 30.6%。

9 月

·1—5 日　作为“两国年轻领袖交换计划”的活动，皇太子访问新加坡。

·5 日　8 名文莱维和部队成员前往棉兰老岛，参加监督菲律宾政府军与摩拉伊斯兰解放阵线之间停火的第十一次国际监督团。

·15 日　文莱工业部长赴广西出席第 11 届“中国—东盟博览会”，并签署《“文莱—广西经济走廊”合作谅解备忘录》。

·15 日　据文莱经济计划和发展部统计，6 月份文失业人数下降。

·16 日　文莱与缅甸企业达成协议，在缅甸开采石油，增加海外石油进口量。

·17—27 日　苏丹赴纽约出席第 69 届联合国大会。

10 月

·4 日　文莱举行多项活动庆祝哈芝节。

·7 日　《伊斯兰刑法》修正案生效，对非法入侵盗窃清真寺及皇家财产的行为进行了更为严厉的处罚，规定对盗窃、损坏、非法入侵、破坏受保护的地方或宗教场所，将处以鞭刑并监禁 10 年。

·9 日　苏丹赴印尼出席第 7 届巴厘岛民主论坛。

·8 日　为有效落实目标，文莱成立 2035 宏愿最高理事会。

·10 日　据文莱经济计划和发展部统计，文莱 7 月石油出口量增加 19.8%，第二季度文莱经济相比第一季度增长 0.8%。

·16 日　苏丹前往米兰出席第 10 届亚欧会谈。

·24 日　为庆祝伊斯兰新年，文莱举国上下举行了一系列庆祝活动。

·25 日　据世界银行发布的 2015 年经商环境报告，文莱在报告所收录的 189 个经济体中，排名下跌至第 101 位。

·30—31 日　在第 15 届东盟环境部长级会议以及第 10 届东盟部长级会议非正式会议上，文莱首都斯里巴加湾获得 2014 年东南亚环境可持续发展城市奖。

11 月

·10—11 日　苏丹赴北京参加 APEC 第二十二次领导人非正式会议。期间，苏丹与多国领导人进行会面，并因未缺席每届 APEC 峰会而获得中国国家主席习近平赞扬。同时文莱还签署备忘录，加入亚洲基础设施投资银行。

·13 日　文莱首次举办亚太国防首脑会议，此次会议主题为“多边主义：实际合作面对共同的责任”，参会人员将讨论共同面对的安全挑战以及如何改善和促进安全合作。

·14—17 日　印尼驻文莱大使馆举办一系列活动，庆祝两国建交 30 周年。

·18—20 日　第 18 届东盟东部增长区部长级会议在文莱召开。

·19 日　越南军舰首访文莱。

·20 日　伊斯兰 Da'wah 中心显示，今年 1—10 月共 490 人皈依伊斯兰教。

·29 日　第 2 届文莱国家运动会开幕，13 县市 2754 名运动员将参加 23 项赛事。

12 月

·9—11 日　为纪念文莱与韩国建交 30 周年，苏丹对韩国进行正式访问。

·11—12 日　苏丹出席韩国—东盟特别峰会，会议主题为“韩国—东盟新愿景：创新和活力”。会议结束时发表了《东盟—韩国面向未来联合声明》。

·24 日　苏丹恩准设立文莱仲裁中心。

·19—21 日　文莱多地华社理事暨主席改选。

2014 年缅甸大事记

黄爱莲①

1 月

·2 日　缅甸总统吴登盛表示支持修改缅甸宪法，这是他第一次就该敏感问题作出公开表态。

·4 日　缅甸反对派领袖昂山素季借独立节呼吁军方参与修宪，称军方是修宪程序“不可或缺”的关键因素。

·17 日　东盟外长会议在缅甸蒲甘举行，这是缅甸担任 2014 年东盟轮值主席国后举办的第一次正式会议。

·23 日　缅甸出台新的《经济特区法》，该法成为 2014 年缅甸颁布的第一部法律。

2 月

·2 日　上千人在缅甸仰光集会反对修改宪法，阻止昂山素季竞选总统。

·3 日　缅甸联邦议会决定成立修宪委员会以进一步推动修宪工作。

·6 日　缅甸正式加入联合国儿童基金会的“加强营养行动”。

·9—12 日　德国总统高克首次对缅甸进行正式访问，2014 年为两国建交 60 周年。

---

① 广西大学中国—东盟研究院缅甸研究所所长。创作者：俞渊，广西大学商学院硕士研究生。

3 月

·2—4 日　缅甸在内比都举办第 3 届环孟加拉湾多领域经济技术合作组织峰会，7 个成员国政府首脑出席会议并发表峰会宣言。

·3 日　缅甸反贪污委员会成立，这是缅甸首次成立的专门反腐机构。

·9 日　缅甸政府与缅甸民地武“全国停火协调小组”在缅甸仰光举行和谈，本轮和谈开始触及修宪等一些核心问题。

·28 日　缅甸联邦议会通过《2014—2015 财年国家计划法》，预定 2014—2015 财年 GDP 总量、年增长率以及人均 GDP 等经济发展目标。

·30 日　缅甸正式在全国各地开始进行人口普查，这是缅甸 30 多年来首次进行人口普查。

4 月

·1 日　从 4 月 1 日起缅甸林业部门将禁止一切原木出口。

·9—15 日　缅甸反对派领袖昂山素季出访德国与法国。

·10 日　缅甸政府军与克钦独立军在缅甸克钦邦境内的战事加剧。

·21 日　缅甸全国民主联盟创始人之一吴温丁去世。

·21 日　缅甸国内 8 家私营公司获准同国际能源公司合营近海油气项目。

5 月

·10—11 日　第 24 届东盟峰会在缅甸内比都举行，会议通过了至 2015 年建成东盟共同体的《内比都宣言》和第 24 届《东盟峰会主席声明》。

·15 日　美国总统奥巴马宣布延长对缅甸的经济制裁，原因是缅甸仍旧“对美国的国家安全和外交政策构成异乎寻常的威胁”。

·21 日　缅甸副总统吴年吞赴菲律宾参加第 23 届世界经济论坛东亚峰会。

·25 日　35 个缅甸民间团体组织在缅甸仰光举行规模最大的一次集会，以支持缅甸宪法的修改。

·27 日　日本自卫队统合幕僚长岩崎茂在缅甸内比都与缅甸国防军

总司令敏昂莱会面，这是二战后日本军方最高级别官员首次访问缅甸。

6 月

·5 日 缅甸外交部部长吴温纳貌伦会见赴缅访问的韩国外长尹炳世，并共同签署两国双边投资促进与保障协定。

·6 日 缅甸宪法修改执行委员会以多票否决了修改目前缅甸宪法中限制反对派领袖昂山素季当选总统的条例。

·22 日 缅甸骠国时代 3 个古遗址在第 38 届世界遗产委员会大会上被列为世界文化遗产，这是缅甸第一次获得世界遗产项目。

7 月

·1—4 日 缅甸第二大城市曼德勒连续发生严重的宗教暴力冲突，当局宣布自 3 日起连续两晚实施宵禁。

·8 日 缅甸总统吴登盛就曼德勒暴力冲突事件发表《告全国同胞书》。

·10 日 缅甸《团结周刊》5 名记者因报道某军事设施正在生产化学武器，以“违反 1923 年国家机密法案”被判处 10 年徒刑。

·25—29 日 缅甸全国民族武装拉咱峰会举行，共有缅甸国内 16 个民族武装组织最高级别负责人参加会议。

8 月

·8—10 日 第 47 届东盟外长系列会议在缅甸内比都召开，2015 年建成东盟共同体和“后 2015 年东盟愿景”是本届会议的焦点。

·9—10 日 美国国务卿克里对缅甸进行正式访问，出席第 21 届东盟地区论坛。

·18 日 缅甸联邦和平委员会、少数民族武装的全国停火协商会以及各政党代表在仰光首次就和平进程问题举行三方会谈。

·31 日 缅甸投资委员会对 2013 年 1 月 31 日公布的禁止和限制外商投资的领域作出重大调整。

9 月

·1 日 缅甸开始实行电子签证制度，向包括美国、英国、中国在内的 41 个国家开放。

·23—25 日　缅甸首次在美国纽约举行主题为“缅甸：亚洲最后的处女地”的缅甸投资推广商务论坛。

·28 日　缅甸全国民主联盟在成立 26 周年仪式上发表声明，表示团结各民族建立联邦制度、修改 2008 年宪法是当前的两大任务。

10 月

·1 日　为期三天的东盟文化展在缅甸仰光国家剧场开幕。

·7 日　缅甸政府宣布特赦 3073 名囚犯，包括 1 名政治犯和多名前军事情报人员以及 58 名外国人。

·9 日　缅甸总统吴登盛与赴缅访问的泰国总理巴育在缅甸内比都举行会谈，并共同出席泰缅 3 对连体姊妹城市意向书的签署。

·16—17 日　缅甸总统吴登盛出席在意大利米兰举行的第 10 届亚欧首脑会议。

·31 日　缅甸总统吴登盛在内比都与反对派领袖昂山素季举行缅甸结束军人政权统治后的首次高层会谈，商讨国家政治改革进程。

11 月

·12—13 日　东亚领导人系列峰会在缅甸内比都开幕，本次系列峰会包括东盟领导人会议、中国—东盟领导人会议（10＋1）、东盟与中日韩领导人会议（10＋3）和东亚峰会（10＋8）等。

·18 日　缅甸议会以“时间仓促”为由拒绝修宪，排除了在 2015 年全国议会选举之前修宪的可能性。

·19 日　缅甸政府军炮击克钦军校，造成来自多支少数民族地方武装的 23 名受训学员死亡，16 名重伤。

·24 日　缅甸联邦议会批准缅甸加入亚洲基础设施投资银行。

12 月

·19—20 日　缅甸总统吴登盛出席在泰国曼谷举行的大湄公河次区域经济合作第五次领导人会议。

·23 日　缅甸财政部与两家日本公司签署协议，正式建立仰光证券交易所，该协议是缅甸签署的首个证券交易协议。

·27 日　仰光举行“城市发展委员会”委员选举，这是缅甸 60 多年来首次直接投票选举地方官员。

·29 日　联合国大会通过决议，呼吁缅甸政府承认罗兴亚人为缅甸民族之一并保障其权益。

2014 年柬埔寨大事记

刘亚萍[①]

1 月

·3—6 日　柬埔寨金边市加华工业园区发生防暴警察与罢工抗议者之间的暴力冲突，截至 6 日，共有 4 人死亡 26 人受伤。

3 月

·3 日　柬埔寨人民党和救国党联合委员会举行新一轮磋商。双方决定改善选民登记、改善选举机制和改善选举机构，并同意制定《政党资金法》。

·3 日　柬埔寨第 16 届民族文化节在四臂湾会议厅举行，洪森总理出席开幕式并致词。

·16 日　柬埔寨拉那烈亲王举办特别大会，正式宣告踏入政坛。新党将命名为“君主主义人民社会党”。

·18 日　柬埔寨人民党与救国党进行了谈判，双方同意制定柬埔寨前所未有的村长选举制。

·18—22 日　金边市菩森芷区宗周分区 Dewhirst 成衣厂公司 700 多名工人举行了罢工活动。

·21 日　柬埔寨人权组织开展一项旨在推动政府解决国内土地纠纷问题的运动。来自全国 17 省市的 105 社区，约 1 万 1 千户家庭正长年饱受土地纠纷困扰，涉及的土地面积超过 2 万 6 千 500 公顷，其中部分纠纷已超过 10 年未解决。

·25—28 日　欧洲议会主席维尔纳·朗根率领欧洲议会代表团一行对柬埔寨进行为期 4 天访问活动。

---

① 广西大学中国—东盟研究院柬埔寨研究所所长。合作者：聂祝兰，广西大学商学院硕士研究生。

4 月

·**3 日**　柬埔寨金边市的两家工厂，先后共有 118 名工人陆续晕倒随即被送到三家医院救治。

·**3 日**　柬埔寨国会审议并通过《柬埔寨—越南投资促进和保护协议》修正补充议定书。旨在完善相关的条款，为柬越投资贸易创造更好的环境。

·**4 日**　中国银联国际与柬埔寨湄江银行共同在柬埔寨发行了首张银联白金 IC 信用卡。

·**4—5 日**　柬埔寨洪森总理率领代表团出席在越南举行的第 2 届大湄公河委员会高峰会。

·**9 日**　柬埔寨第 5 届国会第二次会议召开。反对党救国党 55 名议员缺席，继续抵制国会会议。

·**22 日**　柬埔寨农林渔业部制定新政策。将全面停止出口活牛，旨在保证欧债粮食安全，从而促进牲畜生产业迅速发展。

·**23 日**　柬埔寨劳工部和国际劳工组织（ILO）召开关于制定工人基本工资计算方案的研讨会，旨在为工人上调薪金确定机制。

5 月

·**10—11 日**　柬埔寨洪森总理率领代表团出席在缅甸首都内比都举行的第 24 届东盟峰会。

·**12 日**　柬埔寨国家警察总署总监涅沙文指出，今年前 5 个月，柬埔寨共发生 842 起罢工和示威活动。

·**13 日**　商业部发布的统计报告称，2014 年 1 月至 3 月，柬埔寨橡胶出口达 1 万 9040 吨，与去年同期出口 1 万 5020 吨相比增长 27%。但橡胶出口收入总额仅为 3770 万美元，比去年同期收入总额 4100 万美元相比下降 8%。

·**15 日**　2014 年泰国国际商品展在金边市钻石岛会展中心开幕，190 家公司在展会的 210 展位上参展各式各样的商品。

·**18 日**　柬埔寨第 2 届首都、省、市、县、区理事会非普选投票活动举行。本届选举共有 3324 名理事，其中首都和省的理事 393 名，市、县、区理事为 2931 名。结果显示，在 25 省（首都）理事会的 393 个理事席位中，柬埔寨人民党赢得 306 席（77.86%），救国党赢得 86 席（21.88%），奉辛比克党赢得 1 席（0.25%）。

·19 日 柬埔寨稻米联盟正式成立。将为支持政府促进该国稻米行业稳健及快步发展起到积极的推动作用。

·20 日 柬埔寨国会审议通过了《东盟关于海关协定》、《东盟争端解决机制议定书》和《东盟特权与豁免协议》，正式完成这三项协定生效的国内法律程序。

·31 日—6 月 8 日 第 2 届柬埔寨国际电影节隆重举行，柬埔寨国王西哈莫尼将出席主持开幕式，来自 20 多个国家和地区的电影业著名人士将出席活动。

6 月

·1—20 日 泰国政府通过各个边关口岸遣返在泰国非法务工的柬埔寨劳工回国的人数已超过 22 万人。22 万人中，女性 8 万 1626 人，未成年人为 1 万 7541 人。

·2 日 柬埔寨商业部部长孙占托在加拿大会见了加拿大国际贸易部长兼亚太门户事务部部长爱德华·法斯特，双方就有关加强经贸合作关系进行友好会谈。

·10—12 日 2014 年柬埔寨—马来西亚服务业展览会在金边钻石岛会展中心举行，吸引了马来西亚约 100 家企业参展。

·21 日 柬埔寨商业部发布统计数据，今年前 5 个月，商业部共签发了 1086 张新营业执照，同比增长 54.32%。

·23—25 日 越南国防部国防情报总局局长刘德挥率团对柬埔寨进行工作访问，旨在加强双方合作关系。

·25 日 柬埔寨大众银行与日本理索纳控股旗下理索纳银行在柬埔寨金边举行合作备忘录签署仪式。

·28 日 柬埔寨人民党在党中央总部举行建党 63 周年（1951 年 6 月 28 日—2014 年 6 月 28 日）庆典。

7 月

·8 日 柬埔寨知识分子与学生联盟在越南驻柬埔寨大使馆举行示威活动，要求越南驻柬大使馆发言人收回“下柬是越南领土，而不是 1949

年法国划给越南”的言论，并向柬埔寨人民作出公开道歉。

·10 日　越南驻柬埔寨大使馆指责在大使馆外示威的柬埔寨知识分子联盟组织，乃侵犯越南主权和干涉越南内政。

·12 日　泰国宣布禁止进口柬埔寨玉米。

·16 日　柬埔寨内政部长苏庆和劳工部长毅森兴联合签署的政府通令。各公司、企业所聘请的外国职工和技术员，必须办理劳工证、劳工登记册和有效期限护照签证等合法手续。

·22 日　柬埔寨执政党人民党与反对党救国党的双方高层领导在参议院进行谈判。双方共同签署了《柬埔寨人民党与救国党政治解决协议》，打破了双边长达近一年的政治分歧。

·24 日　信息和通信技术联盟在柬埔寨成立，旨在推动柬埔寨进入数字时代。

·25 日　“柬泰跨境铁路桥”正式开工建设，以把柬埔寨和泰国铁路连接起来。

·28 日　柬埔寨国会召开特别会议。批准反对党救国党主席沈良西享有第 5 届国会议员的资格。

·31 日　柬埔寨第 3 届高棉音乐节在柬埔寨金边市钻石岛会展中心圆满落幕。副总理兼总理府部长宋安、文化艺术部长彭萨格娜、旅游部长唐坤等了闭幕式。

8 月

·4—5 日　柬埔寨举行高考，全国 25 个省市中设有 154 考点，考室共有 3779 间，考生则有 9 万 3456 人。

·13 日　第 13 届亚太广播发展机构（AIBD）理事大会开幕式在柬埔寨金边五洲大酒店举行。

·21 日　第二十八次东盟海上运输工作组会议在柬埔寨暹粒开幕。会议就加强东盟海上运输合作、东盟交通发展蓝图—文莱行动计划等事宜进行讨论。

·25—26 日　柬埔寨青年与文化发展相关的研讨会在柬埔寨金边市四臂湾办事厅举办。目的是为 2015 年文化部举办的“全国青年艺术大会”做好准备。

·28 日　柬埔寨稻米银行（Cambodian Rice Bank）正式成立，该银行允许农户、米商或碾米厂以稻米作为抵押品，向该银行贷款。

·29日 柬埔寨教育部于公布高考成绩，9万3456名考生中，有2万3126名及格，及格率为25.72%，成为柬埔寨近30年高考成绩第三差。

9月

·3日 柬埔寨国务部长兼商业部部长孙占托在柬埔寨金边会见美国驻柬埔寨大使威廉。

·3日 柬埔寨旅游部部长唐坤在旅游部会见俄罗斯驻柬埔寨大使梅德·茨维特科夫。

·13—17日 柬埔寨国会主席韩桑林亲王将率领国会高级代表团，出席在老挝万象举行的第35届东盟议会联盟大会（AIPA），并对老挝进行正式友好访问。

·16—19日 柬埔寨洪森总理出席了在中国广西壮族自治区南宁市举办的第11届中国—东盟博览会。

10月

·3日 柬埔寨跆拳道选手沈秀妹在韩国仁川举行的亚运会上，击败来自乌兹别克斯坦、菲律宾和伊朗选手，夺下金牌，实现了柬埔寨亚运会金牌零的突破。

·12日 柬埔寨大约一千名工人在民主广场集会，并向美国大使馆、欧盟大使馆和国会大厦游行和提交《请愿书》，呼吁给予柬埔寨工人合理工资待遇，即2015年工资上调到150美元。

·13—14日 柬埔寨第二次高考如期举行，全国超过6万8000名考生分别在117个考区的2752个考场进行第二次高考。

·15—18日 第9届柬埔寨进出口暨一省一品展览在柬埔寨金边钻石岛会展中心举行。此次展览会旨在促进柬经贸和投资发展，加快柬出口增长速度，进一步加强在经贸领域的交流与合作。

·24日 中国、柬埔寨、新加坡等在内21个首批意向创始成员国的财长和授权代表在北京人民大会堂签约，共同决定成立亚洲基础设施投资银行。

·20—30日 由柬埔寨政府、劳、资三方成立的工作组对工人基本薪资进行了调查和研究。在调整工人基本薪资未达成一致时各方决定以秘密投票方式决定结果。最终政府建议 121 美元和资方 110 美元的票数相等（9 票），工会建议的 140 美元只有 7 票，另外 2 票弃权。

11 月

·4 日　柬埔寨财经部与柬埔寨研究发展学院（CDRI）在财经部签署《政策研究发展与能力建设合作谅解备忘录》。

·5—7 日　柬埔寨传统龙舟比赛经过三天的激烈角逐后圆满结束。今年龙舟比赛有 248 支龙舟队，龙舟手共有 1 万 7062 人。

·9 日　柬埔寨国家领导人，外国驻柬使节、参议员、国会议员、政府官员、武装部队、学生、民众代表将聚集在独立纪念碑广场庆祝庆祝柬埔寨独立 61 周年。

·10—11 日　柬埔寨洪森总理出席在北京召开的第十三次亚太经合组织峰会。

·12 日　柬埔寨洪森总理在缅甸内比都会见了联合国秘书长潘基文。双方就解决审红特别法庭工作人员的工资问题进行协商。

·12—13 日　亚洲开发银行代表团分别在柬埔寨暹粒和磅通两省进行视察，并拨出 5110 万美元，用于落实洞里萨湖周边 5 个省份的农业扶贫项目（TSSD）。

·12—14 日　第 25 届东盟峰会系列领导人会议期间，洪森总理在缅甸首都内比都分别会晤了日本首相安倍晋三、澳大利亚总理阿博特，就促进双边合作关系的措施交换意见。

·13 日　第 4 届临沧边境经济贸易交易会在镇康县南伞镇落下帷幕，本届边交会总交易额 7.8 亿元。其中外贸 2.2 亿元，内贸 5.6 亿元。

·19—20 日　2014 年世界大米会议（World Rice Conference）在柬埔寨首都金边的索菲特酒店召开。柬埔寨隆都花香米获得“世界最好大米”的殊荣，也是柬埔寨香米连续第三年获评“世界最好大米”。

·20 日　欧盟在柬埔寨首都金边宣布，承诺在 2014 年至 2018 年 5 年间向柬埔寨提供 14 亿欧元（约合 18 亿美元）的援助。

12 月

·18 日　柬埔寨电力公司与美国通用电气公司（General Electric）在美国驻柬埔寨大使馆签署电力能源合作协议。

·23—24 日　越国家主席张晋创对柬埔寨进行国事访问。双方就深化柬越友好全面合作关系，加强两国在政治、安全、经贸等领域的有效措施及共同关心的国际和地区问题交换了意见。

·24 日　柬泰联合边界委员会第十次会议在柬埔寨金边举行。双方就维护两国边境和平稳定、边境人民的友好往来、促进共同发展等事项进行讨论并达成五项共识。

2014 年印度尼西亚大事记

刘主光①

1 月

·12 日　印尼原矿出口禁令正式生效，以保护自然资源，同时增加矿产品出口附加值，促进矿产品加工中下游产业发展，创造更多的就业机会。

·25 日　印尼发生 6.1 级地震，震中距离首都雅加达 330 公里。

2 月

·13 日　印尼东爪哇省克鲁德火山大规模喷发，造成 2 人死亡，超过 10 万人被疏散，5 座机场被迫关闭。

3 月

·1 日　第二届东亚国家合作促进巴勒斯坦发展会议在雅加达召开，伊朗会长到访。印尼继续在国际事务中发挥建设性作用，呼吁和平解决乌克兰危机。

·4 日　印尼房地产领涨东南亚市场。

·5 日　印尼成为戴尔（Dell）10 个主要新兴市场之一

·7 日　韩国与印尼签署 100 亿美元货币互换协议。

·13 日　印尼贸易部签订锡产品出口条例，规定将所有锡锭出口纳入统一交易平台，即通过印尼大宗商品和衍生品交易所（ICDX）进行交

① 广西大学中国—东盟研究院印度尼西亚所副所长。合作者：艾雨婷，广西大学商学院硕士研究生。

易和出口管理。

·14 日　印尼政府将限制外资对拥有 10—19 人、投资额不超过 5 亿盾（约 5 万美元）的小型企业所有权。

·19 日　第四届雅加达国际防务对话会举行，提出“构建海上合作”针对越来越紧张的南海局势。

·27 日　印尼政府与矿企就重启铜出口达成协议，批准年出口额接近 40 亿美元的铜出口最早于 4 月份重启。

·28 日　印尼毛棕榈油 4 月份进口关税将调高到 13.5%，高于本月的 10.5%。

4 月

·3 日　印尼向南海岛屿派苏 30 战机和 4 架“阿帕奇”，宣称这是实现雅加达“最小的必要军力”的一部分。

·23 日　印尼片面取消投资协定：下令兴建炼厂，立法强迫外资矿商出售股权给当地投资者。

·25 日　印尼司令穆尔多科称要加强军力应对“南海不测”。

·27 日　世界银行专家克里斯托巴尔表示，印尼 75% 人靠 5 万盾生活，40% 印尼人民仍贫困。风险管理重要，因为印尼仍面临包括自然灾害在内的各种风险。

·30 日　印尼对儿童玩具实施印尼国家标准（SNI），即凡市场流通的儿童玩具，无论是自产还是进口，产品标准须符合 SNI，否则将强制从市场收回或禁止进口。

5 月

·1 日　印尼大型工业电力基价上调 8.6% 至 13.3%。

·2 日　印尼政府放宽外资限制，开放制药行业、电厂项目和广告行业。

·5 日　印尼政府限制外国投资本国石油服务行业，以保护国内企业。

·8 日　印尼政府规定，外国业者投资印尼旅游业可持 100% 股权。

·10 日　印尼与缅甸签署互免签证协议。

·23 日　苏西诺总统访问菲律宾，在印菲双边会面中讨论了 4 项策略，即限定海事边界，贸易投资、经济合作、救灾工作及庇护劳工事宜，并与菲签订“海洋边界协定”。

·24 日 印尼国家银行获得亚洲银行家杂志评比的“印尼最佳贸易融资奖”。

6 月

·4 日 印尼和澳大利亚元首在巴淡举行会晤。

·5 日 印尼启动投资额为 16 亿美元的 sarulla 地热项目，这将是世界上最大的地热发电站。

·7 日 印尼从欧盟和澳洲获得 10 亿美元用于在 2010—2016 年支持国内教育事业。

·7 日 “巴独”组织司令被击毙。

·7 日 日本和印尼交通部举行交通运输的合作会议，提出发展“高铁”以克服在市区发生的交通堵塞。

·14 日 总统发布了一个有关政府保护儿童不受性侵犯的条例。

·12—15 日 雅加达国际建材博览会在雅加达国际会议中心举行。

·25 日 印尼商业部规定，从当日起凡进口货物必须附上印尼文标识。

·28 日 印尼政府禁止通过手机短信提供的金融服务。

·28 日 印尼政府规定所有在港口进行交易的人，必须使用盾币作为工具。

·28 日 印尼海关将装卸与出港时间由 6.2 天变为 4 天，使装卸费用削减达 36% 左右。

·30 日 雅加达西区市政府通过社会局呼吁民众不要向乞丐施舍，否则最高将被处以 2 千万盾的罚款或 60 天有期徒刑。

7 月

·4 日 西加省举行哀悼活动，警惕日本军国复活。

·5 日 美国一公司提交印尼矿出口限制的国际制裁。

·12 日 美国 MCC 赠送 6 亿美元用于发展印尼经济，加强扶贫工作。

·12 日 人协、国会、地方代表理事会和地方议会法令通过，肃贪委审查国会议员不再需要总统的许可。

· 12 日　印尼决定向巴勒斯坦提供 100 万美元援助，协助减轻以色列对巴勒斯坦造成的损失。

· 19 日　数十名跨宗教领袖和社区领袖在雅加达独立宣言纪念碑前呼吁各方在总统大选过后实现和解与和平。

· 19 日　政府限制外资银行的设立，以及为他们转成股份有限公司形式和为外资成分设上限时间。

· 22 日　大选结果揭晓，佐科·维多多以 53.15% 的票数当选印尼第七任总统。

8 月

· 3 日　亚奥理事会代表团访问雅加达，进一步考察城市的承办能力。

· 4 日　金融服务管理局与存款担保机构（LPS）合作监督银行业签署关于银行业监督协调与合作的谅解备忘录协议书。

· 9 日　在进行全面评估后，亚奥理事会宣布雅加达已经为 2018 年亚运会做好准备。

· 13 日　最高法院决定对国内初级产品课以 10% 增值税，将提高其出口。

· 15 日　苏西诺总统 15 日发表最后一次国情咨文演说，寄语下届政府继续把民主和司法改革作为首选任务，坚持反贪腐。

· 17 日　印尼国庆日，上午于雅加达独立宫举行全国性国庆纪念活动。

· 19 日　澳洲与印尼恢复情报和军事合作，结束两国去年年底因澳洲监控风波而产生的嫌隙。

· 21 日　宪法法院于晚 9 时对总统选举纠纷案作出裁决，佐科—卡拉正式当选总统副总统。

· 29 日　苏西诺总统会见出席文明联合国联盟第六次全球论坛的联合国秘书长潘基文时强调，全球共同打击极端主义，不宽容和歧视态度成为当务之急。

· 30 日　国油最后决定不再削减补贴燃油供应。

9 月

· 3 日　苏西诺总统与新加坡总理李显龙共同见证印新两国签订《海域划界条约》签署仪式。

· 6 日　政府最终决定对目前已到期的税务优惠条例再延长一年，期望吸引外国投资。

· 6 日　全国人权委员会支持修订 1974 年第 1 号婚姻法令，即把不同宗教信仰的婚姻自由化。

· 13 日　移民局：双亲为两国的孩子必须注册双国籍信息，否则不予享受国民注册系统。

· 27 日　印尼地方首长选举法令草案表决通过。

10 月

· 4 日　印尼银行颁布信用卡新条例：交易时不必签名。

· 4 日　总统拒绝国会通过的由地方议会选举的地方首长法令。

· 11 日　东帝汶总理称，该国脱离印尼共和国 15 年，有可能重回印尼怀抱。

· 11 日　韩国外长称将继续扩大韩国企在印尼投资。

· 18 日　总统接见海洋边界规划技术组。

· 18 日　佐科登上时代杂志封面人物被评为印尼民主改革的新希望。

· 20 日　佐科发表就职典礼演讲。

11 月

· 1 日　执政党联盟成立“对阵国会”以反抗反对党联盟。

· 3 日　政府从本月起将向每一贫户提供每月 20 万盾的补偿资金。

· 8 日　印尼—新加坡陆军在马吉冷联合军演。

· 8 日　印尼和安哥拉政府签署能源合作协议。

· 8 日　大亚奇山体滑坡。12000 居民面临断粮。

· 15 日　辉煌印尼联盟与红白联盟达成协议，国会每个委员会将增加一位副主席。

· 15 日　印尼伊斯兰教理事会同意内务部长对有关宗教的修改，允许除六大宗教以外的人不填写宗教信仰那一列。

·15 日　政府将于明年公开招聘公务人员。

·8—16 日　佐科总统首次出国访问，期间将出席三大国际会议。亚太经合组织领导人非正式会议、东盟峰会、G—20 领导人峰会。

·18 日　日惹多个大学生组织展开示威活动，抗议政府提升燃油价格。燃警局，烧伤警长。

·22 日　签署亚投行备忘录。

12 月

·6 日　印尼政府规定四种投资许可证可免费申请。

·6 日　总统取消外劳工作证。

·13 日　印尼央行发布新条例，银行间汇款低于 1 亿盾不得使用即时支付结算系统。

·27 日　印尼政府规定一亿盾以上交易额从 2015 年开始须附纳税人编号。

·29 日　亚航 QZ8501 从泗水飞往新加坡途中失事。

2014 年老挝大事记

李好①

1 月

·2 日　国民议会要求政府建立国家救灾基金，从每年财政年度的预算中分配 100 亿基普，引进有效的预警系统。

·15 日　在万象举行的政府月度会议上，政府内阁成员讨论了一系列关于国家发展基础设施建设和加强对外合作关系的解决方案。

·18 日　新进修改的劳动法允许 12 岁的青少年参加工作，根据法律，低于 18 岁的青少年将得到特殊待遇。

·28 日　老挝政府宣布收紧燃料免关税进口，包括燃料在内的只有必要的开发项目才可以允许免关税进口.

·31 日　老挝法制国家发展蓝图支撑项目倡议会在老挝首都万象举

---

① 广西大学中国—东盟研究院老挝研究所所长。合作者：潘小芳，广西大学商学院硕士研究生。

行，在会上，联合国发展署与欧盟、法国、美国等老挝的合作伙伴为老挝的法律行业提供价值 390 万美元的资金及人员方面的援助。

2 月

·15 日 老挝国民大学在万象组织了首次科学政策交流议会，旨在促进科学工作者、研究人员和政策制定者之间的联系，提高决策效率。

·13 日 老挝国内目前设立的 10 个经济特区已吸引 100 多家企业投资，总投资金额超 10 亿美元。

·17 日 来自亚洲和太平洋地区的成员国，在万象建立可持续发展的通信网络教育的全球伙伴关系，目的是开发程序，普及通信，共享信息资源，同时提高教师的技能。

·19 日 老挝政府出台了加强木材管理政策，包括禁止木材未成品出口，杜绝财政税收流失。

·22 日 国际金融公司、世界银行集团和老挝国家工商业联合会在万象举行了一次工作小组会议，目的是开发老挝的水电资源，确保其商业可行性和环境可持续性。

·25 日 信息、文化、旅游产业各部门的高级官员和技术人员在万象开会讨论五年发展规划（2016—2020），计划草案目前完成了将近 50%。

3 月

·20 日 银联国际与老挝最大商业银行—老挝外贸银行（BCEL）在万象签署合作协议，启动老挝的银联卡芯片化迁移，并加深发卡及网上支付等领域的合作。

·20—21 日 在万象举行的政府月度会议原则上通过了总理提出的有关厉行节约反对奢侈浪费的草案。

·26 日 老挝首都万象最大的综合市场通坎康市场发生的最具破坏性的火灾，市场内所有摊位及商品全部被烧毁。造成的损失金额高达 1100 亿基普（约合 1375 万美元）。

4 月

·8 日 老挝通信频率监测中心项目移交仪式在万象举行，这是老挝首个使用现代科学技术的通信频率监测中心，为老挝政府加强无线电管理做出贡献。

· 21 日　老挝总理通邢在万象举行的“政府总理与老挝全国工商联合会年会”上提出，人力资源贫乏及交通运输落后是阻碍老挝贸易投资的首要因素。

5 月

· 12—16 日　老挝国会在万象举办以“打击毒品威胁”为主题的东盟议会大会调查委员会（AIFOCOM），委员会成员是东盟联盟会议会员及观察国。会议主旨是促进 2015 年东盟“无毒品化”。

· 17 日　老挝空军 74TK300 在该国东北部坠毁，16 人身亡，飞机上的人员包括老挝副总理兼国防部长当斋·皮芝和他的妻子、老党中央宣传教育委员会负责人振·颂汶坎、老挝公安部部长通班·森阿蓬、首都万象市市长苏坎·玛哈拉等。当时飞机正飞往川圹省参加老挝人民解放军第二军区 55 周年庆典。

· 17 日　老挝与国际原子能机构（IAEA）签订了第一个国家计划框架。

· 20 日　老挝人民革命党中央政治局委员、党中央纪委主任、国家反腐办主任本通·吉玛尼在关于贯彻财产公示制度的宣讲会议上表示，老挝政府审计部门决定将严格公务员入职或任职前财产公示制度，以遏制腐败行为。

· 22 日　沙耶武里省为保护树林大规模关闭木材加工厂，仅发放少量木材经营配额许可。

6 月

· 1 日　老挝政府启用官方网站 www. laogov. gov. la。

· 3 日　老挝中央银行宣布暂停审批成立新商业银行，并将对国内现有银行发展情况进行评估和审查。

· 6—13 日　第 32 届东盟能源高管会议在琅勃拉邦省举行，会议主题为东盟能源发展合作，老挝提倡电力系统互联，提高能源使用效率。

· 14 日　风暴席卷老挝南部占巴塞省造成 2300 万美元经济损失，大约有 259 公顷的橡胶种植园受损。

·14 日　老挝央行正在起草“外汇管理法”以提升本币使用率。

·16—19 日　国民议会准备会提出，政府报告使用 GNI 指标将比 GDP 指标更能反映国家经济地位及贫困状况。

·18 日　石缸平原遗迹拟申请世界文化遗产，遗址内现存的大石头罐子的平均年龄大约是 2000 年。

7 月

·8 日　财政部向国会提议降低政府收入计划、削减开支，增加政府债券发售数量，并允许政府赤字由 5% 上升到 5.8% 等。

·8 日　老挝第 7 届国会举行第七次会议，审议通过了两位新任政府副总理及内阁成员，会议任命邦·布达那冯为政府副总理，潘坎·维帕万为政府副总理兼教育体育部部长。

·14 日　老挝政府已经禁止煤炭出口，以保证国内需求。

·15 日　46 所教育机构 2013—2014 年被勒令暂停开设本科及以上课程。

·21 日　老挝国会日前审议通过了关于反洗钱和遏制恐怖分子资金渠道的法律草案，这项法律分 7 章共 72 条。

·30—31 日　老挝举行国家河流流域论坛，主题为提升流域综合管理的现代化水平。

·31 日　在每月的政府例会上，政府批准 6 个首相法令促经济增长，法令内容包括批准通过网络管理法令，授予外国人公民荣誉、彻查政府投资项目等。

8 月

·7 日　第 7 届东亚植物多样性保护论坛（EAPVP）在万象召开，由老挝农林部副部长、日本农林部部长、植物新品种保护国际联盟副秘书长共同主持。

·21 日　老挝政府成立禁毒基金，主要用于打击毒品滥用及走私。

·25 日　老挝副总理兼外长西苏里在东盟 47 周年暨老挝加入东盟 17 周年纪念上发表了《东盟，一个联合的共同体》为主题的演讲。

·28 日　老挝政府成立了全国社会保障基金，允许个人和个体户加入社会保障体系。

9 月

·1 日　老挝国家经济研究所发布报告《合约式农业对老挝贫困和环境的影响》，该报告通过四个案例研究合约式农业给老挝带来的正面及负面影响。

·5 日　世界经济论坛《2014 全球竞争力排名报告》，老挝综合得分 3.91 分，排名第 93 位。

·8 日　继 9 月 5 日阿速坡省官员推出 Phoukanghong 山雪花石膏开采项目，并与 48 家企业签订备忘录后，8 日，总理通辛下达了停止项目调研的禁令。

·8 日　237 号总理法令：政府为孕妇及 5 岁以下孩童提供免费医疗。

·11 日　第 8 届东盟教育部长会议在老挝首都万象举行，老挝政府副总理、教育与体育部部长潘坎·维帕万致辞。该会议旨在确定东盟未来的教育发展方向及其愿景。

·13 日　老挝最受尊崇的寺庙之——玉佛寺进行第三次翻修，第一、二次翻修发生在 1816 年和 1936 年，此次翻修估计耗费 300 万美元，预计 2015 年底完工。

·17 日　亚行及经济学人智库推出新的创造性生产力指数，在 24 个经济体中老挝排名第 9 位，居东盟国家之首。

·16—20 日　在老挝万象召开的 35 届东盟议会联盟（AIPA）大会，东盟议会联盟成员国代表团以及中、日、韩等观察员国家代表团出席。会议主题为“加强议会合作　建设东盟共同体”。

·23 日　第 32 届东盟能源部长会议在老挝万象举行，来自东盟各国的能源部长以及中、日、韩等国代表团参加了本次会议。

·26 日　川圹省政府采取相关管制措施后，未经授权的金矿开采被叫停，非法淘金时代结束.

10 月

·1 日　老挝社会保障系统（SSS）已经面向公众开放，涵盖医疗，工商事故，疾病和残疾，退休，死亡和失业等 8 个保障项目。

·2 日　老挝时隔 30 年后重开驻伦敦大使馆。

·5 日　老挝警察在万象塞塔尼区 Tanmixay 村突袭逮捕出售巨量毒品

的两男三女，缴获 104 公斤安他非命，33 公斤安替比林，2 公斤黄色粉末，5 辆车，1140 克黄金，8700 万基普及 20 万泰铢。

· 6 日　符合东盟经济一体化进程及千年发展目标的所有报告均获内阁批准，2014—2015 政府工作重点为 6 个行动计划，包含农村发展、减贫、为爆炸物清除、国防安全与外交事务及国际联系、琅勃拉邦受灾援助等内容。

· 8 日　为避免国家遭受重大经济危机，2014—2015 政府削弱投资项目资助减少了 4 成。

· 13—19 日　老挝第 13 届工艺品在万象国际贸易展览和会议中心召开，有 500 个展位展出纺织品。

· 22 日　欧盟宣布 2014—2015 年资助 6000 万欧元老挝，将优先用于基础教育、可持续农业、营养与食品安全和 UXO 清除、政府管理、人权和法治。

· 24 日　受泰国强硬的新劳工政策影响，7600 多名老挝工人被迫回国。

· 27 日　联合国常驻协调员卡里纳在万象庆祝联合国 69 周年时重申联合国承诺，继续支持老挝摆脱最不发达国家行列。

· 28 日　老挝旅游基础设施包容性增长项目获亚行支持，亚行为大湄公河次区域项目提供 4000 万美元贷款。

11 月

· 15—19 日　第 15 届老挝国际商品贸易博览会在老挝万象国际会展中心举行。

· 20 日　欧盟 90 万欧元资助老挝全民健康保险覆盖，世界卫生组织与欧盟联手启动三年期健康项目，该项目名为“卫生筹资改善问责制与国家健康保险分支机构职能”，目前在万象与琅勃拉邦实施。

· 23 日　老交所年底将推出新交易系统，股票买卖将由集合竞价转为连续竞价。

· 25 日　第 8 届柬、老、越（CLV）三角区领导人峰会于老挝万象举行，三国领导人就加快落实《三角开发区总规划》的实施等进行探讨。

· 25 日　亚行（ADB）批准 210 万美元贷款资助老挝畜牧业商品化进程，老挝北部小牲畜商品化项目在北部华潘、南塔、琅勃拉邦、川圹四省实施。

12 月

·2 日　老挝 39 周年国庆，国家主席朱马里·赛雅贡带领党中央委员会、政府领导及官员参加已故革命领袖和士兵纪念仪式。

·10 日　老挝首届国际旅游文化节在位于老挝波乔省境内的金三角特区开幕，由老挝中央政府文化部、商务部主办。

·9—26 日　老挝国民大会召开第八次例行会议，主要探讨了法律起草和修正，包括外币管理法，移民法，酒精饮料管理控制，防止对妇女和儿童的暴力行为。

·22 日　老挝政府决定提高最低工资标准，从每月 626000 基普上升为 900000 基普。

2014 年马来西亚大事记

李秋梅[①]

1 月

·7 日　马来西亚圣经公会主席李明春对雪州宗教局坚称依据标准作业程序（SOP），登门搜查并扣押马来文与伊班文版圣经，并要求归还被扣押的圣经。

·27 日　前加影州议员李景杰向雪州议长辞去州议员一职，以制造补选让国会反对党领袖安华上阵，为其出任雪州大臣铺路。

2 月

·3 日　马来西亚选举委员会宣布，砂拉越万年烟州议席补选提名日将落在 3 月 17 日，投票日是 3 月 29 日，竞选期 12 天。

3 月

·8 日　马航 370 从吉隆坡飞往北京并与地面失去联系，马来西亚航

① 广西大学中国—东盟研究院马来西亚研究所研究生助理。合作者：罗远平，广西大学商学院硕士研究生。

空公司与当局连同中国、新加坡、澳大利亚、菲律宾、越南等国家立即展开了紧急救援活动。

·8 日　安华被上诉院判处 5 年有期徒刑，失去补选的竞选资格，改由其妻子旺阿兹莎取代上阵，对垒国阵候选人周美芬，并以 5379 多张票数击败了周美芬。

4 月

·2 日　丹州欲实施伊斯兰教刑事法，遭到各方面的反对，高调反对落实伊斯兰教刑事法的原任主席符芳侨被撤换，马国政党斗争日益激烈。

·6 日　继今年 4 月中国女游客被掳后，沙巴东海岸今早再发生一宗绑架案，接二连三发生武装分子入侵及绑架事件，严重影响该州旅游业及商业活动。

·17 日　74 岁的民主行动党强人卡巴星因车祸去世，槟州首长林冠英宣布，将日落洞沿海的一段 800 米道路，命名为“卡巴星道”，以彰“日落洞之虎”对推动马来西亚民主运动以及司法界的贡献。

·21 日　马来西亚 21 个华团及社团组织发表联署声明，强调坚决反对伊斯兰党要在国会提呈私人法案，欲在吉兰丹落实伊斯兰教刑事法，并扩大伊斯兰法庭的宣判权限。

·26—28 日　奥巴马访马，与纳吉布总理会晤、与马来西亚民间团体领袖会见，讨论马来西亚的人权问题，见证马美公司签署总值 20 亿美元（约 65 亿林吉特）的商业交易谅解备忘录。

5 月

·4 日　在马华淡马鲁区会的号召以及淡属华人社团的响应下，约 500 名华裔民众走上街头，反对伊斯兰党拟提呈国会落实伊斯兰教刑事法私人法案。

·21 日　中马即将迎来建交 40 周年，中国向马来西亚借出两只大熊猫，并于 21 日上午抵达吉隆坡国际机场，开始 10 年的旅居马来西亚生活。

·27 日—6 月 1 日　纳吉布总理 5 月 27 日抵达中国展开为期 6 天的官方访问，并庆祝马中建交 40 周年纪念，在马中建交 40 周年庆典上签署联合公报。

6 月

·10 日　国内贸易、合作社及消费部长拿督哈山马力决定即时取消私人码头的海上加油执照，以及吊销任何与集团串谋走私汽油和柴油油站业者的执照，并在案件调查和结案前，暂由油公司接管，以免人民面对断油的困境。

·19 日　云数贸打着其注册的传销公司 CDTUP 的旗帜做宣传，马来西亚已援用 1993 年直销及反金字塔计划（2010 年修正）法令针对云数贸及 CDTUP 国际私人有限公司展开调查。

7 月

·10 日　2015 年预算案公布，预测明年经济增长 5% 至 6%，私人领域增长放缓，财政平衡持续。

·17 日　马来西亚一架执行从阿姆斯特丹飞往吉隆坡任务的客机 MH17 航班，在乌克兰靠近俄罗斯边界坠毁。

8 月

·4 日　新山关卡过路费调高，本地多个行业首当其冲，在新收费实施的首个周末，业者便发现顾客群锐减 50%，大大打击了本地商家的生意。

9 月

·10 日　马来西亚小六评估考试发生严重泄题事件，马来西亚考试局把原定 9 月 11 日进行的科学考试延后至 9 月 30 日，而已考过的英文科则必须重考，估计约有 50 万名考生受影响。

·23 日　雪州的供水问题以及其他事故，让卡立和民联内部逐渐产生矛盾。公正党要求卡立辞职并开除其州议员职务，皇室介入调停历经数月，卡立终于愿意下台，并由阿兹敏接下雪州大臣一职。

·30 日　高科技盗提提款机案件雪球越滚越大，已有马来西亚三家银行总共 15 间分行遭盗提，总损失超过 390 万林吉特。

10 月

·8 日 马来西亚连年亏损的国营航空公司马航将出现史上第一位外籍首席执行员，负责未来五年重组计划，马航最大股东国库控股已经同意这名人选。

·17 日 马来西亚以 187 票，被选为 2015 年至 2016 年联合国安全理事会非常任理事国之一。

·22 日 马来西亚向中国购买 30 列轻轨列车，用于吉隆坡安邦线。

·25 日 西马六州的华校董事联合会，前天致函董总主席叶新田要求召开特别代表大会，以撤除署理主席邹寿汉的职务。彭亨及登嘉楼董联会昨天则表明没必要召开特大，使得董总内部形成“倒邹”与“挺邹”两大阵营，加剧内部分裂。

·26 日 马大学生理事会宣布将于 27 日晚上 9 时在校内举办“鸡奸案审前的最后一场演说”，邀请安华主讲“王者回归，从学生领袖到黑牢岁月”，令校方大为不满。

11 月

·5 日 金马伦山区过度开发，引发山洪暴发，造成 3 死 5 伤惨剧；洪灾影响甘榜巴鲁及巴登威利 47 个家庭共 203 名居民，有 20 间住家受影响，另外 20 辆车受损。

·6 日 马来西亚航空公司特别股东大会通过马航国有化议案。

·7 日 废除煽动法令学生会（GANYANG）如期展开“占领马大”行动，包括抗议马来亚大学校方对 8 名马大生采取纪律行动。

·11 日 世界羽联正式发文告宣布，马来西亚世界排名第一的羽球员李宗伟因为违反反兴奋剂规定，将被暂时禁赛。

12 月

·1 日 实施油价“管理式浮动机制”，取消对 RON95 和柴油津贴，让燃油价格随市价自由浮动。

·2 日 泰国代总理巴育访问马来西亚，与纳吉布总理重启与泰南武装组织和平谈判的协议并探讨进一步合作以稳定天然橡胶价格。

·28 日 连续降雨导致马来西亚遭遇近 45 年来最严重水灾，截至目前已有逾21.6万名灾民被安置在数百个救援中心。据初步估计，这次水灾带来的经济损失将达41亿林吉特（约合11.73亿美元）。

·29日　截至12月29日为止，共有27万2千人注册成为消费税商家，每天平均有7千人注册。

2014年菲律宾大事记

缪慧星①

1月

·7日　联合国粮食农业组织（FAO）完成在台风“海燕”影响地区农用物资的分发工作。

·16日　副总统比奈表示政府未来两年将为“海燕”台风受灾民众建盖6万套住房。

·29日　菲律宾政府军与反政府武装“摩洛伊斯兰自由斗士”在南部发生多起冲突，已致41人死亡。

2月

·8日　菲律宾国家电网公司完成遭到台风海燕破坏的输电缆的维修工程。

3月

·3日　菲出口发展委员会催促港务局尽快实施政策或政令缓解马尼拉港口超负荷运营和大马尼拉区内交通拥堵的状况。

·6日　菲律宾军方宣布将在乌卢甘湾海军基地投入5亿比索开建一个海港。

·11日　菲律宾外交部召见中国驻菲律宾外交人员，就中国海警9日在仁爱礁水域驱赶菲律宾船只事件表达措辞强硬的抗议。

·22日　菲律宾共产党及其武装组织“新人民军”领导人、菲共主席贝尼托·蒂亚姆松被菲军警逮捕。

---

① 广西大学中国—东盟研究院菲律宾所所长。合作者：王新元，广西大学中国—东盟研究院研究生助理。

·27 日　财政部表示 2014 年 1 月份的预算赤字，同比增长 75% 至 342 亿比索。1 月政府收入增长了 8% 至 1488 亿比索。税务局收入增长了 10%，至 1042 亿比索。

4 月

·11 日　菲律宾和美国结束关于加强两国军事合作的第八轮会谈，双方就扩大美国在菲军事存在协议草案的诸多关键性问题达成共识，菲律宾将允许更多美军轮流驻菲。

·15 日　财政部称政府二月份的预算赤字达到 97 亿比索，同比降低 17%，财政收入在二月份攀升了 7%，达到 1203 亿比索。菲律宾税务局表示 3 月份税收收入为 821.8 亿比索，同比增长 9.82%。

·23 日　马尼拉市长埃斯特拉达率代表向香港受害者及家属致歉，随后香港特区政府取消对菲律宾的制裁。

·28 日　美国总统奥巴马正式访问菲律宾，与菲律宾总统会谈并重点讨论双边战略伙伴关系，美国与菲律宾正式签署为期 10 年的强化防务合作协议。

·30 日　保险公司 FWD 集团在比索菲律宾投资十三亿比索，成为保险法典修改后首家获得十年经营执照的外国公司。

5 月

·5—16 日　美菲两国为期两周的大规模联合军事演习“肩并肩 2014”联合军演举行。

·6 日　菲律宾海警人员在南沙群岛半月礁附近海域拦截并抓扣一艘中国渔船“琼琼海 09063”及船上 11 名中国渔民。

·15 日　菲律宾总统阿基诺就菲律宾海警船射杀一名中国台湾渔民事件正式道歉。

·17 日　亚洲开发银行和日本政府将为公私营合作伙伴关系（PPP）项目提供 200 万美元的技术援助。

·17 日　菲律宾官方表示将花十亿比索的菲武装部队现代化资金在苏密建造一个新的海军行动基地

·26 日　菲律宾“猪肉桶”资金贪污弊案嫌犯、女商人纳布礼斯 26 日向菲国司法部提交书面证词，指证 12 名现任参议员、8 名前参议员以及 100 名现任及卸任众议员涉案。

·29 日　菲律宾 2014 年第一季度 GDP 增长 5.7%，低于去年同期 7.7% 的增幅，也低于上一季度 6.3% 的增幅。

6 月

·3 日　总部位于荷兰海牙的国际仲裁庭求中国在 12 月 15 日以前，对菲律宾发起的南海仲裁案提交答辩诉状。

·9 日　国营石油公司勘探公司（PNOC－EC）为首的一个财团在巴拉湾西海岸外发现石油，估计有多达六亿七千六百万桶的可采石油以及高达九亿七千七百万桶的潜在储量。

·11 日　菲律宾总统府发言人表示希望所有联合国海洋法公约（UNCLOS）的签约国都会支持菲律宾要求中国遵守该公约的呼吁。

·11 日　菲律宾官方发布数据显示，2014 年 4 月份菲律宾失业率为 7.0%，较去年同期略有下降。近半数（49.8%）的失业者为 15 岁至 24 岁，30.5% 的失业者为 25 岁到 34 岁。

·18 日　三名因涉及“猪肉桶”资金贪污丑闻而被当局起诉的菲律宾参议员向警方表达自动投案意愿，希望免遭警方抓捕。

·24 日　菲律宾总统阿基诺三世访问日本，与日本首相安倍晋三进行首脑会晤，两人同意加强战略伙伴关系以及地区安全合作，阿基诺表示支持日本解禁集体自卫权。

·26 日　菲律宾与美国举行“海上战备训练（CARAT）2014”联合演习。

·30 日　菲律宾央行报告，2014 年 5 月份，菲律宾国内流动性增长了 28.4% 至 6.94 万亿比索。

7 月

·1 日　政府的支出加速方案（DAP）被最高法院裁定违宪。

·4 日　外交部部长德尔·罗萨里奥访问河内，与越南外交部部长范平明会谈，菲律宾与越南表示考虑将双边关系推进到更高层次，建立战略伙伴关系。

·14 日　菲律宾总统阿基诺面向全国发表讲话，“支出加速方案”（DAP）违宪一案辩护，要求最高法院的大法官修改先前的裁决。

·16 日 世界银行表示承诺给予菲律宾四十二亿美元的优惠贷款，用于菲律宾在受到风灾及叛乱组织的破坏后的复原。

·18 日 菲律宾外交部部长德尔·罗萨里奥和泰国外交部部长西哈萨在马尼拉举行双边会议，探讨了泰国当前局势并一同呼吁和平解决南中国海的争端。

·19 日 菲律宾总统府就支出加速方案裁决提上诉，要求大理院重新审议有关支出加速方案（DAP）违宪的决定。

·20 日 菲律宾遭台风“威马逊”袭击造成 94 人丧生，近 90 万人受灾，估计财产损失 73 亿 3373 万 288 比索。

·21 日 访问马尼拉的日本经济产业相茂木敏充与菲工商部长多明戈会谈后签署了联合声明，表示将要深化两国合作。

·25 日 菲 5 月份进口下降 9.6%，连续 6 个月呈增长态势后首次出现下降，中国仍是菲律宾最大进口来源地。

·27 日 菲律宾人口突破一亿。

·28 日 阿基诺发表其任内第五次国情咨文，演讲主打悲情和政绩并哽咽誓续改革，当天 1.7 万抗议者在国民议会外与警方爆发冲突。

8 月

·5 日 菲律宾法院以偷猎罪对 12 名去年被捕的中国渔民判刑，船长被判囚 12 年，其余获刑 6 至 12 年不等。每人罚金 10 万美元，渔船充公。

·11 日 众院对总统弹劾控诉正式启动。

·18 日 “摩洛国基本法”草案呈交总统府。

·25 日 数万市民参加在马尼拉市黎刹公园和全国其他地区的集会，以推动人民创制权签名运动，寻求废除政治分肥以及国家预算案中拨给立法者的一笔过拨款的方案。

9 月

·2 日 菲律宾参议院司法委员会驳回 3 项弹劾总统的动议。

·2 日 菲律宾统计管理局报告，第二季度菲律宾 GDP 增长 6.4%。

·3 日 世界经济论坛（WEF）报公布 2014—2015 年全球竞争力报告，菲律宾排名第 52，成为过去 4 年竞争力进步最多的经济体。

·25 日　比奈与近 300 名重要政治领袖和盟友公告联合爱国联盟（UNA）将成为一个政党，作为副总统比奈在 2016 年竞选总统的传播媒介的信息。

·25 日　菲律宾“拉蒙·阿尔卡拉斯”号巡逻舰在菲律宾西南部的巴拉湾海域与日本海上自卫队“旗风”号导弹驱逐舰举行交汇演习。

·30 日　菲律宾外交部部长德尔·罗萨里奥在联合国大会抨击中国在南海区域实行扩张主义，并侵犯邻国权益。

10 月

·9 日　前马卡蒂副市长指控副总统比奈拥有大型庄园。

·11 日　美国海军陆战队一等兵约瑟夫·斯科特·彭伯顿在菲律宾北部城市奥隆阿波一家酒店杀死 26 岁的菲律宾变性人杰弗里·劳德。

·14 日　菲律宾央行已经与日本央行签署双方第三个双边货币互换协议，使货币互换金额增加一倍。

·21 日　菲律宾连续第三个月实现对外贸易顺差，9 月份顺差为 9800 万美元。

11 月

·7 日　菲律宾 10 月份通胀率放慢到 4.3%，前十个月菲律宾平均通胀率为 4.3%。

·10 日　8 月份对菲律宾的外国直接投资同比增长超过一倍，达 2.99 亿美元，但教 7 月份的 4.36 亿美元大幅下降。

·16 日　众议院能源委员会通过一项联合决议案，授予总统阿基诺“紧急权力”以解决电力危机。

·17 日　国防部宣布 230 亿比索军购计划。

·24 日　菲律宾巴拉湾省地方法院“判决”今年 5 月份在中国南沙群岛半月礁海域遭菲方抓扣的 9 名中国渔民犯有所谓“偷渔”以及“捕捞濒危物种”罪，并对每位中国渔民判处高额罚金。

12 月

·1 日　参议院开始听证菲律宾及美国之间的强化防务合作协议（EDCA）。

·8 日　菲律宾正式任亚太经合组织主席国，2015 年的主题为“建立全面性经济、建立一个更好的世界”。

·12 日　阿基诺提出与韩国达成“全面战略伙伴关系”的计划，菲律宾向韩国购买 12 架战斗机，并从韩国获得 5 亿美元优惠贷款。

·15 日　10 月份菲律宾海外劳工向国内汇款 17.77 亿美元，同比增长 6.2%，创下月度新高。

·17 日　摩洛伊斯兰解放阵线宣布成立政党，将要参加 2016 年选举。

·18 日　欧盟批准菲律宾零关税出口申请，六千二百多种出口产品将获益。

·31 日　台风“蔷薇”袭击菲律宾，造成 59 人死亡，上万人撤离家园。

2014 年新加坡大事记

何政①

1 月

·23 日　新加坡外交部部长尚穆根提出公共秩序临时法案所赋予的执法权力并非针对印度籍同胞。

·25 日　新加坡研究员陆浩扬获推选为新加坡人民党助理秘书长。

2 月

·11 日　新加坡航展正式开幕，展出规模再创历届新高。

·12 日　新加坡推出建国一代配套，以协助建国前辈减轻医药费负担。

·22 日　新一轮跨太平洋战略经济伙伴协定（TPP）部长级会议开幕。

·26—27 日　第二十次东盟经济部长非正式会议在新加坡召开。

①　广西大学中国—东盟研究院新加坡研究所研究助理。

3 月

·20 日　陈庆炎总统正式批准拨款法案，2014 财政年的财政预算案正式生效。

·27 日　新加坡南洋理工大学李光前医学院斥资 2.5 亿新元重点研究人口迅速老龄化过程中的四类高发疾病。

4 月

·2 日　总统陈庆炎博士前往菲律宾进行四天国事访问。

·9 日　新加坡政府推出了一项总值为 1 亿新元的知识产权融资计划，以协助新加坡企业通过所持有的知识产权来获得银行的融资。

5 月

·4 日　新加坡总统陈庆炎前往葡萄牙首都里斯本进行三天国事访问，之后续程到瑞士苏黎世展开五天国事访问。

·7 日　涉嫌辱骂人民行动党涂鸦组屋顶楼的外墙的五名 17 岁少年被逮捕，并控上法庭。

·12 日　新加坡颁发军事卓越功绩服务勋章给文莱皇家空军司令瓦迪（Haji Wardi）准将，以表扬他在促进两国空军关系上所做出的贡献。

·20 日　新一轮 TPP 部长级谈判在新加坡开幕，并于 5 月 20 日落幕。

6 月

·7 日　新加坡芳林公园爆发大规模集会，抗议政府的公积金养老制度。

·16 日　新加坡总统陈庆炎对澳大利亚进行访问。

·28 日　新加坡体育城开幕，草地质量引风波。

·30 日　终身健保独立检讨委员会的完整报告出炉，建议将这目前属自愿式的重病保险计划，提升为全民终身受保保险，保障所有国人的大笔医疗开销。

7 月

·4 日　反对党革新党前党员欧斯曼与林年进主办的就“李显龙总理是否是领导新加坡的适合人选”集会在芳林公园展开。

8 月

·8 日　财政部发表《新加坡公共部门绩效检讨报告》，显示新加坡政府在缩小国人的贫富收入差距方面取得进展。

9 月

·1 日　新加坡推出建国一代配套，以协助建国前辈减轻医药费负担。

·3 日　新加坡与印尼就两国海域边界划清在新加坡总统府签署条约。

·27 日　在芳林公园集会发生“还我公积金”风波。

10 月

·1 日　新马关卡新柔长堤的过路费涨价，从柔佛州到新加坡工作的马国居民受影响。

·10 日　新加坡政府正式启动打造智慧型国家的计划。

·13 日　新加坡和土耳其之间的自由贸易协定谈判取得进展，而且接近完成。两国同意将加速完成《土耳其—新加坡自由贸易协定》的谈判。

11 月

·6 日　森林商业中心黑店风波事件点燃公众怒火。

·12—13 日　李显龙在缅甸内比都出席第 25 届亚细安峰会。

12 月

·5 日　新加坡正式签署联合国武器贸易条约。

·7 日　人民行动党秘书长的李显龙总理就下届大选在该党的干部大会及 60 周年大会上作动员。

· 17 日　新加坡推出一站式知识产权注册平台。

2014 年泰国大事记

岳桂宁[①]

1 月

· 6 日　曼谷素万那普国际机场成立机场首家 OTOP 专卖店，英拉出席并主持 OTOP 专卖店开幕仪式。

· 9 日　泰国僧伽委颁行新规，禁僧侣开车或骑摩托车。

· 13 日　数万名反政府示威者发起“封锁曼谷”行动，占领曼谷主要街道。

· 14 日　阿披实曼谷寓所被不明身份者投掷炸弹，袭击未造成伤亡。

· 21 日　泰国副总理差林宣布从 22 日起，在曼谷及其周边地区开始实施为期 60 天的紧急状态法。

2 月

· 2 日　反政府示威人群阻碍泰国国内 10000 个大选投票点开放，导致数百万人无法正常投票。

· 11 日　泰国选举委员会宣布于 4 月 27 日重新在投票受阻的选区进行投票。

· 18 日　政府动用 2.5 万警力对多个曼谷反政府集会地点实施清场行动，致使 1 名警察及 3 名示威者死亡，另有 59 人受伤。

· 25 日　证监会准许外国公司登陆泰国股市，注册上泰证市筹资。

· 27 日　泰国工业园区委员会增设乌隆工业园区和春武里农崖工业园区。

3 月

· 12 日　央行将政策利率下调 25 个基点至 2.00%。

· 18 日　内阁会议解除在曼谷和周围地区实施的紧急状态令，以内

① 广西大学中国—东盟研究院泰国研究所所长。合作者：刘馨元，广西大学中国—东盟研究院泰国研究所研究助理。

部安全法令替之。

·21 日　宪法法院以 6 比 3 的表决结果裁决 2 月初的大选无效，并要求选委会和看守政府商议重新选举的日期。

4 月

·5—11 日　应中国政府邀请，泰国玛哈扎克里·诗琳通公主访问中国。

·21 日　第七次落实《南海各方行为宣言》高官会在泰国举行。

·22 日　中国外交部副部长刘振民与泰国外交部次长西哈萨共同主持了在泰国芭堤雅举办的第 20 次中国—东盟高官磋商会议。

·23 日　有红衫军诗人外号的叻抛地区红衫军领袖卡蒙遭凶徒枪杀。

·24 日　为期 9 天的 2014 年东盟人道主义援助救灾演习在泰北柳府拉开帷幕，中国、泰国、马来西亚等 13 个国家军队及泰国政府和民间救援机构约 1500 余人参演。

5 月

·5 日　当天傍晚泰国北部清莱府潘县发生 6.1 级地震，曼谷、仰光震感明显。

·6 日　2014 年世界大学排名，泰国 3 高校挤进前百。

·7 日　泰国宪法法院公布裁定，英拉滥用职权罪名成立，连带 8 名阁员遭解除职务。

·20 日　泰国军方宣布该国实施全国军事戒严，进驻电视台控制播出。

·22 日　泰国军方领导人在电视直播中宣布从当天起发动军事政变，这是泰国自 1932 年以来发生的第二十次军事政变。

·22—24 日　泰国 LED 博览会在曼谷曼通他尼（IMPACT）会展中心举行，这是亚洲最大 LED 展。

·26 日　陆军总司令巴育接受泰王谕令，出任“全国维持和平秩序委员会”主席。

·30 日　泰国维和委主席巴育通过公共电视频道向全泰民众发表谈话，提出了民主发展进程“三步走”路线图。

6 月

·11 日　泰国与新加坡、马来西亚、印尼、菲律宾、文莱、柬埔寨、老挝、越南、缅甸、中国、印度、澳洲、新西兰、日本、韩国及秘鲁等16 国签订自贸协议。

·23 日　泰国全境解除自 5 月 22 日开始实施的宵禁令。

·30 日　素拉萨升任泰国国防部次长。

7 月

·4 日　缅甸三军总司令敏昂访泰。

·17 日　英拉首获军政府批准出国。

·17 日　泰国外交部代理部长、常务秘书长西哈萨与越南外交部副部长范光荣在泰国曼谷共同主持第四次政治磋商。

·17 日　清迈倡议多边化协议修订稿正式生效。

·22 日　临时宪法经泰王御准生效。

·28 日　香港金管局与泰国央行的跨境外汇交易同步交收联网正式启用。

·28 日　柬埔寨国防部长、新加坡陆总访泰。

·29 日　国家维持稳定委员会高层委员会议批准总投资额为约 2 兆泰铢的国家 8 年交通基础设施战略规划。

8 月

·7 日　泰国军政府的国家立法议会举行就职宣誓。

·13 日　泰国国家维持稳定委员会全体高层委员会议批准 15 部条例草案。

·16—24 日　泰国 2014 年汽车大型展销会在曼谷挽那国际贸易展览中心举行，这是东盟地区最大规模的汽车展销活动。

·19—22 日　东亚—拉丁合作论坛在泰国举行。

·21—25 日　泰国国家立法议会召开会议选举过渡政府总理，全国维持和平秩序委员会主席、陆军司令巴育当选。25 日，国王普密蓬签署谕令，任命巴育为泰国第 29 任总理。

·30 日　巴育批准设立达府夜硕、沙缴府亚兰、哒叻府孔艾、莫打限府城和宋卡沙岛五大经济特区方案。

·31 日 泰王发布谕令，批准巴育提交的过渡政府成员名单，并正式予以任命。

9 月

·11 日 5 名涉嫌 2010 年 4 月 10 日红衫军示威流血事件中的“黑衫军”成员落网。

·14 日 东北部的乌隆他尼府发现估计可供使用 15 年的天然气田。

·15 日 素叻他尼府旅游胜地龟岛两名英国游客遭害身亡。

·15 日 马来西亚武装部队总司令朱基菲里访泰。

·23 日 巴育取消赴美出席联国大会。

·24 日 欧盟及东盟 9 国驻泰大使，分别拜会泰国副总理兼外长塔纳萨上将。

·26 日 公司治理亚洲排名泰国从第三名下跌至第四名。

·26 日 泰国前国防部常务次长威塔瓦上将获提名接任国家监察长。

·27 日 泰国新任交通部长巴金透露，政府已制定出 2015—2022 年未来 8 年的陆上运输发展规划。

·27 日 缅甸政府军与该国克伦族武装在距泰缅边境约 5 公里的地区发生交火，泰国通往缅甸的边界暂时关闭。

·29 日 巴育卸任陆总。

10 月

·1 日 内阁会议决议在未来 3 个月推出 5 项刺激经济短期措施，总计投入预算 3624 亿泰铢。

·1 日 泰国国防部常务次长诗里猜为 116 位军官晋升授衔。

·3 日 2014 年仁川亚运会藤球男子组决赛，泰国 2—0 胜韩国夺得金牌。

·9 日 总理巴育启程出访缅甸，系首次出国访问。

·28 日 泰国内阁会议正式批准 4 条铁路兴建计划，总长度 104.7 公里。

·28—29 日 落实《南海各方行为宣言》第八次高官会在泰国曼谷举行。

· 30—31 日　巴育及夫人出访柬埔寨王国，签署合作发展旅游项目、两国铁路连接计划以及联合打击人口贩卖行为等 3 份协议。

· 31 日　泰国最高行政法院宣布撤销英拉 3500 亿治水案。

11 月

· 2 日　巴育在泰国总理府会晤英国前首相布莱尔。

· 3 日　开泰银行携手东盟 +3 的 9 个国家，35 家合作伙伴银行发表发表“曼谷宣言：东盟 +3 银行业倡议”。

· 6 日　副总理兼国防部长巴逸上将访日。

· 9—11 日　巴育出席在中国北京举办的亚太经济合作组织会议（简称 APEC），期间与美国总统奥巴马会晤。

· 12—13 日　巴育出席在缅甸举行的第 25 届东盟领导人会议，期间分别会晤了梅德韦杰夫、安倍晋三、朴槿惠等国家领导人。

· 16 日　泰国国家银行拟与缅甸、老挝中央银行合作，共同设立换汇机制（BSA）。

· 18 日　泰国政府内阁会议审议并批准了商业部提交的《遗产税条例（草案）》。

· 21 日　美国将大多具有 5000 年历史的 700 多件失窃文物归还泰国。

· 24 日　缅甸联邦议会议长吴端曼访泰。

· 26 日　曼谷举行东南亚地区最大型的一次“地铁与列车科技展览”活动开幕。

12 月

· 1 日　巴育访问马来西亚，达成多项治南共识。

· 8 日　2014—2015 年度全球竞争力报告公布，泰国排名位居第 31 位，较之 2013—2014 年度上升 6 位。

· 10—12 日　巴育对韩国展开正式友好访问，并出席在釜山举行的东盟—南韩行政总裁峰会及东盟—韩国领导人峰会。

· 12 日　泰国王储妃蒙西拉米 · 玛希敦 · 纳阿育他耶交出王储妃头衔。

· 19—20 日　大湄公河次区域经济合作第五次领导人会议在泰国曼

谷香格里拉酒店举行。

·22 日　湄公河六国通过万亿投资计划。

·23 日　曼谷被评为全球游客最爱跨年的城市。

2014 年越南大事记

黄昌贵[①]

1 月

·3 日　越共中央政治局委员、中央书记处常务书记黎鸿英签发关于实施《越南社会主义共和国宪法》的第 32—CT/TW 号指示。

·6 日　国会主席阮生雄在国会总部会见了来访的意大利众议院副议长玛丽娜，双方表示要继续扩大经贸合作关系，特别是扩大两国具有经贸优势领域的合作。

·6 日　越南工贸部和几内亚比绍（Guinea-Bissau）贸易与工业部在越南河内共同签署了贸易与工业合作备忘录。

·7 日　胡志明市市委书记黎青海会见了赴越履新的美国新任驻胡志明市总领事 Rena Elizabeth Bitter。

·7 日　在瑞士日内瓦举行的联合国人权理事会工作组会议通过了越南人权普遍定期审议报告。

·13 日　越南和韩国官员在韩国行政首都世宗签署了农业合作意向书，为两国改善粮食安全的共同努力添一份力。

·17 日　东盟外长非正式会议在缅甸古城蒲甘举行。越南政府副总理兼外交部部长范平明率团出席会议。

·19—23 日　越南政府副总理阮春福率团对韩国进行正式访问并会见了韩国总理郑烘原及与韩国政府各位部长。阮春福副总理重申，越方一向重视与韩国的关系，并将其视为越南外交政策的优先之一，将同韩方一道努力加强两国在经贸、投资、劳务合作等领域的合作。

2 月

·10 日—12 日　应新加坡交通部长吕德耀的邀请，越南交通运输部

---

① 广西大学中国—东盟研究院越南研究所研究生助理。

部长丁罗升对新加坡进行访问，并出席新加坡航展航空领袖峰会、东盟—欧盟航空峰会和新加坡航展。

·**13—16 日**　越南文体旅游部部长黄俊英赴法国进行工作访问，并出席了 2 月 14 日在法国巴黎厦特雷歌剧院举行的“法国越南年”开幕式。

·**18 日**　越南副总理兼外交部部长范平明在越南河内与澳大利亚外长 Julie Bishop 举行会谈，澳大利亚外长肯定澳大利亚新政府继续将越南视为本国在亚洲太平洋地区的主要合作伙伴之一。

·**24 日**　美国总统奥巴马批准了美国和越南《民用核合作协议》。

3 月

·**3 日**　“评估越南—欧盟自由贸易协定对经济、社会与环境产生的影响”研讨会在越南岘港市举行，与会代表一致认为，越南—欧盟自由贸易协定（FTA）得以签署将为越南诸多行业及领域带来巨大利益。

·**10 日**　越南财政部长丁进勇在美国华盛顿与美国财政部长雅各布·卢会谈，重申越方希望尽早结束《跨太平洋伙伴关系协议》（TPP）谈判进程，并强调该协议应确保包括越南和美国在内的各方利益。

·**10—14 日**　越南国会常务委员会第二十六次会议将在越南河内召开，立法工作将成为本次会议的主要议题。

·**11—14 日**　越南出席在比利时首都布鲁塞尔联合举行的“东盟—欧盟安全与防务政策”研讨会。

·**13 日**　国家主席办公厅法律司副司长阮进德公布了国家主席有关越南正式加入国际劳工组织有关《促进职业安全与卫生框架》的第 187 号公约的第 232/2014/QD—CTN 号决定。

·**25 日**　美国国际开发署在越南胡志明市公布了 2014 至 2018 年阶段美国对越国家发展合作战略。

·**31 日**　越南政府副总理武文宁在越南河内会见了正在对越南进行工作访问的世界银行副主席阿克塞尔·冯·托森伯格。

4 月

·**1 日**　以“东盟经济共同体”为主题的通过法律促进东盟一体化第三次研讨会在越南河内举行。

·17 日　越南总理阮晋勇表示政府拿不出足够预算承办亚运会，场馆设施也在亚运会结束后无法可持续利用，没做好准备。

·21 日　越南计划投资部同亚洲开发银行在得乐省帮美蜀市举行越南—老挝—柬埔寨发展三角区合作伙伴论坛。

5 月

·1 日　越财政部举办上半年财政工作小结和下半年任务部署会议，决定今年下半年越南将继续实施从紧财政政策。

·6 日　越南科技部部长阮军与美国驻越南大使大卫·希尔在越南河内正式签署了《越美和平利用核能合作协定》。

·12 日　越南九龙江三角洲地区朝着大米生产—销售环节相连接方向展开大型农田会议在越南胡志明市举行。世界银行代表表示，世行将向越南九龙江三角洲地区水稻行业提供总额为 1.5 亿美元的优惠贷款。

·13 日　越南南部爆发大规模反华排华运动，众多大陆以及台湾在越企业受损。

·15 日　美国总统奥巴马提名泰得·欧斯尤斯（Ted Osius）为美国新任驻越大使。

·18 日　越南政府总理阮晋勇出席 5·18 越南科学技术日发布仪式。

·20—23 日　越韩自由贸易协定第五轮谈判在韩国首都首尔举行，双方在关税、服务、投资经济合作等领域取得进展。

·21—22 日　越总理阮晋勇率领越代表团出席 2014 年世界经济论坛东亚峰会并对菲律宾进行工作访问。

·25 日　越南政府总理签发 195 号决定，将总值为 4.765 万亿越盾（约合 2.27 亿美元）的 2014 年政府债券投入新农村建设。

6 月

·4 日　越南旅游总局海外首个办事处在日本首都东京正式开张。

·5 日　越南总理阮晋勇出席了 2014 年越南企业中期论坛并发表重要讲话，强调越南将继续为各投资商创造最为便利的条件。

·5 日　越南计划投资部发布 2020 年南方重点经济区社会经济发展总体规划及 2030 年远景规划，2020 年九龙江平原重点经济区社会经济发展总体规划和 2030 年远景规划。

·6 日　越南顺化中央医院首次成功为一名越南患者进行人工心脏移植手术。

·7—8 日　越南副外长范光荣出席了在缅甸故都仰光举行的东盟高官会、东盟与中日韩高官会和东亚峰会高官会。

·8 日　越南最长的钢筋混凝土跨河大桥——永盛大桥竣工通车，越南政府总理阮晋勇等中央部委领导共同出席竣工仪式。

·16—17 日　荷兰首相马克·吕特访越，两国共同签署了《越南—荷兰农业和粮食安全战略伙伴关系协议》。

·16 日　2014 年第 21 届世界石油大会在俄罗斯莫斯科克洛库斯国际展览中心举行，俄罗斯国外石油公司总裁亚历山大与越南国家油气集团总经理杜文厚共同签署了《关于在越南大陆架海域富庆盆地 125 号和 126 号石油区块合作研究地质可能性的备忘录》。

·24 日　越南计划投资部举行“越日有关日本政府开发援助资金（ODA）项目预防贪污对话会”，以推出新的有效的防贪措施。

·25 日　越南广治省与老挝沙拉湾省拉莱国际口岸开通仪式在广治省得荣县阿厄乡举行。

·25 日　越南计划与投资部正式公布了越南政府总理今年 1 月份所批准的《北部重点经济区至 2020 年经济社会发展总体规划》。

7 月

·2—3 日　菲律宾外交部部长罗萨里奥对越南进行工作访问，双方就东盟合作与东海问题展开了讨论。

·9 日　越共中央总书记、中央反腐败指导委员会主任阮富仲主持召开中央反腐败指导委员会第五次会议。

·18 日　美国前总统比尔·克林顿以克林顿基金会艾滋病行动计划代表的资格对越南进行访问。

·24 日　越南喷射航空公司（Vietjet Air）正式开通从越南河内飞往韩国首尔的国际直达航线。

8 月

·5 日　越南政府总理阮晋勇签发制定 2016—2020 年经济社会发展计划的指示令，要求力争实现 2016—2020 年 GDP 年均增长 6.5% 至 7%

的目标。

· 8 日 在缅甸内比都举行的第 47 届东盟外长会、东盟与伙伴国外长会、东盟与中日韩外长会、第 21 届东盟地区论坛和第 4 届东亚峰会外长会等一系列会议。

· 12 日 越南多边外交政策会议在越南河内举行，会上越南代表同国际专家就多边外交等方面的经验交换了意见。

· 13 日 越文体部同丹麦驻越大使馆举行研讨会，越表示要积极借鉴国际经验，大力推动文化外交战略构建。

· 14 日 越南政府总理阮晋勇在越南河内会见了正在应邀访问越南的美国三军参谋长联席会议主席马丁 · 登普西大将。

· 11—15 日 越南第 13 届国会常务委员会第三十次会议在越南河内召开，并发表了公报。

· 25—26 日 越外长范平明与对越南进行正式访问的印度外长斯瓦拉吉举行会谈并表示，越赞赏印在石油勘探开采领域继续同越建立长期合作关系政策。

· 25—26 日 欧洲委员会主席若泽 · 曼努埃尔 · 杜朗 · 巴罗佐对越南进行正式访问，越南政府总理阮晋勇同巴罗佐主席共同商讨各项措施来进一步增强越南和欧盟的合作关系。

· 27 日 第 5 届东盟海洋论坛在越南岘港市正式拉开序幕，东盟 10 国代表与会，越南外交部副部长范光荣率团出席。

9 月

· 3 日 世界经济论坛发布了《2014—2015 年全球竞争力报告》，越南排名第 68 位，在东南亚地区排名第六。

· 6 日 第 6 届亚太经合组织人力资源开发部长级会议上午在越南河内举行，越南总理阮晋勇出席会议并发表重要讲话。

· 12 日 越南正式批准了高中毕业考试和高考录取方案，决定从 2015 年起，将高中毕业考试和高考录取合并成一次考试。

· 14 日 印总统普拉纳布 · 慕克吉开始对越进行国事访问。此次访问的主要目的是进一步深化两国战略合作伙伴关系。

· 23 日 世界知识产权组织（WIPO）成员国大会第五十四次会议在瑞士日内瓦召开，会议一致通过越南常驻联合国、世贸组织和其他国际组织代表团团长阮忠诚大使担任 WIPO 协调委员会主席一职。

10 月

·1 日　越共中央总书记阮富仲对韩国进行国事访问，主要目的是全面深化越韩战略合作伙伴关系。

·9 日　越南高层会见了来访的俄罗斯联邦安全委员会副秘书长卢基扬诺夫先生，双方一致认为应加强安全合作。

·13—15 日　越总理阮晋勇对欧洲进行正式访问，主要目的是推动与欧洲各合作伙伴关系全面务实有效发展。

·13 日　越南常驻联合国代表团团长阮芳娥大使在美国纽约联合国总部举办的第 69 届联合国大会裁军及国际安全委员会（第一委员会）一般性辩论上发表讲话，并重申了越方支持全面和彻底裁军，特别是核裁军的一贯立场。

·22 日　第五次越美防务政策对话在越南河内举行，越南国防部副部长和美国国防部主管南亚及东南亚事务副助理出席。

·24 日　越南等亚洲 21 个国家在中国首都北京共同签署亚洲基础设施投资银行（AIIB）设立谅解备忘录（MOU）。

·28 日　越南政府总理阮晋勇访印，在与印总理莫迪会面时，双方就越南军事现代化和印度更多参与越南能源领域等事宜达成协议。

·29 日　越南总理阮晋勇主持召开政府 10 月份例行会议并指出，越南国家公债继续下降，目前处于允许范围。

11 月

·11 日　越南政府总理阮晋勇抵达缅甸首都内比都，出席从 11 月 12—13 日举行的第 25 届东盟峰会及系列会议。

·16 日　越南国会举行信任投票，对 50 名高官进行投票打分，备受腐败指称困扰和关注的总理阮晋勇以 64% 的“高度信任”票过关。

·19 日　在比利时首都布鲁塞尔欧盟总部，越南与欧盟正式签署了《全面合作伙伴框架协议》（PCA）议定书。

·22 日　在马来西亚吉隆坡举行的 2014 年最佳亚洲企业晚会上，越南荣获“亚洲最具投资吸引力国家”奖。

·23—26 日　越共总书记阮富仲访俄，访问结束后双方发表了有关继续加强越俄全面战略伙伴关系的联合声明。

·25 日 国际农发基金总裁和越驻意大利大使签署资助协议，向越南提供 2200 万美元的援助款项，帮助越南实施扶贫计划。

·27 日 泰国总理巴育与夫人及泰国高级代表团对越南进行正式访问。这是巴育上台首次访越。

12 月

·1 日 越举行 2014 年网上购物日启动仪式。该活动是按照阮晋勇关于电子商务发展计划的第 689 号决定展开的。

·3—6 日 受越南政府的批准，由韩国海军少将率领的两艘训练舰已抵达越南胡志明市港，开始对越南进行访问。

·4 日 越向俄洽购的 6 艘基洛级潜舰目前已编列两艘，双方 4 日在圣彼得堡已签署第 3 艘技术交接证书，预定 10 日前抵越。

·8—12 日 越韩进行越韩自由贸易协定新一轮谈判，双方将寻找缩小关税、服务及投资等领域各分歧的措施。

·10 日 美国新任驻越大使特德·奥修斯在美国国务院总部正式宣誓就职，承诺将努力推动深化两国全面伙伴关系。

·10 日 越南国家主席办公厅公布了关于《国会组织法》等 5 项法律和《联合反酷刑公约》等 3 项决议的国家主席令。

2014年东盟大事记

赵　慧[①]

1月

· 13—15日　东盟高级经济官员会议和东盟经济共同体第五次会议在缅甸内比都召开。会议首要议题是建立东盟经济共同体以及政府与私营部门的合作。

· 16—23日　第17届东盟旅游部长级会议（AFT 2014）、东盟与伙伴国旅游部长级会议、东盟旅游论坛、Travex国际旅游博览会等系列会议在马来西亚沙捞越州古晋陆续举行。主题为"东盟各国加大合作　共促旅游业发展"。

· 17日　东盟外长非正式会议在缅甸蒲甘结束。这是缅甸首次作为东盟轮值主席国主持的第一次正式会，会上各方重申"东盟关于解决南海问题六点原则"。

· 17日　东盟防长扩大会（ADMM +）人道主义援助与救灾专家组第三次会议在越南庆和省芽庄市召开。会上举行2014—2016年任期东盟防长扩大会轮值主席国交接仪式，日本和老挝将任下一轮值主席国。

· 22日　东盟—韩国中心秘书长成海文会见东盟秘书长黎良明。

· 23日　印尼新任常驻东盟首席代表拉玛特·帕拉莫诺大使向东盟秘书长黎良明递交委任书。

· 24日　东盟与欧盟共同合作委员会第二十一次会议在东盟秘书处总部举行。

---

①　广西大学中国—东盟研究院研究助理。合作者：黄娴静、温健纯，广西大学中国—东盟研究院硕士研究生。

·24日 日本农林水产省副大臣高森吉泽访问东盟秘书处并会见了东盟秘书长黎良明。

·29日 第二十六次东盟—澳大利亚论坛在澳大利亚堪培拉举行。

2月

·7日 美国太平洋司令部司令、海军上将塞缪尔·洛克利尔访问东盟秘书处总部。

·11—12日 东盟与欧盟航空峰会在新加坡举行。

·15日 东盟驻南非委员会与南非外交部第一副外长易卜拉欣举行工作会谈。

·16日 美国国务卿约翰·克里于东盟秘书处会见了东盟秘书长黎良明。

·17—19日 第5届东盟—日本国防部副部长级会议在日本冲绳举行。会议就“日本与东盟未来国防能力建设方向”主题展开讨论。

·18日 日本与湄公河次区域各国促进公私合作论坛在日本首都东京举行。

·19日 俄罗斯外交部副部长伊戈尔·莫尔古洛夫在莫斯科与东盟各成员国驻俄罗斯大使举行工作会谈。

·25日 东盟—印度商务理事会在马来西亚吉隆坡正式开通东盟—印度电子商务门户网站，以便利东盟各成员国与印度之间的贸易往来。

·26—27日 第二十次东盟经济部长非正式会议在新加坡召开。会议确定2014年优先领域，面向到2015年建成东盟经济共同体计划和结束《区域全面经济伙伴协议》（RCEP）谈判进程。

·28日 东盟妇女俱乐部（AWC）在印尼雅加达召开会议。

3月

·1日 第2届东亚国家合作促进巴勒斯坦发展会议在印尼雅加达举行。

·3日 第十一次东盟国家武装部队首脑非正式会议在缅甸举行。此次会议以“东盟共同体的和平与繁荣”为主题。

·19—20日 第一次东盟防务互动计划（ADIP）在文莱开幕。期间还举行圆桌讨论会，讨论国防安全领域的地区合作。

·21 日　2014 年东盟人民论坛首次在缅甸仰光举行。本次论坛主题为“加强东盟人民团结，面向可持续和平、发展、公平、民主”，将围绕和平、公平、人权与民主化、发展以及东盟有关问题等 5 个议题举行 5 场会议和 35 场研讨会。

·28 日　波兰常驻东盟代表团团长舒莫夫斯基向东盟秘书长黎良明递交委任书。

·31 日　第二十六次东盟—澳大利亚论坛（AAF26）在澳大利亚堪培拉举行。

·31 日　为期 4 天的 2014 年东盟多边海军演习（KOMODO 2014）在印尼廖内省巴淡岛举行。

4 月

·3—4 日　东盟—美国防务论坛在美国夏威夷檀香山召开。这是论坛首次在美国举行，旨在强调东盟在美国亚太再平衡战略中的重要作用。

·5 日　第 18 届东盟财政部长会议在缅甸内比都召开。

·10 日　东盟—加拿大联合协调委员会第二次会议在印尼雅加达举行。东盟秘书处正式开通由加拿大政府支持的“东盟在线”（Asean Online）信息管理网站。

·19 日　第六次东盟—中日韩（10 + 3）文化部长会议在越南顺化举行。

·24 日　东海国际研讨会在缅甸仰光举行。会议主题为“东盟航行面临的挑战：东海争议解决展望”。

5 月

·3 日　东盟与中日韩（ASEAN + 3）财政部长级会议在哈萨克斯坦阿斯坦纳召开。

·7 日　东盟航空官员在缅甸仰光召开会议。这是为期四天的第二十九届东盟航空运输高级官员会议活动之一。

·9 日　东盟高官会议（SOM）在缅甸内比都举行。

·10—11 日　第 24 届东盟峰会在缅甸内比都召开。本届峰会主题是“团结起来，迈向和平与繁荣的共同体”。

·19—21 日　第 8 届东盟国防部长会议在缅甸内比都举行。

·21—22 日　第 15 届东盟新闻小组委员会会议在柬埔寨金边召开。

·24 日　东盟与韩国联合合作委员会（JCC）第一次会议在东盟协会秘书处总部举行。

·26 日　东盟—澳大利亚互联互通研讨会在新加坡举行。

·29—30 日　东盟与日本关于打击网络犯罪对话会和东盟与日本关于打击恐怖对话会在新加坡召开。

·31 日　东盟各成员国驻法国大使馆在埃松省里奥朗吉市 Champrosac 娱乐中心联合举行东盟家庭日活动。

6 月

·2—5 日　东盟高级经济官员代表团对加拿大进行访问。

·3 日　第二十三次东盟海关总署署长会议在越南林同省大叻市召开。本次会议题为“东盟共同体海关新程序”。

·3 日　东盟高级交通官员会议在缅甸内比都举行。议题包括东盟单一航空市场、单一海运市场、升级版区域高速公路网络和昆明—新加坡铁路等。

·5 日　东盟妇女俱乐部（AWC）在印尼雅加达东盟秘书处总部举行东盟美食博览会。

·5 日　东盟粮食储备保障委员会第三十四次会议在老挝万象举行。

·7—9 日　东盟高级官员会议（SOM）、东盟与中日韩高级官员会议（SOM ASEAN +3）、东亚峰会（EAS）高级官员会议、东盟地区论坛高管会议相继在缅甸仰光召开。

·9—10 日　第二十七次东盟美国对话会在缅甸仰光召开。

·9 日　联合国亚洲及太平洋经济社会委员会行政秘书阿克塔尔女士礼节性拜访了东盟秘书长黎良明。

·12 日　第 12 届东盟新闻部长会议和第 3 届东盟—中日韩（10 +3）新闻部长会议在缅甸内比都举行。下一届会议将于 2016 年在菲律宾召开。

·18—19 日　第 18 届东盟与韩国对话会在韩国釜山举行。

·22 日　东盟各成员国常驻联合国使团在美国纽约 Alley Pond 娱乐公园举行 2014 年“东盟家庭日”活动。

7 月

·2 日　第十一次东盟—加拿大对话会在新加坡举行。会后发表加强双方在政治安全、文化社会和经济等三大支柱合作伙伴关系的联合声明。

·22—23 日　第 20 届东盟—欧盟外长会议（AEMM—20）在比利时首都布鲁塞尔举行。会议主题为“面向和平、稳定与繁荣的东盟—欧盟战略合作关系”。

·23 日　第七次东盟—日本联合合作委员会会议（AJJCC）在印尼雅加达召开。

8 月

·5 日　加拿大外交部部长约翰·贝尔德访问东盟秘书处。

·8 日　关于东盟与澳大利亚建立对话伙伴关系的座谈会在澳大利亚珀斯市举行。会议主题为“东盟—澳大利亚建交 40 周年—今后的机遇”。

·8—10 日　第 47 届东盟外长会议（AMM—47）、第 21 届东盟地区论坛外长会议、东盟与对话伙伴国会议（PMC）、中国—东盟（10+1）外长会议、第 15 届东盟与中日韩会议（APT—15）、第 4 届东亚峰会外长会议和第 21 届东盟地区论坛（ARF—21）等一系列东亚合作系列外长会议在缅甸内比都举行。10 日会议发表联合公报。

·25 日　第 46 届东盟经济部长系列会议在缅甸内比都开幕。会议包括中国—东盟（10+1）经贸部长会议、东盟与中日韩（10+3）经贸部长会议、东亚峰会经贸部长会议和区域全面经济伙伴协定部长会议。

·25 日　东盟地区生物多样性保护中心（ACB）督导委员会第十六次会议在老挝万象召开。

·26—28 日　第 25 届东盟环境高级官员会议（ASOEN 25）在老挝万象召开。会议结果将递交第 15 届东盟环境部长非正式会议审议。

·26—28 日　设立东盟区内关于海岛主权争端热线电话的技术研讨会在文莱嘎东举行。

·28 日　第 5 届东盟海事论坛会议（AMF5）和第三届东盟海事论坛扩大会议（EAMF3）在越南岘港召开。

9 月

·8—9 日　2014 年东盟企业家俱乐部论坛在新加坡召开。

·8—13 日　第 9 届东盟教育高级官员会议（SOM－ED9）、第五届东盟加三教育高级官员会议（SOM－ED＋3）、第三届东亚峰会框架内东盟教育高级官员会议（EASSOM－ED）、第八届东盟教育部长会议、第二届东盟加三教育部长会议（APTEMM2）、第二届东亚峰会框架内东盟教育部长会议（EASEMM2）等系列会议相继在老挝万象召开。

·16 日　第 35 届东盟议会联盟大会在老挝万象举行。本次主题为“进一步加强议会合作　加快东盟共同体建设进程”。

·23 日　东盟禁毒合作中心在泰国曼谷正式成立，旨在实现 2015 年“东盟无毒区”的目标。

·24 日　第 8 届东亚能源部长会议在老挝万象开幕。

·24 日　第十四次东盟与中日韩（10＋3）农林业部长会议在缅甸内比都举行。

·30 日　第 4 届东盟—澳大利亚联合合作委员会会议（AAJCC 4）在东盟秘书处总部闭幕。

10 月

·1—2 日　东盟统一化妆品管管理计划国际研讨会在印尼雅加达举行。

·7 日　第 6 届东盟—日本副国防部长级会议在日本横滨市举行。会议聚焦亚太地区航行安全的现况和维护地区航行安全的措施等两大议题。

·8 日　东盟日纪念活动在英国伦敦举行。

·8—12 日　东盟秘书长黎良明应韩国外交部部长尹炳世的邀请对韩国进行访问。访问韩国期间，黎良明秘书长礼节性拜会了韩国总统朴槿惠，并分别会见韩国外交部、贸易工业和能源部、林业部等领导人。

·19—29 日　第 10 届东盟职业技术比赛在越南河内美廷国家会议中心举行。

·21 日　厄瓜多尔驻东盟大使罗德里戈向东盟秘书长黎良明呈递交国书。

·24 日　2014 年第 4 届东盟体育高官会在越南河内召开。

·24 日　南非常驻东盟代表团团长帕卡弥萨·奥古斯丁·福巴大使向东盟秘书长黎良明递交国书。

·29 日　第八次东盟—日本联合合作委员会（AJJCC）会议在雅加达召开。

·29—30 日　东盟全面金融研讨会在缅甸内比都召开。

·30 日　东盟十国驻俄罗斯大使馆在俄罗斯首都莫斯科举行了东盟日活动。此次活动主题为“面向到 2015 年建成东盟共同体”。

·30—31 日　第 15 届东盟环境部长非正式会议暨第十届东盟《防止跨国界烟雾污染协议》缔约国会议在老挝万象举行。

11 月

·3 日　美国新任驻东盟大使贺琪珍在东盟秘书处总部向东盟秘书长黎良明递交委任书。

·10—11 日　亚太经合组织第二十二次领导人非正式会议在北京举行。会议主题为“共建面向未来的亚太伙伴关系”。

·12 日　东盟经济峰会在新加坡举行。峰会主题为“巩固长期增长潜力”。

·12 日　第 25 届东盟领袖会议在缅甸举行。会议期间，东盟各国与中国、日本、韩国、印度等国领袖或政要进行了会晤。

·13 日　第 9 届东亚峰会在缅甸内比都举行。

·18—20 日　第 36 届东盟铁路总经理会议在越南河内开幕。会议主题为“加强东盟互联互通”。

·19 日　东盟各国国防部长与日本防卫大臣江渡聪德在缅甸蒲甘市举行会议。继美国和中国之后，日本是与东盟举行类似会议的第三个国家。

·19 日　马来西亚明年将接任东盟轮值国，其首相拿督斯里纳吉推介 2015 年将采用轮值国新标志，并确定主题为“以人为本的东盟”。

·19—26 日　东盟各成员国议员代表团对澳大利亚进行工作访问。

·21—23 日　东盟大团结活动于在越南河内越南民族旅游文化村举行。本次活动主题为“一个憧憬　一个特性　一个共同体”。

·25 日　2016—2025 年阶段东盟中小型企业（SME）发展战略行动计划公私对话会在柬埔寨暹粒召开。

·27 日　第 20 届东盟交通部长会议（ATM）及其与对话伙伴（中国、日本和韩国）的相关会议在缅甸曼德勒召开。

·28 日　2014 年东盟文艺晚会在印尼驻新加坡大使馆总部举行。东盟各国驻新大使以及各伙伴国驻新大使馆代表等一同参加。

12 月

·2 日　第二次东盟与新西兰联合合作委员会会议（ANZJCC）在东盟秘书处总部举行。

·2 日　东盟秘书长黎良明在总部分别接受克罗地亚、斯洛伐克、保加利亚、瑞士、新西兰等国新任常驻东盟大使的委任书。

·4 日　东盟秘书长黎良明与联合国儿童基金会东亚及太平洋地区办事处主任丹尼尔·图尔签署合作框架协议（FAC），双方就后续五年和未来行动计划以及实现保障儿童权利目标达成一致。

·8—9 日　东盟关于保护消费者合法权益首次会议在越南河内举行。

·10 日　东盟—韩国研讨会在柬埔寨暹粒举行。会议主题为“提高青年与妇女参与中小型企业发展的能力”。

·10—11 日　东盟与经合组织投资政策第二次会议在东盟秘书处总部举行。会议主题为“吸引投资面向区域一体化”。

·11 日　东盟—韩国建立对话关系二十五周年纪念峰会在韩国釜山市举行。峰会主题为“建立信心，营造幸福”，会后发表了《韩国—东盟面向未来联合声明》。会议期间韩国总统朴谨惠分别与老挝、泰国、菲律宾和新加坡首脑举行双边会谈。

·14 日　第 4 届东盟首席法官圆桌会议在越南河内召开。会议主题为“法院在环境保护工作中扮演的角色”。

·15 日　东盟与中日韩卫生部长特别会议在泰国曼谷召开。会议重点讨论并通过了区域合作应对埃博拉疫情联合声明和战略行动框架。

·16—17 日　东盟公私合营伙伴关系（PPP）网络论坛在菲律宾马尼拉举行。

·19—20 日　大湄公河次区域经济合作（GMS）第五次领导人会议在泰国曼谷召开。会上公布关于 2014—2018 年阶段 GMS 区域投资框架实施计划、成立区域电力协调中心（RPCC）等资料。

2014 年广西—东盟合作大事记

秦建文[①]

1 月

· 7 日　广西壮族自治区主席陈武在广西南宁会见新加坡驻华大使罗家良，双方均表示将继续拓展以东盟为重点的开放合作，进一步推进中新两国友好交流。

· 18 日　广西河池市都安县“东盟国际都安商贸物流城”举行奠基典礼。

2 月

· 26 日　老挝驻南宁总领事馆总领事彭·班忠帕妮结束在广西百色市乐业县考察调研，就农业、教育、经贸三方面合作进行深入交流。

3 月

· 10—12 日　中越两国国防部在越南广宁和中国广西举办中越边境国防友好交流活动。

· 17—19 日　马来西亚青运总会总会长沈君伟率领马来西亚青运总会中国文化考察团到桂林访问。

· 18 日　总投资 30 亿元的东盟泛家居产业城项目正式落户广西中国—东盟青年产业园。

· 24 日　中国广西—缅仰光缔结友好省区协议签字仪式在缅甸仰光

① 广西大学商学院教授，广西大学中国—东盟研究院财政金融政策研究中心研究员。合作者：王涛，广西大学商学院博士研究生；黄苇苇、黄邦定，广西大学商学院硕士研究生。

举办。广西壮族自治区党委书记彭清华与仰光省行政长官敏瑞分别在协议上签字。

· **25 日** 广西自治区党委书记彭清华在缅甸内比都会见缅甸总统吴登盛，双方均表示将在多个领域拓展和深化合作。

· **25 日** 中行广西分行成功在广西最大的两大口岸—东兴、凭祥首家挂牌开办越南盾现钞兑换业务。

· **26 日** 中国农行中国（东兴试验区）东盟货币业务中心正式挂牌运行，对外公布人民币对越南盾交易挂牌汇率。

· **26—28 日** 广西壮族自治区党委书记彭清华在老挝进行友好访问，分别与老挝党中央总书记、国家主席朱马里，中央政治局委员、政府总理通邢，中央政治局委员、副总理兼中联部部长通伦等进行会见。双方均表示将发挥区位优势和东盟博览会平台作用，深化务实合作，推进中国（广西）—老挝农作物优良品种试验站建设。

· **27 日** 广西南宁智慧城市与新加坡智慧城市建设交流对接会在南宁举行，新加坡将参与南宁市智慧城市建设，在智能交通、智能教育、智能政府行政等领域进行合作。”

· **30 日** 广西南宁吴圩国际机场开通首条中国南宁—越南河内航线。该条航线是 2014 年广西南宁机场新开的第一条东盟国际航线。

4 月

· **8 日** 广西壮族自治区党委宣传部等部门组织的广西“海上新丝路东盟万里行”大型外宣活动正式启动。

· **9 日** 《广西东兴重点开发开放试验区建设总体规划》获批，广西东兴重点开发开放试验区将创新交通运输和旅游领域合作机制，研究制定自驾车出入境旅游管理办法，开辟赴越南自驾游线路。

· **9 日** 广西南宁吴圩国际机场开通首条中国南宁—柬埔寨暹粒航线。该条航线是 2014 年广西南宁机场新开的第二条东盟国际航线。

· **18—19 日** 2014 年中国—越南太阳能技术对接会在越南胡志明市举行。这是中国—东盟技术转移中心在广西南宁成立以来首次在东盟国家举办的专场技术对接会。

· **25 日** 广西南宁吴圩国际机场开通首条中国南宁—越南岘港航线。该航线将是 2014 年广西南宁机场新开的第三条东盟国际航线。

5 月

·8—12 日　2014 中国—东盟矿物珠宝展在广西南宁国际会展中心开展。

·9—10 日　第五届中国—东盟矿业合作论坛暨推介展示会在广西南宁国际会展中心举行，主题是“建设绿色矿山，促进矿业可持续发展”。

·15 日　第八届泛北部湾经济合作论坛在广西南宁召开，论坛主题为“携手推进泛北合作，共建海上丝绸之路”，并发布了《泛北智库关于携手共建 21 世纪海上丝绸之路的共同倡议》。

·20—21 日　广西壮族自治区主席陈武率团在新加坡会分别会见新加坡贸工部部长林勋强，总理署部长、外交部第二副部长傅海燕，贸工部高级政务部长李奕贤，就本届博览会的安排交换意见。

·20—27 日　广西农业工作组赴老挝进行访问考察，与老挝相关部门就中国（广西）—老挝农作物优良品种试验站项目建设发展问题进行磋商。

·29 日　广西集邮协会东盟集邮分会成立大会在广西南宁国际会展中心举行。

·29 日　第 11 届中国—东盟博览会专业展文化展在广西南宁国际会展中心开展，历时 4 天。

6 月

·1 日　广西东兴市获批开展扩大个人本外币兑换特许业务试点。

·18 日　以“传播文化、互信共融”为主题的“魅力东盟·走入中国”文化之旅活动首站在广西防城港市拉开帷幕。

·20 日　举行“携手狮城、辐射东盟、放眼国际”为主题的新加坡—广西专题论坛，新加坡国际企业发展局中国司副司长冯家强表示新加坡与广西的合作前景广阔。

7 月

·8 日　广西南宁吴圩国际机场开通中国南宁—泰国甲米航线。该航线是广西南宁吴圩国际机场开通的第 3 个泰国直飞航点。

·10 日　2014 中国摄影家汽车拉力摄影东盟 3 国行从广西南宁出发。

·11 日　广西壮族自治区主席陈武会见马来西亚总理对华特使黄家定，双方表示将以中马两国建交 40 周年为契机，加快推进“两国双园”建设。

·23—28 日　泰国黎逸市市长班宗·哥氏吉拉南为团长的泰国黎逸市政府访华团走访广西，就教育、经贸合作等方面展开访问。

8 月

·4 日　广西北部湾联合钢铁投资有限公司向马来西亚的马中关丹产业园投资 14 亿美元建设综合钢铁厂。

·6 日　广西南宁金融资产交易中心获批设立，“区域性跨境人民币业务（广西）”平台初步完成系统搭建，正在开展对接联调测试，将实现广西金融电子结算中心和工行东盟清算中心系统对接，挂牌开展清算（结算）业务。

·18—20 日　广西南宁市承办的 2014 年中国—东盟文化交流年系列活动“文化走亲东盟行”首站在新加坡成功举行。

·21—25 日　广西南宁市承办的 2014 年中国—东盟文化交流年系列活动“文化走亲东盟行”第二站在马来西亚成功举行。

·28 日　广西钦州保税港区二、三期正式通过验收。

9 月

·5—9 日　广西壮族自治区商务厅与老挝工贸部贸易和产品促进司在老挝国际贸易展览与会议中心共同举办“老挝—中国广西交易会”。

·15—19 日　中华人民共和国科技部和广西壮族自治区政府共同主办的第二届中国—东盟技术转移与创新合作大会在广西南宁举行。

·15 日　南宁市长周红波会见新加坡客商、商务代表团，双方均表示希望通过深入交流，促进新加坡与南宁的合作，实现共同发展。

·16 日　首届中国—东盟农业机械发展论坛暨农业循环经济发展论坛在广西南宁举办。

·16 日　中国和东盟国家市长代表出席中国—新加坡经济走廊节点城市市长圆桌会，共同探讨在中国—东盟合作框架下，加强节点城市间合作推动中国—新加坡经济走廊建设。

·16 日　广西壮族自治区主席陈武分别会见柬埔寨首相洪森、泰国副总理他那萨，密切与两国友好往来，进一步加强务实合作。

·16 日　“中国—东盟国际摄影季”在广西南宁国际会展中心举行。该活动包括共建 21 世纪“海上丝绸之路”摄影展、海上丝绸之路文化旅游论坛、中国—东盟国际摄影季颁奖仪式三大部分。

·16—19 日　第 11 届中国—东盟博览会暨商务与投资峰会在广西南宁举办。

·17 日　中行广西区分行推出人民币兑柬埔寨瑞尔现钞汇率业务并发行广西首张面向边民、具有小额授信功能、专用于互市边贸结算的“中银东兴互市边贸专用卡”。

·17 日　首届中国—东盟工商论坛、中国—东盟商界领袖论坛、国际渔业合作论坛在广西南宁举办。

·17 日　广西南宁市市长周红波会见柬埔寨西哈努克省副省长索克·派恩一行，西哈努克省期待与南宁市加大合作发展的力度，携手互惠共赢。

·17 日　广西南宁市人大常委会主任谢寿堂会见马来西亚广西总会会长钟北广先生率领的代表团一行，双方就经贸合作等方面交换了意见。

·17 日　第 4 届中国—东盟环境合作论坛在广西南宁举办。

·18 日　国家互联网信息办公室与广西壮族自治区人民政府共同举办的首届中国—东盟网络空间论坛在广西南宁开幕。

·18 日　第 4 届中国—东盟物流合作论坛在广西南宁成功举办。

·19 日　广西中马钦州产业园区开发有限公司与马来西亚中国银行签订广西首笔 3000 万跨境人民币贷款合同，用于中马钦州产业园区启动区标准厂房（一期）项目建设。

10 月

·7 日　广西壮族自治区党委书记、广西壮族自治区人大常委会主任彭清华分别会见缅甸副总统赛茂康、柬埔寨副首相兼内阁办公厅大臣索安，就农业、文化、教育、旅游、卫生等方面深化合作达成共识。

·9 日　中国农业银行东兴支行、中国银行东兴支行在中越边民互市贸易交易结算中心分别设立跨境贸易人民币结算服务点并“合署办公”。

·14 日　广西南宁市市长周红波会见新任越南驻南宁总领事范清平，双方就进一步加强交流与合作进行了友好交流。

·15—24 日 广西南宁市市长周红波率团出访柬埔寨西哈努克省、老挝占巴塞省和缅甸仰光市，并与柬埔寨西哈努克省省长戚少坤共同签署《南宁市与西哈努克省 2015 年度友好交流计划书》，与老挝占巴塞省省长本通·迪翁塞共同签署《南宁与占巴塞省 2015 年友好交流计划书》。

·17 日 中国广西与柬埔寨暹粒省建立友好区省关系协议书签署仪式在广西南宁举行。广西壮族自治区主席陈武会见暹粒省省长庆文松，并共同签署协议。

·17 日 2014 年第 8 届中国—东盟国际汽车拉力赛暨中国—东盟媒体汽车拉力赛在南宁发车。2104 拉力赛是“中国—东盟文化交流年”100 个中外交流活动唯一的体育项目。

·17 日 中国广西国际青年交流学院举行第三十七期国际青年干部高级研修班开学典礼。本期研修班共招收文莱、柬埔寨、印尼、泰国、马来西亚、新加坡学员共 68 名。

·23 日 2014 中国—东盟（南宁）戏剧周在广西民族文物苑剧场开幕。

·27 日—11 月 1 日 2014 年柬埔寨、印尼中国图书展销会分别在柬埔寨首都金边和印尼首都雅加达举办。广西多家新闻出版单位与两国有关出版、发行单位达成多个图书、期刊版权贸易、出版合作的合同和意向。

·27 日 第 4 届中国—东盟国际口腔医学交流与合作论坛在广西南宁拉开帷幕。

·28 日 广西钦州港开通钦州港—韩国—印尼—泰国—越南外贸集装箱直航航线。

11 月

·5 日 2014 中国—东盟会展事务研修班在广西南宁开班。来自柬埔寨、老挝、马来西亚、缅甸等东盟国家的 20 名学员进行为期两周的培训。

·17 日 越南广宁省芒街市与广西东兴市在越南广宁省下龙市联合举行 2014 年越南—中国边境商贸旅游博览会推荐会。

·21 日 广西凭祥市与越南文朗县签订共建货物专用通道协议。

·26—28 日 中国广西（印尼）商品博览会在印尼雅加达举办。

·27 日 越共中央委员、中央军委常委、人民军总参谋长杜伯会见中国人民解放军广西军区司令员肖运洪少将一行，双方表示，今后两国国防部将开通热线电话和设立更加便利的交流机制，力争建设和平、稳定和发展的越中边界线。

·28 日　广西首批跨境人民币贷款签约仪式在广西南宁举行。3 家境外银行与广西 5 家企业签订了总额为 7.7 亿元跨境人民币贷款协议。

12 月

·2 日　"加快沿边金融综合改革试验区建设"课题调研总结座谈会在广西南宁召开，力将广西打造成为西部地区现代保险服务业发展示范区，推动广西沿边跨境（东盟）保险市场发展。

·11 日　中国—东盟（凭祥）首届水果交易会在广西凭祥市举办。

·18—21 日　广西壮族自治区主席陈武会见泰国副总理比里亚通等政要，就深化广西与泰国友好交往合作广泛交换意见。

·19—20 日　广西壮族自治区主席陈武出席大湄公河次区域经济合作第五次领导人会议。会议通过《2014—2018 年区域投资框架执行计划》。

·20 日　广西壮族自治区主席陈武会见亚洲开发银行行长中尾武彦，双方未来将继续支持互联互通等项目建设，助推广西深度参与大湄公河次区域合作。

·22 日　2014 中越边境（东兴—芒街）商贸·旅游博览会在广西东兴开幕。

·23 日　在 2014 年越中边境商贸—旅游博览会的框架内，越南广宁省芒街市与中国广西壮族自治区东兴市共同签署《建立友好城市关系协定书》。

·23 日　由柬埔寨妇女事务部国务秘书金占伦率领柬埔寨妇女代表团来广西开展为期 7 天的学习交流。

·25 日　中国邮政储蓄银行广西区分行与越南农业与农村发展银行芒街市分行在中越边境口岸城市东兴，签订边贸结算业务合作协议。

·30 日　越南高平省人委会主席阮黄英在越南高平会见广西壮族自治区靖西县县委书记黄小宁一行，双方就贸易、农业、旅游、教育等领域合作达成共识，并就建立县级友好关系展开讨论。

附录 统计资料[①]

① 本附录由广西大学商学院金融学专业硕士研究生文樟梅编纂。

表 1　　2012 年中国与东盟 10 国的国土、人口与经济规模

国别	面积（平方公里）	人口（万）	国内生产总值（亿美元）		人均国内生产总值（美元）	
			总额	按 PPP 计算	总额	按 PPP 计算
文莱	5769	40	169.70	221.51	42445	55405
柬埔寨	181035	1474	144.11	370.83	978	2516
印尼	1860360	24478	8782.23	12168.68	3588	4971
老挝	236800	651	90.83	189.21	1394	2904
马来西亚	330290	2934	3051.54	5010.79	10338	16975
缅甸	676577	6098	525.25	909.07	861	1490
菲律宾	300000	9769	2505.43	4239.25	2565	4339
新加坡	716	531	2766.10	3265.06	52069	61461
泰国	513120	6791	3661.27	6525.98	5391	9609
越南	330958	8877	1416.69	3290.34	1596	3706
东盟	4435624	61643	23113.15	36190.72	3748	5869
中国	9562911	135070	82294.90	145286.94	6093	10756

注：按 PPP 计算的国内生产总值是指按照购买力平价（PPP）率换算成国际美元的国内生产总值。

资料来源：东盟及成员国数据根据 ASEAN Secretariat ASEAN Community in Figures ACIF 2013 编制，中国的相关数据来自世界银行。

表 2　　2005—2012 年东盟 10 国人均国内生产总值（GDP）　　单位：美元

年份	2005	2006	2007	2008	2009	2010	2011	2012
文莱	26569	31452	33191	38621	28454	32063	42439	42445
柬埔寨	453	515	601	827	735	785	882	977
印尼	1295	1636	1910	2245	2362	2988	3497	3578
老挝	511	576	719	882	913	1095	1262	1394
马来西亚	5511	6160	7166	8393	7216	8515	9952	10338
缅甸	198	233	333	436	538	706	869	861
菲律宾	1209	1408	1717	1917	1829	2127	2338	2565
新加坡	29401	33089	38763	39439	37961	45714	51247	52069
泰国	2709	3162	3743	4106	3947	4743	5116	5391

续表

年份	2005	2006	2007	2008	2009	2010	2011	2012
越南	643	732	843	1068	1129	1225	1404	1596
东盟	1641	1942	2294	2631	2591	3139	3586	3745
中国	1731	2069	2651	3414	3749	4433	5447	6093

资料来源：东盟及成员国数据根据 ASEAN Statistical Yearbook 2013 编制，中国数据来自世界银行。

表 3　　2005—2012 年中国与东盟 10 国三次产业结构的变化　　单位：%

国别	农业			工业			服务业		
	2005	2010	2012	2005	2010	2012	2005	2010	2012
文莱	1.3	1.1	1.3	61.2	52.5	51.0	37.5	46.3	47.8
柬埔寨	31	29.4	25.0	28.3	28.6	29.7	40.7	42.0	45.2
印尼	14.5	13.2	12.5	44.1	41.1	40.3	41.4	45.7	47.2
老挝	45	31.6	26.9	29.6	27.7	28.3	25.5	40.7	38.5
马来西亚	8.4	7.7	7.3	44.3	38.6	36.8	47.3	53.8	55.9
缅甸	—	39.9	34.9	—	22.6	27.4	—	37.5	37.7
菲律宾	19.1	11.6	11.1	32.8	32.6	32.0	48.1	55.8	56.9
新加坡	0.1	0.0	0.0	32.6	33.6	32.1	67.3	66.3	67.9
泰国	9	8.3	8.4	46.9	48.7	47.1	44	43.0	44.4
越南	19.6	16.5	15.8	40.2	41.9	41.6	40.3	41.6	42.6
中国	12.1	10.1	10.1	47.4	46.7	45.3	40.5	43.2	44.6

资料来源：东盟国家根据 ASEAN Statistical Yearbook 2012、2013 的数据编制，中国数据来自《2013 中国统计年鉴》。

表 4　　2011 年和 2012 年东盟 10 国农业部门的发展状况　　单位：%

国别	GDP 比重 *		就业比重		出口比重		进口比重	
	2011	2012	2011	2012	2011	2012	2011	2012
文莱	1.1	1.3	—	—	0.04	0.05	16.84	11.95
柬埔寨	28.3	25.0	—	—	2.60	3.00	6.60	6.95
印尼	12.8	12.5	35.9	35.9	15.81	17.13	9.66	8.55
老挝	30.0	26.9	—	—	12.84	18.77	7.21	6.68

续表

国别	GDP 比重 *		就业比重		出口比重		进口比重	
	2011	2012	2011	2012	2011	2012	2011	2012
马来西亚	7. 7	7. 3	11. 5	12. 6	13. 28	12. 02	8. 94	8. 50
缅甸	37. 8	34. 9	—	—	29. 33	35. 35	9. 36	8. 53
菲律宾	11. 5	11. 1	33. 0	32. 3	10. 66	9. 27	10. 74	10. 95
新加坡	0. 0	0. 0	—	—	2. 20	2. 21	3. 48	3. 37
泰国	8. 6	8. 4	40. 5	38. 9	14. 32	14. 02	4. 84	5. 23
越南	16. 2	15. 8	48. 4	—	13. 69	14. 59	4. 53	8. 05

注：“ * ” GDP 比重根据固定价格计算。

资料来源：根据 ASEAN Statistical Yearbook 2013 的数据编制。

表 5　　2011 年和 2012 年东盟 10 国工业部门的发展状况　　单位：%

国别	GDP 比重 *		就业比重		出口比重		进口比重	
	2011	2012	2011	2012	2011	2012	2011	2012
文莱	52. 4	51. 0	—	—	4. 3	5. 5	70. 4	77. 2
柬埔寨	30. 6	29. 7	9. 5 * *	—	97. 3	96. 9	78. 6	75. 9
印尼	40. 7	40. 3	13. 3	13. 9	46. 6	46. 8	65. 5	67. 2
老挝	29. 3	28. 3	—	—	63. 3	68. 1	71. 1	67. 4
马来西亚	37. 5	36. 8	18. 1	17. 5	67. 9	66. 6	77. 8	75. 9
缅甸	24. 3	27. 4	8. 8 * * *	—	34. 3	40. 4	61. 2	66. 9
菲律宾	32. 0	32. 0	8. 3	8. 3	84. 0	86. 0	67. 3	65. 3
新加坡	34. 2	32. 1	14. 6	14. 1	70. 1	71. 0	62. 4	61. 9
泰国	46. 8	47. 1	13. 4	14. 7	79. 6	79. 0	76. 0	75. 2
越南	41. 8	41. 6	13. 8	—	53. 0	73. 4	63. 3	80. 7

注：“ * ” GDP 比重根据固定价格计算；“ * * ” 为 2004 数据；“ * * * ” 为 1996 年数据。

资料来源：根据 ASEAN Statistical Yearbook 2013 的数据编制。

表 6　　1950—2013 年东盟 10 国商品进出口贸易总额　　单位：百万美元

年份	1950	1955	1960	1965	1970	1975	1980
文莱	87	129	100	101	179	1322	5153
柬埔寨	57	86	165	208	93	65	196

续表

年份	1950	1955	1960	1965	1970	1975	1980
印尼	1240	1576	1415	1403	2110	11872	32743
老挝	2	20	20	34	121	57	120
马来西亚	1542	1639	2097	2332	3088	7409	23724
缅甸	230	407	486	472	263	368	834
菲律宾	707	1008	1339	1592	2277	6050	14032
新加坡	2075	2363	2469	2224	4015	13509	43383
泰国	513	673	858	1364	2009	5488	15719
越南	163	332	326	229	381	1331	1652
合计	87	129	100	101	179	1322	5153
年份	1985	1990	1995	2000	2005	2010	2013
文莱	3587	3214	4493	5010	7740	11445	15060
柬埔寨	140	250	2042	3328	7019	11934	22300
印尼	28852	47512	86047	108998	162721	293397	370638
老挝	247	264	900	865	1435	3806	5284
马来西亚	27569	58710	151606	180192	255950	363234	434290
缅甸	592	595	2186	3991	5684	13421	23276
菲律宾	10062	21121	45843	75105	90742	109964	121795
新加坡	49097	113629	242775	272349	429696	662658	783266
泰国	16363	56113	127225	130981	229114	376227	479253
越南	2555	5156	13604	30121	69203	157076	264066
合计	3587	3214	4493	5010	7740	11445	15060

资料来源：根据 WTO Statistics Database，Total Merchandise Trade 数据编制。

表 7　　2013 年东盟在世界货物、服务贸易国家的排名 单位：位，亿美元，%

项目	世界排名	出口国	金额	比重	世界排名	进口国	金额	比重
货物贸易	9	新加坡	4100	2.7	10	新加坡	3730	2.5
	18	泰国	2290	1.5	15	泰国	2510	1.7
	19	马来西亚	2280	1.5	18	马来西亚	2060	1.4
	20	印尼	1830	1.2	20	印尼	1870	1.2
	24	越南	1320	0.9	22	越南	1320	0.9
	39	菲律宾	570	0.4	29	菲律宾	650	0.4
	合计		12390	8.2	合计		12140	8.1

续表

项目	世界排名	出口国	金额	比重	世界排名	进口国	金额	比重
服务贸易	12	新加坡	1220	2.6	7	新加坡	1280	2.9
	23	泰国	590	1.3	23	泰国	550	1.3
	30	马来西亚	400	0.9	28	马来西亚	150	1.0
	37	印尼	220	0.5	31	印尼	340	0.8
	合计		2430	5.3	合计		2320	6

注：表中仅包括东盟国家货物进出口贸易进入世界前50位、服务进出口贸易进入世界前40位的国家。

资料来源：WTO International Trade Statistics 2014 编制。

表8　**2013年东盟十大贸易对象国**　单位：百万美元，%

贸易对象国	出口		进口		进出口	
	金额	比重	金额	比重	金额	比重
东盟区内	330379.3	26.0	278253.1	22.4	608632.4	24.2
中国	152521.1	12.0	197962.5	16.0	350483.6	14.0
欧盟	124434.3	9.8	121780.7	9.8	246215.0	9.8
日本	123040.8	9.7	117903.9	9.5	240944.7	9.6
美国	114509.8	9.0	92439.4	7.5	206949.2	8.2
韩国	52801.9	4.2	82172.6	6.6	134974.6	5.4
中国台湾	35236.9	2.8	66220.0	5.3	101456.9	4.0
中国香港	82085.0	6.5	13135.9	1.1	95221.0	3.8
澳大利亚	45505.6	3.6	22531.3	1.8	68037.0	2.7
印度	41936.7	3.3	25937.3	2.1	67874.1	2.7
小计	1102451.5	86.7	1018336.8	82.1	2120788.3	84.4
其他	168621.7	13.1	222139.5	17.9	390761.2	15.6
贸易总额	1271073.2	100	1240476.3	100	2511549.5	100

资料来源：ASEAN Merchandise Trade Statistics Database 的数据编制。

表 9　　　　**1994—2013 年东盟区内贸易的变化**　　　　单位：亿美元

年份	东盟区内贸易		东盟区外贸易		东盟总贸易	
	出口	进口	出口	进口	出口	进口
1994	585.72	469.12	1881.93	2203.30	2467.65	2672.42
1995	701.79	536.02	2265.18	2649.53	2966.97	3185.55
1996	809.74	642.11	2423.88	2863.95	3233.61	3506.06
1997	853.52	646.21	2573.18	2913.51	3426.70	3559.72
1998	693.13	516.05	2473.38	2078.52	3166.51	2594.57
1999	749.04	577.71	2669.08	2235.75	3418.12	2813.46
2000	933.80	734.66	3167.61	2723.91	4101.41	3458.57
2001	826.81	676.40	2876.75	2494.89	3703.56	3206.35
2002	867.07	732.02	2971.48	2549.11	3838.54	3299.63
2003	1003.19	758.80	3307.15	2840.10	4367.82	3636.56
2004	1200.69	1017.97	4055.67	3581.48	5517.39	4921.86
2005	1638.63	1410.31	4842.85	4357.12	6481.48	5767.43
2006	1891.77	1635.95	5615.31	4905.03	7507.08	6540.98
2007	2173.34	1845.86	6424.70	5663.98	8598.04	7509.84
2008	2424.60	2155.80	6366.82	6156.39	8791.43	8312.29
2009	1995.87	1766.20	6109.02	5497.34	8104.89	7263.54
2010	2679.81	2518.24	8029.60	7229.66	10709.41	9747.90
2011	3275.31	2707.10	9147.54	8755.95	12422.86	11463.05
2012	3238.55	2781.93	9307.26	9436.54	12545.81	12218.47
2013	3303.79	2782.53	9406.94	9622.23	12710.73	12404.76

数据来源：ASEAN Merchandise Trade Statistics Database 的数据编制。

表 10　2011—2012 年东盟 10 国进出口贸易的十大商品及比重　单位：%

	2011 年		2012 年	
出口	85 章　电机、电器、音像设备及其零附件	20.0	85 章　电机、电器、音像设备及其零附件	20.7
	27 章　矿物燃料、矿物油及其产品；沥青等	18.4	27 章　矿物燃料、矿物油及其产品；沥青等	18.1
	84 章　核反应堆、锅炉、机械器具及零件	10.8	84 章　核反应堆、锅炉、机械器具及零件	11.0
	40 章　橡胶及其制品	4.2	15 章　动、植物油、脂蜡；精制食用油脂	3.5
	15 章　动、植物油、脂蜡；精制食用油脂	3.8	40 章　橡胶及其制品	3.4
	39 章　塑料及其制品	3.0	87 章　车辆及其零附件，但铁道车辆除外	3.2
	29 章　有机化学品	3.0	39 章　塑料及其制品	3.0
	87 章　车辆及其零附件，但铁道车辆除外	2.5	29 章　有机化学品	2.9
	71 章　珠宝、贵金属及制品；仿首饰；硬币	2.1	90 章　光学、照相、医疗等设备及零附件	2.5
	90 章　光学、照相、医疗等设备及零附件	1.9	71 章　珠宝、贵金属及制品；仿首饰；硬币	2.3
	2011 年		2012 年	
进口	85 章　电机、电器、音像设备及其零附件	21.9	27 章　矿物燃料、矿物油及其产品；沥青等	22.3
	27 章　矿物燃料、矿物油及其产品；沥青等	19.4	85 章　电机、电器、音像设备及其零附件	19.4
	84 章　核反应堆、锅炉、机械器具及零件	12.7	84 章　核反应堆、锅炉、机械器具及零件	13.2
	72 章　钢铁	3.5	72 章　钢铁	3.6
	39 章　塑料及其制品	3.1	87 章　车辆及其零附件，但铁道车辆除外	3.6
	87 章　车辆及其零附件，但铁道车辆除外	3.0	39 章　塑料及其制品	3.2
	71 章　珠宝、贵金属及制品；仿首饰；硬币	2.9	71 章　珠宝、贵金属及制品；仿首饰；硬币	2.4
	29 章　有机化学品	2.2	90 章　光学、照相、医疗等设备及零附件	2.2
	90 章　光学、照相、医疗等设备及零附件	2.0	29 章　有机化学品	2.1
	73 章　钢铁制品	1.8	73 章　钢铁制品	2.0

注：按国际海关 HS 编码两位数商品编制。

资料来源：根据 ASEAN Statistical Yearbook 2013 的数据编制。

表 11　　2012—2014 年中国对东盟国家海关货物进出口总额统计　　单位：亿美元

国家	2012 年			2013 年			2014 年		
	总额	出口总额	进口总额	总额	出口总额	进口总额	总额	出口总额	进口总额
东盟	4000.93	2042.72	1958.21	4436.11	2440.70	1995.41	4801.25	2717.92	2083.32
文莱	16.08	12.52	3.55	17.94	17.04	0.9	19.36	17.47	1.90
缅甸	69.72	56.73	12.98	101.50	73.40	8.1	249.73	93.70	156.03
柬埔寨	29.23	27.08	2.15	37.72	34.11	3.62	37.57	32.75	4.83
印尼	662.19	342.89	319.30	683.55	369.32	314.22	635.86	390.62	245.25
老挝	17.28	9.37	7.91	27.41	17.20	10.21	36.14	18.43	17.72
马来西亚	948.13	365.18	582.95	1060.75	459.33	601.43	1019.75	462.79	556.97
菲律宾	363.70	167.32	196.38	380.66	198.35	182.3	444.43	234.59	209.83
新加坡	692.76	407.52	285.24	759.14	458.64	300.5	796.48	488.46	308.02
泰国	697.45	312.00	385.45	712.61	327.38	385.23	726.75	343.02	383.73
越南	504.40	342.10	162.29	654.82	485.93	168.9	835.16	636.11	199.05

资料来源：根据商务部亚洲司网站数据整理。

表 12　　2010—2014 年中国大陆各省市区对东盟海关货物进出口贸易额统计　　单位：万美元

	2010 年				2011 年		
	进口	出口	进出口		进口	出口	进出口
北京	450650	297370	748020	北京	439719	279379	719098
天津	446309	322843	769151	天津	606131	439873	1046003
河北	102684	269094	371779	河北	166499	380568	547067
山西	25233	33908	59141	山西	20893	45094	65988
内蒙古	6738	34485	41223	内蒙古	10457	53219	63676
辽宁	276959	624067	901026	辽宁	270014	639288	909302
吉林	17103	35625	52728	吉林	39658	33209	72867
黑龙江	9400	29151	38551	黑龙江	14567	51800	66367
上海	2564642	1760566	4325207	上海	3355077	1964858	5319935
江苏	2890994	2284259	5175253	江苏	3406850	2794084	6200934
浙江	682844	1381041	2063885	浙江	905025	1735910	2640935
安徽	59358	95955	155313	安徽	90168	153863	244031

续表

	2010 年				2011 年		
	进口	出口	进出口		进口	出口	进出口
福建	545385	727908	1273293	福建	772931	937028	1709960
江西	47620	178146	225766	江西	62832	185750	248582
山东	1386074	893596	2279670	山东	1968217	1185715	3153933
河南	64432	170600	235032	河南	106533	214283	320816
湖北	71072	190608	261680	湖北	94051	257721	351772
湖南	15367	117995	133362	湖南	22679	155788	178467
广东	5060282	3545368	8605649	广东	5720937	4404287	10125224
广西	246419	131629	378049	广西	419679	207910	627589
海南	72249	63955	136204	海南	107293	28340	135633
重庆	44634	108205	152839	重庆	219870	205676	425546
四川	80028	154628	234656	四川	123067	193452	316518
贵州	32627	32530	65157	贵州	44348	51945	96293
云南	146005	207646	353651	云南	217854	259474	477328
西藏	34	3	37	西藏	5	27	32
陕西	87945	84330	172275	陕西	63751	92545	156296
甘肃	2640	12126	38530	甘肃	17279	15240	32519
青海	17	736	904	青海	1310	1392	2702
宁夏	8246	12790	21036	宁夏	11416	16633	28049
新疆	2166	14818	16984	新疆	2700	22708	25408
合计	15470072	13815981	29286054	合计	19301809	17007061	36308870
	2012 年				2013 年		
	进口	出口	进出口		进口	出口	进出口
北京	439033	342949	781982	北京	412817	346776	759593
天津	665132	589394	1254525	天津	774341	691390	1465730
河北	160447	479673	640120	河北	185196	593756	778952
山西	31823	64857	96680	山西	23190	64211	87400
内蒙古	7693	67199	74891	内蒙古	7877	70451	78328
辽宁	324587	721775	1046361	辽宁	371672	941793	1313465
吉林	38046	39923	77969	吉林	32057	53152	85208
黑龙江	9980	47377	57356	黑龙江	11019	83099	94118

续表

	2012 年				2013 年		
	进口	出口	进出口		进口	出口	进出口
上海	3618885	1968248	5587133	上海	3224585	2017121	5241706
江苏	3146851	3166359	6313210	江苏	2733435	3348069	6081504
浙江	955020	1929853	2884873	浙江	1048166	2270543	3318709
安徽	65151	229821	294972	安徽	118183	272566	390749
福建	829124	1163785	1992909	福建	835038	1270166	2105204
江西	57176	239742	296919	江西	70762	345740	416502
山东	1856952	1238040	3094992	山东	1762718	1467854	3230572
河南	251816	254227	506043	河南	251354	312696	564049
湖北	105271	239417	344687	湖北	121020	369108	490128
湖南	27293	185702	212995	湖南	26565	177123	203689
广东	5488489	5887542	11376031	广东	5957490	7706453	13663943
广西	323150	229859	553009	广西	340507	250470	590977
海南	138089	57702	195791	海南	198716	86787	285503
重庆	480506	376851	857357	重庆	595856	398271	994126
四川	198751	394822	593573	四川	330057	513311	843368
贵州	24002	64497	88499	贵州	24610	69427	94037
云南	248297	255288	503586	云南	373364	469246	842610
西藏	1210	5584	6794	西藏	408	2070	2478
陕西	70064	114621	184685	陕西	81288	132394	213682
甘肃	8644	23126	31770	甘肃	20544	23805	44349
青海	4634	3952	8587	青海	8059	1712	9771
宁夏	6924	17166	24090	宁夏	9460	20538	29998
新疆	6121	26108	32228	新疆	5475	33885	39360
合计	19589161	20425458	40014619	合计	19955829	24403982	44359811

2014 年

	进口	出口	进出口		进口	出口	进出口
北京	424010	318939	742948	湖北	168198	329662	497860
天津	744546	794652	1539198	湖南	79603	245676	325279
河北	98923	848448	947372	广东	6413987	8802135	15216122

续表

2015 年							
	进口	出口	进出口		进口	出口	进出口
山西	58288	74125	132413	广西	318458	467258	785715
内蒙古	9504	114919	124423	海南	170267	130040	300307
辽宁	315440	1004866	1320306	重庆	1094060	422562	1516623
吉林	33439	81020	114460	四川	432656	488568	921224
黑龙江	6979	83062	90040	贵州	17059	79443	96502
上海	3032155	2147382	5179537	云南	514242	606731	1120973
江苏	2881626	3511915	6393540	西藏	470	743	1213
浙江	930809	2344508	3275318	陕西	87929	140029	227957
安徽	155446	290227	445673	甘肃	22074	60766	82840
福建	832386	1306365	2138751	青海	4510	5245	9755
江西	77876	387690	465566	宁夏	8285	42295	50581
山东	1640840	1650690	3291530	新疆	5376	43916	49292
河南	251444	358469	609913	合计	20830885	27182346	48013231

数据来源：全国海关信息中心，各省市区按海关编号顺序排列。

表 13 中国大陆各省市区对东盟海关货物进出口贸易排名统计（前 15 名）

排名	2010	2011	2012	2013	2014
1	广东	广东	广东	广东	广东
2	江苏	江苏	江苏	江苏	江苏
3	上海	上海	上海	上海	上海
4	山东	山东	山东	浙江	山东
5	浙江	浙江	浙江	山东	浙江
6	福建	福建	福建	福建	福建
7	辽宁	天津	天津	天津	天津
8	天津	辽宁	辽宁	辽宁	重庆
9	北京	北京	重庆	重庆	辽宁
10	广西	广西	北京	四川	云南
11	河北	河北	河北	云南	河北
12	云南	云南	四川	河北	四川
13	湖北	重庆	广西	北京	广西
14	河南	湖北	河南	广西	北京
15	四川	河南	云南	河南	河南

表 14　　2011—2012 年东盟与中国进出口贸易的十大商品及比重

	2011 年		2012 年	
出口	85 章　电机、电器、音像设备及其零附件	24.0	85 章　电机、电器、音像设备及其零附件	25.3
	27 章　矿物燃料、矿物油及其产品；沥青等	17.6	27 章　矿物燃料、矿物油及其产品；沥青等	15.2
	84 章　核反应堆、锅炉、机械器具及零件	10.9	84 章　核反应堆、锅炉、机械器具及零件	11.4
	40 章　橡胶及其制品	9.6	40 章　橡胶及其制品	8.7
	15 章　动、植物油、脂蜡；精制食用油脂	6.2	39 章　塑料及其制品	5.9
	39 章　塑料及其制品	4.8	29 章　有机化学品	5.2
	29 章　有机化学品	4.7	15 章　动、植物油、脂蜡；精制食用油脂	5.1
	26 章　矿砂、矿渣及矿灰	3.0	26 章　矿砂、矿渣及矿灰	2.6
	44 章　木及木制品；木炭	1.6	90 章　光学、照相、医疗等设备及零附件	1.9
	38 章　杂项化学产品	1.4	44 木及木制品；木炭	1.8
	2011 年		2012 年	
进口	85 章　电机、电器、音像设备及其零附件	28.1	85 章　电机、电器、音像设备及其零附件	30.2
	84 章　核反应堆、锅炉、机械器具及零件	21.8	84 章　核反应堆、锅炉、机械器具及零件	21.0
	27 章　矿物燃料、矿物油及其产品；沥青等	4.4	72 章　钢铁	4.7
	72 章　钢铁	4.2	73 章　钢铁制品	3.5
	73 章　钢铁制品	3.3	27 章　矿物燃料、矿物油及其产品；沥青等	3.2
	39 章　塑料及其制品	2.7	39 章　塑料及其制品	2.7
	29 章　有机化学品	2.3	29 章　有机化学品	2.1
	90 章　光学、照相、医疗等设备及零附件	1.8	90 章　光学、照相、医疗等设备及零附件	1.9
	87 章　车辆及其零附件，但铁道车辆除外	1.7	87 章　车辆及其零附件，但铁道车辆除外	1.8
	28 章　无机化学品；贵金属、稀土金属、放射性元素及其同位素的有机及无机化合物	1.6	55 章　化学纤维短纤	1.5

注：按国际海关 HS 编码两位数商品编制。

资料来源：根据 ASEAN Statistical Yearbook 2013 的数据编制。

表 15　1990—2013 年中国与东盟 10 国吸收的外国直接投资（FDI）流入量

单位：百万美元

年份	1990	1995	2000	2005	2010	2011	2012	2013
文莱	7.0	582.8	549.6	289.5	625.7	1208.3	864.8	895.0
柬埔寨	—	150.7	148.5	381.2	782.6	814.5	1446.5	1396.0
印尼	1092.0	4419.0	-4550.0	8336.0	13770.6	19241.3	19138.0	18444.0
老挝	6.0	95.1	33.9	27.7	278.8	300.8	294.4	296.0
马来西亚	2611.0	5815.0	3787.6	4065.3	9060.0	12197.6	10073.9	12305.7
缅甸	225.1	317.6	208.0	234.9	1284.6	2200.0	2243.0	2621.0
菲律宾	550.0	1459.0	2240.0	1664.0	1070.4	2007.2	3215.4	3859.8
新加坡	5574.7	11942.8	15515.3	18090.3	55075.8	50367.7	61159.4	63772.3
泰国	2575.0	2070.0	3410.1	8066.6	9146.8	3709.6	10705.3	12945.6
越南	180.0	1780.4	1289.0	1954.0	8000.0	7519.0	8368.0	8900.0
东盟	12820.8	28632.4	22632.1	43109.4	99095.2	99565.9	117508.7	125435.4
中国	3487.1	37520.5	40714.8	72406.0	114734.0	123985.0	121080.0	123911.0

资料来源：根据 World Investment Report 2014 附表 1 数据编制，http：//unctad.org/en/Pages/DIAE/World%20Investment%20Report/Annex-Tables.aspx。

表 16　1990—2013 年中国与东盟 10 国吸收的外国直接投资（FDI）流入存量

单位：百万美元

年份	1990	1995	2000	2005	2010	2011	2012	2013
文莱	33.1	641.8	3867.6	9222.7	11244.0	12452.3	13317.1	14212.1
柬埔寨	37.7	355.9	1579.9	2471.0	5958.4	6556.3	8002.8	9398.8
印尼	8732.5	20626.5	25060.5	41187.0	160735.1	184804.0	211900.0	230344.0
老挝	12.6	211.5	588.3	680.8	1887.7	2188.5	2482.9	2778.9
马来西亚	10318.0	28730.6	52747.5	44459.5	101620.1	115064.0	132399.7	144705.4
缅甸	281.1	1209.7	3211.0	4686.0	8751.5	9667.2	11910.2	14171.0
菲律宾	3267.9	6729.9	13762.0	14978.0	25896.0	25479.8	28687.5	32547.2
新加坡	30468.0	65644.2	110570.3	237009.4	622507.2	673033.4	796559.1	837652.3
泰国	8242.2	17684.4	31118.0	62832.6	142498.2	159342.7	185688.8	185463.1
越南	242.9	5743.3	14739.3	22453.3	56915.0	64434.0	72802.0	81702.0
东盟	61636.1	147577.8	257244.4	439980.4	1138013.2	1253022.3	1463750.0	1552974.8
中国	20690.6	101098.0	193348.0	272094.0	587817.0	711802.0	832882.0	956793.0

资料来源：根据 World Investment Report 2014 附表 3 的数据编制，http：//unctad.org/en/Pages/DIAE/World%20Investment%20Report/Annex-Tables.aspx。

表 17　2011—2013 年东盟 10 国吸收外国直接投资（FDI）的十大来源地

单位：百万美元，%

来源地	2011 年		2012 年		2013 年		2011—2013 年	
	金额	比重	金额	比重	金额	比重	金额	比重
欧盟	29693.3	30.4	18084.9	15.8	26979.6	22.0	74757.8	22.4
日本	9709.0	10.0	23777.1	20.8	22904.4	18.7	56390.5	16.9
东盟区内	15228.4	15.6	20657.6	18.1	21321.5	17.4	57207.6	17.1
中国	7857.7	8.1	5376.8	4.7	8643.5	7.1	21878.0	6.5
中国香港	4273.8	4.4	5029.9	4.4	4517.3	3.7	13821.0	4.1
美国	9129.8	9.4	11079.5	9.7	3757.5	3.1	23966.9	7.2
韩国	1742.1	1.8	1708.4	1.5	3516.2	2.9	6966.7	2.1
澳大利亚	1530.2	1.6	1831.0	1.6	2002.3	1.6	5363.5	1.6
中国台湾	2317.0	2.4	2242.3	2.0	1321.7	1.1	5880.9	1.8
印度	-2230.5	-2.3	2233.4	2.0	1317.5	1.1	1320.4	0.4
合计	79250.8	81.3	92021.0	80.5	96281.6	78.7	267553.4	80.1
其他	18287.3	18.7	22263.1	19.5	26095.0	21.3	66645.3	19.9
总计	97538.1	100.0	114284.0	100.0	122376.5	100.0	334198.7	100.0

数据来源：ASEAN Merchandise Trade Statistics Database 的数据编制。

表 18　2005—2012 年东盟 10 国吸收中国直接投资流量表　单位：百万美元

年份	2005	2006	2007	2008	2009	2010	2011	2012	2001—2012
文莱	0.05	5	17	—	—	0.01	—	—	22
柬埔寨	103	130	165	77	97	127	180	368	1246
印尼	299	124	17	531	359	354	245	339	2338
老挝	4	5	2	43	36	46	140	—	276
马来西亚	1	-7	70	57	-121	-6	-15	34	12
缅甸	1	2	349	349	371	—	—	—	1072
菲律宾	-0.2	2	-0.1	-0.2	-3	0	-4	-2	-7
新加坡	147	1539	1088	-169	1093	1197	6119	2840	13854
泰国	12	50	74	8	25	707	319	566	1760
越南	48	89	252	53	112	115	383	190	1241
东盟	616	1938	2133	949	1968	2539	7336	4335	21815

资料来源：根据 ASEAN Statistical Yearbook 2013 的数据编制。

表 19　2010—2013 年中国与东盟国家消费者价格指数（2010 年 = 100）

年份	2005	2006	2007	2008	2009	2010	2011	2012	2013
文莱	95.5	95.7	96.6	98.6	99.6	100.0	102.0	102.5	102.9
柬埔寨	67.8	71.9	77.4	96.8	96.2	100.0	105.5	108.6	111.8
印尼	68.7	77.7	82.7	90.7	95.1	100.0	105.4	109.9	116.9
老挝	78.5	83.8	87.6	94.3	94.4	100.0	107.6	112.2	119.3
马来西亚	87.7	90.9	92.7	97.7	98.3	100.0	103.2	104.9	107.1
缅甸	44.5	53.4	72.2	91.5	92.8	100.0	105.0	106.6	112.4
菲律宾	78.7	83.0	85.4	92.4	96.3	100.0	104.6	108.0	111.2
新加坡	88.0	88.9	90.8	96.7	97.3	100.0	105.3	110.0	112.6
泰国	86.6	90.6	92.6	97.7	96.8	100.0	103.8	106.9	109.3
越南	59.9	64.4	69.7	85.8	91.9	100.0	118.7	129.5	138.0
中国	86.6	87.9	92.1	97.5	96.8	100.0	105.4	108.2	111.1

资料来源：世界银行。

表 20　1980—2013 年中国与东盟国家人类发展指数（HDI）

年份	1980	1990	2000	2008	2000	2010	2011	2012	2013
文莱	0.74	0.786	0.822	0.838	0.843	0.844	0.846	0.852	0.852
柬埔寨	0.251	0.403	0.466	0.536	0.564	0.571	0.575	0.579	0.584
印尼	0.471	0.528	0.609	0.64	0.654	0.671	0.678	0.681	0.684
老挝	0.34	0.395	0.473	0.511	0.533	0.549	0.56	0.565	0.569
马来西亚	0.577	0.641	0.717	0.747	0.76	0.766	0.768	0.77	0.773
缅甸	0.328	0.347	0.421	0.472	0.5	0.514	0.517	0.52	0.524
菲律宾	0.566	0.591	0.619	0.638	0.648	0.651	0.652	0.656	0.66
新加坡	—	0.744	0.8	0.84	0.868	0.894	0.896	0.899	0.901
泰国	0.503	0.572	0.649	0.685	0.704	0.715	0.716	0.72	0.722
越南	0.463	0.476	0.563	0.598	0.617	0.629	0.632	0.635	0.638
中国	0.423	0.502	0.591	0.645	0.682	0.701	0.71	0.715	0.719

注：人类发展指数（HDI）以预期寿命、受教育程度、人均 GDP（PPP）为衡量指标。2013 年，在全球 187 个国家和地区的人类发展指数排名中，文莱列第 30 位、柬埔寨第 136 位、印尼第 108 位、老挝第 139 位、马来西亚第 62 位、缅甸第 150 位、菲律宾第 117 位、新加坡第 9 位、泰国第 89 位、东帝汶第 128 位、越南第 121 位、中国第 91 位。

资料来源：根据 UNDP International Human Development Indicators 有关年份的数据编制。http：//hdr. undp. org/en/content/table - 2 - human-development-index-trends - 1980 - 2013。

后　记

本书是广西大学中国—东盟研究院、中国—东盟区域发展研究协同创新中心 2014 年 3 月设立的重大研究专项课题“中国—东盟合作进展与述评（年度报告）”的当年成果。从 2014 年起，将每年编写一本《中国—东盟合作发展报告》。本书作为专门研究中国和东盟在各个领域中的合作情况的年度报告，在中国公开出版尚属首次。

2014 年在中国—东盟关系史上是值得铭记的一年，是中国和东盟建立战略伙伴关系第二个 10 年的开局之年，是从“黄金十年”迈向“钻石十年”的起始之年，在共建“中国—东盟命运共同体”和“21 世纪海上丝绸之路”目标指引下，双方合作领域更加宽广，内涵更加丰富。

本书共分六篇。第一篇是总报告《2014 年中国—东盟合作回顾与展望》，分别从政治、经济、外交、安全、军事、海上和文化各领域阐述中国和东盟双方 2014 年的合作情况和成果，分析存在的问题，展望 2015 年的合作趋势。第二篇是中国与东盟 2014 年合作的国别报告，一国一篇，共 10 篇。每篇的内容结构基本一致，先对该国 2014 年的形势进行评述，包括该国政治、经济、外交、社会、文化等主要领域当年情况的简评和重要事件的分析；然后对 2014 年中国与该东盟国家在各个领域的合作进行阐述和分析，并展望 2015 年双方合作的发展趋势。

第三篇是中国和东盟 2014 年合作的专题报告，包括中国—东盟命运共同体建设、新海丝之路合作、双方在金融与生态环境等领域的合作以及 2014 年中国—东盟博览会情况等。鉴于广西在中国和东盟合作中的特殊地位，本篇特别设立了 2014 年广西和东盟合作的报告。值得指出的是，这些专题都是广西大学中国—东盟研究院特别关注的领域，设有相关的研究所，富有特色。

第四篇是对东南亚地区热点问题的评析，共有六篇文章。2014 年这个地区发生了一系列重大事件：南海争端、马航事件、越南排华事件、泰国军事政变和东盟最大国家印尼的总统选举等等，还有即将建成的东盟经济共同体。这些地区热点对中国和东盟的合作也产生了深刻的影响，值得关注和研究。

第五篇共有6篇文章，选自广西大学中国—东盟研究院2014年出版的《中国—东盟研究观察》月刊，该刊自2014年3月起在院官网上以“国别热点专题分析”栏目刊出，由广西大学中国—东盟研究院各国别研究所研究人员撰稿，针对该国当月的热点问题进行分析和评述，文字每篇为3000字左右。在收入本书时，作者又做了修订和补充。

第六篇是大事记，分为四类：2014年中国—东盟合作大事记、2014年东盟各国大事记、2014年东盟大事记和2014年广西—东盟合作大事记。广西大学中国—东盟研究院对东盟各国和东盟组织资料的收集和整理非常重视，投入了大量人力和财力，从2014年3月开始编写《东盟国别舆情周报》，精选东盟各国每周发生的重要事件，精编成舆情周报，一国一篇，每篇2000多字，在新浪微博、广西大学中国—东盟研究院官网和相关微信群上每周发布一次，已经产生了重要影响。另外，从2014年9月起，增加了《东盟舆情周报》，采集东盟组织每周发生的大事和重要活动信息精选精编。本书大事记以这些信息为基础编写而成，体现了广西大学中国—东盟研究院的特色。

附录为统计资料，共有20张表格，主要为近几年东盟10国经济发展数据以及中国对东盟的贸易、投资数据。这些数据采集自国内外权威统计资料，来源可靠。特别要指出的是表12“2010—2014年中国大陆各省市区对东盟海关货物进出口贸易额统计”，系从全国海关信息中心购买所得。这是首次公开发表。

本书是广西大学中国—东盟研究院主要依靠自身的力量编写的专著，作者来自该院的专职研究人员和校内的兼职研究人员，部分研究生参与了资料收集和整理工作。他们工作认真，大家齐心协力，在繁忙的教学之余，抽出宝贵时间撰稿。不少稿子按照主编的意见一改再改，有些甚至推倒重写。主编本着认真和求实的科研精神，严格把关，一遍又一遍地审阅和修改稿子，为保证质量，有的稿子修改幅度较大，个别稿子最终没有采用。尽管如此，由于大部分作者是第一次尝试写作这一类研究报告，缺乏经验，加上时间紧张，所撰稿子难免存在着这样那样的不足之处。编者由于时间和精力的限制，工作疏漏之处也在所难免，敬请读者谅解，并欢迎指正。当然，本书也为2015年的报告撰写积累了经验，相信《中国—东盟合作发展报告2015》的质量一定会更好。

最后要感谢广西大学中国—东盟研究院领导对本书编写工作的重视和支持，感谢全体作者付出的辛勤劳动。在此特别要感谢中国社会科学出版社领导的大力支持，感谢出版社国际部主任冯斌先生、编辑陈雅慧博士的努力协助，他们在很短的时间里高质量地完成了本书的编辑工作，优先安排出版，使本书能尽快与读者见面。

陆建人　范祚军

2015年5月